北京外国语大学中国语言文学学院中文学科建设丛书

总主编　詹福瑞　张晓慧

拓展中外文学文化研究的阐释空间

主编　魏崇新

外语教学与研究出版社
北京

图书在版编目（CIP）数据

拓展中外文学文化研究的阐释空间 ／ 魏崇新主编．-- 北京 ：外语教学与研究出版社，2020.10
（北京外国语大学中国语言文学学院中文学科建设丛书 ／ 詹福瑞，张晓慧总主编）
ISBN 978-7-5213-2115-9

Ⅰ．①拓… Ⅱ．①魏… Ⅲ．①世界文学－文学研究 Ⅳ．①I106

中国版本图书馆 CIP 数据核字（2020）第 201999 号

出 版 人　徐建忠
责任编辑　刘雪梅
责任校对　杨　益
装帧设计　姚　军
出版发行　外语教学与研究出版社
社　　址　北京市西三环北路 19 号（100089）
网　　址　http://www.fltrp.com
印　　刷　天津海顺印业包装有限公司
开　　本　710×1000　1/16
印　　张　19
版　　次　2020 年 10 月第 1 版 2020 年 10 月第 1 次印刷
书　　号　ISBN 978-7-5213-2115-9
定　　价　58.00 元

购书咨询：（010）88819926　电子邮箱：club@fltrp.com
外研书店：https://waiyants.tmall.com
凡印刷、装订质量问题，请联系我社印制部
联系电话：（010）61207896　电子邮箱：zhijian@fltrp.com
凡侵权、盗版书籍线索，请联系我社法律事务部
举报电话：（010）88817519　电子邮箱：banquan@fltrp.com
物料号：321150001

记载人类文明
沟通世界文化
www.fltrp.com

目　录

海外汉学与翻译研究

美国汉学的历史分期与研究现状　顾　钧 /2
“语言学转向”之后的汉语哲学建构
——欧美汉学界对于先秦中国思想的不同解读　韩振华 /12
突破，抑或迷思？
——儒学“内在超越说”的跨文化考察与批判重构　韩振华 /44
《剑桥中国文学史》编纂思想评析　魏崇新 /59
日本中国文学史观的建构：1882—1912　赵　苗 /70
笹川种郎的中国小说戏曲研究　赵　苗 /83
英语世界王士禛的译介与研究　时　光 /95
高敬命诗对中国古典诗歌传统的继承和借鉴　石云涛 /110
外来启迪与本土创造：傅雷的翻译思想研究　马晓冬 /121
商业化面孔下的政治呼唤
——从《托斯卡》到《金小玉》　马晓冬 /137

比较文学视域下的经典作家作品研究

《庄子》内篇身心观辨析　张洪波 /152
《水浒传》：一个反女性的文本　魏崇新 /166
比较诗学视野下的《红楼梦》“人物·人情”观　张洪波 /176

在中西文化的交叉点上
——茅盾与外国文学　汪剑钊 /188

当代通俗文艺与文学作品研究

新文艺进城
——“大众文艺创研会”与五十年代北京通俗文艺改造　张 霖 /204
赵树理与建国初期的北京通俗文艺改造
——以《说说唱唱》为中心　张 霖 /223
《狼图腾》：生态政治与强权想象　唐利群 /234
《阴道独白》：性言说的祛魅与返魅　唐利群 /244

海外华裔文学与西方文学研究

华裔作家的文化自信与传承创新
——佛教思想与陈美龄小说《雌狐月饼复仇记》　杨 春 /260
论《中国佬》对中国古典小说结构的戏仿　杨 春 /274
小说叙事的演进
——以理查逊和奥斯汀为中心　王慕尧 /288

海外汉学
与翻译研究

美国汉学的历史分期与研究现状

顾 钧

▶ **摘要** 美国汉学从大的方面可以分为两个时期——业余汉学时期和专业汉学时期。以时间点为界限，则可以把美国汉学分成更为清晰的三个时期，即：早期（1877 年前）、中期（1877—1928）、后期（1929 年后）。就近二十多年来国内外对美国汉学的研究来看，二战后的中国学是重点。在这样的现状之下应该加强对 20 世纪前半期以及 20 世纪以前的美国汉学史的研究。

▶ **关键词** 美国；汉学；历史分期；研究现状

一、历史分期

美国的汉学研究虽然起步比欧洲晚，但大有后来居上之势，特别是第二次世界大战以后，随着汉学研究的专业化和大量研究机构的建立，美国的汉学研究步入了发展的快车道。今天，无论是在资金投入、学术资源方面，还是在研究模式、人才培养方面，美国均处于整个西方汉学研究的领先地位，其研究成果对中国本土学术的影响也日益巨大（杨念群，2000；黄育馥，2004）。

任何学术都必然经历从无到有、从小到大的过程。1963 年，全美国仅有 33 人获得中国研究博士学位，而到了 1993 年，供职于美国大学、政府、新闻界、企业界的各类中国研究专家已逾万人，其中仅效力于跨国公司、基金会、法律事务所等机构的专家就达到 5300 人之多（John M. H. Lindbeck，1971；David Shambaugh ed.，1993）。19 世纪时，美国没有一家专门研究中国的学术团体，汉学研究在美国东方学会（American Oriental Society，1842 年建立）、美国历史学会（American Historical Association，1884 年建立）中所占比例均十分有限，而目前仅哈佛大学就有十多个与中国研究有关的机构。

如果将汉学研究限定在大学或学院研究的层面上，那么美国的汉学研究开始于 1877 年，这一年 6 月耶鲁大学设立了第一个汉学教授职位。此后哈佛、哥伦比亚等大学也设立了类似的职位。如果从宽泛的意义上看待汉学，将商人、旅行家、传教士、外交官以及其他对中国有兴趣的人士的研究也看作汉学的一部分，那么美国的汉学史则可以追溯到 18 世纪。1784 年在第一艘到达中国的美国商船上，大副山茂召（Samuel Shaw）写下了他对中国的第一印象，美国汉学伴随着中美直接贸易的产生而产生。但美国汉学的产生并不意味着欧洲汉学从此结束了在美国的影响，实际上，19 世纪 30 年代以前美国人关于中国的信息主要来自欧洲（特别是英国）。欧洲的专业汉学开始于 1814 年法兰西学院设立西方第一个汉学教授席位，此前的业余汉学则可以一直追溯到马可•波罗（Marco Polo），甚至更早。当代美国学者孟德卫（David E. Mungello）将欧洲汉学的起源划定在 17 世纪，他把基歇尔（Athanasius Kircher）、威尔金斯（John Wilkins）、莱布尼茨（Gottfried W. Leibniz）等利用来华耶稣会士提供的信息进行汉学研究的学者称之为“早期汉学家”（proto-sinologist），把他们的研究称之为“早期汉学”（proto-sinology）（David E. Mungello，1985）。如果套用孟德卫的概念，我们可以把美国的建国元勋富兰克林（Benjamin Franklin）、潘恩（Thomas Paine）、杰斐逊（Thomas Jefferson）称为“早期汉学家”，他们都曾读过耶稣会士的著作并写下了自己对中国的看法（A. Owen Aldridge，1993）。19 世纪利用欧洲文献研究儒家思想的超验主义者如爱默生（Ralph W. Emerson）、梭罗（Henry D. Thoreau）同样也可以归入这一行列，他们虽然人数很少，研究范围也很有限，却是美国早期汉学一个不应忽视的组成部分。[1]

对于这两百多年的美国汉学史，学者们提出了不同的分期。一种比较常见的看法是以第二次世界大战作为界限，理由是二战前美国的汉学研究比较零散，且受欧洲的影响比较大，二战以后，特别是 1958 年通过“国防教育法案”（National Defense Education Act）以后，美国政府和基金会（特别是福特基金会）开始大量投入资金，美国汉学以前所未有的速度向前发展，并形成了自己的特色。这一分期方法是和将费正清（John K. Fairbank）看作美国汉学之父的观点联系在一起的。费正清 1907 年出生于南达科他州，1929 年哈佛大学毕业后前往牛津大学

1　爱默生被认为是“第一个真正的美国思想家”（the first truly American thinker），也是最早对东方文化产生兴趣的美国思想家，但他的主要兴趣在印度、波斯，中国处于相对次要的位置。就中国文化而言，他的主要阅读对象是儒家经典，参见 Frederic I. Carpenter（1930）。

攻读博士学位，从此开始了对中国的研究。在以《中华帝国对外关系史》（The International Relations of the Chinese Empire）、《东印度公司对华贸易编年史》（The Chronicles of the East India Company Trading to China，1635—1834）等著作闻名学界的马士（Hosea B. Morse）的指导下，费正清把中国海关问题定为博士论文的题目，从而确立了从外交史和制度史入手、以近代中国为课题的研究方向。这一研究方向与传统的汉学——对中国古代历史文化进行文献考证——截然不同，是一种全新的尝试。1936 年费正清获得牛津大学博士学位，并回哈佛大学执教。在此后的四十多年中，费正清以哈佛为基地，将自己开创的"地区研究"（regional studies）模式推广到全美，乃至全世界。1991 年费正清去世后，曾经听过他课程并和他共事多年的余英时先生给予了这样的论断："半个世纪以来，他一直是美国的中国研究的一个重要的原动力；哈佛大学历史系正式把中国近代史包括在课程之内是从他开始的。他的逝世象征着这一学术领域的一个时代的落幕"（余英时，1993）。[2]

具有鲜明美国特色的"地区研究"具有如下几个特点：一是关注近现代中国，服务于现实需要；二是在语言技能之外更强调学术训练，特别是各种社会科学方法（政治学、经济学、社会学、人类学等）的训练；三是在学科分工的基础上强调跨学科研究。其中第二点是最为关键的，费正清曾将"地区研究"简单地归纳为"传统汉学与社会科学的结合"（John K. Fairbank，1974、1982）。结合之后的汉学研究就不仅仅局限在中文系（东亚系），而是进入了各个学科。根据周法高 1964 年的实地考察，哈佛大学当时开设中国课程的有东亚系、历史系、社会学系、政治学系、人类学系、法律系、美术系、音乐系，其他如耶鲁大学、芝加哥大学、哥伦比亚大学等情况也相似（周法高，1964）。所以也有人将费正清开创的这种研究模式称为"中国研究"或"中国学"（China Studies 或 Chinese Studies），以区别于传统的以语文学和文献考证为特色的"汉学"（Sinology）。1955 年哈佛大学东亚研究中心的建立可以作为这种新模式诞生的标志。但中国研究的确立并不代表传统汉学研究的退场。哈佛燕京学社的存在和它的广泛学术影响就是一个明证。哈佛燕京学社 1928 年建立后，曾计划请法国汉学家伯希和（Paul Pelliot）来担任社长，后来伯希和推荐了自己的学生、俄裔法籍汉学家

2 关于费正清生平和学术思想的详细讨论，另可参见徐国琦（1994），钱金保（1998），陶文钊（1999），Paul A. Cohen & Merle Goldman，eds.（1992）。

叶理绥（Serge Elisséeff），这非常好地说明了 20 世纪前半期欧洲汉学对于美国的影响。哈佛燕京学社毕业生的研究业绩同样可以说明这一点。以 20 世纪 30 年代初期哈佛派往中国进修的学生为例，顾立雅（Herrlee G. Creel）主要从事中国上古史和哲学史的研究，希克曼（L. Sickman）专攻中国艺术史，卜德（Derke Bodde）则潜心研究中国思想史，他们都将研究范围集中在中国古代，且主要从事文献考证工作。[3] 值得一提的是，费正清 1933 年在中国做研究期间曾申请哈佛燕京学社的奖学金，但没有成功，不得不通过在清华大学授课来解决生计问题，这一经历对他日后决心另起炉灶大概产生了某种心理影响。但东亚研究中心的建立并没有取代哈佛燕京学社，而只是通过"促进对现代中国的研究和社会科学方法的运用来补后者的不足"（Paul M. Evans，1988）。所以就 20 世纪来说，美国的中国学和汉学是并存的，它们之间虽然存在着差异和对立，但同属于专业汉学（professional sinology）的范围，而与之相对应的则是 20 世纪以前的业余汉学（amateur sinology）。美国业余汉学的主体是传教士汉学。美国商人虽然早在 18 世纪末就来到中国，但他们来去匆匆，无心他顾，中美通商 50 年后还几乎没有一个商人能懂中文，也就更谈不上对中国的研究了。这种情况直到 19 世纪 30 年代传教士的到来才宣告结束。第一次鸦片战争前美国来华传教士的人数很少，长期生活在广州、澳门的只有裨治文（Elijah C. Bridgman）、卫三畏（Samuel W. Williams）、伯驾（Peter Parker）、史第芬（Edwin Stevens）四人。1842 年后美国来华传教士的人数迅速增加，到 1850 年已经达到 88 人，1877 年新教入华 70 周年（是年召开第一次新教大会）时则达到 210 人（S. W. Williams，1883）。[4] 几乎所有的传教士都致力于汉语的学习和对中国的研究，他们的著作成为 19 世纪美国人了解中国信息的最主要来源。在他们当中出现了一批成绩突出的学者：裨治文、卫三畏、丁韪良（William A. P. Martin）、卢公明（Justus Doolittle）、狄考文（Calven W. Mateer）、林乐知（Young J. Allen）、明恩溥（Arthur H. Smith），他们完全可以被称为传教士汉学家（missionary sinologist）。张西平教授在全面考察了欧洲汉学的历史后指出，其发展过程经历了"游记汉学时期""传教士汉学时期""专业汉学时期"三个阶段，"而作为一门学科真正创立，应该是在'传教士汉学时期'"（张西平，2005）。这一结论同样适用于美国汉学的总体状况，只是由于美国建

3 关于哈佛燕京学社，详见张凤（2004）、Earl Swisher（1942）。

4 近代最早来华的新教传教士是伦敦会（London Missionary Society）的马礼逊（Robert Morrison），到达广州的时间是 1807 年 9 月 8 日。

国较晚、历史较短，三个时期也相应较短。

在我看来，美国汉学从大的方面可以分为两个时期——业余汉学时期和专业汉学时期。虽然1877年耶鲁大学设立第一个汉学教授职位可以看作是美国专业汉学建立的标志，但专业汉学在19世纪末20世纪初发展很慢，赖德烈（Kenneth S. Latourette）在1918年的一篇文章中这样描述当时的情况："我们的大学给予中国研究的关注很少，在给予某种程度关注的大约三十所大学中，中国仅仅是在一个学期关于东亚的概论性课程中被涉及，只有在三所大学中有能够称得上对于中国语言、体制、历史进行研究的课程。美国的汉学家是如此缺乏，以至于这三所大学中的两所必须到欧洲去寻找教授"（Kenneth S. Latourette，1918）。

美国学术界逐渐意识到了这个问题，1929年2月美国学术团体理事会（American Council of Learned Societies，1919年建立的全国性学术促进机构）专门成立了"促进中国研究委员会"（Committee on the Promotion of Chinese Studies），以此来改变美国汉学研究落后于其他学科的局面。[5]所以我们不妨将1877年至1928年（哈佛燕京学社建立）或1929年（促进中国研究委员会建立）的这50年看作是过渡时期。专业汉学内部传统汉学与中国学的分野可以哈佛东亚研究中心建立的1955年为时间点，从美国东方学会中分离出来的亚洲学会（Association for Asian Studies）建立的1956年同样可以作为一个标志性的时间点，而分离的动力同样来自费正清。仍然以上述的时间点为界限，我们或者可以把美国汉学分成更为清晰的三个时期，即：早期（1877年前）、中期（1877—1928年）、后期（1929年后）。

二、研究现状

就近二十多年来国内外对美国汉学的研究来看，二战后的中国学是重点。1981年出版的《美国中国学手册》可以说是国内研究的一个开端，该手册系统地编译整理了二战后530名美国中国学家和515名美籍华裔中国学家的生平著述资料，同时还全面介绍了美国研究中国的机构、收藏中文资料的图书馆、出版的中国学书目等一系列信息，是一本资料翔实的工具书，为此后美国中国学的研究

5 American Council of Learned Societies Bulletin，1929 (10).

打下了扎实的基础。

目前国内学者已经出版有专著多种、论文多篇：中国社会科学院情报研究所，1981；王景伦，1994；侯且岸，1995；陈君静，2003；王建平、曾华，2003；朱政惠，2004；胡大泽，2004；苏炜，1987；王晴佳，1993；张铠，1994。美国学者对自身学术的梳理也积累了不少成果：Derke Bodde，1946；Meribeth E. Cameron，1948；Amy A. Wilson，et al eds.，1983；Richard C. Howard，1988。其中以柯文（Paul A. Cohen）的《在中国发现历史》（*Discovering History in China*）一书最为详尽和深入。柯文在该书中解剖了20世纪50年代至60年代美国中国研究的三种方法（approach）："冲击—回应"（impact—response）、"传统—现代"（tradition—modernity）、"帝国主义"（imperialism），并认为这三种方法虽然在课题的设定、材料的选择、问题意识等方面不尽相同，但都是"以西方为中心的"（Western-centric）。在批判旧的研究方式的同时，柯文在书中呼吁学者们转向一种新的"以中国为中心的"（China-centered）研究方法，其特点是："力图重建中国人所实际感受的历史，而不是一种外在的问题意识下的历史，将中国问题放在中国的语境中，将领土广大和情况复杂的中国分解为小的、更容易把握的单位，并将中国社会看作是分成若干等级的，在运用历史学方法之外热烈欢迎各种社会科学和其他学科的理论和方法"（Paul A. Cohen，1996）。这种在20世纪70年代逐渐建立起来的方法打开了学者们的思路，给此后美国的中国研究注入了极大的活力。1996年柯文推出了新版《在中国发现历史》，在1984年老版的基础上对20世纪70年代至90年代的美国中国学给予了切中肯綮的评价。

与二战后中国学备受关注的情况相比，学者们对20世纪前半期以及20世纪以前的美国汉学史研究较少。国内学者对这一课题的研究最早可以追溯到莫东寅的《汉学发达史》。该书给美国汉学的篇幅非常有限，在描述美国汉学起源时作者写道："美国完成独立在一七八三年（乾隆四十六年），及释奴战终，统一南北之集权政府成立，已在十九世纪中叶（一八六五，同治四年），收夏威夷菲律宾在19世纪末（一八九八，光绪二十四年），其注意禹城，视欧人晚甚。其国民尚科学重实用，于中国历史文献之研究，初极忽视。有卫三畏者，纽约人，本神学者，于一八三三年（清道光十三年）由公理会派来华布教，曾编刊《中国宝库》（*The China Repository*）。乃由教会援助，于一八三二年（清道光十二年）创刊《广东》之月刊杂志，一八五一年（清咸丰元年）停刊。一八五七年（清咸丰七年）至一八七六年（清光绪二年），为美国驻华使馆秘书，晋至代理公使。归国后授中国语文于耶鲁大学，著《华语字典》及《读本》等。其《中国总览》（*The Middle Kingdom*）一书，凡两巨册二十六章，叙述中国历史地理人民政治文学社会艺术等概况，后由其子为复刊，流传甚广，为美人中国研究之见端”（莫东寅，1949，2006）。这段论述不但过于简单，而且有一些错误。但将卫三畏的《中国总览》（按：应为《中国总论》）看作美国汉学之开端却是很有道理的。莫东寅之后的国内学者对于美国早期汉学的状况一直处于语焉不详的状态，直到近年来才有所改变：张铠，1995；仇华飞，2000；吴义雄，2000；顾钧，2009。美国学者对本国早期汉学的状况研究很少，其中最有价值的是谭维理（Laurence G. Thompson）1961 年发表于台湾《清华学报》上的一篇文章，在这篇文章中作者简要评述了 1830 年至 1920 年美国主要的汉学著作，在文献上提供了重要的参考。（Arthur W. Hummel，1941；Laurence G. Thompson，1961）

对美国汉学的研究从性质上来说属于学术史的研究，其价值和意义正如梁启超（1999）所说：“学术思想之在一国，犹人之有精神也；而政事、法律、风俗及历史上种种之现象，则其形质也，故欲睹其国文野强弱之程度如何，必于学术思想焉求之。”二战前美国在汉学上一直落后于欧洲，二战后则逐渐成为西方汉学的中心，这是与其国力的发展紧密联系的。了解美国早期汉学的历史对于我们看清今天美国汉学的内在理路和成败得失无疑是非常有帮助的。

美国早期的汉学家都是业余汉学家，他们的学术研究不可能不与他们业内的工作发生紧密的联系，所以对于他们的研究也就不能局限在纯学术史的范围内，而必须与 19 世纪的美国史、中国史和中美关系史联系起来进行考察。除了业余和专业的差别之外，美国传教士汉学家与后来的专业汉学家相比还有两个显著的不同之处：一是他们在中国的时间一般都比较长，二是他们几乎都是“无师自通”。以卫三畏和费正清为例，前者在中国工作的时间为 43 年（1833—1876），而后者留学仅为 4 年（1932—1935）。我们知道，费正清的“精神之父”是马士，他在哈佛的老师是韦伯斯特（Charles K. Webster）、在牛津的老师是苏慧廉（William E. Soothill），在北京时得到过蒋廷黻、拉铁摩尔（Owen Lattimore）的学术指导（John K. Fairbank，1982）。而卫三畏走的则是一条自学成才、不断摸索的道路。所以研究传教士汉学在坚持寻找“内在理路”的同时，必须把外在因素纳入考察的范围。

相比于 20 世纪初的梁启超，今天我们对于学术和学术史应该说有了一种更新的理解。学术不再被看作一种纯粹的“知识”，而是一种“话语”，其背后同样有着复杂深刻的“权力”运作。这一点在西方近代以来关于东方的知识话语的建构中显得尤为明显。萨义德（Edward W. Said）的《东方学》（*Orientalism*）虽然涉及的主要是西方关于近东的知识谱系，但它很好地提醒我们，今天当我们书写汉学史时，我们不仅要关注学者们说了些什么，更应该关注的是他们为什么这么说，或者用福柯(Michel Foucault)的话来说,我们更应该关注的不是事物的“真相”，而是事物的“秩序”。实际上，根据福柯的见解，对于生活在一种文化中的人来说，要“真正理解另一种文化的真相是完全不可能的”（Michel Foucault，1971）。这种看法或许有点绝对和悲观，但是采用一种“考古学”而不仅仅是传统的“历史学”的方法，对于我们今天研究学术史无疑是非常必要的。

参考文献

[1] 陈君静 . 大洋彼岸的回声 ：美国中国史研究历史考察 . 北京 ：中国社会科学出版社，2003.

[2] 仇华飞 . 论美国早期汉学研究 . 史学月刊，2000（1）.

[3] 顾钧 . 卫三畏与美国早期汉学 . 北京 ：外语教学与研究出版社，2009.

[4] 侯且岸 . 当代美国的“显学”：美国现代中国学研究 . 北京 ：人民出版社，1995.

[5] 胡大泽 . 美国的中国近现代史研究 . 北京 ：中国社会科学出版社，2004.

[6] 黄育馥 . 20 世纪 80 年代以来美国中国学的几点变化 . 国外社会科学，2004（5）.

[7] 梁启超 . 论中国学术思想变迁之大势 • 总论 . 梁启超全集第二册 . 北京 ：北京出版社，1999.

[8] 莫东寅 . 汉学发达史 . 北平文化出版社，1949.

[9] 莫东寅 . 汉学发达史 . 郑州 ：大象出版社，2006.

[10] 钱金保 . 中国史大师费正清 . 世界汉学，1998（1）.

[11] 苏炜 . 有感于美国的中国学研究 . 读书，1987（2）.

[12] 陶文钊 . 费正清与美国的中国学 . 历史研究，1999（1）.

[13] 王建平，曾华 . 美国战后中国学 . 沈阳 ：东北大学出版社，2003.

[14] 王景伦 . 走进东方的梦——美国的中国观 . 北京 ：时事出版社，1994.

[15] 王晴佳 . 美国的中国学研究评述 . 历史研究，1993（6）.

[16] 吴义雄 . 在宗教与世俗之间 ：基督教新教传教士在华南沿海的早期活动研究 . 广州 ：广东教育出版社，2000.

[17] 徐国琦 . 略论费正清 . 美国研究，1994（2）.
[18] 杨念群 . 美国中国学研究的范式转变与中国史研究的现实处境 . 清史研究，2000（4）.
[19] 余英时 . 开辟美国研究中国史的新领域：费正清的中国研究 . 傅伟勋、周阳山主编 . 西方汉学家论中国 . 台湾正中书局，1993.
[20] 张凤 . 哈佛燕京学社 75 年的汉学贡献 . 文史哲，2004（3）.
[21] 张铠 . 从"西方中心论"到"中国中心观"——当代美国中国史研究的发展趋势 . 中国史研究动态，1994（11）.
[22] 张铠 . 美中贸易与美国中国史研究的奠基——殖民时期至第一次世界大战 . 中国史研究动态，1995（5）.
[23] 张西平 . 传教士汉学研究 . 郑州：大象出版社，2005.
[24] 中国社会科学院情报研究所 . 美国中国学手册 . 北京：中国社会科学出版社，1981 年版（1993 年出增订版）.
[25] 周法高 . 谈美国数大学有关中国的课程 . 新天地 . 台湾，1964.
[26] 朱政惠 . 美国中国学史研究：海外中国学探索的理论与实践 . 上海：上海古籍出版社，2004.
[27] A. Owen Aldridge. The Dragon and the Eagle: The Presence of China in the American Enlightenment. Detroit: Wayne State University Press, 1993.
[28] Aldridge, A. Owen. The Dragon and the Eagle: The Presence of China in the American Enlightenment. Detroit: Wayne State University Press, 1993.
[29] Amy A. Wilson, et al eds. Methodological Issues in Chinese Studies. New York: Praeger, 1983.
[30] Arthur W. Hummel. Some American Pioneers in Chinese Studies. Notes on Far Eastern Studies in America, 1941 (9).
[31] David E. Mungello. Curious Land: Jesuit Accommodation and the Origins of Sinology. Stuttgart: Steiner Verlag Wiesbaden Gmbh, 1985.
[32] David Shambaugh ed. American Studies of Contemporary China. Armonk, N.Y.: M. E. Sharpe, 1993.
[33] Derke Bodde. Sinological Literature in the United States 1940—1946. Quarterly Bulletin of Chinese Bibliography, New Series, 1946 (6).
[34] Earl Swisher. The Harvard-Yenching Institute. Notes on Far Eastern Studies in America, 1942 (11).
[35] Frederic I. Carpenter. Emerson and Asia. Cambridge: Harvard University Press, 1930.
[36] John K. Fairbank. China Perceived: Images and Policies in Chinese-American Relations. New York: Alfred A. Knopf, 1974.

[37] John K. Fairbank. Chinabound: A Fifty-Year Memoir. New York: Harper & Row, 1982.

[38] John M. H. Lindbeck. Understanding China: An Assessment of American Scholarly Resources. New York: Praeger Publishers, 1971.

[39] Kenneth S. Latourette. American Scholarship and Chinese History. Journal of the American Oriental Society, 1918 (38).

[40] Laurence G. Thompson. American Sinology 1830—1920: A Bibliographical Survey. Tsing Hua Journal of Chinese Studies, 1961 (2).

[41] Meribeth E. Cameron. Far Eastern Studies in the United States. Far Eastern Quarterly, 1948 (2).

[42] Michel Foucault. The Order of Things. New York: Vintage Books, 1971.

[43] Paul A. Cohen&Merle Goldman, eds., Fairbank Remembered. Cambridge: Harvard University Press, 1992.

[44] Paul A. Cohen. Discovering History in China: American Historical Writing on the Recent Chinese Past. New York: Columbia University Press, 1996.

[45] Paul M. Evans. John Fairbank and the American Understanding of Modern China. New York: Basil Blackwell, 1988.

[46] Paul A. Cohen & Merle Goldman, eds. Fairbank Remembered. Cambridge: Harvard University Press, 1992.

[47] Richard C. Howard. The Development of American China Studies: A Chronological Outline. International Association of Orientalist Libraries Bulletin, 1988 (32–33).

[48] S. W. Williams. The Middle Kingdom. New York: Charles Scribner's Sons, 1883 (2).

作者简介

顾钧，1972 年生，2001 年毕业于北京大学，获文学博士学位。现为北京外国语大学国际中国文化研究院教授。主要研究方向为英美汉学史、翻译学和中外文学关系。出版有《卫三畏与美国早期汉学》《鲁迅翻译研究》《美国第一批留学生在北京》《美国汉学纵横谈》等著作，发表学术论文 60 余篇。2011 年入选教育部新世纪优秀人才支持计划，2012 年入选北京市中青年社科理论人才百人工程。

（原载《国外社会科学》2011 年第 2 期）

“语言学转向”之后的汉语哲学建构
——欧美汉学界对于先秦中国思想的不同解读

韩振华

▶ **摘要** 汉学家陈汉生基于“物质名词”假说建构出的汉语和汉语哲学认识，受到另一位汉学家罗哲海的深刻批评。论辩双方之间的分歧并非只是二者分别倾向于儒家和道家的表面差异，而是他们所分别依托的欧陆法兰克福学派批判理论与英美新实用主义之间的巨大分歧。双方的思想在各自的理论进路上都得到了充分的拓展和袒露，所以对此次论争的深入剖析，也有可能成为理解和评价欧陆汉学、英美汉学的深层次“抓手”。

▶ **关键词** 陈汉生；罗哲海；分析哲学；新实用主义；批判理论

导论：西方中国哲学研究中的“语言学转向”

20 世纪下半叶，受到西方哲学界“语言学转向（the linguistic turn）”[1] 大趋势的深刻影响，身处欧美的西方汉学家们在解读早期中国哲学文献时，多从古代汉语的语言特点出发，追溯古汉语与中国思想表达之间的深层关联。由此，西方汉学研究中也兴起了一种“语言学转向”。从地域上看，英美盎格鲁—撒克逊（Anglo-Saxon）一系的分析哲学传统，以及法语区的后结构主义思潮，是西方哲学“语言学转向”的重要表征。与之相应，西方汉学的“语言学转向”也主要表现在英美和法国的汉学研究成果中。葛瑞汉（Angus C. Graham）、谢和耐（Jacques Gernet）、倪德卫（David S. Nivison）就是汉学家中非常关注语言因素、其所思所

1 现代西方哲学中的“语言学转向”可追溯到弗雷格（Gottlob Frege）1884 年出版的《算术基础》（*Die Grundlagen der Arithmetik*）一书，之后分析哲学学派中的罗素（Bertrand Russell）、前期维特根斯坦（Ludwig Wittgenstein）延续了重视语言分析的传统。在人文领域中，对“语言学转向”发挥实质影响的是索绪尔（Ferdinand de Saussure）的结构主义以及后来包括福柯（Michel Foucault）、德里达（Jacques Derrida）、克里斯蒂娃（Julia Kristeva）等法系哲学家在内的后结构主义思潮。理查德·罗蒂（Richard Rorty）1967 年出版的《语言学转向——哲学方法论文集》（*The Linguistic Turn: Essays in Philosophical Method*）助推了“语言学转向”这一术语的风行。

著至今仍产生重要影响的三位代表性人物。

以法国汉学家谢和耐为例来看：谢和耐 1982 年出版了其最负盛名的代表作《中国与基督教：冲击与回应》，在讨论“中国人思想方式的独特性”时，他认为，“中国人拒绝设想一种完全独立于现象世界的永恒真理范畴”，“拒绝划清理性与感知的界限”。而之所以如此，则与汉语的“语言特质”有着密切关系。汉语“没有通过形态学系统区分的语法范畴”，亦即，名词没有性、数、格，动词没有变位（时态、语态）等屈折变化；而且，“汉语中没有标示存在（being）的字眼，没有可用来传递存在或物质（essence）概念的东西”。在西方，being 在“永恒的实在”意义上可以表示超越于现象的事物，因此在西方哲学和宗教思考中带有根本性的重要意义，而 being 对于一个中国人来说就非常难以理解。汉语是非屈折变化语言，“意义生自词语的组织方式”，这导致“中国人的相反相成和相辅相成概念”，而且，“根本的相对主义在哲学思考中起了主导作用”。西方哲学传统依靠的是“被认为是一般概念的范畴和关注稳定性的抽象观念”，与之相比，

> 中国人的思考方式只承认功能的分类和对当法。它不关心“是”或“否”，存在或不存在，而是关心相互替续、结合以及互为补充的相反事物；不关心永恒的实在而关心势能趋向和枯荣盛衰。它不要作为一种不朽的规则的定律概念，而喜欢为发展制定一种模式或图式。……人们更喜欢比较和组合而不是逻辑的连结。(Jacques Gernet，1982)

谢和耐相信，语言提供了头脑认识事物所具特性的基本结构，语言的特殊性对人的推理起着潜移默化的作用，支持了一定的思维定式。在欧洲，“本质与偶然的对立”是具有根本性的，耶稣会士利玛窦（Matteo Ricci）正是依据这种逻辑来证明精神的绝对自主性和理性灵魂的存在，而“这种对本质概念的发挥和柏拉图式的概念肯定会把许多中国人完全给弄糊涂了”（谢和耐，1989）。所以，汉语与欧洲语言的上述差异造成明清之际来华传教士和他们传教的对象之间在精神的最高层面上殊难沟通，传教事业的不成功亦属必然。

实际上，谢和耐对汉语性质的阐述并没有超出之前西方汉学家的认识水平，而且也不是第一位从汉语语言特点来“透视”中国人思想、思维方式的西方汉学家。早在 1826 年，德国语言学家洪堡特（Wilhelm von Humboldt）就依据汉学家雷慕沙（Jean Pierre Abel Rémusat）的《汉文启蒙》（*Èlémens de la Grammaire Chinoise*）

一书，撰写了《论汉语的语法结构》《论语法形式的通性以及汉语的特性（致阿贝尔·雷慕沙先生的信）》两篇文章。洪堡特主张“语言左右思想”，认为“汉语的风格以其令人惊诧的效果束缚了形式表达的发展”，而“在那些结构对立于汉语的语言里，思想获得了更多更细腻的处理”（洪堡特，2001）。在汉语学界，接受过现代学术教育的张东荪1947年发表了《从中国言语构造上看中国哲学》一文，从“比较”而非“比附”的角度指出：“中国言语上没有语尾变化，以致主语与谓语不能十分分别，这件事在思想上产生了很大的影响。现在以我所见可举出四点：第一点是因为主语不分明，遂致中国人没有‘主体’（subject）的观念；第二点是因为主语不分明，遂致谓语亦不成立；第三点是因没有语尾，遂致没有tense与mood等语格；第四点是因此遂没有逻辑上的‘辞句’（proposition）”（张东荪，2002）。可以说，在致思方向上谢和耐跟洪堡特、张东荪是一脉相承的。

然而，考诸中国哲学的实际情形，起码从宋明理学开始，受到佛教华严宗、禅宗思想的影响，汉语思想中就具有了“理一分殊”的观念。北宋程颐称道张载的《西铭》（《正蒙·乾称篇》的一部分）为“明理一而分殊”[2]。在此基础上，朱熹又说：“万物皆有此理，理皆同出一原，但所居之位不同，则其理之用不一。”[3]尽管程朱所言“理一”不可能完全等同于西方“对本质概念的发挥和柏拉图式的概念”，但是，二者在指称“统一性”与“多样性”的关系方面，显然具有诸多共通之处。因此，谢和耐如此笼统地把整个汉语视为一种固定、静态的形态，首先就与汉语以及汉语哲学的实际发展历程相悖；其次，由这一非常可疑的逻辑前提，推出中、西之间无法在最高精神层面上进行沟通，显然也是成问题的[4]。

问题依然存在：如果说汉代以后中国语言和中国哲学受到印欧语系中佛教思想的至深影响，并最终形成了中国化的佛教以及宋明理学等理论形态，那么，在汉代之前（特别是先秦时期），中国语言和中国思想是否就是迥异于西方的知识存在，以至于中西之间无法进行深层次沟通？或者说，中国先秦诸子百家时期的语言形态，一开始就奠定了中国哲学和思想发展的全部可能性，语言的“限阈”即是思想的“限阈”？

显然，美国汉学家陈汉生（Chad Hansen）1983年出版的《中国古代的语言

2 《答杨时论西铭》，《二程全书·伊川文集》卷五。
3 《朱子语类》卷十八。
4 对谢和耐前述观点的批评，另可参考许苏民（2011）。

与逻辑》（Chad Hansen，1983）一书，就致力于关注中国先秦这一并未受到外来干扰的、“纯化”的语言和思想形态，并进而申述中西之根本差异的。而德国汉学家罗哲海（Heiner Roetz）对陈汉生的批评则直指陈汉生理论学说的哲学根柢，进而顺势托出自己独特的“轴心期”哲学理论。考察这一哲学论争的哲学背景，并揭示其现实关切，可以帮助我们更准确地把握当代德国批判理论与英美分析哲学之间的精神分歧。笔者亦尝试对此哲学论争做出理论评判与回应，并相信，这项工作对于在当前全球化的学术语境中，中国哲学如何面对各种错综复杂的文化冲突、因应全球化与本土化挑战，放言于心声，中的于现状，更好地参与跨文化哲学对话，具有重要的意义。

一、从“语言学说”讲起——陈汉生的汉语哲学认识

《中国古代的语言与逻辑》是陈汉生的第一部专著。正如作者在后来写就的“中文版前言”（1998 年）中自承，最初撰写此书时，其方法论还不是非常明晰。从整体上看，他在这部著作中综合运用了分析哲学的理论方法，不过，分析哲学内部两种不尽一致的诠释 / 翻译倾向在其著作的某些章节（尤其是第一章“方法论的反思”）中留下了一些相互纠结、含混模糊的烙印。以下试为述之。

（一）“方法论反思”与关于古代汉语的四个假定

在方法论问题上，一方面，陈汉生期望依照分析哲学家蒯因（Willard Van Orman Quine）、戴维森（Donald Davidson）的“施惠原则（又译‘宽容原则’，principle of charity）”，首先把中国思想文本设定为有理性（具有“真值”）的文本，相信“他人（被阐释者）”和“我们（阐释者）”之间共有一些相似的信念，并把他人的表述理解和解释为“真”。这种赋予真值的“施惠原则”是一种整体性的信念前提，它支配着“我们”对“他人”的理解和解释。就此而言，那种把文本的某个部分视为孤立语句，并通过逐个对照式的证实真假来进行理解和解释的路径是错误的。在方法论上，施惠原则支持“彻底翻译（又译‘原始翻译’、‘极端翻译’，radical translation）”，即面对一种完全崭新的语言文本时，应该尽可能地密切结合被阐释者当时的言语行为与他们所处的情境之间的联系来进行理解和翻译；不过，因为每次“彻底翻译”都带有重视某个特殊行为实践的实用主义实验性质，所以，不同的阐释者对同一语言文本做出的理解和翻译就可能是极为不同

的，这就是蒯因提出其著名的“翻译的不确定性（indeterminacy of translation）”命题的根本原因。

另一方面，陈汉生特别强调哲学家格兰迪（Richard Grandy）1973 年提出的“人文原则（principle of humanity）”，亦即当我们阐释某个人的语言文本时，我们必须假定他 / 她的信念、欲望跟其他人是相互联通的，通过一种“人同此心，心同此理”的方式来达至这个人的“命题态度（propositional attitudes）”。按照这一原则，如果从同样的假定出发，人们会做出几近一致的推断。格兰迪的“人文原则”原本是对蒯因“施惠原则”的一个补充，不过，对于撰写《中国古代的语言与逻辑》彼时的陈汉生来说，这两个原则之间的主辅关系完全颠倒了，也就是说，在陈汉生那里，“施惠原则”成了“人文原则”的补充。陈汉生认为自己贯彻的是一种“解释的一致性的方法论”，但是，这一方法论首先并不包含通过“像中国人那样思维”从而混融于中国思想世界的预设，其次也不简单地应和“中国逻辑特殊论”、或者“中国思想具有天生的不合逻辑性”的观点，再次，陈汉生对波兰汉学家雅努什·赫米耶莱夫斯基（Janusz Chmielewski）和成中英的“汉语隐含逻辑论”亦不表赞同，因为对于他们来说，研究的“发现”、结论早已预先包含在他们所采用的方法中了[5]。

那么，在剔除以上几种最常见的研究进路之后，陈汉生所说“解释的一致性”究竟何指呢？陈汉生提出，在解释中国人的思维时，应该采用“批判的、分析的、逻辑的和一致性的标准”（陈汉生，1998），理想的解释理论应该致力于发现在各种思想文本之中共有的“一种形式化的语义理论”。这种形式化的语义理论应该具有“精确性”和“准确性”的特征，但是，作为一种解释 / 翻译理论，它并不必然是“词对词的翻译”，而是精确地“反映中文语句的结构如何影响与说明文本的预设和结论”。而西方现代形式语义学恰恰由于能够准确而概括地关注某些思想文本的语言结构，所以，“像一个现代西方哲学家那样思维，是陈述和捍卫那种指令所要求的理论的最可依赖的方式”。陈汉生认为，在古汉语中完全见不到与此类似的中国人自己的“解释理论”，而且，作为西方学者的他必须使用西方自己的语言，并且是使用一种比日常西方语言“更为精确的清晰的语言”来提供解释，所以，选择西方现代形式语义学亦是一种不二选择（陈汉生，1998）。

5 《中国古代的语言与逻辑》中译本“译者序”的作者李先焜认为陈汉生“特别推崇成中英教授提出的‘在三个层次上研究中国逻辑的观点’”（“译者序”第 2 页）。然而，考诸陈汉生原意，李先焜的这种理解完全是南辕北辙。

可以说，陈汉生所心仪的方法论，本身即是彻彻底底的当代西方分析哲学的理论工具。分析哲学是一种具有强大解释力的理论工具，而且，因为分析过程往往表现得科学、客观、缜密，故而不能简单地认为采用分析哲学就必然会导致“以西律中”的结果。

在陈汉生看来，循此方法论，当然可以做到“施惠原则”所要求的解释对象各层次上的整体一致性，也就是说，对中国古典哲学文本中一段话的解释会跟对那一章的解释相一致，又会跟对整部书的解释相一致，进而跟文本作者的哲学理论、其所属哲学学派的理论、当时的哲学环境、哲学的传统理论、乃至某种反映哲学本性的理论相一致。然而，陈汉生更看重的是，这种方法论、解释理论，应该“能更好地与我们的政治活动、社会生活、宗教观念等以及它们的交叠部分的理论相一致”。亦即，解释的“人文原则”居于更加突出的地位。假设一种情形：当要解释的思想文本中出现自相矛盾之处时，“施惠原则”就陷入一种比较尴尬的境地，而此时“人文原则”仍可以继续保持其解释力——体现人文原则的解释理论本身就是一种“一致的、精巧的、有说服力的解释”，借助“人我相通”、设身处地的逻辑预设，它能够成功地说明为什么这种自相矛盾会出现，抑或，“什么样的信念、预设、或者过度的概括会使我们陷入同样的谬误”（陈汉生，1998）。陈汉生亦坦承，最后他选择的是“更为自然主义的和与人文原则更为一致的方法”（陈汉生，1988）[6]。

在进行了以上“方法论的反思”后，陈汉生开始提出他关于汉语的认识。在陈汉生之前，汉学家经常从汉语动词没有时（tense）、体（aspect）、式（mood）、态（voice）的词形变化这一点出发，推导出“汉语不够精确”或者“中国人缺少逻辑”等结论。与之不同，陈汉生是从汉语名词的特点出发来进行理论建构的。他注意到，汉语名词本身没有单、复数的形式变化，这一点使得汉语名词跟英语中的“物质名词（mass noun）”非常相似，而与印欧语系的“可数名词（count noun）”形成对比——一个汉语名词指称的是一种“质料（stuff）”，是整体物质的部分存在，而不是某一类属的单独个体。从汉语名词的这一“类物质（masslike）”语法特征出发，在一个仅仅使用古汉语的中国人那里，整个世界就是诸多质料的

6 需要注意的是，陈汉生这里所说“自然主义”指的是在分析哲学等思潮影响下英美认识论在方法论上的自然主义倾向，亦即假设可观察的自然与人文现象只能由自然原因来解释，而不假设超自然力量是否存在，因此也不接受超自然的解释。一般认为，在当代西方分析哲学中，这一方法论倾向的形成往往与蒯因 1969 年发表的名文《自然化的认识论（Epistemology Naturalized）》有着密切关联。

集合体。当汉语名词前放置数量词时，表示的是从这一整体质料中抽取出那一数量的部分质料而已。所以，围绕着汉语名词的是一种“部分与整体”的分体论(mereology)，而不是西方印欧语系中的“一与多”区分模式。以上即是陈汉生关于中国语言与思维中的“物质名词”假说（the mass noun hypothesis）[7]。

陈汉生的以上分析概括未依据任何汉语语料库，仅是依据直觉观察而做出的“弱论证（weak argument)”。然而在此之后，他却突然以一种“强论证（strong argument)”的姿态，提出“中国没有与古代西方一与多这一语法问题正式对应的哲学关注”：在古汉语中，“当谈及此质料的可定域部分时，把它们当作由名所挑选出的那个单一整体质料的部分，而不是当作具有某种普通或共同属性的‘特殊体’”；“中国古代没有一个用汉语表达的哲学系统以任何传统上重要的方式承认抽象（共相）实体的存在，或让其发挥重要作用，而西方语义学、认识论、本体论或心理哲学则给抽象以重要地位”(陈汉生，1998)。也就是说，在陈汉生看来，汉语名词的“物质名词化”并不支持汉语中出现“抽象理论”的动机，不管这种抽象理论是柏拉图（Plato）意义上的，还是洛克（John Locke）或弗雷格意义上的。

陈汉生（1998）有时仍会辅以如下弱论证的表述：

> 汉语语法不会引发对这类哲学理论（引者按，指抽象实体）的设定——而不是它使得这类理论不可能出现或用汉语不可表达。
>
> 这个问题不是语言能做什么的问题，而是理论实际上做了些什么的问题。
>
> 中国思想家从未发展出关于观念、概念或共相这类抽象实体的理论，这不应被当作不合理的或缺乏哲学深度。这类理论无论是本体论、语义学、心理哲学还是知识论（认识论）都受到语言特征的促动和刺激，这些语言特征把汉语语系同印欧语系区分开来。……哲学问题的不同提问形式将推动理论化朝不同方向发展。抽象理论对中国并不是不可能的，只是不必要而已（陈汉生，1998）。

但是，陈汉生更多时候是把这一点看作“先秦模式与西方传统语义学观点及心理哲学观点之间的主要差别”，认定“中国哲学既无抽象实体理论，也无精神

7 像高友工、梅祖麟、余宝琳等身处西方的华裔中国诗歌美学研究者，本着“句法缺乏诗性”的前见，认为古代汉语造就了一种“仅仅依赖词序和语境的孤立句法”，并且称说以古汉语为基础的诗学是一种“非连续诗学（poetics of discontinuity)”，其表征之一便是代表物类且无修饰的原型名词（archetypal nouns）具有很强的“一般性”，能够造成具体可感、鲜明生动的审美效果。这一认识与陈汉生的汉语观点具有某些相通之处。

实体理论”，“西方哲学中由诸如意义、概念、观念或思想等词项所扮演的角色，在中国哲学理论中毫无地位”（陈汉生，1998）。

陈汉生的这一逻辑“跳跃”很关键，由此出发，他提出了对于他来说至关重要的两个命题。

其一，他主张中国哲学思想是一种“行为唯名论（behavioral nominalism）”。中国思想中的“心”是动态的、行为主义意义上的“辨别和区分‘质料’进而指导评价和行为的能力”，而非西方心灵 / 心理主义（mentalism）、观念意义上的精神意象。汉语中的“名”与“实”一一对应，但是，因为中国的本体论是“部分 —整体学”的本体论，所以，

> 在学习名称的同时我们学会把实在区别或划分成这些被名称所命名的部分整体学的质料。命名不是基于抽象概念、属性、本质或理想类型的观念，而是基于找出事物间的“界限”。中国哲学家不是把心灵看成那些被称为观念的神秘对象的贮藏所，而是看作包含着区分质料的能力和倾向的官能（陈汉生，1998）。

陈汉生自承，“行为唯名论”这一术语借自美国分析哲学家塞拉斯（Wilfrid S. Sellars），而“唯名论”的论述则受到分析哲学家蒯因和古德曼（Nelson Goodman）的启发。陈汉生认为，西方现代唯名论极力反对西方自身的抽象和心灵主义传统，而“中国唯名论不是一种反对抽象和心灵主义的哲学立场，而只是一种甚至从未在语法上试图去构想一个抽象对象世界的传统”。

其二，考虑到汉语形容词名词化的现象，以及汉语中的“辞”仅是一个个名称串，“辞”之意义的差别完全是由字符的不同顺序而造成，据此陈汉生推论说，中国“语义学中没有任何理论阐述什么功能成分包含于语句之中，也不使用语义真理概念——语句间的意义关联”（陈汉生，1998）。“中国思想集中于语用的研究，……较少关心语义上的真假，而较多地关心语用上的可接受性（acceptability）”（陈汉生，1998）。在后来发表的论文《汉语、汉语哲学与“真理”》（1985）中，陈汉生认为，中国哲学家没有使用“真理”概念来对他们自己的哲学活动做哲学性的思考，“中国古代那些用来评价不同学说的‘哲学理论’并不依赖西方人非常熟悉的真 / 假区分（true/false dichotomy）”（Chad Hansen，1985）。他主张，对汉代之前的古代汉语采取实用主义式的（pragmatic）诠释，较之采用建基于“真理”观之上的语义（semantic）理论要来得更具有解释上的一致性。

> 如果语言学说是实用主义的，而且形上学、认识论和心灵理论都由这一实用主义的语言态度所驱动，那么，真理概念就不扮演任何角色。这样一来，也就没有任何理由将某个汉字或字符串翻译为英语的“真”。所以，“中国哲学没有真理概念”的观点也就等于说，对于中国古代的哲学家来说，在诠释方面对文本最具一致性的那种解读方案呈现的哲学理论具有一个特点：在这些哲学理论中，语义真理（semantic truth）并不具有什么理论地位。（Chad Hansen，1985）

与之相关，陈汉生强调中国先秦诸子并不重视欧几里得（Euclid）意义上的“理性 / 推理”（reason）观念，因此用“理性”来翻译中国先秦诸子的著作就会遮蔽中、西之间极为关键的一些差异（Chad Hansen，1991）。再以后的 1993 年，陈汉生又发表了《行动中的词信念：早期中国哲学中的句与词》（Term Belief in Action: Sentences and Terms in Early Chinese Philosophy）一文。延续之前的思路，他认为贯穿于古代汉语的是一种“词信念（term-belief）”，而不是语句信念；在汉语中，“心”指的是通过区辨（discriminate，或 make distinctions）质料来指导人们行为的官能，知识并非如在西方那样“表征着事实”，而是指“娴于社会技能”，所谓“知”，是一种“能作之知”“实际知识”——即“知道如何（know how）运用一个术语或一种说明去描述世界的某个部分”，而非“命题之知”（Chad Hansen，1993）。总之，在汉语中，

> 知识的角色主要并不是描述和表征。知识的目标是指导行为。“知”即是知“道”，而“道”是指正确的道路。知道哪个术语适用于某个特定事物是重要的，因为这样便可以知道如何做出反应。因此，古代汉语语言学说最为关注的对象是表达评价性、指导性意味的术语。语言是在世存在者谨慎行事的方式手段，而非纯粹的描述性活动。（Chad Hansen，1993）

以上林林总总便是陈汉生对古代汉语的总体认识。笔者不避烦琐，将其细致呈现出来，是想充分展示其方法论基础，并使其论证的承转、接缝处充分显形（尤其是他由对古汉语的认识一跃而为对古汉语哲学的论断），并为后文中笔者的评论、申述打下基础。实际上，如果要以一种非常简化的方案来呈现陈汉生关于古汉语的主要论点，那么，他自己在《中国古代的语言与逻辑》一书第三章“中国古代语言的背景学说”中概括出的“四个假定”，大致可以做到这一点。在详细考察了陈汉生的总体思路后，笔者再将其“四个假定”列举如下，我们可以更真

切地明白其理论原委。陈汉生的“四个假定”是：

其一，在语言功能上，古代汉语强调语言的态度形成功能，即规范功能；

其二，语言与世界相联系的方式是，在“部分－整体”本体论基础上，语言划分、辨识质料和现实；

其三，语言的起源与现状与一种较强的习俗约定论（conventionism）相关；

其四，在语言与心理的或抽象的对象（思想、意义、共相、类，等等）之间的关系问题上，古代汉语语言学说是一种唯名论，“从来没有一种隐含的或明显的一般概念之理论”（陈汉生，1984）。

（二）由“语言学说”到古代汉语哲学：解释的一致性?

上文提到，陈汉生的古代汉语认识绝非限于语言本体。虽然他强调自己并非主张“语言的限度即是思想的限度”，但是，事实上他却以古汉语相比于西方印欧语言的那些缺失出发，立意建构一套体现一致性的（coherent）解释理论，由此来解读先秦诸家的哲学理论。

通常情况下，陈汉生并不说自己关于古汉语的观点是对于古汉语严谨而系统的研究成果，而是有意跟传统的“小学”（文字、音韵、训诂）之学，以及现代基于数据库的语言研究划清界限：“我从来不乐意去从事考证文本的时代或建立文本的渊源与结构的阐释理论。我的兴趣是纯属解释性的。”陈汉生把自己的认识和结论称为古汉语的“语言学说”，是将一种“语言学说”应用于古汉语而做出的哲学诠释（philosophical interpretation），而非从古汉语本身出发来进行科学的语文学研究（philological study）。而且他自称，从事撰述，“我的小小目的不在于文化之间的交流，而是满足我自己的知识的好奇心”（陈汉生，1984）。然而，笔者认为，陈汉生绝没有安分于提供一套诠释这一“小小目的”，实际上，他将自己的诸多独断认识加于之古汉语和古汉语哲学之上，尽管这些认识看上去好像是让古汉语和古汉语哲学“文本自己说话”的结果。

陈汉生将他概括出的“四个假定”视为“所有中国古代哲学学派的中心议题”，诸子百家的各种哲学思想只是对这些论题做出的不同处理而已（陈汉生，1984）。也就是说，这四个假定是先秦诸子百家共有的“背景学说”，无论他们的观点表面上看起来如何差异，其实都是在这一“背景学说”设定的限度内展开的。《中国古代的语言与逻辑》一书对道家（《道德经》《庄子》）、儒家（《论语》《孟子》《荀子》）、墨子及墨家学派、名家（《公孙龙子》）的讨论，都以此为逻辑前提，并试图证明这些哲学流派与上述“背景学说”相互契合，而且，相较于其他解释理论(特别是柏拉图以降的西方理念论传统)，这一“背景学说”在解释中国古代哲学时更能保持内在一致，更具有解释效力上的优越性。

我们举两个例子来说明这一点。

第一个例子是《论语·子路》提出的“正名”学说。陈汉生认为这一学说并不包含真理性内涵，而只是以唯名论为基础，并体现习俗约定论诉求，要求“名”与“实”相符的实用主义主张。“正名”体现的是“控制命名约定而非控制事物状态”，“正名学的特征性在于处理了与名称间的包含关系相对的排斥区别”。“正名技术是处理冲突和例外的儒家方式”，“就在早期西方哲学假定语言的主要作用在于描述世界和传递有关世界的思想或信念的同时，儒家正名在这样的预设下工作：语言的主要功能是逐渐灌输指导选择和行为的态度。语言的使用应该作为社会控制的工具来进行操作。”陈汉生举《论语·颜渊》中“君君、臣臣、父父、子子”的例子，说明像君臣、父子、兄弟、长幼这些成对的词，“所有这些二分法都是实用性的和政治性的;儒家的这一分支缺乏纯本体论（存在科学）的兴趣”。总之，“似乎没有任何可靠的理由，足以使我们接受正名理论的柏拉图解释”（陈汉生，1984）[8]。

第二个例子是公孙龙的“白马非马”悖论。冯友兰、杜国庠、赫米耶莱夫斯基、卜德（Derk Bodde）等现代学者往往基于实在论,从“个别”和“一般（共相）”的相互关系出发,来解读这一悖论。这样一来,“白马非马”就受惠于“施惠原则”,成为一个合逻辑的命题。同时，公孙龙也因此成为中国古代哲学家中最早意识到共相、性质、概念、属性、意义等抽象所在，进而使得中国古代哲学能够与西方柏拉图以降的“一与多”逻辑传统进行沟通、对话的功臣。陈汉生却认为，这样看待“白马非马”，其实是非常突兀的——公孙龙成了独立于前文所述“汉语背景学说”之外的一个特例。这样做只会给整体化的解读增加麻烦：没有词形变化的汉语名词是“类质料名词”，但是对“白马论”的这种解读却为其节外生枝地附加上了具有词形变化的西方印欧语系才拥有的抽象意涵。陈汉生坚持以普遍意义上的汉语物质质料（mass-stuff）本体论来看待、解释公孙龙的“白马非马”论，在其解读之下，“马”和“白马”都是对客观现实、质料的区分和辨别，因此，

8 钱穆弟子、著名学者陈启云指出，在陈汉生等西方行为学派的解释下，儒家的“正名”学说变成了粗浅的行为主义思想，其牵涉到的真理内涵被忽视了。实际上，《论语》“正名”是关于“言”而非“名”的问题，“孔子所注重的是含有丰富思想内容的‘言’，而不仅是‘约定俗成’的‘名’”，见陈启云（2001）。

“白马非马”就不可能是冯友兰等人理解的“白马之性不同于马之性”，而是指“白马一类的事物不同于马一类的事物”。亦即，“白马”与“马”之间的差异是“部分质料”与“整体质料”之间的分别。尽管这样分析的结果显示公孙龙的论证是错误和无效的，但是，陈汉生仍然坚信：“根据物质质料的解释比那种把关于抽象的或心理的对象的理论发现归于公孙龙的任何解释更为合理。”（陈汉生，1984）

不难看出，陈汉生对古汉语、古汉语哲学的认识，贯穿了两条线索：其一，古汉语不同于西方印欧语系，甚至二者是对立性的；其二，古汉语各派哲学思想遵循着同样的语言预设（此即陈汉生所谓“一致性”），因此绝不能将古汉语哲学的任何一派比附为西方哲学的对应物。在其出版于 1992 年的《中国思想的道家学说：一种哲学诠释》（*A Daoist Theory of Chinese Thought: A Philosophical Interpretation*）一书中，陈汉生进一步贯彻了这种致思路径，并用来为道家学派进行全面辩护。陈汉生认为，中国先秦的语言与心理学说经历了四个阶段：(1) 肯定“道”（孔子、墨子）；(2) 反语言的“道”（孟子、老子）；(3) 分析期（后期墨家、名家、庄子）；(4) 权威主义时期（荀子、韩非子）。不过，陈汉生宣称自己无意于断代理论（dating theory），因此这种“四阶段论”并不受某些历史细节的影响。

在对早期中国思想的解读中，陈汉生有意针对的是其所谓西方关于中国思想的“主流诠释理论”。这一“主流理论”倾向于认为，“中国哲学是建立在诡异直觉和神秘主义基础上的非理性的，甚至无理性的、反理性的操习”，这样中国哲学就被边缘化了；同时，这一理论有意抬升儒学在中国哲学中的支配权，其实质是把中国哲学化约为儒家哲学，其结果则必然使得墨家变得肤浅，法家变得不具备说服力，道家则完全不可理喻（陈汉生，1992、2000）。陈汉生激烈反对这一成见，他强调中国与西方印欧文化在语言观念上的根本差异：印欧文化对语言采取的是一种语义学（semantic）进路，而早期中国文化则采取一种实用主义进路；在中国，“语言是一种社会实践，其基本功能是指导行动。这种指导话语的最小单位是‘名’”（陈汉生，1992、2000）。其“四阶段论”的理论框架正是在这一理论前提下提出来的。

在汉学家史华慈（Benjamin I. Schwartz）《古代中国的思想世界》（*The World of Thought in Ancient China*, *1985*）、葛瑞汉《论道者：中国古代哲学论辩》（*Disputers of the Tao: Philosophical Argument in Ancient China*，1989）之后，陈汉生《中国思

想的道家学说：一种哲学诠释》有意为评价中国先秦哲学提供一种全新的、颠覆性的诠释框架。他断定之前的诠释“其支离破碎是众所周知的，它们在哲学上含糊晦涩，在智力上平淡乏味”（Chad Hansen，2000），而他从“语言学说”出发而提供的“一致性”诠释，则是在“哲学”一路上的“思想实验”与探险：

> 我的本能是哲学式的，而非历史性的。我在很大程度上依赖着其他学者对于中国思想的认识。但是，对我而言，挑战总是在于怎样理解中国思想。我对这一挑战的回应也是哲学式的。在探索理论架构时，哲学家是在构造“思想实验”。我们通过详述种种哲学立场如何能够衍推来确定它们的正当性。通过设想其他可供选择的理论，我们来检验自己的直觉或深思熟虑的判断。（Chad Hansen，2000）

陈汉生的这种全新诠释框架，表面上以科学主义为指引，然而在立场上却意图先行，强烈地扬道抑儒，实际上从一开始便走在一条偏执化的道路上。他认为自己的理论是“道家理论”，通过反思自己之前的“施惠原则”，转而“要仔细地和以赞赏的眼光考察儒家反对者的批评，而以批判的眼光注视儒家辩护的恰当性”（Chad Hansen，2000）。他从两点上强调了道家的地位：一、认为道家是在中国思想发展史中最受曲解的哲学；二、较之一般儒家的偏见，在作为一个整体的中国哲学史中，道家的观点更具有意义。

陈汉生对孟子的讨论很能说明这一问题。《中国思想的道家学说：一种哲学诠释》一书第 5 章专论孟子，标题是“既成学说的回击”。陈汉生将孟子置于“反语言时期”的前锋位置，时时处处可见对于孟子的批评。他认为孟子在思想上借用、复制了原始道家杨朱的理论结构来反驳墨子；孟子的人格伦理学是互相矛盾的，他借助功利性思维来劝说君主们推行无关乎“利”的“义”和“仁政”，其结果只会导致混乱而不是秩序（Chad Hansen，2000）；孟子对“辞让之心（礼）”“是非之心（智）”的论证并不充分（Chad Hansen，2000）；孟子“心”论的真正问题在于，孟子一定要把它解释为一种规范性理论（normative theory），他将其未必雄辩的特定道德心理学和规范性理论混为一谈了（Chad Hansen，2000），他企图从“实然”中汲取出“应然”来（Chad Hansen，2000）；孟子对儒家的辩护并未上升至语言理论的层面，因为他的理论本身即是反语言的（Chad Hansen，2000）；关于孟子运用的类比，陈汉生认为“粗暴笨拙而又不具说明力”（Chad Hansen，2000），而刘殿爵（D. C. Lau）对孟子式类比合法性的论证（D.

C. Lau，1963）由此也陷于一厢情愿的意图伦理之中。总之，“《孟子》一书所呈现的孟子的推理方式是，他在辩论中总是尽其所能地玩弄语言花招，含糊其词，任意转换自身立场，乃至运用人身攻击、非常势利而傲慢的目中无人来战胜对手。他最擅长的是以回避问题实质、转移问题和牵强附会的隐喻类比来羞辱对手”（Chad Hansen，2000）。所以，“那种认为中国哲学倚重直觉多过理性的陈腔滥调基本上肇因于孟子”（Chad Hansen，2000）。孟子就是古代哲学家中的“笑柄”（laughingstock），尽管他确实产生了巨大的影响。

正如论者所说，“陈汉生的哲学图景反映了美国分析哲学的两个主要特征：唯科学主义（scientism）与对于文本研究的抽象化（the abstraction from textual study）”（Eske Møllgaard，2005）。众所周知，分析哲学是英美哲学的主流；甚至可以说，在英美盎格鲁–撒克逊语境中，当提到“哲学”一词，指的就是分析哲学。分析哲学的强势“垄断”地位事实上已造成了对其他可能研究路径的挤压。陈汉生自承其研究进路是“哲学式的”，很显然也就是分析哲学式的，而且这一进路带有极强的排他性。他反复声称自己的工作是“哲学式的”“解释性的”，满足于科学主义的自我封闭体系，而自异于那种注重历史考证的路数，就是其排他性的独特表现。

（三）陈汉生的批评者

就其关于汉语和汉语哲学的主要观点而言，陈汉生并非唯一如此主张的学者。实际上，在中西现代学术语境中，陈汉生能够找到不止一位知音。远的暂且不说，笔者这里仅举两个近例。其一为邓晓芒教授。主攻德国古典哲学的邓教授断定中国古代哲学在整体上忽视语言的中介作用，强调体验的直接性，具有强烈的“反语言学倾向”，“语言的逻辑本性始终未能得到发挥和实现”，中国古代辩证法“不能上升到概念的思辨层次”（邓晓芒，1992）。其二为美国圣荷西州立大学（San José State University）的牟博教授。尽管牟教授不同意陈汉生的“物质名词”假设，但是他提出的“集合名词（collective-noun）”假设仍然与陈汉生存在诸多相通之处。比如说，牟博认为汉语名词是一种分体本体论，只不过这种本体论是“集合由个体聚成（collection-of-individuals）”式的，它可以同时把“部分–整体”结构和“成员–类别”结构涵括在内。另外，牟博也认为中国古代的语言理论家视“分体论式的唯名论（mereological nominalism）”为理所当然，所以，西方自柏拉图以来非常重视的“一与多”问题在中国哲学传统中并没有得到自觉的关注（Bo Mou, 1999）。可以说，以上邓晓芒、牟博两位教授尽管取径不同，但其主要观点却可以引陈汉生为同调。

然而，由于陈汉生立论的独断性，批评与争议的声音亦非常多。比较温和的批评，如葛瑞汉指出，陈汉生过于倚重他之前《后期墨家的逻辑、伦理与科学》（*Later Mohist Logic Ethics and Science*，1978）等著作中的一些论断，未经反思地向前推进，而他后来已经部分修正了自己前期的某些论述（Angus C. Graham，1985）。在考察先秦兵家著作《鹖冠子》时，葛瑞汉认为其中存在着一个抽象、超越的"泰一"（《鹖冠子·泰鸿》），这也与陈汉生"古代汉语中没有抽象名词"的说法相悖（Angus C. Graham，1993）。此种批评，可视为修正性的一类。

比较尖锐的批评意见，如著名汉学家、古汉语专家何莫邪（Christoph Harbsmeier），他除了指出陈汉生过于倚重葛瑞汉某些问题重重的论断之外，亦直指陈汉生之论述存在概念运用含混（如使用 mereology 一词而没有正本清源）、逻辑推演关键步骤无效（如 mereology 与物质名词假设本来没有多少关系，但陈汉生却错误地将二者关联起来）、忽视语料库而将强有力的普遍结论和哲学关切建基于总体上很不充分的经验分析之上、强调显相而忽视功能（如古汉语实际上也拥有对于名词可数 / 不可数之分的修饰性表征）、汉学与西学知识双重欠缺，以及文字舛误多有等严重缺憾（Christoph Harbsmeier，1983—1985）[9]。无疑，何莫邪对陈汉生的批评是全方位的，几乎彻底推翻了陈汉生的主要观点。与何莫邪相似，汉学家艾文贺（Philip J. Ivanhoe）亦批评陈汉生对文献的解读遍布错误，《中国古代的语言与逻辑》第三章表现得尤为明显。陈汉生对庄、墨、老的解读尚大致能成立，而对孔、孟、荀的误读则非常严重（Philip J. Ivanhoe，1987），显示其于汉语学术而言实在外行。

围绕陈汉生的"物质名词"假设，香港科技大学冯耀明（1993）先生、台湾中研院方万全（1997）先生、香港大学方克涛（Chris Fraser，2006）先生都曾发表批评文章。尤其值得一提的是冯耀明的批评文章。冯耀明是公孙龙研究专家，他认为陈汉生以"物质名词"假设来解读《公孙龙子》处处扞格；通过细读"白马论""坚白论"两章的文本，冯先生指出陈汉生为了行销其"物质名词"假设

9 后来，何莫邪连续发表两篇文章批驳陈汉生的"物质名词"假设，参看 Christoph Harbsmeie（1989）以及 Christoph Harbsmeier（1991）。

和质料分体论，任意曲解文意以迁就己说，完全违反了诠释的“施惠原则”，其关于公孙龙推论无效的论断也是完全错误的。

陈汉生的推理过程问题重重，论者多有涉及。如包智明就批评陈汉生陷入“语言决定论（linguistic determinism）”而推出诸多无法让人信服的结论（Bao Zhi-Ming，1985）。Michael R. Martin（1987）指出，陈汉生的某些正确认识沉陷在错误或不充分的推演过程中。方克涛（2007）指出，尽管陈汉生关于古汉语“物质名词”的假设可以成立，但是，据此却无法推出中国古代思想家将一般名词的外延视作分体论意义上的整体项，也不能据此推出汉语语义理论视唯名论为理所当然。而且，先秦语言哲学家实际上并没有诉诸“部分—整体”关系来解释一般术语。所以，陈汉生由语言推及思想的论证是无效的（Chris Fraser，2007）。美国南康涅狄格州立大学的华裔学者杨小梅（Xiaomei Yang，2011）也敏锐地意识到，不同语言之间语法形式的差异无法用来解释不同哲学传统之间的本体论差异，也就是说，从语法属性读出语义属性，把语法差异视作不同语言间的语义差异，是逻辑的过度跳跃。陈汉生单纯依据汉语名词的语法特征来解释中国古代哲学中“个别—普遍”问题的缺失，是无效的；从物质名词语义学推出的“部分—整体”本体论也并不是“语言—世界”关系的自然或直观图景。

前文曾经提及，陈汉生主张先秦哲学中没有区分开句子与其他词项，故而先秦哲学文献只有“词信念”，而没有“语句信念”。与之相关，古汉语主要关注判断的“可接受性”，而非“真 / 假”；只重“观点”和“立场”，不重真理知识；所以，真理概念在先秦哲学中并不扮演任何角色，甚至“汉语哲学没有真理概念”。对于这种主张，陈启云（Chi-yun Chen，1990）先生在《汉语与真理：陈汉生批判》一文中进行了针锋相对的回应。陈先生复在《孔子的正名论、真理观和语言哲学》一文中，充分留意到陈汉生与实用主义、行为主义（按，“行为主义”重视 knowing how 的“能作之知”“行为性知识”，而忽视了“真理之知”“命题性知识”）及习俗论（conventionalism）之间的关联（陈启云，2001）[10]。方万全则主要依据戴维森等人的语言哲学、知识论与心灵哲学来检讨陈汉生的上述看法，主张陈汉生没有理由认为先秦哲学中未区别或意识到句子与其他词项的差异；先

10 陈先生笔力雄健，不过，为了证明知识在孔子思想中具有“真理”意涵，他将《论语•述而》中的“闻见之知”区分为对应于真理性知识的“闻知”和对应于经验性实用知识的“见知”，并解读为“多闻”高于“多见”，原因在于“‘闻’的知识是由语言所传递保存而累积的知识，内容比较广博。多见只限于个人行为经验，内容有限”（《中国古代思想文化的历史论析》第 141 页）。此点缺乏文本材料的足够支撑，恐难成立。

秦哲学中不但有语句信念，而且陈汉生以区辨能力与技能之知来解读先秦哲学中的心与知识的做法，也不足以避开信念与真理概念。因此陈汉生的上述不寻常看法是不成立的（方万全，2006）。

在《中国思想的道家学说：一种哲学诠释》一书中，陈汉生雄心勃勃的价值重估最终却是解构有余，建构不足；其实用主义语言学透视出的结论，解蔽与遮蔽之处亦不相上下[11]。在其对孟子的苛评中，盲视和偏见尤多，互相矛盾之处亦不乏；其倨傲武断的排他性立场，即便实用主义立场相近者如安乐哲（Roger T. Ames, 1993），也无法全然认同。其遽下仲裁的独断作风受到汉学家万白安（Bryan W. Van Norden, 1995）和黄百锐（David Wong, 1998）等人的批评，自在情理之中。

二、罗哲海之陈汉生批判及其对“轴心时期”中国思想的现代重构

在众多质疑和批评陈汉生的西方汉学家中，笔者认为德国汉学家罗哲海的致思路径最为独特而深刻，因而也最值得关注。然而，让人颇感遗憾的是，与兴起于英美盎格鲁－撒克逊传统中的西方汉学家受欢迎的程度相比，背负德国哲学传统的罗哲海显然没有得到足够的重视。

让我们先来认识一下罗哲海其人。罗哲海1950年出生于德国温特贝格（Winterberg），1983年获得法兰克福大学哲学博士学位，曾任法兰克福大学助理教授，现为德国波鸿大学东亚研究系教授，中国历史与哲学研究部主任。出版的著作包括《古代中国的人与自然》（*Mensch und Natur im alten China*）、《轴心时期的中国伦理学》（*Die chinesische Ethik der Achsenzeit. Eine Rekonstruktion des Durchbruchs zu postkonventionellem Denken*）、《孔子》（Konfuzius）、《中国古典哲学导论》（*Klassische chinesische Philosophie. Eine Einführung*）。编著有《人权：东西方的权利与义务》（*Menschenrechte: Rechte und Pflichten in Ost und West*）、《生物伦理的跨文化议题：以人类克隆为例》（*Cross-Cultural Issues in Bioethics: The Example of Human Cloning*）、《中国古代和现代的批判思想》（*Kritik im alten und modernen China*）、《〈孟子〉及其在中国内外的接受》（*The Book of Mencius and Its Reception*

---

11 艾斯克•莫卡德（Eske Møllgaard）认为，陈汉生等人将分析哲学和实用主义视角引入美国汉学研究之中，但是，美国汉学的这种“哲学转向”造成了“解读的衰落”，它就像一件“紧身衣（straightjacket）”一样阻碍着对中国思想展开富有成效的研究。见前引 Eske Møllgaard: Eclipse of Reading-- On the “Philosophical Turn” in American Sinology.

in China and Beyond)、《人权论域中的〈孟子〉：中国、日本和西方接受〈孟子〉的里程碑事件》（*Das Buch Mengzi im Kontext der Menschenrechtsfrage. Marksteine der Rezeption des Textes in China Japan und im Westen*）等。

罗哲海对陈汉生的批评，始终伴随着其自身哲学思想的自觉建构。到后来，罗哲海的哲学建构就成为西方汉学领域内跟陈汉生表征的美国汉学针锋相对的一种哲学话语，由此衍生出的一系列话题纷争亦十分耐人寻味。

（一）罗哲海对陈汉生之批评

罗哲海对陈汉生的批评散见于其多种论著之中，尤以《周人思想的有效性：论陈汉生与汉学研究的实用主义转向》（*Validity in Chou Thought— On Chad Hansen and the Pragmatic Turn in Sinology*）和《轴心时期的儒家伦理》两种论著最为集中。在前者之中，罗哲海通过将陈汉生纳入西方汉学新近兴起的新实用主义（Neo-pragmatism）思潮之中，剖析并批判了陈汉生"汉语特征不支持真理性陈述"的观点。在罗哲海看来，陈汉生的汉语理论是分析哲学中的"语言学转向"以及语言学转向中的"实用主义转向"影响下的产物，其所有核心观点都与新实用主义的基本主题相关，只不过，"在语言学——实用主义这条道路上，陈汉生提供的方案毫无疑问是最具一致性，因而可能也是最野心勃勃的一种"（Heiner Roetz，1993）；"陈汉生的理论是这一传统的一个新顶点，它采用时下最具影响力的哲学话语来进行强势化表述，这也是其获得成功的秘密"（Heiner Roetz，1993）：

> 陈汉生把中国哲学打包化约为实用主义理念的一部分，实用主义对真理诉求的贬低、情境主义、以及相对主义，也成了中国哲学的特点。差别仅仅在于，现代实用主义者通过语言这种"学步引带（leading-strings）"能够了解周代哲学家所无意识做的事情（尽管后者是"前后一致地"这样做）。这恰恰是"人文原则"的倒退，完全也是陈汉生所批判的戴维森"施惠原则"之表现——他并不"习得新知"，而只是"一味求同"，最终把所谓的"中国智识活动的基础性差异本质"说成几乎等同于"我们（按，即实用主义者）的习俗智慧"（Heiner Roetz，1993）。[12]

与陈汉生的观点不同，罗哲海认为汉语哲学具有相当丰富的真理性、普遍

12 罗哲海认为，陈汉生版的"人文原则"指的是，"当我们解释汉语哲学文本时，我们不应该赋予它们一种确认我们自身信念的意义，而应赋予它们这样一种意义——如果我们共有某种汉语本体论，那么这一意义对于我们而言是最合理可靠的。所以，正确的诠释都必须一直以这种汉语本体论作为背景和依靠。这就是陈汉生所谓的'一致性原则'。"

主义潜能。首先，罗哲海指出，陈汉生古汉语强调“词信念”而“没有真理概念”的看法只是从字面意义出发而得出的肤浅表面的认识。受到陈启云的启发，罗哲海也采用给句子分层次的方法来说明古汉语句子包含的真理性内涵（Heiner Roetz，1993）：

表 1 罗哲海主张的句子层次划分

句子层次	理解的条件	有效性诉求（validity claims）
I. 字形，音素	拼字法，发音法	正确性 / 适当性
II. 词	(+) 意义约定	正确性 / 适当性
III. 句子	(+) 句法（语言系统）	正确性 / 适当性
IV. 语用背景中的句子	(+) 语义内容和语气	真理（陈述性语气）；正当性（规范性语气）； 真诚性（表意性语气）

很明显，按照这种层次划分，陈汉生仅仅停留于对汉语句子第 II 和第 III 层次的认识（罗哲海认为陈汉生只处理了第 I 和第 II 层次），而没有进到第 IV 层次，这就导致他否认古汉语中存在真理概念。而实际上，古汉语的句子亦包含第 IV 层次，即包含对于真理（truth）、正当性（rightness）和真诚性（sincerity）的有效性诉求[13]。

在普遍主义潜能方面，罗哲海认为汉语哲学中拥有将全部人视为本性平等的人类学，“天下”与“道”的观念，关于“天”的伦理性宗教，以及有效性概念和有效性标准的使用，等等。尽管“真 / 假”问题经常关涉到某种特定的情境，也可能在不同哲学学派之间分歧严重，但是，对于“真”与“假”“对”与“错”的区分，以及在思想辩论中对这种区分的借重，是跟西方一样的，这一点也是中、西思想之间实现沟通交流的一座桥梁（Heiner Roetz，1993）。

仍以儒家的“正名”理论为例来看。罗哲海讨论了《论语•颜渊》中“君君、臣臣、父父、子子”、《孟子 • 梁惠王》篇中孟子讨论“王之不王”，以及区分“弑君”“诛一夫”，《荀子 • 正名》篇“知者为之分别，制名以指实，上以明贵贱，下以辨同异”等例子，认为周代文献中对于“名”与“实”矛盾的

13 注意罗哲海的这种分析与哈贝马斯（Jürgen Habermas）之间的关联。哈贝马斯认为任何沟通的言说行动都预设了四项有效性宣称：可理解（comprehensibility）、真实性（truth）、正当性（rightness）和真诚性（truthfulness），见 Jürgen Habermas（1979）。

大量讨论，表现的正是想要把词语原本具有的“理想意涵（ideal-typically）”从退化之中解救出来的诉求，就此而言，汉语的“正名”理论恰恰相当于柏拉图的理性主义。这证明儒家的“正名”理论包含丰富的以真理为导向的成分[14]。

罗哲海尖锐地指出，陈汉生过度着重语言的实用层面，而缺乏对于文句和真理概念的反思，这使得他的古汉语哲学认识最终导向一种不强调“个体性原则”（与西方截然相反），而是强调他律性和整体性的伦理学。在陈汉生的界定中，这种伦理学（1）将人类置于自然之中，因此是自然主义、整体论式的；（2）把具有良好位序的社会看成是一种在共同之道德修养中产生的和平互助组织；（3）当前所驱动的人类行为乃是由社会所指定——这特别是通过学习如何运用词语而形成（Chad Hansen，1985）。但是，在罗哲海看来，“这种伦理学丧失了恰恰是作为伦理学所必备的特征，因此他（按，指陈汉生）建议把儒学归为‘非道德观点’的学说”（罗哲海，2009）。而陈汉生的这种认识其实延续了“黑格尔－韦伯学派（Hegelian-Weberian school）”的一系列传统看法，实际上是对于中国伦理学的贬低。

罗哲海把陈汉生的观点跟之前佛尔克（Alfred Forke）、葛兰言（Marcel Granet）、德效骞（Homer H. Dubs）、常安尔（Eduard Horst von Tscharner）、劳曼（Johannes Lohmann）、孟旦（Donald J. Munro）、布洛姆（Alfred H. Bloom）等多位哲学家、汉学家的工作关联起来，并将他们划入同一思想阵营。罗哲海断定，他们共同的特点是都倾向于以语言研究为进路来探讨某个国家 / 民族的伦理学，处于这种研究倾向背后的是“一种经由语言学主义、道德相对主义以及具体情境论所混杂而成的风潮”。在罗哲海看来，依循这种研究路径而得出的研究结论在正确性上是非常可疑的：

（1）语言学方法趋向于把问题简化。它忽视了引发伦理学争论之社会实际冲突和危机的潜在能力。语言学主义者过于注重语言的差异，致使他们对于问题的相似之处产生盲点。

（2）语言学方法可能会导致相当武断的结论。例如，用中文构句的相对凝滞性来论证秩序取向的存在，一点儿也不比用中文构句的相对松散性来论证个人主义的存在来得高明。

（3）语言相对论者建立起这样的等式：既定句法为主 = 偏重秩序；缺乏主词

14 Ibid.，80—83. 以及罗哲海：《轴心时期的儒家伦理》，中译本，第 64—65 页。

= 集体主义；物质名词代替可数名词 = 僵化代替个性化；缺乏词形变化 = 缺乏反思。这种推论方式混淆了不同的领域，是非常拙劣的。

(4) 语言学主义者把社会成员所使用的相同母语吹捧为形成其世界观的决定性因素，其重点在于同质性，而非差异性，这样就忽视了意见分歧、多元思考，以及或进或退的步调不一等问题。

(5) 语言学主义最终可能会导致近乎种族主义的偏见，或者相对主义，这样中国伦理学只会受到有限的关注，成为一种可以用来跟其他伦理学体系恣意进行对照的提纲，而放弃了伦理的基本直觉（罗哲海，2009）。

（二）批判的辐射面

罗哲海对于西方当下汉学研究中实用主义转向的批评并不限于陈汉生一人，而是延伸到芬格莱特（Herbert Fingarette）、罗思文（Henry Rosemont, Jr.）、安乐哲、郝大维（David L. Hall）等人。

在罗哲海看来，黑格尔（Georg W. F. Hegel）、韦伯（Max Weber）对于中国的负面论述，与新近兴起于美国的新实用主义或具体情境论（Contextualism）“互通声气”。表面上看，他们关于中国思想的评价立场非常不同（甚至截然相反），但是，他们得出的研究结论却是极为相似的。尤其是对于芬格莱特、罗思文、安乐哲等人来说，早先被黑格尔、韦伯判断为中国文化缺点的东西，在他们那里却得到了非常正面的肯定。他们并非排斥黑格尔和韦伯就很多问题提出的答案，而只是反对后者的提问方式——他们认为这种提问是西方中心主义价值观的体现。

例而言之。芬格莱特倡言的“世俗之神圣性（the sacredness of the secular）”，本是“滥觞于黑格尔和谢林（Friedrich W. J. Schelling）、后来被韦伯所沿用的负面词语，如今却成为孔子学说所传递的主要讯息，以对忘却日常习俗仪式的现代社会加以针砭”（罗哲海，2009）。又如，黑格尔和韦伯认为“自我”观念在中国没有得到充分的发展，然而在芬格莱特、罗思文、郝大维、安乐哲等人这里，中国文化的这一特点却成了西方式人格自我、自主选择、独立自由等观念业已陈腐的提示。他们认为：

> 西方应该与中国一起，再度回忆起“共同的礼仪、习俗和传统”以及“承传的生活模式”，而且认为人们应该放弃“对客观知识的迷信”，而选择一种“避免使规范和本能的思维活动发生分裂的思想方式”。对西方社会而言，孔子特别提供了一种甚至可能比对中国本身来说“更重要、更适时、更迫切”

的典范（罗哲海，2009）。

依笔者的观察，安乐哲等人近些年围绕着儒学研究提出的一系列观点，的确非常应合罗哲海之“指控”。安乐哲等人在汉学研究领域发言，往往由中、西对应概念在语义上的差异出发，强调二者的无法沟通性质，继而，本着“让文本自己说话”的诠释原则，突出中国式观念对于启蒙运动以来西方某些业已陈腐观念可以发挥治弊救偏的替代性作用。

比如说，最近在界定儒家伦理学的特质时，安乐哲认为它是一种“角色伦理（role ethics）”，而非“德性伦理（virtue ethics）”，而其根本原因就在于，中西方对于人性的理解是迥然不同的。他认为以“human nature”对译孟子之“性”实为误译，因为“human nature”是亚里士多德本质主义（essentialism/fundamentalism）思维投射下的产物，而孟子之“性”却是一种动态性的“成人（human becoming）”过程，在形态学上它是“一种在关系的意义上被定义的各种条件的基体”。由此，他强调儒家的关系性自我完全不同于德性伦理所内寓的个体主义观念，西方的“个体”观念与亚里士多德把人理解为一定潜能的现实化的观念紧密相连，而儒家则将人视为“能够导向完善的所有特定关系可能性中人生的完成”。显然，安乐哲贯彻的是经由语义分析而达至的去本体化、反实在论路线，亦即美式新实用主义的诠释方案（韩振华，2012）。

又如，在儒学与民主、人权的关系问题上，对西方自由民主模式心存不满的郝大维与安乐哲认为，中国应该发展出一种依循中国自身传统的社群主义（communitarian）民主模式。人性观念是人权和政治建制的一个重要基础；而在人性问题上，与西方居统治地位的本质论式的、超验的本性观相比，包括孟子在内的中国古典儒家认为人性是一个发展过程，是一个个文化事件。在他们看来，前者是西方自由民主的基础，而后者则可以预示一种不同于自由民主的社群主义民主模式。而杜威（John Dewey）的实用主义思想是土生土长于，也是适宜于美国本土的哲学传统。孔子与杜威一中一西，可以“再睹钟情”（love at second sight），并且联起手来，为自身正当性积极呐喊（郝大维、安乐哲，2005；韩振华，2012）。

罗哲海在这些问题上都跟安乐哲等人的实用主义路向针锋相对。安乐哲为了论证儒家式社群民主，否认古代儒家传统中具有西方本质主义意义上的个体自我观念，认为儒家只拥有“关系自我”的观念。罗哲海在根本上不同意这一主张，他转而以狄百瑞（Wm. Theodore De Bary）提出的“社会个体”（social individualism）概念来指称儒家式的自我观念。他也反对安乐哲、罗思文等人的文化（相对）主义进路，转而倡导历史性地理解儒家的伦理观，同时张扬一种人权话语的普遍主义视角。

安乐哲、郝大维等人从儒学中解读出了一种社群式实用主义，并以之作为“欧洲启蒙运动”的对抗性话语。然而，在罗哲海看来，以这种实用主义解读策略来对待对其有蒙养之功的启蒙哲学是极不公平的。在方法论上，与新实用主义者的“儒学复辟论（restoration）”不同，罗哲海提倡一种对于儒学思想的“批判性现代重构(reconstruction)”。这一方法论既是罗哲海批判新实用主义的有力“武器”，也是其“轴心时期儒家伦理”得以建构出来的诠释学原则。

（三）批判性的现代“重构”：罗哲海的思想视野

毫无疑问，罗哲海的思想背景是不同于英美传统的欧陆（continental）哲学。在《轴心时期的儒家伦理》第三章“方法论层面的思考”中，罗哲海表明其方法论主要有两个来源，其一为德国哲学家雅斯贝斯（Karl Jaspers）的“轴心时期”理论，其二是经过改造的美国心理学家科尔伯格（Lawrence Kohlberg）的认知演进论。然而，笔者认为，法兰克福学派（尤其是哈贝马斯）的批判理论在罗哲海思想中发挥了更为核心，也更为基础性的作用。

1. 先秦中国思想的“轴心期”性质

“轴心时期（Achsenzeit；the Axial Age）”是雅斯贝斯在《历史的起源与目标》（*Vom Ursprung und Ziel der Geschichte*）一书中提出的概念，指的是在从公元前 800 年到公元前 200 年的历史时段中，古希腊、中东（伊朗、巴基斯坦）、印度和中国同时出现了哲学、宗教领域的突破性理论。在雅斯贝斯看来，轴心时期的新特点是，由于旧的确定性已经失去了它的合法性，而新的确定性尚未确立，世界上这几个地区的人类全都开始意识到“整体的存在、自身和自身的限度”。人类体验到世界的恐怖和自身的软弱，而开始探询根本性、普遍性的问题。“面对空无,人类力求解放和拯救。人类在自我的深奥和超然存在的光辉中感受绝对”（Karl Jaspers，1989）。总之，轴心时期体现了人类哲学和思想的创造性（人类开始思考超越性、普遍性的问题)，以及某种深刻的同步性（政治分裂、战争、暴政、自然灾难、经济衰退等危机因素是“先决条件”）。

值得注意的是，雅斯贝斯在六十多年前提出其独特的“轴心时期”理论，也借助了德国汉学家对中国思想的翻译和介绍。比如说，胡适 1934 年在《史语所集刊》上发表了《说儒》一文，很快汉学家傅吾康（Wolfgang Franke）就将其译为德文，并于 1936 年发表在汉学家卫礼贤（Richard Wilhelm）创办的《汉学特刊》（*Sinica-Sonderausgabe*）上（Wolfgang Franke，1935、1936）。而 20 世纪 30 年代后期的雅斯贝斯正在印度学家齐默尔（Heinrich Zimmer）的帮助下，开始研究中国思想。胡适《说儒》一文显然对雅斯贝斯产生了重要影响。胡文认为，对于“儒”这一群体而言，孔子的巨大贡献表现在：(1) 把殷商民族的部落性的儒扩大到“仁以为己任”的儒；(二) 把亡国遗民的柔顺取容的殷儒改变抬高到弘毅进取的新儒。在胡适笔下，孔子从事的是“把整个人类看作自己的责任”“‘振衰而起儒’的大事业”，孔子“用‘吾从周’的博大精神，担起了‘仁以为己任’的绝大使命”。总之，孔子并非保守的复辟主义者，而是一位革新家。而雅斯贝斯亦认为，“在任何情形下，孔子的主要关切都是人和人类社会”（Karl Jaspers，1962）。很明显，二人都非常强调孔子思想是应对危机的产物，也是思想革新的成果。

罗哲海把中国先秦“百家争鸣”时代的各种思想流派置于“轴心时期”的大背景之中，强调它们都是应对社会和文化危机的产物：传统的确定性（特别是伦理）已经土崩瓦解，这是中国道德哲学得以形成的根本问题语境。而诸子各家的思想建构，都处于“具有世界史向度的早期启蒙新纪元”之中；跟之前相比，它们在思想上实现的“重大突破性进展”表现在：“通过反思和超越性，而不再为实体性和生命的局限性所囿，神话意识形态为理性所战胜，个人主体的发现，向历来接受之一切事物加以质疑，在两难困境中慎重思索，以及历史意识的发展等。”（罗哲海，2009）

罗哲海强调轴心时期汉语哲学的超越性和反思性，这一点使得他跟强调中国文化停滞性、封闭性的“黑格尔 – 韦伯传统”自觉保持距离。而在思考文化发展的阶段性问题时，罗哲海同时也借重了科尔伯格的认知演进论。

2. 后习俗伦理学：轴心期中国伦理学的定位

认知演进论（cognitive-developmental theory）是科尔伯格对儿童的道德判断问题进行了大量的追踪研究和跨文化研究之后提出的“道德发展阶段理论”。这一理论认为，人类道德理性的形成过程包含了一个不可逆的逻辑次序：第 1 阶段是以赏罚为依据的行为阶段；第 2 阶段是功利性的交换行为阶段；第 3 阶段是追求人际关系和谐（即“乖男乖女”）的阶段；第 4 阶段是以法律和秩序为导向的阶段；第 5 阶段是以相对主义与功利主义的社会契约为取向的阶段；第 6 阶段（最后一个阶段）是以普遍伦理原则为导向的阶段。其中，第 1、2 阶段是前习俗阶段，第 3、4 阶段是习俗阶段，第 5、6 阶段是后习俗阶段（postconventional level）。这套理论是科尔伯格通过哲学反思和长时段的经验考查而发展出来的，一经提出便产生了巨大影响，已逐渐取代之前瑞士心理学家皮亚杰（Jean Piaget）的个体心理发展学说。

认知演进论本来是以个体发展为基调的，不过，罗哲海认为，经过必要的修改后，它可以运用于强调社会层面的人类发展学（phylogenesis），并以其明确的阶段划分，提供评量人类文化演进的尺度。而经过罗哲海修改且可以用来描述先秦中国思想发展阶段的认知演进论，主要是在第 4、5 阶段之间增加了一个 $4\frac{1}{2}$ 阶段："任何事情都想尝试"的反抗阶段。罗哲海认为，所有轴心时期的中国哲学家都可称为柯尔伯格所说的"后习俗哲学家"，他们全部超越了第 4 阶段，都属于"后习俗阶段"，就此而言，他们都是批判性的知识分子。同时，罗哲海所说的"演进"或"发展"（柯尔伯格式的），指的是朝向自律伦理和批判意识的那种"发展"。就此而言，人类文化具有而且也需要一种"目的论 / 应然"指向：

> 我认为"目的论"指的是我们应该给我们自己的未来指出一些方向，而不是将我们交给所谓的"过程"，或者安乐哲所谓的"事件逻辑"（logic of events）。我们必须改变世界，必须塑造我们的生活。在这个意义上我认为我们仍然需要一些"目的论"想法，以促进"目的因"（telos）的构造与成长。古代思想中的某些部分在历史中没有实现出来，但它们本身理应（deserved to be）实现出来。（韩振华、罗哲海，2012）[15]

很明显，认知演进论所包含的普遍主义诉求是跟雅斯贝斯的"轴心时期"理论完全合拍的。认知演进论延续了轴心时期的观念；从另一个角度看，进入轴心时期可以说是对科尔伯格所谓"习俗阶段"的超越，导致知识阶层向"后习俗思维"进行突破性的进展。罗哲海认为，将二者结合起来，可以在重构中国伦理学之际进行新颖而丰富的系统表述。

3. 批判理论与"重构诠释学"

从 20 世纪 70 年代末到 1997 年，罗哲海一直在法兰克福大学求学、任教，

15 罗哲海认为，科尔伯格的认知演进论之所以引起异常的共鸣，主要原因即在于，它把一种新的可能性引入关于"实然"与"应然"，亦即经验与规范之相互关系的这个老话题中。科尔伯格体系中"实然"与"应然"的互补性，可以充实雅斯贝斯关于"经验之普遍性"的概念，而且恢复其真实意蕴。（见《轴心时期的儒家伦理》中译本

法兰克福学派的批判理论在其思想中留下了深刻的烙印。一方面，罗哲海与他在法兰克福大学求学时的两位哲学老师——法兰克福学派内部哲学家施密特（Alfred Schmidt），以及尽管与哈贝马斯进行辩论，但亦受到后者深刻影响的哲学家阿佩尔（Karl-Otto Apel）——保持着较为密切的思想联系。

施密特本人是法兰克福学派早期核心人物阿多诺（Theodor W. Adorno）和霍克海默（Max Horkheimer）的学生，1962 年博士毕业后充任阿多诺的助手。之后，施密特长期在法兰克福大学担任哲学和社会学教职（1972—1999），并一度担任社会研究所所长一职。施密特的名著《马克思学说中的自然概念》（Alfred Schmidt，1962）指出，在马克思（Karl Marx）那里，人是自然的一部分，又能够对自然造成威胁；而且，这种部分脱离自然的性质本身即是人类本性的一部分。这一观点显然对罗哲海的汉学处女作《古代中国的人与自然》产生了深刻的影响（韩振华、罗哲海，2012）。

阿佩尔 1972—1990 年任教于法兰克福大学，他的“先验语用学（Transzendentalpragmatik; transcendental pragmatics）”“商谈伦理学（Diskursethik; Discourse ethics）”试图在德国本体论解释学与英美分析哲学、实用主义这两个传统之间搭建沟通的桥梁；阿佩尔也借用科尔伯格的认知演进理论来讨论道德标准之履行以及“纳粹”时期道德标准之破产。罗哲海《轴心时期的儒家伦理》在“参考书目”中列出的阿佩尔论著有五种之多；在“英文版序言”中，罗哲海提到，最初是阿佩尔把科尔伯格的认知演进学说介绍给了他（罗哲海，2009）[16]。

另一方面，罗哲海在哲学理念、诠释原则上受到哈贝马斯的至深影响。前文讨论到的罗哲海对启蒙话语和普遍主义立场的辩护，对“对话”和“交往行为”的看重，对沟通之有效性的宣称等，都与哈贝马斯的思想紧密存在关联。

法兰克福学派向来以其“批判理论（critical theory）”闻名。到 1960 年代，哈贝马斯通过在认识论层面上讨论“知识”，将“批判性知识”确认为一种独立于“自然科学”“人文科学”之外的，以自我反思和解放（emancipation）为导向的认知与兴趣类型（Jürgen Habermas，1968）。与这种批判理论相关的哲学释义学，在方法论上是通过一种“理性重构（rational reconstruction）”来完成对批判性“潜能”的释放的。所谓“理性重构”，是指把存在于特定类型现象背后的那些普遍而不

16 哈贝马斯亦注意到科尔伯格的认知演进论，见 Jürgen Habermas（1982）。

可回避的然而尚未结构化的前提条件，通过明晰化、系统化的理论表述出来。它与智力的深层结构息息相关，其任务不是描述现实中所是的事物（“实然”），而是按照应该是的样子确立现实事物赖以存在的前提条件（“应然”）。借助这种“重构”，一种前理论的实际知识（know how），可以整合到确定的理论知识（know that）中。

毫无疑问，罗哲海聚焦于轴心时期中国伦理学的超越性潜能、普世性诉求，“借由个别题目的探讨，让中国轴心时期之道德思维的形成结构足以彰显，而视之为早期的‘启蒙纪元’”的文本释义学，践履的正是哈贝马斯的“理性重构”方法。在罗哲海那里，古代中国思想家站在轴心时代的思想顶峰，所以汉学研究也应该努力“以尖端的论述模式”来处理他们的思想，挖掘传统文化中所包含的广泛潜能，而“重构（Rekonstruktion）”显然就是这样一种从当代伦理学的高标准出发，以严谨态度来讨论中国轴心时期伦理学的特殊方法论。“‘重构’意味着以一种与古人之真实意图相应的方式对其思想加以重新整合，而取代复述他们那些相当庞杂不清的理论；并且要根据我们今日所面临的伦理学问题而加以充分利用”（罗哲海，2009；Heiner Roetz，2002）。罗哲海将这种诠释学称为“批判性现代重构（critical modern reconstruction）”，并与安乐哲等美国实用主义汉学家的“复辟/复原论”自觉划清了界限。“这种重构超越了那种仅仅满足于解释和对比的相对主义式做法，它关注的是共同的、跨文化的理解。”罗哲海认定，如此做绝非忽视了“中国独特性”这一互补性因素，而是致力于实现一种兼顾人类普遍兴趣和中国文化之本真性的“辩证解释学（dialectical hermeneutic）”（Heiner Roetz，1993）。

三、小结：分歧与弥合

在对先秦中国哲学的解读中，罗哲海与陈汉生等英美汉学家的分歧是深刻的。二者论述框架的歧义并非只是他们分别倾向于儒家和道家的表面差异，而是他们所依托的欧陆法兰克福学派批判理论与英美新实用主义之巨大分歧。双方的思想在各自的理论进路上都得到了充分的拓展和袒露，因而，这两种汉学思想形态之间的张力是非常惊人的。唯其如此，我们对此次论争的深入剖析，就有可能成为理解和评价欧陆汉学（尤其是受法兰克福学派批判理论影响的德国汉学）、英美汉学的深层次“抓手”。

当然，西方汉学中的中国哲学研究并非只是罗哲海、陈汉生两家而已。仅在欧洲大陆内部，仍还有罗哲海与法国汉学家朱利安（François Jullien）之间的巨大分歧。随着海外汉学家与汉语学界交往频次的增加，尤其是某些汉学家已选择在中国定居或在中国科研机构中任职，汉学与国学之间，以及海外各个汉学流派之间的思想分歧有走向弥合的倾向。例如，汉学家何乏笔（Fabian Heubel）的“当代汉语哲学”建构，就代表了一种弥合法兰克福学派批判理论与法语、英语脉络中诸般“后”学之间张力的致思方向（韩振华、何乏笔，2013）。其哲学文本中多个脉络的纠缠缴绕，表征的恰是这种“弥合”工作的烦琐程度。至于何乏笔是否能够、以及如何能够在与汉语学界的对话、互动中，为欧陆传统与英美传统之间的尖锐分歧找到一条“突围”之路，我们仍需拭目观变。

中国古典哲学的当代诠释早已成为一项“跨文化”的事业。这一跨文化的问题意识与视野，赋予哲学对话以新的可能，而中国古典哲学的思想潜能借由哲学对话不断得以开显。汉语学界与西方汉学之间的真正哲学对话不应停留于某个具体问题，而应深入地了解对方的哲学关切与方法论渊源。由此出发，我们在与西方汉学家的思想对话、学术交流中方能真正做到“中的于现状，发言于心声”，而不至于因为深层次隔膜，而在批判地理解西方汉学思想时要么陷入盲目的“无的放矢”之窠臼，要么重蹈盲从的“汉学主义”之覆辙。

参考文献

[1] 陈启云 . 孔子的正名论、真理观和语言哲学 . 中国古代思想文化的历史论析 . 北京 ：北京大学出版社，2001.

[2] 邓晓芒 . 论中国哲学中的反语言学倾向 . 中州学刊，1992（2）.

[3] 方克涛 . The Mass Noun Hypothesis and Interpretive Methodology. 载于《中国哲学与文化》第 1 辑《反向格义与全球哲学》，2006.

[4] 方万全 . 论陈汉生的物质名词假设 . 逻辑思想与语言哲学 . 台北 ：学生书局，1997.

[5] 方万全 . 真理概念与先秦哲学——与陈汉生先生商榷 . 南京大学学报（哲学 · 人文科学 · 社会科学版），2006（2）.

[6] 冯耀明 . 中国哲学中的语言哲学问题——物质名词理论的商榷 . 分析哲学与语言哲学论

文集 . 香港：香港中文大学新亚书院，1993.
[7] 韩振华，何乏笔 .“当代汉语哲学”的建构——与何乏笔博士谈哲学与汉学 . 华文文学，2013（4）.
[8] 韩振华，罗哲海 . 轴心时期的儒学启蒙——与罗哲海教授谈汉学 . 华文文学，2012（1）.
[9] 韩振华 . 从宗教辩难到哲学论争——西方汉学界围绕孟子“性善”说的两场论战 . 中山大学学报·社会科学版，2012（6）.
[10] 韩振华 . 早期儒家与德性伦理学：儒学研究中的相对主义话题——兼与安乐哲、罗思文商榷 . 伦理学研究，2012（3）.
[11] 郝大维，安乐哲 . 先贤的民主：杜威、孔子与中国民主之希望 . 何刚强译，刘东校 . 南京：江苏人民出版社，2005.
[12] 洪堡特 . 洪堡特语言哲学文集 . 姚小平编译 . 长沙：湖南教育出版社，2001.
[13] 罗哲海 . 轴心时期的儒家伦理（中译本）. 郑州：大象出版社，2009.
[14] 谢和耐著，于硕、红涛、东方译，徐重光校 . 中国文化与基督教的冲撞 . 沈阳：辽宁人民出版社，1989.
[15] 许苏民 . 明清之际的儒耶对话与中国哲学创新 . 中国社会科学，2011（6）.
[16] 张东荪 . 从中国言语构造上看中国哲学 . Being 与西方哲学传统 . 石家庄：河北大学出版社，2002.
[17] Alfred Schmidt. Der Begriff der Natur in der Lehre von Karl Marx. Frankfurt a. M.: Europäische Verlagsanstalt, 1962. 英文版：The Concept of Nature in Marx. London: New Left Books, 1971.
[18] Angus C. Graham. Disputers of the Tao: Philosophical Argument in Ancient China. La Salle, Illinois: Open Court, 1989.
[19] Angus C. Graham. Later Mohist Logic, Ethics and Science. Hong Kong: Chinese University Press, 1978.
[20] Angus C. Graham. Review, in Harvard Journal of Asiatic Studies. Vol. 45, No. 2 (Dec., 1985).
[21] Angus C. Graham. The Way and the One in Ho-kuan-tzu, in Hans Lenk & Gregor Paul ed.: Epistemological Issues in Classical Chinese Philosophy. New York: SUNY, 1993.
[22] Bao Zhi-Ming. Review, in Philosophy East and West, Vol. 35, No. 2 (Apr., 1985).
[23] Benjamin I. Schwartz. The World of Thought in Ancient China, Cambridge. Mass.: Belknap Press of Harvard University Press, 1985.
[24] Bo Mou. The Structure of the Chinese Language and Ontological Insights—A Collective-Noun Hypothesis. in Philosophy East and West. Vol. 49, No. 1 (Jan., 1999).
[25] Bryan W. Van Norden. Review, in Ethics, Vol. 105, No. 2 (Jan., 1995).
[26] Chad Hansen. Language and Logic in Ancient China. Ann Arbor: University of Michigan

Press, 1983. 中译本:《中国古代的语言与逻辑》,周云之、张清宇、崔清田等译,李先焜校订,北京:社会科学文献出版社,1998 年.

[27] Chad Hansen. Chinese Language, Chinese Philosophy, and "Truth" . in The Journal of Asian Studies. Vol. 44, No. 3 (May, 1985).

[28] Chad Hansen. Punishment and Dignity, in Donald Munro ed., Individualism and Holism: Studies in Confucian and Taoist Values. Ann Arbor, Michigan: University of Michigan Press, 1985.

[29] Chad Hansen. Should the Ancient Masters Value Reason. in Henry Rosemont, Jr. ed.: Chinese Texts and Philosophical Contexts: Essays Dedicated to Angus C. Graham. La Salle. Illinois: Open Court, 1991.

[30] Chad Hansen. Term Belief in Action: Sentences and Terms in Early Chinese Philosophy, in Hans Lenk, Gregor Paul ed. Epistemological Issues in Classical Chinese Philosophy. Albany, New York: State University of New York Press, 1993.

[31] Chad Hansen. A Daoist Theory of Chinese Thought: A Philosophical Interpretation. New York: Oxford University Press, 1992. Reprinted in 2000.

[32] Chi-yun Chen. Chinese Language and Truth: A Critique of Chad Hansen's Analysis, in Chinese Culture (《中国文化季刊》), Vol. 31, No. 2 (June 1990).

[33] Chris Fraser. Language and Ontology in Early Chinese Thought Language and Ontology in Early Chinese Thought, in Philosophy East and West, Vol. 57, No. 4 (Oct., 2007).

[34] Christoph Harbsmeier. Marginalia Sino-logica. in Robert E. Allinson ed., Understanding the Chinese Mind: The Philosophical Roots. New York: Oxford University Press, 1989.

[35] Christoph Harbsmeier. Review, in Early China. Vol. 9/10 (1983—1985).

[36] Christoph Harbsmeier. The Mass Noun Hypothesis and the Part-Whole Analysis of the White Horse Dialogue, in Henry Rosemont, Jr. ed.: Chinese Texts and Philosophical Contexts: Essays Dedicated to Angus C. Graham. La Salle, Illinois: Open Court, 1991.

[37] Chun-chieh Huang, Gregor Paul, Heiner Roetz ed. The Book of Mencius and Its Reception in China and Beyond. Wiesbaden: Harrassowitz, 2008.

[38] D. C. Lau. On Mencius' Use of the Method of Analogy in Argument. in Asia Major, N.S.10 (1963).

[39] David Wong. Review, in The Journal of Asian Studies, Vol. 57, No. 3 (Aug., 1998).

[40] Eske Møllgaard. Eclipse of Reading—On the "Philosophical Turn" in American Sinology, in Dao: A Journal of Comparative Philosophy. 4:2 (Summer 2005).

[41] Gottlob Frege. Die Grundlagen der Arithmetik. Breslau: W. Koebner, 1884.

[42] Heiner Roetz. Gibt es eine chinesische Philosophie. in Information Philosophie, 30. Jg.,

Heft 2, Mai 2002.

[43] Heiner Roetz ed. Kritik im alten und modernen China, Wiesbaden: Harrassowitz, 2006.

[44] Heiner Roetz. Cross-Cultural Issues in Bioethics: The Example of Human Cloning, Amsterdam: Rodopi, 2006.

[45] Heiner Roetz. Die chinesische Ethik der Achsenzeit. Eine Rekonstruktion des Durchbruchs zu postkonventionellem Denken. Frankfurt/M.: Suhrkamp, 1992. 英译 : Confucian Ethics of the Axial Age: A Reconstruction under the Aspect of the Breakthrough toward Postconventional Thinking. Albany: State University of New York Press, 1993. 中译 :《轴心时期的儒家伦理》, 郑州 : 大象出版社 , 2009.

[46] Heiner Roetz. Konfuzius. München: C.H. Beck (Reihe "Denker"), 1995, 2. Aufl. 1998.

[47] Heiner Roetz. Mensch und Natur im alten China. Zum Subjekt-Objekt Gegensatz in der klassischen chinesischen Philosophie. Zugleich eine Kritik des Klischees vom chinesischen Universismus. Frankfurt/M., Bern, New York: P. Lang, 1984.

[48] Heiner Roetz. Validity in Chou Thought—On Chad Hansen and the Pragmatic Turn in Sinology, in Hans Lenk & Gregor Paul ed., Epistemological Issues in Classical Chinese Philosophy (《中国古典哲学的认识论问题》). New York: State University of New York Press, 1993.

[49] Hubert Schleichert, Heiner Roetz: Klassische chinesische Philosophie. Eine Einführung. Frankfurt/M.: Klostermann, 2009.

[50] Jacques Gernet. Chine et Christianisme, Action et réaction. Paris: Gallimard, 1982. 修订本 : Chine et Christianisme. La première confrontation. Paris: Gallimard, 1991. 英译本 : China and the Christian Impact: A Conflict of Cultures. Janet Lloyd tr., Cambridge: Cambridge University Press, 1985.

[51] Jürgen Habermas. Erkenntnis und Interesse. Frankfurt am Main: Suhrkamp, 1968.

[52] Jürgen Habermas. Communication and the Evolution of Society, Thomas McCarthy tr. Boston: Beacon press, 1979.

[53] Jürgen Habermas. Zur Rekonstruktion des historischen Materialismus. 3rd ed. Frankfurt a. M.: Suhrkamp, 1982, pp. 83—85.

[54] Karl Jaspers. The Great Philosophers: The Foundations. Hannah Arendt ed., Ralph Manheim tr., New York: Harcourt, Brace & World, Inc., 1962.

[55] Karl Jaspers. Vom Ursprung und Ziel der Geschichte. München: Piper Verlag, 1949. 中译本《历史的起源与目标》. 魏楚雄 , 俞新天译 . 北京 : 华夏出版社 , 1989.

[56] Konrad Wegmann, Wolfgang Ommerborn, Heiner Roetz ed. Menschenrechte: Rechte und Pflichten in Ost und West (Strukturen der Macht: Studien zum politischen Denken Chinas, Bd. 9), Münster: LIT, 2001.

[57] Michael R. Martin. Review, in The Journal of Philosophy, Vol. 84, No. 1 (Jan., 1987).
[58] Philip J. Ivanhoe. One View of the Language-Thought Debate: A Review of "Language and Logic in Ancient China", in Chinese Literature: Essays, Articles, Reviews, Vol. 9, No. 1/2 (Jul., 1987).
[59] Richard Rorty. The Linguistic Turn: Essays in Philosophical Method, Chicago and London: University of Chicago Press, 1967.
[60] Roger T. Ames. Review, in Harvard Journal of Asiatic Studies, Vol. 54, No. 2 (Dec., 1994).
[61] Wolfgang Franke. Der Ursprung der Ju und ihre Beziehung zu Konfuzius und Lau-Dsi von Hu Shi , in Sinica-Sonderausgabe, 1935, S. 141—171; 1936, S. 1—42.
[62] Wolfgang Ommerborn, Gregor Paul, Heiner Roetz ed. Das Buch Mengzi im Kontext der Menschenrechtsfrage. Marksteine der Rezeption des Textes in China, Japan und im Westen. Münster: LIT, 2011.
[63] Xiaomei Yang. Do Differences in Grammatical Form between Languages Explain Differences in Ontology between Different Philosophical Traditions?: A Critique of the Mass-Noun Hypothesis, in Dao: A Journal of Comparative Philosophy, Vol. 10, No. 2 (June, 2011).

作者简介

韩振华，1979 年生，毕业于复旦大学，文学博士，副教授，北外“卓越青年教师”。研究兴趣为中国哲学、美学、西方汉学中的儒学诠释。出版专著《王船山美学基础：以身体观和诠释学为进路的考察》《他乡有夫子：西方〈孟子〉研究与儒家伦理建构》，译著《艺术诸定义》，发表学术论文 50 余篇。

（原载《华文文学》2014 年第 2 期）

突破，抑或迷思？
——儒学“内在超越说”的跨文化考察与批判重构

韩振华

▶ **摘要** 儒学“内在超越说”是现代新儒家在中西比较视域中的跨文化理论重构。然而，上个世纪90年代以来，它不断受到来自新实用主义和分析哲学阵营的质疑。在“内在超越说”已经被问题化的前提下，借鉴“批判哲学”的思路，充分挖掘并发挥“内在超越说”的文化批判潜能，是这一学说打破单一的宗教性/精神性理解模式，实现哲学重构的可能路径。

▶ **关键词** 内在超越；内向超越；儒学；批判哲学；重构

一、导语：理论反击与跨文化问题

上个世纪中叶以来，一批华裔学人以“内在超越”(immanent transcendence)来概括儒学甚至整个中国文化的精神特色。“内在超越”这一说法的产生，带有很强的应激性。换句话说，它首先是身处中西文化冲撞旋涡的中国学人，面对西人所持中国观念的冲击，进行的理论自卫、回应与反击。

考察这一问题的“前史”，我们须把目光投向200年前的欧洲。19世纪初，以耶稣会士（Jesuit）为主的天主教传教士向欧洲传递的大量中国知识终于促成了“学院派汉学”的诞生：1814年底，法兰西学院设立了“汉族和鞑靼—满族语言与文学讲座”(Chaire de Langues et littératures Chinoises et Tartares-Mandchoues)。特别值得注意的是，以“法国汉学”为代表的学院派汉学的诞生，其大背景是欧洲高等教育界出现“哲学系”，“哲学史”和“欧洲个性”在理念中融合为一的时代（程艾蓝，2013)。如果说，早期耶稣会士从一种准自然神论（或理神论，Deism）的立场出发，在儒学中发现了充足的“自然理性”，进而将孔圣人称为“中国哲学家孔子”[1]；那么，到了19世纪初，欧洲高校哲学系对欧洲个性的构建，不再建基于宗教（基督教）的普适性之上，而是建基于哲学理性的普遍性之上，其结果则是孔子的学说在黑格尔（G. W. Friedrich Hegel）等人那里不再是“哲学”，而只是一位“实际的世间智者”说出的一些“善良的、老练的、道德的教训”（黑格尔，1959）。黑格尔认为孔子的学说欠缺超越性、宗教性，身处“大家长的专制政体”下的中国人并不需要一位“最高的存在”，因而中国宗教在黑格尔那里仅属于低级的“自然宗教”，并没有迈进“自由宗教”的门槛（黑格尔，2001）。黑格尔的以上观点绝非孤鸣仅响，其实是典型欧洲思想的一种折射。故而，这些观点甫一提出，便在西方产生了普遍的应和，其影响一直延续到今天。

“内在超越”说常常与宗教性问题纠缠在一起。一直以来，儒学和中国文化往往被视为一种世俗文化。比如说，梁漱溟就认为中国人“最淡于宗教”，而浓于伦理（梁漱溟，1999）。在西方，马克斯·韦伯（Max Weber）的观点可以作为一个代表。在《儒教与道教》（1916）一书中，韦伯认为中国文化中没有超越尘世寄托的伦理，没有介乎超俗世上帝所托使命与尘世肉体间的紧张性，没有追求死后天堂的取向，也没有原罪恶根的观念。换句话说，儒学和中国文化是世俗性的，在这一点上它迥异于西方柏拉图主义——基督教文化传统的超越性传统。

至20世纪中叶，黑格尔、韦伯等人的观点在中国学人那里得到了一种反弹性的回应。1958年，主要由唐君毅起草，唐君毅、牟宗三、徐复观、张君劢联合署名发表的《为中国文化敬告世界人士宣言》，驳斥了黑格尔的观点。《宣言》指出，中国文化虽无西方制度化的宗教，但这并不能说明中国文化只重视伦理道德而缺乏超越性的宗教精神；实际上，中国文化中超越的宗教精神与内在的伦理道德浑融一体，所以，中国文化不同于西方宗教的“外在超越”，而是“既超越又内在”的。之后，牟宗三、唐君毅又在《中国哲学的特质》（1963）、《生命存在与心灵境界》（1976）、《中国哲学十九讲》（1983）、《圆善论》（1984）等著作中反复申说这一层意思，遂使“内在超越”说成为现代新儒家论说儒学和中国文

1 1687年柏应理（Philippe Couplet）等人编译出版的《西文四书直解》，拉丁文标题即为Confucius Sinarum Philosophus（中国哲学家孔子）。耶稣会士翻译儒家经典时表现出很强的理性化倾向，这其实是中世纪后期经院哲学的“遗产”——“圣徒阿奎那（Thomas Aquinas）和其他经院哲学家思想的结合在基督教的理性和宗教性之间创造出了一种完全的和谐”，而“耶稣会士的学术性倾向比宗教神秘性倾向更明显”（Mungello E. David，2010）。

化特性的经典论述。除牟、唐之外，大部分现代新儒家（特别是梁漱溟、熊十力、刘述先、杜维明、李明辉）都专门论述过“内在超越”，主张儒学不同于西方的“外在超越”，而注重内在超越。有些亲近儒学的历史学者也持类似的观点：2014年，历史学家余英时出版了《论天人之际：中国古代思想起源试探》，从比较文化史的角度提出中国文化和思想在轴心突破之后就形成了重“内向超越”（inward transcendence）的倾向，追求“心与道的合一”这种最高境界。不难看出，“内向超越”的提法和“内在超越”具有一种家族相似性。

无独有偶，德国哲学家雅斯贝斯（Karl Jaspers）1949年在《历史的起源与目标》一书中提出了“轴心时期”（Achsenzeit; the Axial Age）理论，认为包括中国在内的四个地区的人类世界（希腊、中东、印度和中国），在公元前800年到公元前200年的时期，全都开始意识到“整体的存在、自身和自身的限度”。人类体验到世界的恐怖和自身的软弱，而开始探询根本性、超越性、普遍性的问题。轴心时期体现了人类哲学和思想的创造性，具有“哲学突破”的性质，换言之，一种文化只有当它发现了“超越性”，才可能在轴心时期完成向高等文明的转化。1975年，汉学家史华慈（Benjamin I. Schwartz）发表了《古代中国的超越性》一文，讨论了儒、道、墨三家在“超越”问题上的看法。史华慈认为，孔子、孟子通过聚焦道德精神生活的主体或内在面，关注伦理的内在源头这一内向超越维度，实现了道德规范的内在化（internalized），由此实现了对于外在社会—政治秩序的超越（孟子尤其如此）。

总之，中、西学人关于儒学和中国文化的“内在超越”论，并非产生于绝缘、孤立的文化语境，它从一开始便是中西“冲击—回应”思维模式的产物。从另一角度而言，它是跨文化理解与比较研究的结果；不仅此间的问题意识如此，其理论资源与论证话语也是跨文化的。这一“跨文化”特征为传统的儒学研究增添了新的质素，传统儒学蕴含的某些思想潜能借此得以发挥。但是，正如学者们指出的，“今天，在儒家脉络内外，‘天命’与心性的存在与意义，已并非自明之理，而需要概念性、哲学性（而非局限于思想史、学术史）的厘清”（钱永祥，2008）。“跨文化”也带来了前所未有的理论困难，“内在超越”说亦遭遇了来自多个思想阵营的质疑。

二、问题化的“内在超越”说

“内在超越”说提出后，完全赞同者有之，补苴罅隙者有之，批评质疑者亦不乏其人，而后者往往来自一批表面上非常讲求学理化的学者。今天我们讨论“内在超越”说，似乎首先应该将其问题化（problematize），而不是将其视为一个不证自明的观点而接受下来。我们首先从中、西学界三种有代表性的质疑观点说起。

第一种质疑的声音来自西方汉学家群体。谢和耐（Jacques Gernet）、安乐哲（Roger T. Ames）、郎宓榭（Michael Lackner）、朱利安（François Jullien）等学者认为，“transcendence”这个词有很强的柏拉图主义和基督教背景，用它来表述儒学和中国思想，其实是格格不入的，而且很可能会引起概念上的混乱。安乐哲这样说时，主要针对的是史华慈和牟宗三。牟宗三在《中国哲学的特质》一书中曾经说：“天道高高在上，有超越的意义。天道灌注于人身之时，又内在于人而为人的性，这时天道又是内在的（Immanent）。因此，我们可以康德喜用的字眼，说天道一方面是超越的（Transcendent），另一方面又是内在的（Immanent 与 Transcendent 是相反字）。天道既超越又内在，此时可谓兼具宗教与道德的意味，宗教重超越义，而道德重内在义。”尽管明白牟宗三其实很清楚“Immanent”与“Transcendent”的背反性，但安乐哲仍然认为牟宗三的这种做法不妥。有意思的是，安乐哲并不否认中国传统思想的宗教性！只不过，安乐哲始终强调“诠释孔子思想的三项基本预设假定”，即“内在性”（immanence）与“超越性”（transcendence）的对比、“两极性”（polarity）与“二元性”（duality）的对比、“传统性”（traditional）与“历史性”（historical）的对比。在这种比较框架中，标示儒学与中国文化的是“内在性”“两极性”和“传统性”，而非“超越性”“二元性”和“历史性”。倘若以后者来诠释儒学与中国文化，则必然产生圆枘方凿的后果（安乐哲，1997）。与“超越性”论述相对，安乐哲更偏爱“新实用主义”和过程哲学式的解读方案（韩振华，2014；罗哲海，2017）。

值得注意的是，安乐哲等西方汉学家在质疑“内在超越”说时，除了遵循“transcendence”一词在西文中的严格用法外，还往往沿袭早期耶稣会士的做法，对轴心期孔、孟为代表的原始儒学与汉代及汉代之后的新儒学（特别是宋明理学）做出严格区分。在儒学发展史上,汉代儒学将“宇宙论”纳入自身之中，宋明理学、心学则强化了儒学的“本体论”话语。从个体修养论（工夫论、境界论）的角度看，后世儒家强调人与宇宙的一体化，比如张载的“民胞物与”说、王阳明的“万物一体”说，都是这样。尤其从生命终极关怀（ultimate concern for life）的立场来说，儒学强调个体生命在世的德性修养（“存神尽性”），可以在个体生命终散之后“利天下之生”。王夫之说 ：“是故必尽性而利天下之生。自我尽之，生而存者，德存于我 ；自我尽之，化而往者，德归于天地。德归于天地，而清者既于我而扩充，则有所裨益，而无所吝留。”（王夫之《周易外传 • 系辞下传》）他说的就是这样一种“终极关怀”意识。冯友兰说这是“事天”的“天地境界”，笔者认为这是一种类似于宗教情感的“精神转化 / 升华”（spiritual transformation）。而且，它首先是个体工夫修养领域的精神体验 ；至于是不是表现为对习俗的批判、超越，反而是一个次要的问题。这是大部分现代新儒家（不包括余英时）界定“内在超越”时的核心意义。由于安乐哲等人在质疑“内在超越”说时主要依从轴心时期的原始儒学理念，宋明儒家和现代新儒家发展和强化了的儒学精神性维度并不被看重，这在一定程度上使得他们对儒学的理解是一种“以源代流”的简化主义见解。另一方面，由于对“transcendence”意义的理解是提纯后的结果（所谓“严格的用法”），他们将西方思想与“transcendence”划等号的做法也是极为褊狭的。总之，安乐哲等人在对中、西思想传统双重简化的前提下进行中、西思想的比照研究，亦是问题重重的。

第二种质疑“内在超越”说的声音来自分析哲学阵营。冯耀明在《当代新儒家的“超越内在”说》（冯耀明，1993）一文中认为，在严谨的“超越性”意涵之下，“超越性”与“内在性”的概念是互相矛盾而对立的，绝不可能存在有所谓“内在的超越”。牟宗三所说“有绝对普遍性，越在每一人每一物之上，而又非感性经验所能及”者，其实只是康德（Immanuel Kant）意义上的“超验”，只是就抽象的“普遍性”与“必然性”亦即康德所谓“客观性”的意义上而言之，实非真正意义上的“超越”。以“超越”之名来指称“超验”之实，只会导致概念混乱。后来，在《“超越内在”的迷思——从分析哲学观点看当代新儒学》（冯耀明，2003）一书中，冯氏进一步指出，熊十力、牟宗三、唐君毅等现代新儒家的“超越内在”说不仅不够“超越”，甚至也不能说是“内在”。这是因为，熊十力等人的心性论，“背负有本体宇宙论的极沉重的包袱”（《“超越内在”的迷思》

第 191 页），而“对于概念或原理言，我们虽可以心理学地说‘内化’或‘内具’（internalized），却不能存有论地说‘内在’。”（第 190 页）冯氏进而分别列述南乐山（R. C. Neville）的“创生新说”，李维（M. P. Levine）依据克逊（W. D. Hudson）及史麦特（N. Smart）而构想的“泛神新说”，杜兰特（M. Durrant）和施士（J. Zeis）分别根据格奇（P. T. Geach）的“同一理论”而发展出的“化身新说”和“位格新说”，说明这些比当代新儒家之论说远为深刻而新颖的“超越内在”说，也是难以证立的。

在冯耀明看来，主体心性是传统儒学的根本。而熊十力等人所持论的“这种‘宇宙心灵’吞没了‘个体心灵’，它的‘实体性’之义淹没了‘主体性’之义，它带来的‘气质命定论’将会使道德觉悟或自由意志成为多余之事，使良知或明觉在生命转化中扮演无可奈何的角色”（第 231 页）。而分析哲学便如同“奥卡姆的剃刀”（Occam's Razor），本着“如无必要，勿增实体”（if not necessary，not by entity.）的理念，可以去除跟儒学心性论捆绑在一起的宇宙实体论残余，恢复儒学的本真原貌。然而正如前述，心性论与宇宙论的合体绝非现代新儒家的向壁虚构，汉代以来的儒学理论建构多有致力于此者。2014 年陈来先生出版的《仁学本体论》（陈来，2014），延续了宋、明儒直至现代新儒家的思路（所谓“接着讲”），以“仁体”打通原始儒学、宋明理学与心学、现代新儒学，仍以“形上学”建构为旨归，是统心性论和宇宙论于一炉的最新尝试。分析哲学是一种很好的理论分析工具，但它具有很强的反本质主义、反形上学倾向。当下英美“盎格鲁–撒克逊”传统盛行的是分析哲学的理论方法，倘若不加分析地搬用分析哲学来处置、裁断传统儒学的所有问题，难免产生妄裁历史的反历史主义后果。

第三种质疑来自现代新儒家内部，以及立场接近现代新儒家的学者。同为现代新儒家的徐复观，主张儒学是一种“道德性的人文主义”，“仁”（自觉的精神状态）引发“无限要求”，由此指向“忠”与“恕”（《中国人性论史》）。他复在《儒家政治思想与民主自由人权》一书中主张儒家持一种“道德内在说”，而不主宗教意义上的“超越”说。1958 年《为中国文化敬告世界人士宣言》发表前，徐复观曾向主笔唐君毅提出过两点修正意见，其中一条便涉及《宣言》中透露出的过浓的宗教意识：唐君毅在原稿中强调了中国文化的宗教意义，而徐复观则认为，中国文化虽原来也有宗教性，也不反宗教，然而从春秋时代起中国文化就逐渐从宗教中脱出。徐复观修改了这一部分的原稿，但唐君毅并没有接受这个修正建议。余英时先生主张以“内向超越”而非“内在超越”来标示中国古代思想的起源特征，在理论初衷上与徐复观相同（余英时，2000）。针对牟宗三的“内在超越”说经由实体化的“心体”走向独断论，李泽厚先生亦曾撰文，明确反对任何形式的超越性，主张以“情本体”来取代超越性（李泽厚，1995）。

大陆儒学学者郑家栋在《“超越”与“内在超越”——牟宗三与康德之间》（郑家栋，2001）一文中，尝试从语词概念的厘清切入来讨论“超越”与“内在超越”的问题：康德将之前混用的 transcendental 与 transcendent 做了明确分辨，完全在经验范围之外的才是“超越”（transcendent）；而“先验”（transcendental）是指作为必要的条件以构成经验的基础之那些先验因素而言。与通常用法不同，牟宗三把 transcendent 译作“超绝”，transcendental 译作“超越”，因为他认为 transcendent 是与经验界完全隔离，一去不返，而 transcendental 则不能离开经验而返过来驾驭经验。牟宗三主张，在儒学传统中，宇宙万物都建基于一普遍的道德实体，而此一普遍的道德实体同时亦即是人的本体——即无限智心 / 仁体 / 智的直觉——所以是既超越又内在的。这样，牟宗三把神对于人而言之存有意义上的超越性扭转为人自身的超越祈向及其潜能。郑家栋认为，儒家内圣之学包括两条线索：以《中庸》《易传》为代表的宇宙本体论的系统，以及由子思、孟子一系发展而来的心性论的系统。在今天有关儒家思想“内在”与“超越”之关系的讨论中，人们常常是从前一线索提出问题，又自觉或不自觉地转到后一线索去说明或回答问题；亦即从认定“天命”“天道”的超越性内涵始，而以肯定吾人的道德心性具有自我超越的内在祈向和无限潜能终。这样一种思路犯了“存有”与“价值”相混淆的谬误。而牟宗三思想的发展，可说是典型地体现了上述理路[2]。

在郑家栋之前，台湾学者李明辉已经指出牟宗三把 transzendent 译作“超绝”，而把“超越”留给 transzendental；transzendental 意指先验，并非“超乎经验”，所以与 immanent（内在性）并非矛盾的概念（李明辉，1995）。只不过，李明辉出于护教心态，仅仅揭出牟宗三未按康德原意来立论，而安乐哲对牟宗三的理解是错误的；所以未能如郑家栋那样继续指陈牟宗三思想中的断裂之处。

2　无独有偶，学人陈振崑在评论唐君毅的“天德流行”论时，亦指出：虽然唐君毅有意要开展一个“乾坤并建”，“天命”与“性命”并存之“既超越又内在”的天道观（这在天人关系的阐发上无疑具备了高度的价值，启发了现代人融合宗教精神与人文价值的超越向度），但只成就了一种内在于人的主体的超越性。虽然他在理想上挺立了人的孤峭的道德主体性，却同时遗忘了天道涵藏万有、生生不息之动力的开显。（陈振崑，1999）

郑家栋没有像安乐哲、冯耀明那样明确地点出自己运用的理论方法，但是其与安、冯的前提预设和论证结论是近似的。概括地说，他们的预设和结论都共享了“现代性”境遇的一些典型特征：知识的独立性，存有与价值的分立，主体性的张扬以及宗教信仰的扬弃。然而，从宏观视角来看，现代新儒家的兴起，因应的正是现代性的大背景；亦即，现代新儒家是世界范围内“反思现代性”思潮的一部分。相应地，以“现代性”的眼光来分析、评判现代新儒家“内在超越”说的自相矛盾，是从一开始便已注定结局的理论演练。这也让笔者想起史华慈在《中国古代的超越》一文中所揭示的，先秦儒、道两家的超越主义都表现出保守、反动的（reactionary）面相，然而认为超越性元素就是要对抗静态的、缺乏反思的传统主义观念，那也是错误的。“超越主义”也可能部分表现为对于高等文明的理性化（韦伯意义上的）、“进步主义”（progressive）倾向的反动。现代新儒家所倡导的儒学“内在超越”说，同样也具有较强的保守（或曰“守成”）主义色彩，此点本不必讳言。

三、突围路径：“内在超越”说的理论潜能

对于身处现代性语境的普通读者而言，读懂现代新儒家所讲的“内在超越”说，有一个根本的困难，即如何才能理解心性论与宇宙论的合体问题。或者用牟宗三《心体与性体》中的话，如何才能理解“道德的形上学”。个中关键之处在于，儒家的道德形上学可以在人的道德性体、心体与宇宙的性体、心体之间建立一体必然之联系，而此点何以可能？即便对于现代学术体系中的专家学者而言，理解此点也属不易。例如，前引钱永祥论文即称，“阅读牟宗三著作的过程中，笔者感到最困难的地方，即在于确定他心目中此处的联系（按，即人之道德性体、心体与宇宙的性体、心体之间的‘联系’），应该如何理解”。牟宗三“道德的形上学”最终落脚点在“形上学”，而钱永祥“道德内在说”所讲“道德的实践之可能性与条件”，在整体思路上似乎属于牟氏所谓的“道德底形上学”（康德）范围，因此是歧出的。“万物一体之仁”是钱氏“感到最困难的地方”，认为“道德内在说涵蕴着什么样的形上学结论”，“陈义太高”，“是很棘手（但也有趣）的问题”，最终存而不论。这似乎是一块概念式“论证”永远无法自行抵达的领域，而只能诉诸“体证”或所谓“智的直觉”。“内在超越”说的精微之处，有点拒斥概念式

论证，而更多指向儒学的工夫论、境界论，有自我神秘化之嫌，这在一定程度上冲击了学术界和一般读者对其的理解与诠释。

另一方面，如前文所述，如果说“内在超越”说之提出，主要是要反驳黑格尔、韦伯等西方学者对儒学和中国文化缺乏超越性的批评，那么，现代新儒家学者理应依循批评者所使用的“内在”“超越”之定义来作出反驳；若随意变换批评者所使用的定义，则难有反驳之可言。但事实是，西文严格定义中的“既超越又内在”必不能证立，而牟宗三为代表的现代新儒家并未严格依循康德等西方哲人的定义，这难免偷换概念之嫌。既如此，以儒学与中国文化的“内在超越”回应西方的“外在超越”，便成了鸡同鸭讲，无法构成真正的比较研究和对话，而只是一场虚拟的自说自话而已。用安乐哲的话来说，“超越性”话语是毫无生气的。就此而言，提出“内在超越”说其实甚无必要。

然而，“内在超越”说因此便是无效的累赘话语吗？笔者的回答是否定的。

首先，“内在超越”说固然有其因应西方批评的面向，但同时亦有其源于儒学自身思想传统的强大概括力。不管是儒学的哪个流派，都强调主体心性的重要性；不管是哪个时代的儒学，亦多强调主体心性与道德宇宙的沟通、连结。尽管心性与宇宙的连续性在今天已不再是一个不言自明的命题，但“内在超越”说所指涉的“万物一体”观念是儒学史上无法抹杀的一种重要存在。就此而言，“内在超越”说有其阐说立论的有效性。当我们论说传统儒学的“形上学”思想时，“内在超越”尤其是无法避开的一种论述[3]。

其次，倘若由于“内在超越”说存在着巨大的理论困难，便对其采取一种折衷变化，比如说仅强调“内在性”而不谈“超越性”，那么产生的问题可能更多。在西方汉学家那里，突出儒学与中国文化的“内在性”，并与西方文化的“超越性”进行对比研究，是一种较为流行的进路。除了前文提到的安乐哲以外，朱利安是目前致力于此而影响最大的汉学家。在《过程或创造：中国文人思想导论》（*Procès ou Création: Une introduction à la pensée des lettrés chinois*，1989）、《内在之象：〈易经〉的哲学解读》（*Figures de l'immanence: Pour une lecture philosophique du Yi king le classique du changemen*，1993）、《从“存在”到“生活”：中欧思想关键词》（*De l'Etre au Vivre. Lexique euro-chinois de la pensée*，2015）等著作中，朱利安反复

3 友人齐义虎提示笔者，“万物一体”强调的是万物之间的连续性，而“超越”一词却标志着一物对另一物的疏离、相胜，这两个词的内在意义指向是迥异的，因此最好沿用中国自己传统的术语来进行表述。这一提示很有针对性，然而却有自我封闭化和拒斥跨文化思想对话的嫌疑，故笔者不取。

申说中国哲学的“内在性”与“非超绝性”[4]，并与欧洲思想的“超绝性”进行对比。“天”在中国思想中并非表征着形而上学的超越维度，而只是表示一种“绝对的内在性”。汉学家毕来德（Jean François Billeter）批评朱利安理想化了中国思想的“内在性”，严重忽视了“内在性”与中国中世纪专制政治（despotism）之间的密切关系。然而，中国思想之“内在性”严格说来只是西方汉学史上长期形成的一个“神话”或“迷思”（myth）！朱利安和毕来德都未经反思地接受了这一“成见”，从而严重忽视、甚至否认了中国思想中的超越性或批评性维度。他们的争论可谓激烈，亦各有其“洞见”之处，然而由于未能将这一成见“问题化”，到头来争论的只是谁能对“内在性”这个未经反思的错误前提断言做出更恰如其分的评价，终究是盲视的。

又如，余英时主张以“内向超越”说取代宗教意味浓厚的“内在超越”说，这一做法用于描述轴心时期儒家思想的起源是比较恰切的，但是无法完全涵盖儒学从汉代至宋、明的后续发展。相比“内在超越”说，“内向超越”说的理论概括力来得要弱一些。另外，“内向超越”标示了一种彻底的人本主义向度，而缺失了宗教超越维度。世俗化是现代性的一个重要取向，但世俗化之后的现代人往往丧失对天、地、人的敬畏，更容易陷入虚无主义的泥淖。哲学家查尔斯·泰勒（Charles Taylor）在现代世俗世界之中倡导宗教（再）皈依，就是要向宗教和超验现实敞开自己的心灵，以突破现代社会唯我独尊的人本主义内在框架，让自己进入一个更广阔的天地（Charles Taylor，2007）。显然，“内在超越”说所包含的宗教信仰维度更能与泰勒的主张展开跨文化对话[5]。而从比较哲学 / 神学的视域来看，美国波士顿学派的南乐山（Robert C. Neville）、白诗朗（John Berthrong）透过“过程神学”“创造性”等概念进行的儒（特别是朱熹代表的理学）耶对话，是这一跨文化对话的最新成果之一。

如果说以上两点还只是对“内在超越”说之必要性的有限辩护，那么，借鉴德国法兰克福学派批判哲学的思路，充分挖掘并发挥“内在超越说”包含的文化

4 朱利安区分了“超越”（going beyond）和“超绝”（above and cut off），他认为中国思想有超越性层面，但这种超越并不指向一种绝对的外在性，而指向“内在的绝对性”（absolution of immanence）。

5 任剑涛教授认为，“内在超越说”并不是传统儒家的本然追求，而且，在现代处境中，没有必要将儒学的宗教性引为儒家价值辩护的方式；儒家强调基于道德信念的秩序安排，具有跟基督教一样的收摄人心、整合社会的作用（见《内在超越与外在超越：宗教信仰、道德信念与秩序问题》，《中国社会科学》2012 年第 7 期；此文收录于其《复调儒学：从古典解释到现代性探究》，“国立”台湾大学出版中心，2013 年）。笔者并不同意其对“内在超越说”与传统儒学关系的判定，但赞赏其基于“现代处境”对传统儒学资源的价值重构。

批判潜能，是这一学说打破单一的宗教性 / 精神性理解模式，实现哲学重构的可能路径。“内在超越”说与儒学的工夫论、境界论息息相关，这使得对于“内在超越”说的理解，常常停留于重视个体身心修养和精神转化的心性论（即所谓“内圣”）领域。这一理解模式当然是非常重要的。然而，“内在超越”说其实从一开始也具有丰富的文化批判潜能，而此点却常常被人忽视。

法兰克福学派向来以其“批判理论（critical theory）“闻名。到 1960 年代，哈贝马斯（Jürgen Habermas）通过在认识论层面上讨论“知识”，将“批判性知识”确认为一种独立于“自然科学”“人文科学”之外的，以自我反思和解放（emancipation）为导向的认知与兴趣类型（Jürgen Habermas，1968）。与这种批判理论相关的哲学释义学，在方法论上要求通过一种“理性重构（rational reconstruction）”来完成对批判性“潜能”的释放。所谓“理性重构”，是指把存在于特定类型现象背后的那些普遍而不可回避的、然而尚未结构化的前提条件，通过明晰化、系统化的理论表述出来。它与智力的深层结构息息相关，其任务不是描述现实中所是的事物（“实然”），而是按照应该是的样子确立现实事物赖以存在的前提条件（“应然”）。借助这种“重构”，一种前理论的实际知识（know how），可以整合到确定的理论知识（know that）之中。儒学“内在超越说”所包含的文化批判潜能，可以通过“理性重构”而得以充分释放，并参与当下的文化对话。

关于儒学包含的批判性潜能，汉语学界已有的论述，多强调传统儒学藉心性之说确立“道统”以与“政统”抗衡的一面。然而，一方面，这种论述往往停留于“实际知识”的层面，未能立足于理性重构，其哲学建构性尚不充分；另一方面，这种论述亦有意无意流露出儒家以道统自任本身具有的浓厚保守气息，儒学由此便仿佛自异于现代社会之外，而缺乏一种思想 / 文化建构的参与意识。无疑，开掘儒学“内在超越说”的文化批判潜能，需要一种更为宏大而纵深的视野，以及一种更具普遍主义色彩的视角。

我们不妨同时将目光转向域外的中国哲学研究界。在诠释儒学和中国古典文化时，首先将“超越性”与文化批判意识明确关联起来的，是汉学家史华慈。他曾经指出，轴心时期的中国思想家认识到，在规范性的社会政治文化秩序与现实状况之间存在着某种可悲的鸿沟。而在这种介于理想的社会秩序与实际状况之间的断裂感中，存在着不可否认的超越因素；“天”就是关心儒学救赎使命的超越的意志。换言之，理想与现实之间的差距与张力本身就蕴含了理想对于现实的超越性，以及与之相关的深度批判意识与反思性;而这种超越性和批判意识的源头，则是“天命的内在化”。历史学者张灏以“超越的原人意识”为关键词来概括轴心时期思想创新的根本特征，而其重要表现之一就是超越的心灵秩序与现实政教合一的“宇宙王权”（cosmological kingship）的紧张性，以及其中蕴含的突破契机（张灏，2000）。

而能够将轴心时期儒家伦理学与批判哲学结合起来的最佳范例，笔者以为应首推德国汉学家罗哲海（Heiner Roetz）。在上世纪 90 年代初出版的《轴心时期的儒家伦理》（罗哲海，2009）一书中，罗哲海将包括儒家伦理在内的先秦哲学、伦理学置于传统习俗伦理崩解的时代背景中，强调它们是应对社会和文化危机的产物：传统的确定性（特别是伦理）已经土崩瓦解，这是中国道德哲学得以形成的根本问题语境。先秦诸子各家的思想建构，都处于“具有世界史向度的早期启蒙新纪元”之中;跟之前相比,它们在思想上实现的“重大突破性进展”表现在:“通过反思和超越性、而不再为实体性和生命的局限性所囿，神话意识形态为理性所战胜，个人主体的发现，向历来接受之一切事物加以质疑，在两难困境中慎重思索，以及历史意识的发展等”（罗哲海，2009）。在罗哲海看来，就孔子、孟子的大体而言，儒家并没有像“前儒家文献”那样强烈地从超越性的上帝、天那里为伦理学寻求终极凭据，亦即，儒家的“道”是由人自行主动培养，而非通过任何天国（宗教论述）或本体论（形上学话语）的规范来预先定位[6]。然而，儒家伦理学却同样获得了“后习俗”（post-conventional）层次的批判立场和对于现世习俗的超越。孟子以他那“人心中存在道德发端”的理论以及他的道德现象学把握住了伦理学的一个关键：“人类具有不依赖传统，仅靠自身而发展出道德的可能性”（罗哲海，2009）。而且，孟子由此还获得了一个激烈批评暴政的立足点——执政者如果没有从人类具有道德潜能的角度来运作政治，那么就是“罔民”“率兽而食人”。

罗哲海对儒学文化批判潜能的重构，是借助“轴心时期”理论、“后习俗”理论的双重视野展开的。而其所以能如此申论，则与其领受的法兰克福学派批判理论有着密切关联（韩振华，2014）。他认为，“‘重构’意味着以一种与古人之真实意图相应的方式对其思想加以重新整合，而取代复述他们那些相当庞杂不清

6 这也是罗哲海批评杜维明的原因之一（Heiner Roetz，2008）。

的理论；并且要根据我们今日所面临的伦理学问题而加以充分利用”（罗哲海，2009；Heiner Roetz，2002）。罗哲海将这种诠释学称为“批判性现代重构”，并与安乐哲等美国实用主义汉学家的“复辟 / 复原论”自觉划清了界限。值得注意的是，罗哲海的论述有意避开了儒学“内在超越说”的本体论维度，而着重发挥了其批判性潜能，从而与西方近代以来的启蒙传统构成了深层次对话。在让儒学（尤其是儒家伦理学）参与当代前沿思想对话的维度上，罗哲海做出了值得赞赏的努力。

罗哲海的弟子、汉学家何乏笔（Fabian Heubel）也认为，现代新儒家的“内在超越”说富有发展潜力：“对批判理论而言，内在性与超越性的关系是重要的，因为牵涉到批判如何可能的问题。”所以，由“即内在即超越”的角度有助于理解当代批判思想的发展方向（何乏笔，2009）。虽然新儒家哲学与批判理论之间存在的鸿沟难以彻底跨越，跨文化研究的难度不容低估，但是，像“内在超越”说这样的“混血”命题，超越了朱利安式的相互绝缘的对比研究模式，体现了一种真正有“孕育力”（fertility; fécondité）的跨文化立场，仍是值得肯定的思想进路。

四、小结

综上所述，儒学“内在超越”说合心性论与宇宙论为一炉，既蕴涵了宗教性诠释的可能，又包容了文化批判性的丰富潜能。前者指向内在的工夫论、境界论等个体修养论内容，后者则指向外在的政治—文化批判性发挥。前者标示了儒学的宗教性、精神性，而后者则标示了儒学的批判性。

牟宗三、唐君毅所讲的宇宙论意义上的超越性，是接着宋明儒而讲；而其对“内在”之强调，则与近代西方哲学的主体性哲学合拍。遗憾的并不是牟、唐无谓地延用了宋明儒的宇宙论，而是他们并没有在批判哲学意义上张扬儒学的外在批判性，最终极易滑向那种单纯突出心性儒学的进路。与之相关，蒋庆等偏爱今文经学的学人，通过开掘和复兴所谓“春秋公羊学”的政治儒学面向，批评港台新儒家只讲心性，不讲政治；只讲内圣，不讲外王。然而，蒋庆的这种论述其实窄化（甚至僵化）了儒学批判性的全部可能。

儒学“内在超越”说是一个文化“混血”的哲学命题，这标示着中国古典哲学的当代诠释早已成为一项“跨文化”的事业。在经典诠释过程中，如何经由批判性的现代重构，超越那种相互绝缘的对比研究模式，走向一种真正有“孕育力”的跨文化立场，避免使中、外文化停留于一种死板僵化的、避免“受孕”的、各居其位的静态分析，仍需细细思量。

参考文献

[1] 安乐哲．中国式的超越，抑或龟龟相驮以至无穷．收录于第三届新儒家国际学术会议论文集《儒学的现代反思》．台北：文津出版社，1997 年．后以《中国式的超越和西方文化超越的神学论》为题，收录于安乐哲《和而不同——比较哲学与中西会通》．温海明译，北京：北京大学出版社，2002.

[2] 陈来．仁学本体论．北京：生活·读书·新知三联书店，2014.

[3] 陈振崑．论天德流行的超越性与内在性——唐君毅先生的天德流行论初探．哲学与文化，1999（26-8）．

[4] 程艾蓝．“汉学”：法国之发明．收录于杨贞德编《视域交会中的儒学：近代的发展》（第四届国际汉学会议论文集）．台北：“中央”研究院，2013.

[5] 冯耀明．“超越内在”的迷思——从分析哲学观点看当代新儒学．香港：香港中文大学出版社，2003.

[6] 冯耀明．当代新儒家的“超越内在”说．当代，1993（84）．

[7] 韩振华．“批判理论”如何穿越孟子伦理学——罗哲海（Heiner Roetz）的儒家伦理重构．国学学刊，2014（3）．

[8] 韩振华．“语言学转向”之后的汉语哲学建构——欧美汉学界对于先秦中国思想的不同解读．华文文学，2014（2）．

[9] 何乏笔（Fabian Heubel）．跨文化批判与中国现代性之哲学反思．文化研究，2009（8）．

[10] 黑格尔．哲学史讲演录．贺麟、王太庆等译．北京：商务印书馆，1959（2013 年重印）．

[11] 黑格尔．历史哲学．王造时译．上海：上海书店出版社，2001.

[12] 李明辉．儒家思想中的内在性与超越性．台北：“中央”研究院中国文哲研究所，1995.

[13] 李泽厚．《当代新儒学论衡》前言．台北：桂冠图书股份有限公司，1995.

[14] 梁漱溟．东西文化及其哲学．北京：商务印书馆，1999.

[15] 罗哲海．轴心时期的儒家伦理（中译本）．郑州：大象出版社，2009.

[16] 罗哲海．评汉学研究中的实用主义．胡建萍译．贵阳学院学报（社会科学版），2017（6）．

[17] 孟德卫（Mungello E. David）．奇异的国度：耶稣会适应政策与汉学的起源．陈怡译．郑州：大象出版社，2010.

[18] 钱永祥 . 如何理解儒家的“道德内在说”——以泰勒为对比 .“国立”政治大学哲学学报，2008（19）.
[19] 余英时 . 论天人之际：中国古代思想起源试探 . 台北：联经出版公司，2014；北京：中华书局，2014.
[20] 余英时 . 轴心突破和礼乐传统 . 盛勤、唐古译 . 二十一世纪评论，2000（58）. 或参考余英时《论天人之际：中国古代思想起源试探》第二章 .
[21] 张灏 . 从世界文化史看枢轴时代 . 二十一世纪评论，2000（58）.
[22] 郑家栋 .“超越”与“内在超越”——牟宗三与康德之间 . 中国社会科学，2001（4）.
[23] Benjamin I. Schwartz. Transcendence in Ancient China. Daedalus, 1975.
[24] Charles Taylor. A Secular Age. Cambridge, Massachusetts and London, England: The Belknap Press of Harvard University Press, 2007.
[25] Heiner Roetz. Confucianism between Tradition and Modernity, Religion, and Secularization: Questions to Tu Weiming, in Dao, Vol. 2008, No. 7.
[26] Heiner Roetz. Die chinesische Ethik der Achsenzeit. Eine Rekonstruktion des Durchbruchs zu postkonventionellem Denken. Frankfurt/M.: Suhrkamp, 1992. 英译 : Confucian Ethics of the Axial Age: A Reconstruction under the Aspect of the Breakthrough toward Postconventional Thinking. Albany: State University of New York Press, 1993. 中译 : 轴心时期的儒家伦理 . 陈咏明、瞿德瑜译 . 郑州 : 大象出版社 , 2009.
[27] Heiner Roetz. Gibt es eine chinesische Philosophie. in Information Philosophie, 30. Jg., Heft 2, 2002.
[28] Jürgen Habermas. Erkenntnis und Interesse. Frankfurt am Main: Suhrkamp, 1968.

作者简介

韩振华，1979 年生，毕业于复旦大学，文学博士，副教授，北外“卓越青年教师”。研究兴趣为中国哲学、美学、西方汉学中的儒学诠释。出版专著《王船山美学基础：以身体观和诠释学为进路的考察》《他乡有夫子：西方〈孟子〉研究与儒家伦理建构》，译著《艺术诸定义》，发表学术论文 50 余篇。

（原载《复旦学报》2019 年第 2 期）

《剑桥中国文学史》编纂思想评析

魏崇新

▶ **摘要** 本文认为《剑桥中国文学史》的“文学文化史”叙述将文学文化看作一个有机的整体，强调了中国文学史发展中的文化因素，突破了中国文学史的一般思维模式及叙述模式，独具特色。同时就其去经典化、女性写作、文学史分期等编纂思想之得失进行具体分析，提出文学史编纂理念中值得关注的问题。

▶ **关键词** 文学史；文化；编纂思想；文学文化史

2010年5月，由耶鲁大学孙康宜教授（Kang-i Sun Chang）、哈佛大学宇文所安教授（Stephen Owen）领衔主编并汇聚美、英汉学研究者合作撰写的《剑桥中国文学史》（*The Cambridge History of Chinese Literature*）由剑桥大学出版社（Cambridge University Press）出版，2013年6月，中文版《剑桥中国文学史》由三联书店出版[1]。《剑桥中国文学史》以海外汉学家的视角重新叙述中国文学史，特色鲜明。孙康宜（2013）教授称“本书的观点和角度与目前国内学者对文学史写作的主流思考与方法有所不同。”宇文所安教授说：“我们唯一能够奉献给中国同事的是：我们处在学术传统之外的位置，以及我们从不同的角度观察文学的能力”（转引自蒋寅，2005）。这种有别于中国国内文学史撰述的“他者”视角，呈现了当代西方汉学界尤其是美国汉学界对中国文学史的认识，对于拓展中国文学史研究的视域，具有借鉴意义。《剑桥中国文学史》中文版出版之后，引起国内学术界的热议，本文主要就其编纂思想进行探讨，辨其得失，以就正于方家。

关于《剑桥中国文学史》的编写理念，两位主编在其发表的相关文章及《剑桥中国文学史》序言中皆有说明。《剑桥中国文学史》的读者定位是面向英语世

1　本文以2013年6月北京三联版《剑桥中国文学史》为主要参考文献，参照剑桥大学出版社英文版 Kang-I-Sun Chang and Stephen Owen. The Cambridge History of Chinese Literature. Cambridge University Press，2010.

界的具有一定知识的普通读者，并希望以一种叙述性(narrative)的、说故事的方式介绍中国文学史，力求为西方读者提供一个首尾连贯、可读性强的文学史叙述。这种编写理念决定了《剑桥中国文学史》的叙述内容与视点，它不是一部学术化的文学史，也不是以文学为中心的专业化的文学史。正如孙康宜教授所说："我们的主要目的是给普通读者看，又由于自身的局限性，可能就不会那么注重作家个体，而会更注重一种倾向（tendency）或者一种潮流（trend）"(孙康宜，2005)。宇文所安教授认为文学史的叙述"应该讲述我们现在拥有的文本是怎么来的；应该包括那些我们知道曾经重要但已经流失的文本；应该告诉我们某些文本在什么时候、怎样以及为什么被认为是重要的；应该告诉我们文本和文学记载是如何被后人的口味与利益所塑造的。换言之,文学史应该总是'史中有史'的"(宇文所安，2008)。

基于这种文学史观念，两位主编提出了"文学文化史"的编纂思想。何为"文学文化史"？孙康宜教授解释说："我们提出文学文化史的内在含义是什么呢？第一，我们很注重接受史。…… 另外，印刷文化（printing culture）的因素也很重要。…… 这对于文学史是很重要的因素。还有就是选集的选定（anthology making）也很重要，某个作家为什么在当时被人忽视？原因可能就是选集里没有他。…… 再就是性别问题。到目前为止，好像中国文学史的著作中，女作家基本上被忽略，即使收入也是放在最后一个部分"(孙康宜，2005)。由此看来，"文学文化史"的内涵应包括文学史上作家作品的接受史，印刷文化、书籍出版与文学史发展之间的关系，文学选集对作家在文学史上地位及影响的关系，女性作家在文学史上的地位以及文学与外在权力之关系等问题。《剑桥中国文学史》所秉持的"文学文化史"的编纂思想，强调了文学史发展中的文化因素，将"文学文化"看作一个有机的整体，力图摆脱将文学史机械地分割为文类(genres）的做法，"而采取更具整体性的文化史方法，即一种文学文化史（history of literary culture)"(孙康宜，2013)。不再把文学史看作是孤立静止的文学发展的历史，而是将文学的发展放置于中国文化发展的整体之中，将文学史看作是对文学传统不断建构的历史过程，揭示文学发展的多元性，凸显文学史发展中内在动力与外在因素的互动作用，"较多关注过去的文学是如何被后世过滤并重建的"(孙康宜，2013)。换言之，"文学文化史"更重视的是对不断建构的文学史的文化生态描述。这不仅在很大程度上拓展了文学史叙述的域界，而且使文学史本身成为文化传统的一部分，增加了文学史厚重的文化历史内涵。就此意义而言，《剑桥中国文学史》在当代中国文学史的书写中可谓另辟蹊径、独树一帜。

立足于“文学文化史”的编纂思想，《剑桥中国文学史》对中国文学史的叙述，思路新颖、视野开阔。如关于《诗经》的部分，论述了“《国风》与早期阐释传统”的问题，分析了《毛诗》从政治文化与道德角度阐释《诗经》的特点，指出这种史阐释框架对中国文学传统产生的影响。在南宋文学的叙述中，围绕“文与道：道学的冲击”“文学的社会世界：团体与结社，以及印刷术的影响”“城市生活之乐”等问题展开论述，讨论了南宋文学与道学之间的内在联系，印刷术、文人社团与文学创作之关系，都市的发展、城市娱乐生活的丰富对文学内容与形式的影响。明代部分第一章叙述了明代专制政治、宫廷文化、科举制度、政治事件等外在权力与文学之间的关系，及其对文学的影响制约作用，注目于文学背后的历史文化动因。第二章“晚明文学文化”讨论的重点是晚明文学的文化特征，或晚明文学与文化之间的关系，尤其重视文学发展与书籍印刷、商业消费之关系；文学类的流行与文学传播、印刷及读者群之关系等。在描述晚明文学产生、发展、繁荣的文学场景时，注意晚明文学发生的多样性文化生态环境问题。第三章“清初文学”，以清初文人对晚明的回顾和反思为起点，论述了清初文学与晚明文学之关系，对比明末清初文人对明亡的自觉反省与文化，探讨了意识形态的持续、变形与逆转，考察文学创作的生态环境与政治社会状况。类似这样的“文学文化史”书写，时见精彩。《剑桥中国文学史》在关注文学接受与选集对作家地位的影响等问题时，讨论了诸如战国文本谱系的汉代建构、手抄本文化对诗人形象塑造的作用、晚明文人对元杂剧的整理、改编对元代戏曲史的影响等，突破了一般文学史的思维模式，提出了值得进一步思考的问题，启发良多。

因过于强调后人对文学、文本的塑造，过多地关注文学被后世的过滤与重建，《剑桥中国文学史》在论及某一时代的文学与某些经典作家作品时难免出现偏颇，造成文学史叙述在某些方面的断裂与缺失。比较典型的是对元代文学的叙述，在通常的文学史中作为重点叙述介绍的元杂剧，在《剑桥中国文学史》的元代部分有仅简单概括的介绍，如元杂剧的体制、钟嗣成的《录鬼簿》、燕南芝庵的《唱论》以及《元刊杂剧三十种》，对于像关汉卿这样的名家、《西厢记》这样的名作，以及众多的元杂剧作品，则概付阙如。之所以这样处理，是因为作者认为元杂剧作品“经过了晚明的大量修订，反映了编者而非原作者的语言特点和思想观念。所以对于杂剧、散曲，本章只讨论那些可以明确系年于元代的文本”(《剑桥中国文学史》上卷，2013)。且不说将这种观点绝对化会给文学史的叙述带来多少问题与偏失，退一步说，假使明代的元杂剧刊本不可靠，《元刊杂剧三十种》却是可靠的元代文本，但作者对《元刊杂剧三十种》的介绍仅限于版本及体例，仍然缺少对这种繁荣一时的新文学本体以应有的重视，由此造成了元杂剧在《剑桥中国文学史》中的“缺席”。也许是为了弥补这种缺陷，在元代文学部分“缺席”的《西厢记》，在明代文学部分被提及，但论述的重点不是《西厢记》的文本与人物，而是其在明代的刊刻与影响。因为在作者看来，《西厢记》虽然产生在元代，但现存最早的刊本是明初，明代人文参与了《西厢记》的改造与创作。但作者的兴趣点不在《西厢记》的内容、人物与艺术，而在于相关文献资料与版本的介绍，《西厢记》的文学性被彻底屏蔽。尽管作者认识到元杂剧受到元代社会“无论高低贵贱各阶层民众的广泛欢迎”，反映了社会现实的方方面面，但在元代文学部分主要论述的仍是元代的诗歌（含散曲）创作，这说明作者的文学观念仍然是以诗文为正统的传统文学观，对于小说、戏曲这类新兴的叙事文学重视不够。所以在元代文学部分，作者不仅让元杂剧“缺席”，同时也让元末南戏如《琵琶记》等处于“空置”状态。

对女性创作的关注是《剑桥中国文学史》文学文化叙述的又一特色，尤其表现于关于明清女作家的叙述。在通常的中国文学史著作中，女性作家的声音比较微弱，除了极少数女作家如蔡文姬、薛涛、李清照有幸进入文学史外，明清时期众多的女作家皆被排斥在文学史之外。据胡文楷《历代妇女著作考》著录，明代有著作的女作家 250 余人，清代 3660 余人，这是一个数量庞大的女作家群体，但在很多文学史中她们处于失语状态。或许是鉴于文学史中明清时期女作家缺席的情况，孙康宜教授特别关注《剑桥中国文学史》对女性作家的书写，她这样说：“我跟每一章的作者都交代过：‘答应我，不要把她们放在最后，放在中间或者什么地方，总之是她们应该出现的地方。’我们……也不准备过分强调性别问题。如果说当时这个女作家确实没有那么重要，也不可以随便拔高她。我的意思就是希望能够重构一个比较真实的历史”(孙康宜,2005)。在《改写文学史——妇女诗歌的经典化》一文中，孙康宜教授指出：“与现代人所想象的相反，传统女诗人并没有受到当代人的忽视。即使一般女人的社会地位不高，但才女的文学地位是很高的（这与中国文人一向重才有关）。尤其是明末以后，随着出版事业的繁荣以及妇女阅读能力的增长，不断发行的各种女性文本成为极受欢迎的热门读物。妇女诗词的大量刊印不只是当时女性文学创作繁荣的具体反映，而且成为促使其更加进步的动力。不幸的是，关于这样一个重要的文化现象，不少文学史却只字不提。这是因为它们忽视了明清两朝的诗词（认为它们再好也不如唐诗宋词高明），而中国女诗人却偏偏在明清两朝表现了空前的文学成就。既然明清诗词被整体地忽视了，大部分的女诗人也就自然地被排除于'历史'之外了"（孙康宜，1997）。多年来孙康宜教授致力于明清女作家诗歌的编选与研究工作，进行明清女性诗歌经典化的努力，通过将女性诗歌经典化进而在某种程度上改写文学史。她与魏爱莲（Ellen Widmer）合作主编了《明清女作家》（*Writing Women of Late Imperial China*），与苏源熙（Haun Saussy）合作主编了《历代女作家选集：诗歌与评论》（*Women Writers of Traditional China: An Anthology of Poetry and Criticism*），并撰写了关于明清女性诗歌研究的系列论文。因此《剑桥中国文学史》明清部分对女性作家作品的关注也就顺理成章。如明代文学部分第一章中的"贬谪文学"与"女性形象之重建"，第二章的"作伪与崇尚真实"。涉及的女作家有黄娥、张红桥、王娇鸾、李玉英、叶小鸾、冯小青、柳如是、陆卿子等，而在通常的中国文学史著作中，这些女作家则被忽略。"贬谪文学"一节论述的虽然是杨慎的遭遇与创作，但一半篇幅谈的是杨慎夫人黄娥及其诗歌。"女性形象之重建"探讨的是明代男性作家对女性文学的关注与对女性文学经典化所作的努力，如田艺蘅编辑的《诗女史》，蘧觉生编辑的《女骚》，钟惺编辑的《名媛诗归》等。"作伪与崇尚真实"谈的是青楼妓女与闺中才女们的创作，她们的身份、才华、交游、创作以及社会角色。指出在明末的特殊时代悲剧性的妓女 (the tragic courtesan)、忠于王室的士绅 (the gentleman loyal to the throne)、精英家庭的贞女 (the virtuous daughter of the elite) 三类人的彼此认同。性别视角的介入使《剑桥中国文学史》弥补了一些中国文学史中女性创作的缺席状况，丰富了中国文学史的内容，凸显了文学史叙述的性别意识。同时也会引发我们的另一种思考：如何建立作家进入文学史门槛的标杆？用什么尺度衡量男女作家的创作成就？如何在关注性别平等的同时保证文学史叙述的公正性？说到底，我们评价作家在文学史上的地位，关键之处不在于作家的性别，而在于其文学成就。

对于"文学文化史"的概念，可以有两种理解，或为"文学的文化史"，或为“文化的文学史”，《剑桥中国文学史》应属于前者。在“文学的文化史”叙述中,如何把握“文学”与“文化”的边界？如何看待“文学”的“文化”特点？如何在文学史的叙述中处理好“文学”与“文化”的关系，简言之，是以“文学”为中心，还是以“文化”为中心？是首先要解决的问题。就学理而言，既然名之曰“文学史”，就应以“文学”为中心，文学史叙述的应该是文学的历史，即“把文学当成文学来研究，文学史著作应立足于文学本位，重视文学之所以成为文学并具有艺术感染力的特点及其审美价值”（袁行霈，2001）。描述文学发展的历史、揭示文学发展的内在规律、阐发文学作品的审美特征，应是文学史书写的题中应有之义。因此要警惕为了强调文学的“文化性”而牺牲其“文学性”。《剑桥中国文学史》在某种程度上流露出这种倾向。如关于《诗经》的书写，作者用了很大的篇幅写了《诗经》文本的形成，《诗经》的文化特点，《诗经》的阐释传统等，但对《诗经》作为诗歌文本的内涵、艺术形式及审美特征等却描述甚少，恰如作者在叙述《诗经》接受史时所说：“在《诗经》的接受史中，并没有留下任何美学关注的空间，没有一位早期评注家曾把它当作语言优美工巧的典范”（《剑桥中国文学史》上卷，第 62 页）。遗憾的是作者本人也忽视了对《诗经》的“美学关注”。再如“文化唐朝”一章，“文化唐朝”的命名本身就容易使人产生有意消解唐代文学的“文学性”之虑。阅读此章就可以发现，作者叙述的重点在于唐代文学产生的政治文化语境，作家创作的环境，佛教与文学创作之关系、安史之乱带给诗歌创作的变化，以及文学选集的编纂等，使我们感受到了唐代文学的文化特点，但对唐代文学尤其是唐诗的整体美学与艺术特点的论述，对名篇名作的品赏，则重视不够，使读者无法领略唐诗的艺术神韵，难以掌握重要作家的创作成就。在“文化唐朝”部分很少有唐诗名作的完整引证与分析,即使像李白、杜甫这样的文学史大家，也没有一首完整的诗作出现。对历史文化的叙述多而对文学经典作品的引证与分析少，这不仅是“文化唐朝”部分的问题，而是《剑桥中国文学史》存在的普遍现象。过于强调文学史的接受过程及文学被后世的过滤与重建，这种泛文化的文学史观在不知不觉中解构了文学的本质与价值。

《剑桥中国文学史》文学文化史叙述的立意之一是“去经典化”。以往的文学史写作非常重视经典作家与作品在文学史上的地位与作用，大多文学史是以经典作家与作品为主体建构起来的。《剑桥中国文学史》则体现出“去经典化”倾向，有意淡化经典作家作品的地位与作用。孙康宜教授说：“相比于一般的文学史，我们还不一定会把经典化（canonization）看得那么重，像 Harold Bloom 那样，他是把个别作家看的特别重要的，所以，他说的那种经典化（cannon formation），其实是把一个文学史变成了一个文学英雄的集锦（collection of literary heroes）”（孙康宜，2005）。在《剑桥中国文学史》英文版序言中，孙康宜、宇文所安这样说 ：“中国学术界的文学史写作通常围绕作家个体展开，其他剑桥文学史作品同样如此。这部文学史不可避免地也会讨论不同时代的伟大作家，但是我们在大多数情况下更关注历史语境和写作方式而非作家个人，除非作家的生平（不管真实与否）已经与其作品的接受融为一体”（《剑桥中国文学史》卷首《英文版序言》，2013）。为了避免文学史成为“文学英雄的集锦”，从而遮蔽了文学史的复杂性与多元化，在其他文学史中予以重要篇幅与地位的经典作家、作品如《离骚》、陶渊明、李白、杜甫、白居易、《西厢记》、明代小说“四大奇书”及重要作家汤显祖、袁宏道、《红楼梦》等，在《剑桥中国文学史》中的地位大幅下降，被有意淡化。以唐代文学部分李白、杜甫、白居易三大诗人为例，对李白的描述占两页，杜甫占三页，对白居易则没有集中的介绍，仅在中唐部分零散提及。对他们作品成就的分析及文学史地位的描述也不甚清晰。对比同书中对元代作家刘因的介绍，就会发现存在很大差异，对刘因的介绍花了四页半的篇幅，接近李白、杜甫两人的篇幅。而对“元诗四大家”的介绍就占了七页的篇幅[2]。孰轻孰重，一目了然。如此压抑经典作家而拔高普通作家，对于像李白、杜甫这样的文学名家来说，显然有失公允。问题在于 ：这样的轻重权衡是出于何种标准？如何评价经典作家与普通作家在文学史上的地位？如果仅仅是为了“去经典化”而去经典，就会发生使文学史堕入平庸化的危险。再如明代文学部分，在第一章中，《三国演义》《水浒传》《西游记》三部经典小说仅在其第三节中占了一个细目，题名“小说中英雄主义之改造”，简单地介绍了三部小说所表现的英雄主义特点。《金瓶梅》在第二章第二节中占了一个细目，题名“《金瓶梅》”，重点讨论的是其成书、传播及其儒家“反乌托邦”的文化内涵。《牡丹亭》在第二章第三节中占了一个细目，题名“《牡丹亭》与情教”，重点讨论的是《牡丹亭》所反映的女性在社会中所扮演的角色与情感在社会中的位置问题，以及《牡丹亭》在晚明的传播与影响。对上述几种文学经典的叙述同样忽略其文学性而偏重于其文化性。从中可以看出《剑桥中国文学史》因强调“去经典化”而带来的剑走

2 页数统计以三联书店出版的中文版《剑桥中国国文学史》为准。

偏锋的功效。郑振铎在数十年前曾说过："一部完备的中国文学史，足以指示读者们以中国文学的整个发展的过程和整个的真实的面目"，文学史对经典作家作品的介绍不必"求全求备"，"但假如一部英国文学史而遗落了莎士比亚与狄更司(斯)，一部意大利文学史而遗落了但丁与鲍卡契奥，那是可以原谅的小事吗？"(郑振铎，2005）为突出文学史的丰富性与多元性，适当地压缩经典的篇幅可以理解，但过于漠视经典及其作用，不仅容易给读者带来误读，也会造成文学史叙述的失衡。

在编写体例上《剑桥中国文学史》也力求出新，尤其是在文学史的历史分期方面有新的探索。孙康宜教授在《剑桥中国文学史》"中文版序言"中说："分期是必要的，但也是问题重重。《剑桥中国文学史》并非为反对标准的惯例而刻意求新，最近许多中国学者、日本学者和西方学者也已经认识到，传统按照朝代分期的做法有着根本的缺陷。但习惯常常会胜出，而学者们也继续按照朝代来分期（就像欧洲学者按照世纪分期一样）。在此《剑桥中国文学史》尝试了一些不同的分期方法，并且以不同的方式去追踪不同时期思想所造成的结果和影响"（《剑桥中国文学史》上卷第 3 页，2013）。宇文所安教授在《剑桥中国文学史》"上卷导言"中也称："实际上，几乎每一位中国文学学者都或多或少知道，很多时候，朝代分期法并不能准确代表文学史和文学史的主要变化。但是积重难返，朝代分期法依然在几乎所有的文学史中限定了章节结构。针对朝代分期法的明显不足，通常的做法是声称一个王朝的开端'延续'了前一个时代的风格。此种策略的缺陷在于，这种形式上的分期不鼓励学者们越过朝代分野把这种延续作为一个单一的现象加以思考"（《剑桥中国文学史》上卷第 21 页，2013）。很显然，两位主编对中国文学史按历史朝代分期提出了批评，并且力求在自己的文学史中打破这种因循已久的文学史分期局限。实际上，很多中国文学史作者都认识到文学史分期按历史朝代分期的局限性，但如何打破按朝代分期的框架重构新的符合文学史自身历史发展规律的分期框架，往往是见仁见智，各有不同。比如在 20 世纪 30 年代初郑振铎撰写《插图本中国文学史》时，就针对当时中国文学史的历史分期问题发出疑问并采用了新的文学史分期法："他书大抵抄袭日人的旧著，将中国文学史分为上古、中古、近古及近代的四期，又每期皆以易代换姓的表面上的政变为划界。例如中古皆开始于隋，近古期皆终止于明。却不知隋与初唐的文学是很难分得开的；明末的文坛上的风尚到了清初的几十年间也尚相承未变。如何可以硬生生地将一个相同的时代劈开为二呢？本书就文学史上自然的进展的趋势，分为古代、中世及近代的三期，中世文学开始于东晋，即佛教文学的大量输入的时期；近代文学始于明代嘉靖时期，即开始于昆剧的产生及长篇小说的发展之时。每期之中，又各分为若干章，每章也都是就一个文学运动，一种文体，或一个文学流派的兴衰起落而论述着的”（郑振铎，2005）。袁行霈主编的《中国文学史》将文学史分为三古七段，先秦两汉为上古，魏晋至明代中叶为中古，明中叶至“五四”运动为近古，每个时期又分为不同的时段（袁行霈，2001）。章培恒、骆玉明主编的《中国文学史新著》将中国文学史分为上古文学（先秦）、中世文学（秦汉至南宋，其中又分为发轫期、拓展期、分化期）、近世文学（元代至梁启超的诗界革命，其中又分为萌生期、受挫期、复兴期、徘徊期、嬗变期）（章培恒、骆玉明，2007）。这些关于文学史分期的探索皆是为了突破文学史以历史朝代为标准的框架结构，追求符合文学史发展实际的历史规律。

《剑桥中国文学史》所循的思路与上述文学史相一致，皆是致力于突破文学史历史分期受拘于政治史分期的僵局。其叙述方式虽然采取编年体的体例，按照时代先后排列各章节的顺序，但其具体的历史分期则有自己的特色。《剑桥中国文学史》共分两卷，上卷为早期至明初（1375 年之前）的文学，下卷为 1375 至 1949 年的文学[3]。为何以 1375 年为分界线，孙康宜教授在“下卷序言”中有明确交代：“若按照常规，本应以明朝的开国年 1368 年（明洪武元年）划分上下两卷，但本书选择了 1375 年。这是因为相比之下，1375 年更引人注目，更有历史意义。截至 1375 年，像杨维桢（1296—1370）、倪瓒（1301—1347）和刘基（1311—1375）等出生在元朝的著名文人均已相继去世。更为主要的是，这一年朱元璋处决了大诗人高启（1336—1374），开启了文禁森严、残酷杀戮的洪武年代，从元朝遗留下来的一代文人基本上被剪除殆尽”（孙康宜，2013）。这种划分比较符合文学史发展的实际，因为无论是在文学精神还是文人创作方面看，明初的文学是元末文学的延续，朱元璋确立了其集权专制统治之后，开始了文化独裁与禁锢政策，对一批具有个性且被认为有违其思想统治的文人大开杀戒，明代文学也走向封闭与保守。以高启的被杀事件作为分界线，具有文学史的典型意义。另一具有特色的分期是“文化唐朝”的划分，“文化唐朝”的起始点不是唐朝建立的公元 618 年，而是公元 650 年——唐高宗李治永徽元年，结束点也不是唐朝

3 《剑桥中国文学史》英文版下卷的下限是 2008 年，中文版下卷的下限则截止到 1949 年。

的灭亡，而是公元1020年——宋真宗天禧四年。“文化唐朝”排除了初唐，因为初唐的文风是南朝、隋朝文风的延续，宋初的文风则是唐末五代的承袭，如此分界，彻底打破了文学随政治史而分的机械套路，体现出文学自身的特点，可谓独出机杼。遗憾的是，这种文学史划分并没有贯彻于《剑桥中国文学史》的始终，书中仍没有完全摆脱按朝代分期的路数，如晚明与清代的划分，依然是以明清易代的政治史分期作为文学史划分的标准。即便从政治史看，以1644年崇祯皇帝的死亡作为明朝的灭亡与清朝的开始也存在问题，因为此后还有南明弘光、鲁王监国、唐王、桂王等多个明朝政权存在；从作者队伍看，一大批由明入清的遗民仍然眷恋着明朝；从文学创作看，清初文学精神仍然是晚明文学精神的延展。关于这一点，“清初文学”的作者李惠仪教授在谈及清初文学时，也认识到清初文学与晚明文学千丝万缕的联系，称“总括而言，清初文学的定位和考虑，必须与晚明文学对看，并兼顾其间的关系。再者，清初文学与明清之际历史的叙述、记忆、想象渊源极深”。因此，若不顾及明清易代的政治史分期，完全可以将晚明与清初的文学划分为一个时期，这样或许更符合文学发展的实际。

总之，尽管《剑桥中国文学史》还存在不少值得商榷的问题，但基本上实践了其编写一部中国文学文化史的理念，打破了一直由经典作家作品垄断中国文学史的局面，无论在内容还是写法上，皆给人耳目一新之感。文学史的写作模式本来就应该是多元而不是单一的，随着人们对文学史规律认识的发展，中国文学史也会不断地被重新建构。《剑桥中国文学史》的问世启发我们对文学史写作的思考：如何把握文学史的核心价值？如何理解文学史的文化特性？文学史的撰写应该给文学经典多少叙述的空间？文学史的叙述如何逼近文学史的原貌？这些皆值得我们进一步思考与研讨。

参考文献

[1]《剑桥中国文学史》. 北京：生活 . 读书 . 新知三联书店，2013.
[2] 蒋寅 . 在宇文所安之后，如何写唐诗史 . 读书，2005（4）.
[3] 孙康宜 .《剑桥中国文学史》卷首《中文版序言》. 北京：生活 . 读书 . 新知三联书店，2013.
[4] 孙康宜 . 改写文学史——妇女诗歌的经典化 . 读书，1997（2）.
[5] 孙康宜 . 新的文学史可能吗 . 清华大学学报（哲学社会科学版），2005（4）.

[6] 孙康宜 . 剑桥中国文学史“下卷导言”. 北京 ：生活 . 读书 . 新知三联书店，2013.
[7] 宇文所安 . 史中有史——从编辑《剑桥中国文学史》谈起 . 读书，2008（5，6）.
[8] 袁行霈主编 . 中国文学史第一卷“总绪论”. 北京 ：高等教育出版社，2001.
[9] 章培恒、骆玉明主编 . 中国文学史新著 . 上海：复旦大学出版社、上海文艺出版社，2007.
[10] 郑振铎 . 插图本中国文学史“自序”. 上海 ：上海世纪出版集团，2005.

作者简介

魏崇新，1958 年生，复旦大学文学博士。现为北京外国语大学中国语言文学学院教授，比较文学与跨文化研究专业博士生导师。北京外国语大学学术委员会委员，北京外国语大学中国语言文学学院学术委员会主任，北京市优秀教师。主要研究领域为明清文学、中国文学海外传播。出版的著作有《市井新声》《狂狷人格》《二十世纪中国文学史观》《比较文学视域中的中国古典文学》《魏崇新选集》等，主编《明清小说观止》《明代文学史话》等。

（原载《国际汉学》2014 年第 4 期）

日本中国文学史观的建构：1882—1912

赵 苗

▶ **摘要** 本文以1882年至1912年间日本出版的中国文学史为对象，对其体现的中国文学史观加以考察。尽管日本在明治维新后以汲取西方文化为主，但至迟在1912年以前，对儒学的接受仍占较大比重，从儒学的角度理解中国文学，成为明治时期中国文学史的一个显著特征。此外，泰纳的文学理论、中国古代文论也对明治学者产生了影响，成为明治时期中国文学史观的影响因素。不仅如此，明治中国文学史还普遍表现出对中国先秦思想的重视，以此对日本传统文化进行追溯与总结，其实质是为日本的国民文学研究提供参考。

▶ **关键词** 日本；中国文学史观

1882年至1912年三十年间，日本集中出版了20余部中国文学史。由于特定的社会历史原因，这些中国文学史的出版，不仅标志了中国古代文学研究的新方法论，同时反映出日本的学术走向。从某种程度上说，中国文学史在明治时期集中登场，意味着日本对此领域学术主导权的争夺。由于写作时间仓促，这些著述的质量良莠不齐，而著者价值观的差异，也使得其对作家作品的评价见仁见智，殊难同调。尽管如此，作为由传统学术向近代学术过渡的产物，这批中国文学史表现出较为显著的共性特征，并以此构建了明治时期的中国文学史观，现择其要略加阐述。

一般而言，“文学史观”是指文学史撰写者与接受者对文学现象及其发展历程所持有的基本观念与价值评判。本文所论述的对象，仅限于日本明治时期中国文学史的撰写者。时间上限是标志日本中国文学史开端的1882年(明治十五年)，下限设定于1912年（明治末年），即以明治时期出版的中国文学史，包括通史与断代史为范围进行考察。

一、先秦诸子思想与中国文学史观

在开始叙述之前，首先有必要对中国文学史在日本的产生过程加以概述。19 世纪末，日本从西方引入“文学史”的概念与体例，对中国文学史的撰写始着先鞭，当时晚清学术尚以训诂与考据为主。1882 年，末松谦澄的《中国古文学略史》出版，此为“中国文学史”在日本的滥觞。此书始于《周官》迄至《国语》，以 17 章的篇幅叙述了先秦诸子思想，尽管穿插了对《诗经》《楚辞》的评价，并将楚辞与日本和歌加以比较，但严格意义上讲，与文学相关的内容着墨不多，著者自身对于“文学”的理解也仅限于诸子学。但是，此著的价值与意义在于，其从一个侧面证明，“文学史”在传入日本之初，并不具有“literature”的含义，从初始阶段开始，对“文学”概念的界定即存在含混性，在一定程度上讲，对“文学”的理解等同于诸子学。

末松谦澄长期留学英国，他的《中国古文学略史》出版之前，已有戈培尔斯坦因的《德意志文学史纲要》(1827)、哈拉姆的《欧洲文学序说》(1837—1839)、泰纳的《英国文学史》(1864—1869) 等陆续出版，然而，《中国古文学略史》对此并无体现。末松谦澄在序言中表示，先秦诸子学说既是中国文化的起源，也与日本传统文化密切相关，编纂此书，旨在为研究日本传统文化之辈提供便利。河田熙在序言中的阐述则更为明确，“况汉土之学，实本邦文物之祖，苟志于学问者，固不可不讲究其书也”(末松谦澄，1882)，从“本邦文物之祖”的角度强调中国古典对于日本文化的重要性。值得一提的是，日本对中国先秦思想的重视，不能完全理解为对中国文化的亲近感，其所着力探求的，实际上是作为文化源头的先秦思想如何与日本文化产生关联，从而为日本近代国民精神提供一种学术性产品，同时为整理日本文化提供一种参照。

末松谦澄对于儒学的倡导，实质上是对儒学所实行的日本化改造。由于末松谦澄等主流知识阶层的推动，明治政府最终将儒学确定为国家教育的基本准则，并于 1890 年 10 月颁布了《教育勅语》，以国家教育纲领的形式宣告了“以儒教为根本，西洋哲学为参考”。在明治时期出版的中国文学史中，均表现出以儒学为重的倾向，与当时日本的国家教育纲领不无关联。

1897 年古城贞吉的《中国文学史》出版，作为日本近代第一部中国文学史通史，此书重视儒学，强调儒学教化。田口卯吉为此书题序，“今此书成矣，学者辄得详彼此文学，为父子为兄弟之情，而知所以振作之方法，则其裨益国家文运，非少小也”（古城贞吉，1897），可以说，直接表明此书是为阐明儒家大义所作。此外，由此书的叙述框架也可看出儒学所占的比重，包括绪论在内，“第二篇 诸子时代”“第三篇 汉代的文学”“第五篇 唐代的文学”以及“第六篇 宋朝的文学”均与儒学相关。

不仅如此，古城贞吉还从儒学的角度切入对中国文学进行分析，认为中国文学的特质，归根结底是受儒学的影响：

> 中国古代读书文字之徒为王朝所网罗，中国古代文学的实质是上流社会的产物，其章奏议论的散文，多条理畅达、儒雅切实的实用文字。其雅颂鼓吹之诗，亦以雄浑正大的台阁气象显现。故唐宋以来，取士之法，科举由来，皆为企念官途利禄的人所下的诱饵。……中国古代文学是科举制度的产物，反映了每个王朝的政教思想活动，此类作品具有贵族化倾向，称之贵族文学。与此相反，描写田园稼穑、桑麻牧畜等民家日常生活光景之作，以及反映民众的适意闲乐之作，称之为平民文学。（古城贞吉，1897）

在古城贞吉看来，在漫长的岁月里，儒学所倡导的治国平天下的思想深入人心，具有无法消磨的特性，此种特性对于中国古代文学有深远的影响，因此，中国古代文学的实质是雅正宏大的贵族文学，而非平民文学。

古城贞吉据此认为，日本学者如果要研究与中国有关的学问，必须要知晓儒学，其对儒学有如下阐释：

> 儒家学派是包括孔子在内的总称，但是儒家学派却并非孔子独自创立。究其渊源，儒家思想远在孔子以前便出现，只是孔子对其进行了整理，成为儒家思想的集大成者，孔子自己也说“述而不作，信而好古”，大体上就是指这样一种情况。儒家的缘起应当与称之“司徒”的官有关，所谓“司徒”，是掌管一国教化之官。另据周礼，太宰之职是“师以贤得民，儒以道得民”。此外《联师儒》载有：所谓师儒，指以道艺对乡里进行教化之人，古为致仕贤者，以德行教化乡里子弟，是为乡闾的标识与模范，能感化众弟子之人。所谓“师”，是指包括六艺在内，教授弟子揖让读诵之人；所谓“儒”，与“师”一样都是指全才的君子，既要精通六经，又要怀有

仁义之心，远达尧舜，近通文武，立身修己，为经世济用之才。

故司马迁说“儒者以六艺为法”，班固也说“古之儒者博学六艺之文”。孔子怀圣人之德，却无施展之机，因此谈论诗书、修习礼乐，作《春秋》以明王道，实为崇古的理想主义。追随孔子的弟子多达数千人，孔子教书育人，因此兼具古代的“师”与“儒”之称。(古城贞吉，1897)

从古城贞吉的经历来看，其本人也深受儒学思想的沾溉，在儒学思想统领之下，古城贞吉对中国古代文学作品的理解，始终以诗词为正统。他推崇“唯诗以言志”，对戏曲小说加以排斥。一方面，他认为中国古代帝王以诗赋网络人才，难以出现流露真性情之作，而权贵宴饮聚会时的赋诗逞才，频繁的应景酬和，使得大量的诗赋流于空泛；一方面，对元杂剧及明清小说置若罔闻，以至于《西厢记》《桃花扇》《水浒传》《红楼梦》在他的《中国文学史》中缺失。

与古城贞吉《中国文学史》同年出版的，是笹川种郎的《中国小说戏曲小史》。平田昌司对此评价：“古城贞吉的《中国文学史》将重点放在经史、传统诗文上，而在同一年出版的笹川种郎的《中国小说戏曲小史》仅介绍通俗文学作品，不愿将经史和文学等量齐观。前者的写作态度，很可能受到了木下犀潭学系‘程朱学’的文学理论框架的影响。可以说，古城的著述是在木村犀潭学系和19世纪日本新知识的基础上，以文学史的形式体现了济济黉几个师生和明治时代社会默认的、共同努力的文化目标”(平田昌司，2008)。平田昌司认为，与笹川种郎在东京大学接受西方知识不同，古城贞吉在济济黉所所接受的儒学教育，对其日后的研究产生了影响，使其研究更多的局限于经史和传统诗文。

此后，古城贞吉本人意识到，在《中国文学史》中未论及戏曲小说是一个缺憾。1902年他的《中国文学史》再版，在“再版例言”中，古城贞吉表示：“关于初版时提到日后将要考察唐宋的佛教文学、金元的词曲小说的问题，因迄今尚未获得更多的材料，此次再版仍未能对此展开论述，此话题只有留到日后再说。本书有关明清文学部分的论述颇为简略，因此打算另写一部《中国近世文学史》”(古城贞吉，1902)。然而，此计划并未得以兑现。

与古城贞吉、笹川种郎同时期的汉学家还有儿岛献吉郎。其撰写了多部中国文学史，其时间跨度之久，著述数量之多，在明治学者中堪称榜首。儿岛献吉郎所著第一部《文学小史》(1894)，便突出了对孔子思想的阐述，在其此后的中国文学史著述中，儒学为主的思想倾向贯彻始终。

1909 年，儿岛献吉郎的《中国大文学史古代篇》出版，其中对孔子及其学说的叙述占据了六章篇幅。1912 年《中国文学史纲》出版，儿岛献吉郎在叙述中国文学特质时，仍以儒学为切入点，提出中国古代文学有贵族文学与平民文学之分，其中贵族文学主要是宫廷文学与应制文学，平民文学则是具有田园自然之趣的文学：

> 古代的中国实行君主专制，天子一人之心，往往左右天下万人的思想。中国古代文人恋势利功名，往往以出入台阁为荣光。中国历代皇室乃名誉之源泉，万众视线集于天子一人。因此其诗文以政治经纶为主，且多有台阁之气。如果说乐享田园、热爱自然之作是平民文学，则中国文学是最发达的贵族文学。唐虞三代的文学是少数贵族的文学，至于梁之宫体、唐之应制体、明之台阁体，皆乃贵族文学。……贵族文学出自缙绅之手，叙其经世之志。平民文学乐享田园自然，叙其人之情操，发乎庶民之口，描绘社会真相。且贯穿世态人情，以悦庶民耳目。然而在中国贵族文学占据绝对势力，平民文学不过百分之一二而已。（儿岛献吉郎，1912）

在此基础上，儿岛献吉郎进一步提出，整体而言，中国古代文学属于悲观文学：

> 中国古代文人的初衷是第一立德、第二立功，其半生的事业是向政治方面而努力，直至晚年才转向真正的文学生活，以诗歌文章来抒泄郁懑不平之气。如果说，歌咏骨肉恩爱的天伦之乐，亲友互诉情话之悦，山川草木风月花鸟之美，是一种乐观文学，那么中国文学则是最发达的悲观文学。先秦诸子的文章，唐宋诸家的诗歌，皆有悲观文学的倾向。（儿岛献吉郎，1912）

儿岛献吉郎认为，之所以会产生平民文学、贵族文学、悲观文学，归根结底是受儒教的影响，“孔孟以来，人皆以治国平天下为毕生理想。学而优则仕，因此作者总怀有攀龙附凤之念”（儿岛献吉郎，1912）。他还认为，在孔孟思想的影响下，中国古代文学难以脱离功利色彩，尽管一代有一代的文学，然而不同时代的主流文学往往与功名有关，如“汉代论文勃兴是由于以策论选人，唐代韵文极盛是由于以诗赋试士，宋代经学普及是由于以经义用人，明代八股文流行是由于以八股取士”（儿岛献吉郎，1912）。在儿岛献吉郎看来，即便不为求取功名，文人同样怀有兼济天下、渴望参政之心，这是四千年来中国古代文人的特质所在：

> 孔孟晚年著述立说，虽绝于仕途，然二圣心中仍欲明经纶之志；老庄鼓

吹无为，主张平等，以此破除先王的礼乐刑政，然二贤胸中犹愤世慨时，怀忧天下而济众生之念；阮籍、嵇康寄托醉酒，以此逃避人生，其蔑视王公贵族，视富贵如浮云，以醉乡诗人的面目出现，然而眼里却仍是慷慨悲愤之泪；谢灵运谢惠连寄望丘壑，晚年流连于山水之间，以山泽诗人之名享誉天下，然其头脑中，却仍有郁勃不平之气焰，藏有渴望参与政事之欲火；李白豪放不羁，将宠辱置之度外，却仍不能安于田园生活；周敦颐心胸洒落无尘，热爱自然，然而其并不能兴起平民文学；陶渊明不为五斗米折腰向乡里小人，归居田园，种苗于东皋，采菊于东篱，悠然而见南山，此乃真正的田园诗人。（儿岛献吉郎，1912）

基于同样的思考，1900 年前后出版的高濑武次郎的《中国文学史》，不仅开辟专章谈“孔子”“老子”“列子”“孟子”“庄子”，而且从“著者年代考”“著作介绍”“学统”“著者性格”“当时的形势”等多方面详加论述。以倡导“新文学观”著称的久保天随，在他的《中国文学史》（1903）中，同样突出先秦思想，有关先秦学说的叙述占据了全书的四分之一的比例。

由是观之，日本对儒学的重视由来已久，日本历史上对于中国典籍所作的训读主要是先秦诸子学说[1]，在漫长的历史岁月中，用训读的方法阅读先秦的儒家经典已内化为日本学者的一种基本素养。在先秦诸子学说中，儒学尤其受到推崇。虽然 5 世纪前后儒学才以官方的渠道传入日本，但是在此之前先秦诸子文献已在日本民间广为流传。作为日本最早的成文法，7 世纪初圣德太子颁布的《十七条宪法》的核心精神就是儒学，其中“以和为贵”“治民之本在于礼”等思想均基于儒家典籍。成书于 8 世纪的《古事记》和《日本书纪》，作为日本最早的文学与历史著作，对于日本文化产生了极为重要的影响，这两部书其实均具有浓厚的儒学色彩。江户时期儒学更是被确立为官学，在长达 264 年的江户幕府统治期间儒学始终占有主导地位，历代幕府将军推崇中国文化，如幕府的开创者德川家康本人具有深厚的儒学修养，其召集学者讲译汉学经典，甚至亲自主持刊行《群书治要》《贞观政要》《孔子家语》《六韬》《三略》等汉文书籍。

明治维新后，总体来说中国文化在日本的影响渐次减弱，然而，从儒学的角度把握与阐释中国文学的特质，这种文学史观对后世学者产生了深远影响。直至

1 训读是日本汉字的一种发音方式，是使用汉字之日本固有同义语汇的读音。日本传统上对于中国的四书五经等中国文化典籍，主要是通过训读的方法，使之日语化，以方便进行阅读，笔者注。

20世纪初，盐谷温实际上仍在延续这种儒学精神。尽管盐谷温的《中国文学概论讲话》，标志着日本的中国文学研究跨入了近代化的学术体系，但是其本人仍无法脱离儒教意识形态性格，以及将儒教作为建构现代国家的意识形态的理论基础。可以说，受儒学思想深刻沾溉的明治中国文学史家，在其著述中刻下了一个时代的烙印，在他们的中国文学史中，几乎无一例外地表现出对于儒学的重视，以及由此而展开的对于儒学与中国文学关联的思考，这是研究明治时期的中国文学史需要留意之处。

二、泰纳的“三因素”学说与中国文学史观

明治时期，泰纳及其文学理论传入日本，并在日本知识界迅速传播开来。概而言之，泰纳的“三因素”学说包含以下几个因素。首先，环境是影响文学发展的重要因素，包括“自然环境”与“社会环境”在内，二者共同构成了影响文学发展的外部压力。其次，种族的差异也会影响到文学，泰纳将希腊民族、拉丁民族与日耳曼民族进行对比，推导出由于南北人种的不同，形成了不同的文学风格。第三，在泰纳看来，种族是文学发生的内部主源，种族如同植物的种子，全部生命力都凝聚于此，起到孕育生命的作用，环境与时代则如自然界的气候，起着自然选择与淘汰的作用。泰纳因此主张，所有的文艺创作及其发展趋向，均可以追溯到种族、环境和时代三种力量，研究作家作品，必须在这三个方面占有大量材料，运用科学的方法加以分析与研究。这种注重从外部因素来考察文学的实证主义研究方法，为日本明治时期的文学史家所认同与标榜，并在中国文学史著述中予以体现。

泰纳的三因素学说最早运用于中国文学史，是明治三十年（1897）古城贞吉的《中国文学史》。作为日本第一部叙述先秦至清的中国文学史通史，此书开篇便从文学的外部因素谈起：

> 中国的环境对于中国文学的影响是非常大的，山川风土、风俗好尚都是一个国家的缩影，这个缩影会映射到文学上。中国作为亚细亚最大的一个国家，高山大河在境内流过，土地广漠无边，风俗习惯南北东西皆不同……中国自古以来西北的政治较为严苛，江南的统治较为宽松，政治的影响呈现在文学上，则西北之词气势刚烈，音韵铿锵；江南之词雍容和雅，和音婉转……

> 又可见莺花流转，留恋荒芜，哀歌怨音，喉珠婉转之词，正是江南烟雨暗柳的环境使然。中国的南北山川、人情强弱投影到文学上，表现出中国诗歌特有的山川风露之气，或由于中国有长江大河高山峻岭起伏贯通于其间。其蜀道之险峻，江南之美景，皆为世人墨客提供了绝好的写作素材。李白、杜甫以降，东坡、石湖之徒无不游历四方，或沐细雨、或骑驴过剑门，或在夜半登吴船作诗，或在武昌樊口幽绝之处，春朝秋夜欣赏四时美景，本来无心的风烟也被文人韵士吟咏一番，中国文学的精彩正是有赖于山水烟景之美。（古城贞吉，1897）

古城贞吉认为，中国土地广阔，南北东西的风物不同，因此形成了中国文学南北不同的风格。不唯自然环境，社会环境也对古代文学产生了影响，这是由于“中国自古以来西北政治较为严苛，江南政治较为宽松”，这种情况投映到文学创作上，便呈现出文学的地域特点，从而表现为“西北之词气势刚烈，音韵铿锵；江南之词雍容和雅，和音婉转”。此外，中国古代文化受制于政教，章奏及议论体散文十分发达，而且多条理畅达、儒雅实之作，从整体来看，中国古代文学始终无法脱离上层社会的苑囿。这种从“自然环境”与“社会环境”两方面，分析环境对中国古代文学产生的影响，可以看出泰纳文学理论的影子。

明治三十一年（1898），笹川种郎的《中国文学史》出版，笹川种郎认同泰纳的文学与人种之间的关联，其根据中国南北地域的不同，将中国人分为“南人”与“北人”，并从中国南方人与北方人的区别上，对其所造成的文学差异详加考察：

> 中国古代文明最早发源于黄河流域，这一区域是汉人种的居住地。汉人种居于北方，中国文化自此而起，这里是古代历史的中心，自然也代表了中国古代人民。相比之下，中国的南方远不及北方兴盛，是中国古代历史中心以外的区域。如果将北方人种与南方人种加以比较的话，就会发现二者之间存在着全然不同的差异。其相貌、骨骼、语言都不同，而从人种的特质来看，南方人种善于想象，北方人种则注重实际。燕赵古来多慷慨悲歌之士，这是由于他们重视时政。而代表南方的老子的太虚说，庄子的人生观，却几乎都远离现实。楚国的巫术以及辞赋皆属南方，可见南方人种想象之丰富，因此他们也深懂诗趣。（笹川种郎，1898）

笹川种郎认为，儒学产生在中国北方，其对中国文化的影响最为深远。中国的北方人理想主义的色彩较少，更为偏重实用主义，儒教集中体现的是北方人的思想旨归。

此外，明治三十六年（1903）出版的久保天随的《中国文学史》，同样以泰纳“三因素”理论为基础，对种族、环境与时代因素展开详细的考察，他从中国的人种谈起，考察中国文学的起源：

> 中国的国民，也就是所谓的汉人种，究竟起源于何处？西洋的学者对此说法不一。有一种说法是，从中国的西部，也就是越过中亚细亚而来。他们穿越高山险阻，定居到太古鸿蒙、云雾深锁的黄河流域。因未曾有征服其他人种的历史，因此其建国精神是保守而不思主动进取的。……总之中国人文的总体特征是保守的、重实际的。（久保天随，1903）

久保天随认为，中国的人种“保守而重实际”，正是由于中国人种的这种特质造成了中国古代文学的实用主义与保守主义倾向，尽管有个别作品的特例，然而中国古代文学的总体特征是趋向实用与保守，这一点在与他国文学的对比中，表现得尤为突出。与古城贞吉、笹川种郎不同，久保天随认为，中国的古代文学除有“北方文学”与“南方文学”之分，还存在一个“中部文学”地带，因此，他在《中国文学史》中，注重从“北方文学”“南方文学”“中部文学”三方面把握中国文学的特质。他还提出“时代共同思想”，指出时代的共同思想对文学产生的影响力，这与泰纳提出的“时代精神”是一脉相承的。

无独有偶，明治四十二年（1909），儿岛献吉郎的《中国大文学史古代篇》出版。此书同样从国民的特质、个人的特质、时代与地域的特质等方面阐述中国文学的特质。具体到章节的论述中，则突出作家个人的性格与人生际遇对作品产生的影响。如在“孔子”一章中，儿岛献吉郎不吝笔墨地叙述孔子的性格，他讲孔子的性格有三个方面，即智者的性格、仁爱的性格、勇士的性格，这三种性格在孔子的身上交相辉映，孔门学说是此三方面性格的综合体现。他还考察孔子生处的时代与人生经历，认为孔子的思想无法脱离外部条件的影响，正是由于孔子家境贫寒，身处乱世，加之周游列国而不得志，政治主张没有施展空间，最终促成孔子教书立业，得以完善孔门学说。也可以说，“智者”“仁者”与“仁爱”的性格是孔门学说的内部主源，孔子所生处的激烈变动的时代是外部压力与后天动力，由于内外因素的共同作用，得以形成与完善孔子思想。又如谈庄子，同样注重庄子的性格，由庄子的性格谈及时代环境，以及庄子生活的地域特色，并分别将上述因素归结为庄子学说产生的内在动因与外部压力。其他如贾谊、司马迁、刘向、阮籍，情况亦大抵如此。

明治末年（1912），儿岛献吉郎在其新著《中国文学史纲》中再次谈到，种族、环境与时代对中国古代文学的影响，并进一步将中国古代文学分为贵族文学与平民文学，提出研究中国古代文学，要注重与儒教、佛教、道教之间的关联，认为中国古代文学始终受儒释道潜在的影响与制约，并在预先设定的轨迹中发生与演变。

综上所述，泰纳所构建的文学理论对20世纪初的日本产生了深远的影响，日本明治学者自觉地将泰纳的理论用于中国文学史的叙述，初步尝试以近代西方文学理论探讨中国古代文学发生与发展的内在规律，试图解释纷繁复杂的中国文学本相产生、发展以及消亡的原因，这与中国传统的重感悟与内在体验的研究方法是不同的。

从种族、环境与时代的差异思考文学，其理论渊源可以上溯至维柯，经由温克尔曼、赫尔德以及斯达尔夫人的推波演绎，泰纳最终成为此理论的集大成者。泰纳指出，种族在文明的历程中具有稳定性，“经过30个世纪的变革而起着变化”“在其语言、宗教、文学、哲学中，仍显示出血统和智力的共同点”（伍蠡甫，1985）。因此，当种族的天性不断积淀为一定的习俗与传统时，其文学的想象、表达及其风格也必然留下这种“原始的印记”，在“种族、环境、时代”三因素中，由于“种族”所包含的先天的、生理的、遗传的因素而被泰纳推至首位。概而言之，泰纳试图用自然规律解释文学现象，认为文学也有产生、发展与灭亡的规律，是近代科学实证主义运用于文学研究的例证，其打破了著述者的纯主观体验，重视客观事实材料，在事实材料的基础上加以考证。

泰纳强调以事实材料为依据，注重考察与作品无关的外部事实材料，对此明治时期的文学史家多有体现。可以说，三因素学说打破了日本及中国传统的方法论，改变了清朝考据学、目录学等既有的研究方法，进一步拓展了中国文学的研究思路。明治时期以泰纳理论为核心的中国文学史，并非简单的作家作品的罗列，而是尝试深入到历史、种族、环境与时代的层面分析文学发展与演变的规律，无疑对中国文学研究的近代化起到了有力的推动作用。然而，泰纳的三元素理论过于强调生理、遗传、地理等因素，忽视了作家的内心世界以及文学作品本身的艺术规律。泰纳的有些观点，并不完全适用于中国文学，仅就种族而言，中国的南方人与北方人并非异族人种，因此有别于泰纳所说的希腊民族、拉丁民族与日耳曼民族，以种族差异来评判中国南北文学，显然有失精准。20 世纪后新文学史理论层出不穷，泰纳的文学理论逐渐为历史审美模式所取代，然而，其所开创的从文学外部因素去阐释和研究文学发展史的新方法，却成为中国文学史学科最初的坚实的奠基之石。

三、中国古代文论的受容

如前所述，日本明治时期刊行的中国文学史，有一个显著的共性，即对泰纳文学理论的运用。自 1897 年古城贞吉的《中国文学史》开始，经由藤田丰八、笹川种郎、儿岛献吉郎、久保天随，直至 1919 年盐谷温的《中国文学概论讲话》，均采用泰纳的三因素学说作为中国文学史的理论构架。如泰纳所提出的，“文学是时代、种族和社会环境的产物，要了解一件艺术品，一个艺术家，一群艺术家，必须正确地设想他们所属的时代的精神和风俗概况”（泰纳，2004），这种从时代、种族与环境的角度来探讨文学发展的历史规律，深刻地影响了明治时期的中国文学史的书写。

然而，还应指出，对明治时期汉学家产生影响的，不唯是西方知识体系与文学理论，也有中国古代文论。从历史的角度来说，由于日本与中国特殊的关系，使得日本自古以来就推崇汉诗与汉文。日本历来重视中国的诗论与文论，《汉书・艺文志》《汉魏六朝百三家集题辞》《文心雕龙》等均在日本盛行久远。这类著述往往通过对每一本书的评论，阐述一代文学的大旨及师承源流，并对作者及版本加以考证，这些思路与研究方法对于明治时期的汉学家无疑产生了影响。如从地理环境的角度论述中国文学的南北差异，最早可以上推至《诗经》。《诗经》中的“风雅颂”，实际上就是以地域划分作为编纂依据。孔子从《诗经》的教育意义出发，关注文学作品的社会作用，其所提出的“兴观群怨”说，对于后世文学产生了很大的影响，其中所说的“观”，就是直接阐明诗歌所反映的社会情况与道德风尚。此外，《礼记・王制》认为：“广谷大川异制，民生其间者亦俗”，《汉书・地理志》谈到：“凡民函五常之性，而其刚柔缓急，音声不同，系水土之风气，故谓之风；好恶取舍，动静亡常，随君上之情欲，故谓之俗”，论述了地理环境对文学产生的影响。《隋书》中的《文学传序》论述了中国南北文学艺术的不同：“江左宫商发越，贵于清绮；河朔词义贞刚，重乎气质。此其南北词人之大较也”，指出当时江南文学“贵于清绮”，柔婉纤细，且辞藻富丽，而北方文学则刚劲粗犷且朴拙质直。《文心雕龙·原道》所言：“日月叠璧，以垂丽天之象；山川焕绮，以铺理地之形”，将诗文提高到与天地并生的自然之道，这一观点对盐谷温产生了直接的影响，以至于盐谷温的论述与之如出一辙：“泰华巍巍耸千秋，江河洋洋流万古，天地的正气钟于此地。三代的文化夙开，汉唐之世，尊崇儒道，奖励文教，济济多士，翱翔翰苑，吟咏风月，发挥诗赋文章的英华”（盐谷温，1947）。均是从环境与时代的角度探讨对文学的影响。

张少康认为，“两汉经学时代的特点是强调文学和政治教化的关系、文学的社会教育作用，侧重于探讨文学的外部规律”（张少康，2005），诚如斯言，对文学外部规律的探讨，是中国传统学术的特征之一。明治时期的中国文学史侧重于文学外部规律，既是对泰纳文学理论的接受，也与中国古代文论有某种契合，实际上是对西方文艺理论与中国古代文论的一种折中。作为传统学术向近代学术的过渡期，明治时期的中国文学理论尚未自觉而成熟，但这并不能抹杀其价值，因为这种尝试本身，对于推进中国文学研究的近代化进程起到了重要的作用。

四、结语

综上所述，尽管日本在明治维新后以汲取西方文化为主，但是，综观明治时期出版的中国文学史，儒学仍然占有重要地位，从儒学的角度理解中国文学，成为明治时期中国文学史的显著特征。此一方面与日本长久以来重视儒学的传统有关，也与1890年日本政府颁布的《教育勅语》有关。在这份国家教育纲领中，强调“以儒教为根本，西洋哲学为参考”，尽管此儒学是经日本改造以后的儒学，但是对于中国文学史书写，仍具有一定影响力。在明治时期出版的中国文学史中，“文学”甚至被等同于“儒学”或“诸子学”，对小说、戏曲价值的认可，尚未成为此时期中国文学史的主流。

此外，泰纳的文学理论、中国古代文论也对明治学者产生了影响，成为明治时期中国文学史观的影响因素。不仅如此，明治中国文学史还普遍表现出对中国先秦思想的重视，以此对日本传统文化进行追溯与总结，其实质是为日本的国民文学研究提供参考。

参考文献

[1] 村山吉广 . 近代日本与汉学 . 日本 : 大修馆，2006.
[2] 儿岛献吉郎 . 中国文学史纲 . 日本 : 富山房，1912.
[3] 古城贞吉 . 中国文学史 . 日本 : 东华堂，1897.
[4] 古城贞吉 . 中国文学史 . 日本 : 东京劝学会藏版，1902.
[5] 吉田精一 . 日本文学理论 . 日本 : 樱枫社，1981.
[6] 久保天随 . 中国文学史 . 日本 : 人文社，1903.
[7] 铃木贞美 . 日本文学的成立 . 日本 : 作品社，2009.
[8] 末松谦澄 . 中国古文学略史 . 日本 : 文学社，1882.
[9] 平田昌司 . 木下犀潭学系和"中国文学史"的形成 . 现代中国第 10 辑，2008.
[10] 笹川种郎 . 中国文学史 . 日本 : 博文馆，1898.
[11] 泰纳 . 艺术哲学 . 天津 : 天津社会科学院出版社，2004.
[12] 藤田昌志 . 明治、大正的日中文化论 . 日本 : 三重大学出版社，2010.
[13] 伍蠡甫 . 欧洲文论简史 . 北京 : 人民文学出版社，1985.
[14] 盐谷温 . 中国文学概论讲话 . 日本 : 弘道馆，1947.
[15] 鱼返善雄 . 日本文学与中国文学 . 日本 : 弘文堂，1952.
[16] 张少康 .《中国文学理论批评史》上册 . 北京 : 北京大学出版社，2005.

作者简介

赵苗，1971 年生，北京外国语大学文学博士，副教授、硕士生导师。主要从事中日比较文学、日本汉学以及中国古代文学的研究。参与完成教育部哲学社会科学重大课题攻关项目"20 世纪中国古代文化经典在域外的传播与影响研究"的子课题、以及北京市、北京外国语大学等多项科研项目。专著《日本明治时期刊行的中国文学史研究》获国家出版基金资助，并入选 2020 年国家中华学术外译项目。

（原载《华文文学》2017 年第 2 期）

笹川种郎的中国小说戏曲研究

赵 苗

▶ **摘要** 本文以笹川种郎的《中国文学史》为中心，着重对其中国小说、戏曲观及其研究成果进行评述，指出近代日本以纯美学角度评价中国小说戏曲，无疑是受到近代欧洲小说戏曲研究风气的影响，并从根本上促成了日本近代“文学”观的转变。而自明治后期开始，日本对于中国文学研究主要集中于俗文学，此与江户时期以朱子学为中心的中国古典研究，以及对小说戏曲的日文翻译与训读，无论是研究性质还是研究对象，均发生了根本性的改变，而笹川种郎则是推进此转变的第一人。

▶ **关键词** 笹川种郎；中国小说戏曲

对于很多中国学者而言，笹川种郎这个名字并不陌生。很多研究者知道笹川种郎，是因为林传甲的《中国文学史》。作为中国最早的一部中国文学史，林传甲在卷首题记中写有：“传甲斯编，将仿日本笹川种郎《中国文学史》之意以成书焉”（林传甲，2005）。以此来表明，他的中国文学史是仿笹川种郎之作。[1] 由于林著在中国流传较广，因此笹川种郎在中国亦声名远播，曾经在相当长时间内，中国学者误以为笹川种郎的《中国文学史》是日本最早的中国文学史，这是由于笹川种郎的《中国文学史》由上海中西书局翻译成中文，题名为《历朝文学史》，1904 年在中国出版，而古城贞吉的《中国文学史》直至 1913 年才由上海开智公司出版，前后相差近十年（郭廷礼，2001）。事实上，笹川种郎在他的《中国文学史》自序中写得很清楚：“详论先秦文学的著作有知友藤田丰八的《先秦文学》，中国文学史方面有古城贞吉的《中国文学史》，各朝代杰出文人的传记可参见同仁合

1 孙景尧在《真赝同“时好”——首部中国文学史辨》中表示，20 世纪初中国文学史界有仿日本之风气，当时日本的中国文学史观成为一种“时好”。陈国球指出，尽管林传甲标榜模仿笹川种郎所著，但此二书实际内容关联不大，甚至文学观念相左（陈国球，2005）。

著的《中国文学大纲》"（笹川种郎，1898）[2]。据此可知，古城贞吉的中国文学史写作在前的事实。

为便于后文展开叙述，现将笹川种郎的概况介绍如下。笹川种郎，1870 年生于日本东京，号临风。其父笹川义洁，曾为日本幕府旧臣。笹川种郎早年就读于日本爱知县中学，据他回忆，当时学校所用教科书均为舶来的洋书，开设的课程有代数、几何、历史、地理等，他由此获得了西洋基础知识。他的汉学素养最初来源于母亲与祖母，后进入私塾学习四书五经，入中学前已打下扎实的汉学基础。1893 年，笹川种郎从日本第三高等中学文科毕业，同年进入东京大学文科大学国史科，1896 年毕业。东大期间的笹川种郎才华初见，他为《东亚说林》《东亚学院讲义录》等杂志撰稿，担任《帝国文学》杂志编辑，并与藤田丰八、田冈岭云、小柳司气太等合作发行了《江湖文学》杂志（川合康三，2002）。

东京大学毕业不久，笹川种郎即撰写了《中国小说戏曲小史》(1897)。受欧洲戏曲小说研究风气的影响，他选择戏曲小说为研究起始点，一年后推出《中国文学史》,在文学史中开辟专章叙述戏曲小说,对戏曲小说的价值给予肯定。此后，他与白河鲤洋、大町桂月、藤田丰八、田冈岭云合作完成《中国文学大纲》(1897—1904)，负责执笔其中的孟子、曹子建、杜甫、李笠翁、汤临川、元遗山卷，其中的李笠翁卷与汤显祖卷尤为精彩。

笹川种郎对中国文学的关注，主要集中于俗文学，其戏曲方面的成果多于小说。戏曲研究的代表著有《西厢记解读》(《帝国文学》1896 年第 2 卷第 9 号、第 10 号),《李渔的戏曲论》(《江湖文学》、1897),《元代戏曲 < 琵琶记 >》(《江湖文学》、1897),《汤显祖 < 南柯记 >》(《帝国文学》、1897)，并编译了《琵琶记物语》(1939，博多成象堂）等。此外，小说研究方面的代表作有,《评金圣叹》(《帝国杂志》1896 年第 2 卷第 3 号、第 4 号),《读云翘传》(《文学界》、1896),《金陵十二钗》(《江湖文学》、1896),《元以前的小说》(《太阳》、1896),《水浒传》翻译（改造社、1930）等。

在明治时期的文学史家中，笹川种郎较早认识到中国戏曲小说的研究价值。如果将其与同期的古城贞吉、林传甲进行对比，会明显感受到文学观的差异。前

2 此书序言中提及"同仁合著《中国文学大纲》",指笹川种郎、白河鲤洋、大町桂月、藤田丰八、田冈岭云五人合著，由东京大日本图书株式会社于 1897 年至 1904 年间出版。

者从人性与人情、世态风俗的角度考察俗文学的价值，后者则对戏曲小说持否定与排斥的态度，古城贞吉甚至认为，“戏曲小说被排斥于文学之外，并非偶然之事”（古城贞吉，1902）。林传甲更是批驳笹川种郎将戏曲小说列入文学史中，认为此种做法有悖于传统，应将之归于风俗史：

> 日本笹川氏撰《中国文学史》，以中国曾经禁毁之淫书，悉数录之。不知杂剧、院本、传奇之作，不足比于古之《虞初》，若载于风俗史犹可。坂本健一有《日本风俗史》，余亦欲萃“中国风俗史”，别为一史。笹川载于《中国文学史》，彼亦自乱其例耳。况其胪列小说戏曲，滥及明之汤若士、近世之金圣叹，可见其识见污下，与中国下等社会无异（林传甲、朱希祖、吴梅，2005）。

事实上，当时持此观念的不只林传甲与古城贞吉，而是在中日两国学界普遍存在。日本长久以来以儒学的伦理纲常为主导，表现为重诗词文赋轻戏曲小说，视戏曲小说为有伤风化之事，此种认识至迟在明治初期仍十分流行。笹川种郎未囿于旧识，以新眼光开拓戏曲小说研究，打破了传统学术禁区，将戏曲小说堂而皇之地写入中国文学史，为前所未有之创举，在文学观上富有前瞻性。

然而，此书付梓出版后，并未得到学界认可，随之而来的是日本国民文学派的强烈反对。日本国民文学派以日本民族国家为前提，认为中国小说戏曲并无价值，宣称“中国文学的思想对我国国民文学的进步并无裨益，除开历史意义，其价值不值得称道。我国学者对中国文学研究只能是纯粹历史意义上的研究”（高山樗牛，2011）。不仅是日本国民文学派，笹川种郎的学友也撰文对其提出质疑：

> 不识庐山真面目，只缘身在此山中。假如中国文学果有值得研究的价值，那么能够揭示其真相者，与其说是中国人，不如说在于日本人。不仅是因为日本人批评的眼光、科学的手段优于中国人，而且在于其处于从局外观察的好角度。正如以比较文学史的标本而闻名的拉因的《英国文学史》，非出于英人之手，而出于法国人之手，不足为奇。关于中国文学，我期待于藤田剑峰、笹川临风，今其二书出，不知果能惬余之期望乎？据说森槐南、田中从吾轩精通中国的小说戏曲，而《中国小说戏曲小史》之撰写，不成于从吾轩之手，也未成于槐南之手，而是由少壮的临风启其端。临风在精通专门的国史之余，而通中国之诗文，又于通诗文之余，更兼通中国小说戏曲，亦文坛一异材也。然而中国的小说戏曲，果有文学上之价值乎？中国之所谓戏曲，足以与西洋

之戏剧等同视之乎？余存此疑问，喜读临风此史，而所得亦多。思之，临风当解何为文学也，当解何为小说、何为戏曲也。然此著，惜其倾向于漫笔性质，流于漫评，类于中国人的文话、诗话，而未能贯以科学的、有序的、综合的以及批评的力量。一言以蔽之，高中时代或中学时代的习气尚多。故以为不如烧却此书，静而精读中国小说戏曲，然后执笔，则不再是小史，而可成大史。吾言虽甚冷酷，实亦信临风之才力，欲促其奋励也。虽然，请临风一思，中国小说果有加以研究的价值乎？临风其有掷半生以从事研究中国小说戏曲之狂热乎？（桂滨月下渔郎，1897；黄仕忠，2012）

随即，笹川种郎发表声明，对学友大町桂月的意见予以反驳，笹川种郎主要从两方面加以阐释。

第一，关于中国小说戏曲是否有研究价值的问题，笹川种郎肯定地表示，中国戏曲足以与欧洲并驰，即使日本戏曲也有负于中国之处。他认为，中国戏曲小说的价值毋庸置疑，并断言《水浒传》为东西方少有的雄篇大作，日本曲亭马琴的《八犬传》其实并未学得《水浒传》之精髓，因此撰写中国戏曲小说史是有价值的：

纵然中国戏曲在内容与形式上不足以与西洋戏剧等同视之，其文学上之价值亦无庸置疑。《水浒传》一百二十回，实不失为东西稀见之一大雄篇，不独其结构伟大，文辞雄壮，其人物波澜万重，纡余曲折，各样的人物各样的出场，各样的行动，最后会聚于梁山泊，以实现其替天行道的理想，此非曲亭马琴《八犬传》学之而能得其精髓也。汤若士《牡丹亭还魂记》，奇想落天外，彼以所怀之人世观，写于世相之诗，至其手腕，足以夸称于西欧文坛间。元剧多用短篇，略少非常之作品，然如《西厢记》，作为戏曲虽有其不足之处，至其文辞幽艳，中国四千载无复此种文辞。笠翁的《十种曲》，虽玉石相混，然《蜃中楼》《玉搔头》《怜香伴》之类，虽与西欧名家的戏曲并驰，而无疑不失其别种之味。且日本戏曲实有负于中国戏曲之处。如“能乐”全受其影响，“谣曲”虽多成于僧侣之手，实亦深受中国的影响（笹川种郎，1897；黄仕忠，2012）。

由上可知，客观公允地评论中国文学，在民族主义盛行的明治年代并非易事。日本国民文学派蔑视中国文学，甚至扬言汉学制约、阻碍了日本文明开化的步伐，此言论在近代日本具有相当广泛的社会基础。因此，对于民族主义的克服与超越，是始终摆在包括笹川种郎在内的明治知识分子面前的难题。

第二、大町桂月认为，笹川种郎不能胜任戏曲小说研究，此方面研究应由森槐南、田中从吾轩来完成，并以笹川种郎不理解文学及小说、戏曲为由，指责此书属于漫笔性质，类于中国人的文话、诗话，而未能贯以科学有序的叙述。对此指责，笹川种郎的回应是，自己学识尚浅，未得小说戏曲之要，所读中国戏曲小说仅九牛一毛，因此不过略述其史。但他认为，此书有与众不同之见，且为小说戏曲写史是前人不曾做过之事，表示待他日博览细读之后，会再写戏曲小说大作。

一年后，笹川种郎的《中国文学史》出版，戏曲小说仍为叙述重点。笹川种郎在自序中说："悠悠四千年中国文学的历史并非三百余页稿纸所能誊写，此书旨在让读者了解中国文学之概观。……就目前中国文学研究日渐兴盛来看，实乃日本学界值得庆幸之事，本人撰写此书之目的正是为研究中国文学导引入门"（笹川种郎，1898）。一如笹川种郎所言，在急剧脱亚入欧的时代，中国文学史的勃兴的确如一股时代逆流，但也是颇为值得庆幸之事。较之此前的《中国小说戏曲小史》，此部《中国文学史》更为详细地呈现了他的中国戏曲小说观。

首先，关于中国戏曲小说发展的问题，笹川种郎认为，戏曲、小说是中国文学特色，虽然起源很早，但发展颇为缓慢，至元代始逐渐发达起来。他认为，制约中国戏曲小说发展的原因在于北方文学一统天下。即使在戏曲小说发展全盛的元明清时期，也始终未脱离劝善诫恶、经世济国的功利目的，《琵琶记》与《西厢记》虽为南北曲巨擘，却难以与欧洲、日本戏剧相比：

> 读者从上至先秦下至宋代的中国文学一路读过来，可曾引起什么异样的情感？我至此还没有写一章关于中国小说戏曲的内容，然而中国文学的特色其实正在于小说戏曲。相较欧洲文学史及日本文学史，中国的小说戏曲为何会如此寂寥？（笹川种郎，1898）

此外，笹川种郎概述了中国小说的起源问题，对小说戏曲的发展脉络进行了勾画："中国小说戏曲的源流久远，古有庄子的寓言、方士虞初的小说九百，且周末汉初设有稗官。然汉魏间有《穆天子传》《飞燕外传》却未有小说界之进步。唐朝的裴铏著有《传奇》，尽管唐传奇的《昆仑奴传》《红线传》等奇事异闻多为后世戏曲创作的蓝本，然而唐传奇仍不能视为中国戏曲小说发达之标志。中国小说戏曲的真正发达实为元朝，何其迟迟也"（笹川种郎，1898）。

笹川种郎认为，小说的起源可以上溯至《庄子》的寓言、方士虞初小说九百，且稗官于周末汉初设立，这些均足以说明小说的诞生有久远的历史。他提到“汉魏间虽有《穆天子传》《飞燕外传》，但未能代表小说界的进步”。顺便提及的是，有关《穆天子传》的成书时间，笹川种郎明确写有“汉魏间”，但未注明出处。此后儿岛献吉郎在他的《中国文学史纲》（1912）中也提及《穆天子传》，“虽曾被认为是街谈巷语、道听途说之词，却称得上中国小说之鼻祖。至六朝时代的《穆天子传》《搜神记》等，皆用绮丽之语述诡异之事。至元代的小说《水浒传》《三国志》大作出现，才开始描画真实的人情世态”，儿岛献吉郎在此将成书年代写成“六朝时代”，但是同样未注明出处。实际上，有关《穆天子传》的成书年代，历来众说纷纭，有春秋之末、战国时代、汉代、甚至晋代等多种说法，终难有定论。关于它的体裁问题，也存在不同观点，以为历史者，如《隋书·经籍志》将其列入史部起居注类，以为小说者，如明朝人胡应麟称之为“小说滥觞”，如果查阅《四库全书总目》，可知其被列入了“小说家类”。尽管在文学史中，此书的成书年代与体裁微不足道，但是由此可知，此时期的文学史家并未存在考证本源的意识，同时普遍存在不标注文献出处的问题，此可能与当时普遍存在的轻视中国之风气有关，但更为主要的是学术研究尚未进入近代学术规范的阶段。此种情况，在久保天随的《中国文学史》（1903）中出现改观，至盐谷温的《中国文学概论讲话》（1919），已经是颇为严谨的学术著作。

不仅如此，笹川种郎对戏曲的发展也进行了概述，他认为宋代是杂剧产生的重要时期，如同通俗小说起始于宋代，词至宋代一转而为曲，杂剧由此出，为戏曲之嚆矢。乐府一转而为词，词一转而为曲。[3] 由元散曲而促成杂剧，所谓稗官废而传奇作，传奇作而继之以戏曲。宋代杂剧为说唱，至金代乃为院本、杂剧、诸宫调。或称“院本”或称“杂剧”，名异而实同。曲分南北二曲，金元入主中原后多用胡乐，其音嘈杂凄切。所谓词不快北耳而后有北曲，北曲不谐南耳而后有南曲。[4] 北曲的特色是劲切雄丽，南曲的特色是清俏柔远；北曲字多而调促，促处见筋；南曲字少调缓，缓处见眼；北曲辞情多声情少，南曲辞

3 参阅清代李调元的《雨村曲话》，其中引《弦索辨讹》：“三百篇而为诗，诗变而为词，词变而为曲。”

4 “词不快北耳而后有北曲，北曲不谐南耳而后有南曲”，此句出自王世贞的《艺苑卮言》。王世贞认为：“曲者，词之变”“古乐府不入俗而后以磨绝句为乐府，绝句少宛转而后有词，词不快北耳而后有北曲，北曲不谐南耳而后有南曲”。

情少声情多，北曲力在弦索，宜和歌，南曲在磨调，宜独奏。[5]群英编杂剧共五百五十六本，其中元杂剧五百三十五本，无名氏一百七十本，娼夫十一本。[6]而尤以《元人百种》为重。[7]其中北曲之最为《西厢记》，南曲之最为《琵琶记》。《西厢记》的蓝本是唐朝元稹的《会真记》，一说《西厢记》为关汉卿所著，另有《西厢记》为王实甫所著之说，似应从后说。总计十六折，尽管其角色单纯，一片情话，但是词采超绝，被誉为千古绝调并非夸张。金圣叹认为，《左传》之文，庄生有其骀宕，《孟子》七篇有其奇峭，《国策》有其匝致，太史公有其巍嶷。夫庄生、孟子、国策、太史公又何足多道，吾独不意《西厢记》，传奇也，而亦用其法（笹川种郎，1898）。

其次，笹川种郎以纯美学的眼光，分析、阐释戏曲小说价值，突出了戏曲小说作为文学的独立价值。笹川种郎指出，裴铏所辑唐传奇数量不少，如《红线传》《昆仑奴传》等，且多为后世戏曲的粉本，但并不能因此视为唐代戏曲小说发达的标志，戏曲小说的真正成熟期其实是在元代，这是由于自元代起，戏曲小说才开始描绘市井百姓的生活，表现最基本的人性与人情，从而获得了真正的文学价值。他以《西厢记》和《琵琶记》为中心，展开对于戏曲美学的评价，但是显然更倾向于西厢记，此点从叙述篇幅中便一目了然。他叙述《西厢记》的篇幅远多于《琵琶记》，有关《西厢记》的内容多达8页，而《琵琶记》仅有2页，且仅在与《西厢记》比较时才出现。

他引用金评西厢，以《庄子》《孟子》《国策》《史记》之直承《左传》，来映衬《西厢记》出色的艺术手法，并在文学史中引用《贯华堂第六才子书西厢记》的原文，赞其卓越的艺术成就，"《左传》之文，庄生有其骀宕，《孟子》七篇有其奇峭，《国策》有其匝致，圣叹别有《批孟子》《批国策》，欲呈教。太史公有其巍嶷。夫庄生、《孟子》《国策》、太史公又何足多道，吾独不意《西厢记》，传奇也，而亦用其法。然则作《西厢记》者，其人真以鸿钧为心，造化为手，阴阳为笔，万象为墨者也。"他赞赏金圣叹所评，称《西厢记》"词采超绝""千古绝调"，并认为，北曲之最为《西厢记》，南曲之最

5 此处关于北曲与南曲区别的论述，皆出自明朝王世贞的《曲藻》，笹川种郎在《中国文学史》未予以注明。

6 有关元杂剧的统计，元至正年间钟嗣成的《录鬼簿》著录元杂剧458种；明初朱权《太和正音谱》之"群英所编杂剧"，著录元代杂剧535种；明万历年间臧懋循《元曲选》所列"元群英所撰杂剧"549本，因其中有33本是明人所作，故实载元杂剧作品516本，计512种；当代李修生主编的《元曲大辞典》所载"元杂剧全目"，共收录元杂剧剧目736种。

7 《元人百种》即《元曲选》，元代杂剧选集，明万历年间臧懋循编，收录元人杂剧近百种。

为《琵琶记》，但《琵琶记》的创作主旨与故事情节，终不及《西厢记》。

笹川种郎在中国文学史中引用了《西厢记》第四本的第四折全文，不过未注明底本，其中有不少错漏之处。笹川种郎还对《琵琶记》与《西厢记》进行比较，认为西厢记远在琵琶记之上。他引用清代毛声山对高明的《琵琶记》与王实甫《西厢记》的评论，并对毛声山的观点予以强烈指责，称毛氏所言为“妄语”，认为毛氏称《琵琶记》胜于《西厢记》归根结底是源于儒教思想，而以儒教的劝善惩恶观来评论文学纯属无稽之谈：

> 毛声山称西厢好色词淫，琵琶则是乱世怨悱之音。西厢近风，琵琶近雅，琵琶之胜于西厢，一曰情胜，二曰文胜。西厢的情是才子佳人、花前月下的私期密约之情；琵琶是孝子贤妻、敦伦重谊、缠绵悱恻之情，故琵琶之情胜于西厢之情。西厢是妙文，琵琶也是妙文，然而西厢多方言俚语杂用，而琵琶则无，故琵琶之文亦胜于西厢。无论如何，孝子贤妻敦伦重谊缠绵悱恻之情胜于才子佳人花前月下私期密约之情。由声山此言观之，来自于儒教见地，令人难以理解琵琶胜于西厢的理据。以是否有方言俚语来评价戏曲的高低，是将戏曲视为正史经书，此话纯为妄语。然汤显祖所言“《琵琶记》都在性情上着工夫，不以词调巧倩长”之说，乃千古不灭的评语。（笹川种郎，1898）

基于纯粹的美学文学出发，他认为西厢记反映了最真实的人性与人情，词采华美而意境悠远，在儒学色彩浓厚的中国古典中独树一帜，因此具有特殊的艺术震撼力，并视《西厢记》为元曲中之最上品。此后的久保天随评《西厢记》，同样以“情”为出发点，表达了与此大致相同的观点，且同样援引毛声山评西厢的原文，以此批驳毛氏评论存在的偏见，指出将方言俚语用于戏曲并不损害戏曲的价值。

总体而言，笹川种郎评述小说的出发点，在于作品是否反映人性与人情，以及作品本身的艺术之美。基于此种认识，他认为《水浒传》的价值远在《三国演义》之上，赞赏《水浒传》的意趣与文辞，称之为“壮绝、快绝”之作：

> 宋朝兴起话本小说，亦有混杂俗语之演义。尤其是《大宋宣和遗事》，元朝的《水浒传》正是以此书作为蓝本。至于《水浒传》，可将李卓吾的《忠义水浒传》百二十回本作为正本来看。关于《水浒传》的作者，争议纷纷而难有定论，我认为不如从施耐庵所著之说。《水浒传》首尾贯通，三十六个

> 人物跃然纸上，干出一番惊天动地之快事。不仅趣向深远，文辞也雄浑爽利，称得上是壮绝快绝的大文辞。

他还认为，《三国演义》是据正史的史实敷衍而成，其角色拙劣，文辞亦拙劣，无法与《水浒传》相提并论，且其真本存在与否难以定论。基于同样的思考，笹川种郎对清朝小说《金云翘传》颇为赞赏。他认为："《金云翘传》没有《红楼梦》之错杂、《金瓶梅》之淫猥，篇幅短小而情节连贯，除《水浒传》《西游记》以外，如果让我对有意欣赏中国小说的人士推荐，那么我一定会推荐《金云翘传》。"此种以纯美学的角度评价戏曲小说，无疑是受到近代欧洲小说戏曲研究风气的影响，并从根本上促成了日本近代"文学"观的转变。自明治后期开始，日本对于中国文学的研究主要集中于小说戏曲。此与在江户时期以朱子学为中心的中国古典研究，以及对小说戏曲的日文翻译与训读，无论是研究性质还是研究对象，均发生了根本性的改变。从此，日本不再将中国文化作为统治者和庶民共有的知识给养，而是将其转化为纯粹的美学批评及欧洲实证主义为主导的学术研究。[8]

再次、笹川种郎以泰纳的文学理论作为《中国文学史》的理论依据，着重从种族、环境、时代三方面来叙述中国文学。笹川种郎谈到中国文明的起源与中国人种的关系，列举南方文学与北方文学的差异，并分析产生差异的原因。在笹川种郎看来，中国南北文学的不同，归根结底是南北人种之间的差别。笹川种郎还认为，风俗习惯会潜移默化地影响文学作品，因此他罗列琐碎的生活习惯，试图从中找到对人的性格、思维及文学的影响。

在此基础上，笹川种郎提出中国文化的核心基础是拜天与祭祖，构成中国人精神核心的三要素则是"孝行、亲权与祖先崇拜"，此为中国儒学影响所致。笹川种郎认为，中国除一些少数民族之外，没有产生过规模宏大的史诗，而几乎与中国产生《诗经》的同时，古希腊却产生了荷马史诗《伊里亚特》和《奥德赛》，印度也产生了《罗摩衍那》和《摩诃婆罗多》两大史诗，对此他有如下论述：

> 中国北方人种创造了中国古代历史，其影响极其深远。北方人种有理想主义倾向，同时也具有实际主义倾向，因此儒教产生于北方。……创造了儒

8 日本江户时期，由于与中国贸易交往的实际需求，曾出现唐通事一职。唐通事即对日本江户时代在长崎、萨摩藩、琉球的日中贸易中从事汉译人员的通称，其学习汉语的主要教材是《水浒传》《红楼梦》等明清白话小说，但只是基于阅读或学习汉语口语，笔者注。

教的北方人种的文学是实用主义的文学，为儒教所束缚的中国人所创作的中国文学只能是实用的文学。诸如历史散文、策论自古以来就不乏名篇大作，而具有理想主义的戏曲小说则相对式微。而历史散文、策论也难以脱离儒教的束缚，所谓诗，所谓叙事散文，常渗透着儒教的思想。中国少有雄浑的叙事诗，少有小说戏曲的大作，正是基于此原因。（笹川种郎，1898）

此外，他认为，由于崇古之风兴盛，因此流于滥用典故，存在一味复古、拟古之势，造成夸张之风盛行。他举例说，明代吴梅村的《永和宫词》堪称与唐代的白居易《长恨歌》相媲美的名篇佳作，然而《永和宫词》通篇充斥典故，不仅吴梅村如此，历来文人皆争以典故来夸耀文采。（笹川种郎，1898）

笹川种郎还指出，中国文学具有很强的排外性，中国文学接受周边其他国家文学的影响极少，这不仅是由于中国文学发达的缘故，实际上是中国文学的排外性缘故，因此在历史上中国文学给予朝鲜、日本等邻国的文学影响很大，反之极少接受朝鲜、日本等国文学，甚至在中国文学史中几乎找不到接受他国文学的痕迹。

最后，有必要简要介绍一下此书的分期。在此书中，笹川种郎基本上按照朝代顺序加以分期，将中国文学史分为九期。笹川种郎表示，“之所以基本上按照朝代顺序来分期，是为了体现每个时代的文学精神，充分呈现每个时代的文学特色”（笹川种郎，1898）。具体分期如下：第一期是春秋以前，第二期是春秋战国时代，第三期是两汉，第四期是魏晋南北朝，第五期是唐朝，第六期是宋朝，第七期是金元，第八期是明朝，第九期是清朝。在笹川种郎看来，三千年的中国文学不断在走一种循环复古的道路，他举例说，“宋代的思想是春秋战国时代思想的回复，清代的考证学是汉唐训诂学的回复，但是这之间并不是简单的复古”，“与此同时，不同时代的中国文学又在不断否定前朝的文学，比如对先秦的诸子横议纵说，汉唐的章句训诂是作为其反面出现的。宋代提出的性理说则反对汉唐的章句训诂，而清朝的考据学则反对宋朝的性理说”（笹川种郎，1898）。笹川种郎意识到“复古”是中国文学发展的规律，指出不同朝代的文学复古现象存在着内在关联，但是他并未认识到，复古其实是一种创新，综观中国文学发展史，几乎每一次文学革新均是以复古的形式呈现。

笹川种郎之后的中国文学史，大多数能将戏曲小说纳入文学史的叙述范围，不能不说与笹川种郎所作的种种努力有关。此前的江户时期，也曾出现过戏曲小说研究的兴盛，当时日本在日中贸易中大量购入中国书籍，由此而兴起对中国古典小说的训读与翻译，并体现出自上而下对中国俗文学的关注。此时再度兴起的中国俗文学研究热潮，与江户时期并无直接关联，而是受欧洲对中国戏曲小说译介与研究的启发。1885 年坪内逍遥发表《小说神髓》，明确提出小说作为一种艺术形态有其独立的价值，主张小说只受艺术规律的制约，不从属于任何其他目的，对劝善惩恶的传统文学观予以彻底批判。1891 年森槐南在东京“文学会”上，以“中国戏曲一斑”为题对中国戏曲进行演讲，倡导中国戏曲的研究价值。此种评价视角，与文学史领域突出俗文学的人情风俗价值遥相呼应，至此真正的俗文学研究时代呼之欲出了。

在明治中国学家中，笹川种郎属于大器早成的，他 27 岁就出版了《中国小说戏曲小史》，第二年又出版了《中国文学史》。鲁迅认为，“中国之小说自来无史；有之，则先见于外国人所作之中国文学史中，而后中国人所作者中亦有之，然其量皆不如全书之什一，故于小说仍不详”（鲁迅，2011）。鲁迅所言，应当包括了笹川种郎的《中国小说戏曲小史》在内。但是以研究中国戏曲小说起步的笹川种郎，后来却转向研究日本史和日本美术史，并未继续中国俗文学研究，有学者认为，此种学术转型作为当时一种普遍现象，说明此时期俗文学研究尚未形成体系。

笹川种郎的《中国文学史》与《中国小说戏曲小史》的价值，不仅是对作家作品的叙述，也不仅在于对中国文学发展演变规律的思考，更在于改变了长久以来唯诗文论的传统文学观。可以说，明治时期以笹川种郎的戏曲小说研究为契机，迎来了中国俗文学研究的新时代。反观中国本土，尽管明末清初曾出现过李渔这样的戏曲大家，并撰写了有关戏曲理论专著，然而实际上仍偏重于词采和音律，也即是将戏曲当作诗、词或曲的一种特殊样式来欣赏与品味，以诗词的“抒情性”来评价戏曲，忽略了戏曲艺术的自身特点，因此究其本质无异于传统诗话与词话（杜书瀛，2010）。李渔以外，清代其他戏曲评论之著，同样基于感悟，难以构成完整体系。中国真正迎来俗文学研究的自觉年代，则是 20 世纪 30 年代的事，一如郑振铎在《中国俗文学史》（1938）中所言，“俗文学不仅成了中国文学史主要的成分，而且也成了中国文学的中心”。

参考文献

[1] 陈国球 . 文学史的名与实 ：林传甲的中国文学史考论 . 江海学刊，2005（4）.
[2] 川合康三主编，西上胜执笔 . 中国的文学史观 . 日本 ：创文社，2002.
[3] 杜书瀛 . 论李渔戏曲美学的突破性贡献 . 贵州社会科学，2010（3）.
[4] 高山樗牛 . 中国文学的价值 . 日本《太阳》杂志 . 明治三十年九月号 . 转引自高津孝 . 京都帝国 .
[5] 大学的中国文学研究 . 台湾 ：政大中文学报，2011（16）.
[6] 古城贞吉 . 中国文学史 . 日本 ：东京劝学会藏版，1902 年 .
[7] 桂滨月下渔郎（大町桂月）. 评《先秦文学》和《中国小说戏曲小史》. 帝国文学，1897（3-7）.
[8] 郭廷礼 . 19 世纪末 20 世纪初东西洋中国文学史的撰写 . 中华读书报，2001.
[9] 黄仕忠 . 笹川临风与他的中国戏曲研究 . 文学遗产，2012.
[10] 林传甲，朱希祖，吴梅著 ；陈平原辑 . 早期北大文学史讲义三种 . 北京 ：北京大学出版社，2005.
[11] 林传甲 . 中国文学史 . 陈平原辑《早期北大文学史讲义三种》. 北京：北京大学出版社，2005.
[12] 鲁迅 . 中国小说史略 . 北京 ：商务印书馆，2011.
[13] 笹川种郎 . 答大町桂月 .《日本人》第四十七号，1897.
[14] 笹川种郎 . 中国文学史 . 日本 ：博文馆，1898.

作者简介

赵苗，1971 年生，北京外国语大学文学博士，副教授、硕士生导师。主要从事中日比较文学、日本汉学以及中国古代文学的研究。参与完成教育部哲学社会科学重大课题攻关项目“20 世纪中国古代文化经典在域外的传播与影响研究”的子课题、以及北京市、北京外国语大学等多项科研项目。专著《日本明治时期刊行的中国文学史研究》获国家出版基金资助，并入选 2020 年国家中华学术外译项目。

（原载《国际汉学》2017 年第 4 期）

英语世界王士禛的译介与研究

时　光

▶ **摘要** 英语世界王士禛研究，大致可分为三个时期：19 世纪 60 年代至 20 世纪 50 年代为初涉期，这一时期的王士禛研究主要以作品简介、生平考证以及诗歌选译为主；二战后至 20 世纪 70 年代末为勃兴期，英语世界在本阶段出现了王士禛的专门研究者，王士禛的诗文作品也在这一时期被大规模地系统翻译到了英语世界之中；20 世纪 80 年代以来为新变期，王士禛研究沿着上一阶段继续深化，而王士禛的译者构成也更为多元，呈现出若干新的质素。相较于在英语世界中“大红大紫”的李白、杜甫、王维等诗人，王士禛的译介与研究显得“不冷不热”，然而，正是这种“不冷不热”的特征，使得英语世界王士禛成为了一个观照、反思中国古典诗歌译介得失的小巧别致的视角。

▶ **关键词** 王士禛；中国古典诗歌；英语世界

在中国古典文学向海外译介、传播的过程中，大多中国诗人在海外都“不冷不热”，清代最杰出的诗人之一、“神韵说”的提出者王士禛在英语世界也面临着类似的境况。

之所以将“不冷不热”的王士禛作为本文的考察对象，主要是基于以下认识：其一，王士禛在中国诗史中的重要地位。四库馆臣们认为“国朝之有士祯，亦如宋有苏轼，元有虞集，明有高启”，他们将王士禛与苏轼、虞集、高启等一视之，可见王士禛在清人心目中实为无可争议的诗坛盟主，而王士禛的“神韵”说则因其丰富深刻的诗学内涵，成为了汉语语境中书写“古代文学史”“中国文学批评史”类著作时不容忽略的一页；其二，相对于李、杜或者是“墙里开花墙外香”的寒山这两类诗人，王士禛进入英语世界后“不冷不热”的遭遇更具代表性和普遍性，因而考查英语世界的王士禛对于研究今后中国诗歌英译策略也更具价值和意义。

结合西方汉学的整体发展轨迹，笔者将王士禛进入英语世界的进程分为三个阶段：20 世纪 50 年代之前；二战后至 20 世纪 70 年代末；20 世纪 80 年代以来。下面分节论述。

一、初涉：20 世纪 50 年代之前英语世界中的王士禛

20 世纪 50 年代以前，囿于交通工具和通讯手段等因素的限制，中西交流极为有限。虽然汉学在西方有悠久的历史，但是很长一段时间以来，西方对于中国的了解主要是通过传教士、外交官等团体的翻译介绍，西方对于中国文化的关注和选择，更多的是出于对"神秘东方"的猎奇心态以及与自身社会发展相对照的需要，这背后羼杂了太多复杂的政治、经济、宗教、心理等动机。

本阶段，王士禛在英语世界的译介与研究状况只能用"初涉"一词来形容，笔者目前见到的涉及王士禛的著作仅有四部，它们分别是：

1. 由伟烈亚力（Alexander Wylie）编纂并于 1867 年出版的《中国文献纪略》；

伟烈亚力被称为"第二次西学东渐（指西方近代科学于清末传入中国的浪潮）的关键人物和名满欧洲的汉学家"（汪晓勤，2000），他对中国数学方面的杰出贡献最为人所熟知。然而，由伟烈亚力编纂的中国古典文献大型工具书《中国文献纪略》却往往被学界所忽略。在此书序言首段，伟烈亚力开门见山地点明了编译此书的主要动机："很多人在一开始学习中国文学的时候，经常会在阅读中为各种名字、书籍引文所困扰，在没有中国学者帮助的情况下，他们很难理出什么头绪；还有一种情况，即他们在阅读中根本就没有意识到碰到的就是书名、人名或者地名。减轻乃至克服这种困扰，正是本书最主要的目标之一"（A. Wylie，1867）。从这段表述我们可以看出，实用价值比审美价值得到了编者的更多重视与强调。另外，伟烈亚力还在序言中说明了此书的主要参考资料和框架结构："……《钦定四库全书总目》对此书的帮助极大"（A. Wylie，1867）、"中国人惯于将文学典籍分为四类，即经（Classics）、史（Histories）、子（Philosophers）、集（Belles-lettres）"（A. Wylie，1867）。不论是结构还是内容，伟烈亚力在编排此书时对《四库全书总目提要》都多有借鉴吸收，或

可说：《中国文献纪略》是《四库全书总目提要》的简明英译版。

然而，在选译过程中，伟烈亚力并未完全照搬照抄《四库全书总目提要》，他间或会在译文中添入他本人的见解。以伟烈亚力为《池北偶谈》所作的题解为例："《池北偶谈》，共26卷，王士禛于1691年完成此书。本书是一部大型备忘录，内容分为四大类：谈故、谈献、谈艺、谈异。全书的第一部分提及了一些欧洲国家向中国进贡的情况"（A. Wylie，1867）。而将其与四库馆臣为《池北偶谈》所作的题解进行对比的话，我们即可发现，除了大幅删减了《四库全书总目提要》中关于《池北偶谈》分类内容、书名来源的信息外，伟烈亚力还附上了一小段自己对于《池北偶谈》的了解：此书记载有一些关于欧洲向中国进贡的内容（《池北偶谈》,1987）[1]。这个细节生动地体现了一位汉学家在接触中国文献的过程中对东西文化交流信息的自觉或不自觉的敏感。

2. 由美国著名汉学家亨利·哈特（Henry H. Hart）编译并于1933年出版的《百姓：中国诗歌导论及译例》（Henry H. Hart，1933），以及于1938年出版的另外一部译著《牡丹园：中诗英译集》（Henry H. Hart，1938）；

亨利·哈特是美国著名的汉学家，他最为人熟知的研究成果是向英语世界译介了《西厢记》一书。除了译介《西厢记》（Henry H. Hart,1936）外,自1931年起，他还先后出版了四部中国古典诗歌英译选集，这四部译著以其独到的选题及结构编排在英语世界产生了不小影响，其中《百姓：中国诗歌导论及译例》《牡丹园：中诗英译集》两书收录有王士禛的译诗。

耐人寻味的是，哈特在翻译中国诗歌时，大都根据诗意自拟标题，而不如实翻译原诗题目，且哈特在这两部书中并未标明译诗底本，这样的做法一方面有助于英语世界普通读者对中国古典诗歌的阅读和理解，另一方面也会给研究者带来不小的麻烦。笔者根据两首王士禛译诗的英文大意，几经波折方才确定出原诗出处："Autumn Sunset"与《送胡耑孩赴长沙》一诗相对应，"The Red-Petaled Plum"与《冶春绝句·其一》相对应。依照时间顺序来看，1933年出版的《百姓》中以"Autumn Sunset"为题的译诗应是目前所知的王士禛在英语世界中最早的一首译诗，而1938年出版的《牡丹园》中以"The Red-Petaled Plum"为题的译诗则是王士禛在英语世界中的第二首译诗，而亨利·哈特亦因为这两首诗的翻译成为了王士禛诗歌在英语世界中的首位英译者。

---

1 如《池北偶谈》"俄罗斯"条："俄罗斯国以顺治十七年遣使入贡，不明正朔，自言一千一百六十三年。"

3. 由恒慕义（Arthur W. Hummel）主编并于 1943 年、1944 年出版的《清代名人传略》。

《清代名人传略》的编纂由美国国会图书馆和美国学术团体理事会共同发起，此书的执笔者多是当时的知名学者，在这些学者中，尤其以来自中国的房兆楹、杜联喆夫妇二人贡献最大，恒慕义在“编者序”里专门指出“房兆楹先生为编辑本书整整辛劳 8 年，在这期间他撰写的传记数量远远超过其他人”，而杜联喆“同他的丈夫一样忠心耿耿为这个事业服务，并且小心翼翼地关注了许多麻烦的细节问题”（Arthur W. Hummel，1944）。费正清（John King Fairbank）同样也参加了本书的编写，在《费正清对华回忆录》中，他曾这样评价《清代名人传略》的价值与意义：“这既是中外合作的产物，又是美国汉学研究的胜利。也许更重要的是，它表明了中外合作究竟能够搞出点什么名堂来”（费正清，1991）。负责编写王士禛传记的正是上文提及的、对此书贡献卓著的房兆楹先生。

关于《清代名人传略》，我们需要作出以下几点说明：

第一，这是英语世界第一次细致、完整地介绍王士禛的生平及创作概况的文章，它为王士禛更好地在英语世界译介、研究奠定了良好的基础，例如，英文世界唯一一篇以王士禛为中心的博士论文的撰写者林理彰（Richard John Lynn）就在写作时就曾将本书此文列为参考文献（Richard John Lynn，1971），齐皎瀚（Jonathan Chaves）在编译《哥伦比亚元明清诗选》时亦将此书作为重点参考书目（Richard John Lynn，1971）；第二，王士禛诗论的核心术语“神韵”第一次被翻译为英语，其部分诗论也得到了翻译，毫无疑问，这对于英语世界进一步深入研究王士禛诗论具有深远意义；第三，首次详细将王士禛介绍进入英语世界的是中国学者，传记使用材料基本上皆是中文材料，因此，此文亦可被视为是中国学术的自然延伸。

本阶段王士禛在英语世界译介、研究的情况有两个主要特征：

第一个特征是“数量少”。造成此状况的原因主要是此时距王士禛生活的时代较近，影响到了学者对其在文学史上价值的判断，例如，伟烈亚力在编纂《中国文献纪略》一书时，就直接将王士禛称之为“本朝人”。

第二特征是“非文学”。《中国文献纪略》和《清代名人传略》两书都不是严格意义上的文学研究著作，它们更接近于汉学研究入门时所使用的辅助性质的工具书。之所以如此，是因为王士禛并不像“李杜”般在中国古典文学中那么耀眼，诸多汉学家优先译介的对象并不是他，王士禛及其作品在本阶段只能先在这些工具书中，艰难地在英语世界开始了自己的旅程。

二、勃兴：二战后至 70 年代末英语世界中的王士禛

第二次世界大战结束以后，汉学研究的格局在这一时期悄然着发生变化，正如长期关注中西诗学对话与交流的王晓路教授在其著作中指出的那样：“……由于美国经济的快速发展，它以众多的科研机构、雄厚的研究经费、先进的科研手段、丰富的原始材料，以及数量可观的专业人员，包括从欧洲亚洲引进的人员，已使这一中心逐渐转移到了自己的本土，并将其影响力辐射到世界各地”(Richard John Lynn，1971)。北美成为汉学研究的重镇，许多大学、学术团体和研究机构都相继成立了东亚系、所，设立学位授予点，开设中国文化课程。上述因素，不但为汉学研究提供了空前绝后的发展机遇，而且也为王士禛进入英语世界提供了良好的客观条件。

1961 年，著名学者陈受颐（Ch' ên Shou-yi）出版了一部题为《中国文学史导论》的文学史著作，林语堂在序言中对此书评价很高：“陈教授此书翔实、广博、极有价值，它的出版弥补了中国文学研究领域的重大缺憾，对于研究远东的学者，这无疑是个利好消息”（Ch' ên Shou-yi，1961），并相信“在今后很长一段时间内，此书都将成为英语世界中国文学史的权威之作”（Ch' ên Shou-yi，1961）。在此书的第 28 章“清初诗歌”（Early Ch' ing Poetry）中，陈受颐用了 2 页左右篇幅来介绍王士禛的生平及文学创作情况，包括了以下内容：对于王士禛诗论核心术语“神韵”一词的解释；整体评价了王士禛诗歌创作的成就；翻译了《谈龙录》中王士禛论诗之语，同时还节译了两首王士禛之诗。

陈受颐在节译两首诗时，并未指出各自出处，笔者根据英文大意，只找到了其中一句的出处，即王士禛作于顺治十七年（1660）的《江上》一诗的后两句：“晚趁寒潮渡江去，满林黄叶雁声多”（Ch' ên Shou-yi，1961）。另外一句的出处则无从得知。陈受颐在行文中翻译了大量的诗歌与文论文本，这是本书的主要特色之一。他自己在序言中介绍：“本书举例时翻译了很多中国各个时代的诗文，目的

是为了让读者更为真切地感受中国文学的成就。大部分译文都出于本人之手，倘引用他人的译作，文中将会予以标示”（Ch’ ên Shou-yi，1961）。但是，陈受颐不标明译文出处的做法，会给读者、研究者的深入阅读带来相当的不便：这正是此书的一大缺憾所在。

1962 年，英国著名的企鹅出版集团出版了《企鹅丛书·中国韵文集》一书，该书的正文翻译部分由 Robert Kotewall 和 Norman L. Smith 两人合作完成，而编辑工作和导论撰写则由戴伟士（A. R. Davis）完成。戴伟士在导论中简要说明了本书两位译者的翻译目的及选译原则：“编选这本书并不是为了展现中国诗歌史。两位译者照着自己的意愿去翻译，通力合作数年，完成了这本比以往同类著作时间跨度要广得多的选集，……译者只翻译那些自己感兴趣的、以及容易译成英语的诗歌，没有过多地去考虑中国本土的诗歌观念”（《企鹅丛书·中国韵文集》，1962）。这样的翻译方法与策略使得此书在同类著作中十分特别：许多不被主流翻译界关注的诗人在此书中都有所涉及，英国著名汉学家霍克斯（David Hawkes）就认为“对宋、明、清诗歌的大量翻译”是“这本书相较于之前其他著作更具代表性的地方”（D. Hawkes，1963）。王士禛的《大风渡江·其二》以“Crossing the Yangsze in a gale，Ⅱ”为题在本书中得到了翻译，这应是王士禛在英语世界中的第三首完整译诗。

同年，刘若愚（James J. Y. Liu）出版了《中国诗学》（James J. Y. Liu，1962）。刘若愚在此书中以西方读者易于接受的术语介对中国传统诗学进行了精彩的阐释。夏志清说：“若愚的《中国诗学》，虽然篇幅不多（正文一百五十多页），而且显然是专为不懂、不太懂中文的英语读者而写的，但内行评家一翻此书即知道作者不仅对诗词、诗话真有领会，他对西洋诗学也很有研究，不得不予之佳评”（夏志清，1987）。本书论及王士禛处是在第二章的第四节，在此节，刘若愚将南宋诗人严羽作为“妙悟主义诗观”的开山鼻祖，将“三王”（王夫之、王士禛、王国维）作为继承严羽诗论的批评家。涉及王士禛处有二：第一，对“神韵”一词进行翻译与阐释。第二，对《带经堂诗话》中的三条诗论进行了翻译。整体而言，刘若愚在《中国诗学》中对于王士禛的论述较为简略，但由于刘若愚的学术声望以及此书在西方汉学界的重大影响，使得这些论述成为了英语世界汉学界频繁征引的对象，我们不能不予以高度的重视。

1967 年，旅居澳洲的知名学者刘渭平在悉尼大学完成了自己的博士学位论文，其题为《清代诗学之发展》（Liu Wei-Ping，1967）。在这篇博士论文中，刘渭平以专章的形式用 110 余页的篇幅详尽地介绍了王士禛与“神韵派”，他的涉及了王士禛诗歌及诗论的多个侧面，主要包括：王士禛之生平及创作概况；“神韵”一词渊源及内涵；“妙悟”一词渊源及内涵；“三昧”一词渊源及内涵；翁方纲《神韵论》一文阐释与辨正；王士禛诗歌创作举例。在“王士禛诗歌创作举例”部分，刘渭平共翻译或部分翻译了王士禛的 15 首诗歌，并试图以这些译诗来具体阐明王士禛“神韵”理论的含义与特色。然而，由于澳大利亚并非西方汉学之中心，相对边缘化的学术格局使得刘渭平的这部著作在英语世界中流通不广，影响不远。

1971 年，林理彰（Richard John Lynn）在刘若愚的指导下完成了题为《传统与综合：作为诗人和诗论家的王士禛》（Richard John Lynn，1971）的博士论文，这是英语世界第一本，也是最为权威的研究王士禛的学术著作，它的出现具有里程碑式的意义。这部博士论文总共分为四章，第一章题为“传统”，主要分析了自庄子以降的对王士禛有深刻影响的中国传统诗论，尤其重点分析了严羽的思想对王士禛的影响；第二章题为“明代诗论与王士禛”，细致理清了王士禛与明代诗论家之间的联系与区别；第三章、第四章的题目分别为“王士禛之诗论”“王士禛之诗歌”，在这一部分中，林理彰将王士禛诗歌与诗论紧密联系在一起，这应是他有意为之：“对我而言，此分析最好能够以诗歌理论、诗歌实践的相互比较为基石。将诗人对诗歌本质及功用的观点与他本人实际的诗歌创作相对比，有助于我们对这两者进行更深入的理解”（Richard John Lynn，1971）。在这本博士论文中，林理彰翻译了大量的王士禛诗歌与诗论片段，为王士禛在英语世界的译介做出了卓绝的贡献，此后出版的数种大型中国文学或诗歌选集，都将林氏的王士禛译诗收录其中；林理彰对于王士禛诗论的细致研究亦得到了同行的高度评价，例如，林理彰的导师刘若愚在其于 1975 年出版的《中国文学理论》（James J.Y. Liu，1975）就将林理彰的这篇博士论文作为主要参考文献之一。

1975 年，刘若愚出版了《中国文学理论》。在此书中，刘若愚根据中国古代文论的特点对艾布拉姆斯在《镜与灯——浪漫主义理论批评传统》（艾布拉姆斯，1991）中提出的“四要素”理论进行了改造，建构起了一套独有的中国文学理论的理论体系：“形而上的理论”“决定的理论”“表现的理论”“技巧的理论”“审美的理论”“实用的理论”。王士禛被归于“形而上的理论”之下。与十几年前出版的《中国诗学》相比，刘氏增译了若干王士禛诗论条目。研究方面，刘若愚除在书中深入探索了王士禛诗学外，还将王士禛的诗论与以杜夫海纳（Mikel Dufrenne）为代表的当代法国现象学理论进行了横向的比较，富有启发性。

同年，由罗郁正（Irving Yucheng Lo）、柳无忌（Wu-chi Liu）二人合编的《葵晔集：历代诗词曲选集》（Wu-chi Liu & Irving Yucheng Lo，1975）出版，在美国引起了很大的反响，不到半年即印行一万七千余册。《葵晔集》中共收录了王士禛诗歌的 9 首译作，其中有 8 首译诗出自林理彰之手。除此 8 首译诗外，还有一首诗是由张音南（Chang Yin-nan）与沃姆斯利（Lewis C. Walmsley）合译而成的。王士禛的诗歌就这样趁着《葵晔集》出版的这股“东风”，在英语世界得到了较为广泛的传播，形势可喜。

以上即是本阶段英语世界涉及王士禛的主要著作。除此之外，尚有一些论文与专著零星地提及王士禛，如黄维樑于 1976 年完成的博士论文《中国印象式批评——诗话词话批评手法初探》（Wai-leung Wong，1976）、李又安（Adele Austin Rickett）于 1977 年出版的《王国维 < 人间词话 >——中国文学批评研究》（Adele Austin Rickett，1977）等，偶有论及王士禛诗歌及诗论处。

自二战后至 20 世纪 70 年代末期，英语世界对王士禛的译介与研究迈出了极为坚实的一步，这体现在以下三个方面：第一，英语世界出现了王士禛的专门研究者。自撰写博士论文起，林理彰持续关注王士禛诗歌及诗论近 30 年，成为了英语世界乃至整个西方汉学界最权威的王士禛专家。第二，王士禛诗歌、诗论以前所未有的规模被译介进入英语世界。刘渭平的博士论文翻译了王士禛的十五首诗歌，林理彰的博士论文翻译了王士禛的三十首诗歌，王士禛诗歌能以如此大的规模集中出现在英语世界中，其意义非同寻常。第三，英语世界对王士禛的研究在深度上有所开掘。刘若愚在《中国诗学》与《中国文学理论》两书中，以西方读者容易接受的术语阐释中国诗学，为中西诗学的对话与沟通做了可贵的尝试。

三、新变：20 世纪 80 年代以来英语世界中的王士禛

“文变染乎世情，兴废系乎时序”（刘勰著、范文澜注，1958）。20 世纪 80 年代以来，随着经济、政治政策的调整以及与外部世界关系的改善，中国的影响

力在国际舞台上日益抬升，以此为契机，西方汉学也迎来了自身发展的新时代。正如张西平教授在接受《中华读书报》访谈时所言："20 世纪 80 年代以来，随着中国确立了改革开放的政策，世界各国，尤其是西方与中国的经济文化联系日益频繁，汉学以前所未有的速度发展起来，成为近二十年来在西方大学的人文学科中增长最快的一门学科"（张西平，2005）。在继承上一阶段成果的基础上，王士禛译介与研究在这一阶段蓬勃发展起来，并在译者构成以及研究角度方面产生了一系列新的变化。

在译介方面，王士禛的诗歌在本阶段出现了多个新译本，呈现出良好的发展态势。

1986 年，曾与柳无忌合作编写《葵晔集：历代诗词选》的罗郁正（Irving Yu-cheng Lo）与舒威霖（William Schultz）展开合作，召集北美 39 位学者选译清代诗词，编成《待麟集：清代诗词选》（Irving Yucheng Lo & William Schultz，1986）一书，这是英语世界首部清诗词断代翻译集，书中有不少诗人或诗作都是首次出现在英语世界中，正如书前序言所言："这本书里的译作几乎都是新出的，只有很小一部分译诗是以前译本（英语或西方语言）的复译"（Irving Yucheng Lo & William Schultz，1986）。王士禛之诗的翻译亦不例外：编者在此书中并没有使用林理彰的译本，而是选择了白润德（Daniel Bryant）作为王士禛诗歌的主要翻译者。在《待麟集》中，共有王士禛 11 首译诗，译自白润德的有 9 首，译自罗郁正的有 2 首。《待麟集》的编撰体例较为严谨，每首诗歌下皆附有原诗详细出处，以方便读者将原文与译作放在一起进行赏读、研究；对古诗里出现的专有名词及文化典故，书中还有注释予以解析说明。同年，齐皎瀚（Jonathan Chaves）编译了《哥伦比亚元明清诗选》（Jonathan Chaves，1986）一书，全书选译了元、明、清三代具有代表性的诗人诗作，它与 1984 年由华生（Burton Watson）编译的《哥伦比亚上古至 13 世纪中国诗选》（Burton Watson，1984）共同构成了一个完整的中国诗歌英译体系。在此书中，齐皎瀚共翻译了王士禛 13 首诗歌。相较于其他中诗英译选集，此书最大的不同之处在于：英语世界大部分王诗译者在翻译时参考的都是第一手的中文资料，而齐皎瀚却在本书中使用且仅使用了日本学者两本译著：高桥和巳的《王士禛》（高桥和巳，1962），近藤光男的《清诗选》（近藤光男，1967）。

《秋柳》《秦淮杂诗》《论诗绝句》等这些组诗都是王士禛脍炙人口、传唱一时的名篇。20 世纪 90 年代初，这些组诗中的两组终于进入至英语世界中。1992 年，白润德在《中国文学》（*CLEAR*）上发表了《老南京的句法 • 声律 • 情绪 ：王士禛的 < 秦淮杂诗 >》一文（Daniel Bryant，1992），将王士禛作于顺治辛丑（1661 年）的《秦淮杂诗》全部译出，共计二十首[2]。1992 年 6 月，林理彰发表了《王士禛 < 论诗绝句 > 之译注》（Richard John Lynn，1993）一文，后来王靖宇（John C.Y. Wang）将此论文辑入《清代文学批评》中，此文将王士禛作于康熙癸卯（1663）年的《戏仿元遗山 < 论诗绝句 >》全部译出，共计三十二首。两篇相继发表的论文总共翻译了 52 首王士禛的诗歌，继刘渭平、林理彰两人的博士论文后，这是英语世界对王士禛诗歌的第二次大规模译介。至此，王士禛诗歌在英语世界的译作已达一百余首，初具规模与气象。

1994 年，梅维恒（Victor H. Mair）编选了《哥伦比亚中国古典文学选集》（Victor H. Mair ed.，1994）一书，这是英语世界最重要的大型中国文学选集之一，此书收入 5 首王士禛译诗，它们都是在林理彰博士论文译诗基础上的修订而成的。哥伦比亚大学出版社还于 2000 年推出该书的简明版——《哥伦比亚简明中国古典文学选集》（Victor H. Mair ed.，2000），书中收有林译王诗一首。1996 年，英语世界另外一部大型中国文学选集出版，即宇文所安（Stephen Owen）以一己之力完成的巨著——《诺顿中国文学选集 ：初始至 1911 年》（Stephen Owen，1996）。在这部声名远播的鸿篇巨制中，宇文所安共翻译了 6 首王士禛诗歌。毫无疑问，宇文所安的加入极大地增强了王士禛诗歌在英译者阵容的实力。

1997 年，中华书局出版了由国内著名翻译家、北京大学教授许渊冲的《新编千家诗》（许渊冲，1997）一书，该书属于“大中华文库”系列丛书的组成部分，许渊冲在此书中翻译了王士禛的《真州绝句 • 其四》一诗。此外，许渊冲还在 2006 年出版的《元明清诗》（许渊冲，2006）一书中翻译了王士禛的另外两首诗：《再过露筋祠》《秦淮杂诗 • 其一》。许渊冲对于王士禛诗歌的译介在王士禛进入英语世界的历程中有特殊的意义，它标志着中国国内学者开始有意识地、积极地参与到王士禛诗歌英译的进程中来。参与王士禛诗歌英译的国内学者还有辽宁大学的丁祖馨教授，他于 2001 年在辽宁大学出版社出版了《中国诗歌集（公元前 1000 年到公元 1995 年）》（丁祖馨编译，2001）一书，翻译了王

2 《秦淮杂诗》原有 20 首，王士禛在编纂《渔洋精华录》时，删掉了《秦淮杂诗》的其中 6 首，现在通行的版本多以“《秦淮杂诗》十四首”为题。为了完整呈现整组诗歌的风貌，白润德将王士禛删去的 6 首按照原来顺序置入通行的十四首之中，一并译出。

士禛的《真州绝句》其一、其四。

除上述材料外，英语世界中还有部分学术专著及中国文学史教材在论述中亦涉及了对王士禛诗歌的翻译。如梅尔清（Tobie Meyer-Fong）于 2003 年在斯坦福大学出版社出版的《清初扬州文化》（Tobie Meyer-Fong，2003）中部分翻译了《冶春绝句·二十》与《浣溪沙·红桥》，完整翻译了《冶春绝句·其一》《冶春绝句·其九》和《文选楼怀古》。又如，在由孙康宜（Kang-Yi Sun Chang）、宇文所安（Stephen Owen）主编的、于 2010 年出版的《剑桥中国文学史》（Kang-Yi Sun Chang & Stephen Owen，2010）一书中，李惠仪（Wai-Yee Li）在“清初至 1723 年”一章里，部分翻译了《雨中度故关》《再过露筋祠》，完整译出了《冶春绝句·其十》《蟂矶夫人灵泽夫人祠·其二》。再如，在蔡宗齐编译的《如何读中国诗》（Zong-qi Cai ed.，2007）中，方秀洁（Grace S. Fong）执笔翻译了《秦淮杂诗·其一》。

研究方面成果也较为可观：

本阶段，林理彰仍是相当活跃的王士禛研究者。1983 年，林理彰在《中国文学》（*CLEAR*）发表《中国诗学中的才学倾向：严羽和后期传统》（Richard John Lynn，1983）一文，本文涉及到了严羽及严羽之后（包括王士禛）的诗人对于“学识”的不同观点，后被翻译成中文，收录于莫砺锋主编的《神女之探寻——英美学者论中国古典诗歌》（莫砺锋编，1994）一书中。此外，林理彰还为英语世界多本新出的大型中国文学史著作或中国文学工具书撰写了一些章节或词条。例如,在 1986 年出版的巨型辞书《印第安那中国传统文学指南》(William H. Nienhauser Jr. ed.，1986）中，林理彰就负责撰写了多个词条，由他撰写且与王士禛直接相关的是“《古诗选》”与“王士禛”两则词条。又如，在 1993 年出版的《新普林斯顿诗与诗学百科全书》（Alex Preminger & T.V. F. Brogan，1993）中，林理彰操刀“中国诗学”（Chinese Poetics）这一条目，间或有涉及王士禛处，后被翻译成汉语并收录于王晓路教授主编的《北美汉学界的中国文学思想研究》（王晓路，2008）一书中。另外，林理彰还在《哥伦比亚中国文学史》（Victor H. Mair ed，2001）中负责撰写“十七世纪的中国诗歌”一节，他不但介绍了王士禛的生平、创作、文学思想等诸方面，而且还提及了王士禛的交游活动及文学论争等史实。

截止到 2010 年，20 世纪 80 年代以后英语世界对王士禛的译介与研究呈现出了以下两个新特征：首先，王诗英译者群体的构成更为多元。与前两个阶段相比，王士禛诗歌在本阶段拥有了更多的英译者，作为王士禛诗歌在英语世界的权威译者，林理彰在本阶段继续发力；同时，王士禛诗歌的英译队伍还迎来了白润德、宇文所安等汉学大家，这使得英语世界读者在阅读王士禛诗歌时有了多元化的选择。其次，中西互动态势明显。不论是王士禛的诗歌译介或是诗论研究方面，中国国内学者开始在英语世界中积极主动地与西方学者进行对话，从华裔学者刘若愚的中西诗学体系构建，到许渊冲、丁祖馨的中诗英译实践，他们的努力使得西方汉学界的格局产生了微妙而具体的变化。

但是，我们还应意识到，除了梅尔清的《清初扬州文化》以较大篇幅论及王士禛外，相较于上一个阶段，本阶段并无专门的王士禛研究著作出现。一方面，这是由于林理彰的博士论文对王士禛的研究已相当透彻到位，以至于后来的研究者都有意或者无意地避开王士禛这一学术研究领域。另一方面，这也和王士禛诗论本身的特征有密切联系，王士禛在其著作中并未明确对“神韵”下过定义，同时，以传统的诗话方式写成的著作，论述片段间逻辑关联性不强。正是这些特征使得注重逻辑性、系统性的西方人不大容易接受和认可王士禛的诗论。例如，在《中国文论：英译与评论》（Stephen Owen，1992）中，宇文所安宁愿选译的是与王士禛时代相近的、更具体系性、论证更缜密的叶燮的《原诗》，也不选译在清初影响力颇巨的王士禛的“神韵说”。

1925 年 6 月 12 日，胡适在华北协和华语学校（North China Union Language School）的演讲文稿《当代汉学研究》（*Sinological Research at the Present Time*）中曾这样说道：“通常人们认为在中国文化研究方面，只有自己国人的研究才有真正的意义，当你发现如此之多的西方学者也置身于此，就会大为惊叹。”当我们稍显繁琐地回顾过王士禛在英语世界百余年间译介与研究的轨迹之后，我们也会发出与胡适类似的惊叹。确实，西方汉学经过数百年的发展与演进，已经卓然成长为一株枝繁叶茂的大树，形成了独有的研究方式与学术视野。胡适在这篇演讲文稿中还指出：“西方汉学研究的研究价值归纳起来可为以下几方面，一是拓宽了研究的范围；……二是系统化的材料整理；……三是经常采用新材料进行比较研究”（周质平、韩荣芳整理，2003）。关于胡适提及的这三种西方汉学研究之价值，笔者在梳理英语世界中王士禛译介、研究的材料时亦深有共鸣。例如，梅尔清对王士禛与扬州地域文化间联系的研究就极富新意，此类研究成果对于国内学界相关学术研究视野的拓展不无裨益；又如，梅维恒、宇文所安所编选、翻译的大型中国文学选集，它们在整理与传播中国文学方面的贡献显著；再如，刘若愚的中西诗学体系即是对中西诗学对话的可能性的积极探索，亦是系统梳理中国诗学的可贵尝试。

“他山之石，可以攻玉”，对英语世界王士禛的译介及研究成果展开系统探讨，进而以此为契机反思中国古典诗歌乃至古典文学在今后的英译进程中应如何合理地运用变异学理论，以到达最佳的翻译效果。我们相信，这在当下，不仅是必要的，而且是必须的。

参考文献

[1] 艾布拉姆斯 . 镜与灯——浪漫主义理论批评传统 . 北京：中国社会科学出版社，1991.

[2] 丁祖馨编译 . 中国诗歌集 . 沈阳：辽宁大学出版社，2001.

[3] 费正清 . 费正清对华回忆录 . 上海：知识出版社，1991.

[4] 高桥和巳 . 王士禛 . 东京：岩波书店，1962.

[5] 近藤光男 . 清诗选 . 东京：集英社，1967.

[6] 刘勰著，范文澜注 . 文心雕龙注（上、下）. 北京：人民文学出版社，1958.

[7] 莫砺锋编，尹禄光校 . 神女之探寻——英美学者论中国古典诗歌 . 上海：上海古籍出版社，1994.

[8] 汪晓勤 . 中西科学交流的功臣——伟烈亚力 . 北京：科学出版社，2000（3）.

[9] 王士禛 . 池北偶谈 . 北京：中华书局，1987.

[10] 王晓路主编 . 北美汉学界的中国文学思想研究 . 成都：巴蜀书社，2008.

[11] 夏志清 . 东夏悼西刘——兼怀许芥昱 . 台北：中国日报，1987.

[12] 许渊冲 . 新编千家诗 . 北京：中华书局，1997.

[13] 许渊冲 . 元明清诗 . 北京：中国对外翻译出版公司，2006.

[14] 张西平编 . 他乡有夫子——汉学研究导论 . 北京：外语教学与研究出版社，2005.

[15] 周质平、韩荣芳整理 . 胡适全集 • 英语著述（二）. 合肥：安徽教育出版社，2003.

[16] A. Wylie. Notes on Chinese Literature: With Introductory Remarks on the Progressive Advancement of the Art and A List of Translations from the Chinese into Various European Languages. The American Presbyterian Mission Press, 1867.

[17] A.R. Davis edited, Robert Kotewall & Norman L. Smith translated. The Penguin Book of Chinese Verse. Baltimore: Penguin Books, 1962.

[18] Adele Austin Rickett. Wang Kuo-Wei's Jen-Chien Tz'u-Hua, A Study in Chinese Literary

Criticism. Hong Kong: Hong Kong University Press, 1977.
[19] Alex Preminger & T.V. F. Brogan. The New Princeton Encyclopedia of Poetry and Poetics. New Jersey: Princeton University Press, 1993.
[20] Arthur W. Hummel, ed. Eminent Chinese of the Ch' ing Period (1644—1912) . Washington: United States Government Printing Office, 1944.
[21] Burton Watson. The Columbia Book of Chinese Poetry: From Early Times to the Thirteenth Century. New York: Columbia University Press, 1984.
[22] Ch' ên Shou-yi. Chinese Literature: A Historical Introduction. New York: The Ronald Press Company, 1961.
[23] D. Hawkes. Review of The Penguin Book of Chinese Verse by Robert Kotewall & Norman L. Smith. Journal of the Royal Asiatic Society of Great Britain and Ireland, 1963(Oct.).
[24] Daniel Bryant. Syntax, Sound, and Sentiment in Old Nanking: Wang Shih-chen' s "Miscellaneous Poems on the Ch'in-huai". Chinese Literature: Essays, Articles, Reviews (CLEAR), 1992(14).
[25] Henry H. Hart. A Garden of Peonies: Translations of Chinese Poems into English Verse. San Francisco: Stanford University Press, 1938.
[26] Henry H. Hart. The Hundred Names: A Short Introduction to the Study of Chinese Poetry with Illustrative Translations. Berkeley: University of California Press, 1933.
[27] Henry H. Hart. The West Chamber: A Medieval Drama Translated from the Original Chinese, with notes. San Francisco: Stanford University Press, 1936.
[28] Irving Yucheng Lo & William Schultz. Waiting for the Unicorn: Poems and Lyrics of China's Last Dynasty, 1644—1911. Bloomington & Indianapolis: Indiana University Press, 1986.
[29] James J. Y. Liu. The Art of Chinese Poetry. Chicago: The University of Chicago University Press, 1962.
[30] James J.Y. Liu. Chinese Theories of Literature. Chicago: The University of Chicago Press, 1975.
[31] Jonathan Chaves. The Columbia Book of Later Chinese Poetry: Yuan, Ming, Ch' ing Dynasties, 1279—1911. New York: Columbia University of Chinese Poetry, 1986.
[32] Kang-Yi Sun Chang & Stephen Owen. The Cambridge History of Chinese Literature. Cambridge: Cambridge University Press, 2010.
[33] Liu Wei-Ping. A Study of the Development of Chinese Poetic Theories in the Ch' ing Dynasty, 1644—1911. University of Sydney, 1967.
[34] Richard John Lynn. The Talent Learning Polarity in Chinese Poetics: Yan Yu and the Later Tradition. Chinese Literature: Essays, Articles, Reviews (CLEAR), 1983(5).

[35] Richard John Lynn. Tradition and Synthesis: Wang Shi-chen as a Poet and Critic. Stanford University, 1971.

[36] Richard John Lynn. Wang Shizhen's Poems on Poetry: A Translation and Annotation of the Lunshi Jueju. Chinese Literary Criticism of Ch'ing Period (1644—1911), Hong Kong: Hong Kong University Press, 1993.

[37] Stephen Owen. An Anthology of Chinese Literature: Beginnings to 1911. New York: W.W. Norton & Company, 1996.

[38] Stephen Owen. Reading in Chinese Literary Thought. Cambridge: Harvard University Press, 1992.

[39] Tobie Meyer-Fong. Building Culture in the Early Qing Yangzhou. San Francisco: Stanford University Press, 2003.

[40] Victor H. Mair, ed. The Columbia Anthology of Traditional Chinese Literature. New York: Columbia University Press, 1994.

[41] Victor H. Mair, ed. The Shorter Columbia Anthology of Traditional Chinese Literature. New York: Columbia University Press, 2000.

[42] Victor H. Mair ed. The Columbia History of Chinese Literature. New York: Columbia University Press, 2001.

[43] Wai-leung Wong. Chinese Impressionistic Criticism: A Study of the Poetry-Talk [Shih-Hua, Tz'u-Hua] Tradition. the Ohio State University, 1976.

[44] William H. Nienhauser, Jr. ed. The Indiana Companion to Traditional Chinese Literature. Bloomington: Indiana University Press, 1986.

[45] Wu-chi Liu & Irving Yucheng Lo. Sunflower Splendor: Three Thousand Years of Chinese Poetry. Bloomington & Indianapolis: Indiana University Press, 1975.

[46] Zong-qi Cai, ed. How to Read Chinese Poetry. New York: Columbia University Press, 2007.

作者简介

时光，1987 年生，北京师范大学文学博士。现为北京外国语大学中国语言文学学院讲师，主要研究兴趣为中西比较诗学、海外汉学。

（原载《西南民族大学学报》2016 年第 8 期）

高敬命诗对中国古典诗歌传统的继承和借鉴 *

石云涛

► **摘要** 本文探讨朝鲜李朝诗人高敬命咏史诗、咏物诗、写景诗和反映时事的诗的创作特色，说明高敬命在诗歌创作上对中国古典诗歌传统多方面的继承和借鉴。高敬命注意学习中国优秀诗歌经验和表现手法，受益良多。但受明代诗坛，特别是“前后七子”诗风影响，其诗作有时表现出明显的拟古痕迹。

► **关键词** 高敬命；朝鲜汉文诗；中国古典诗歌传统

在朝鲜抗击日本侵略的壬辰卫国战争中，涌现出一位著名的抗日民族英雄高敬命。1592 年 4 月，朝鲜全罗道人民组织抗日义兵，推举高敬命为大将。高敬命率军进击恩津，试图经过忠清、京畿、黄海诸道北上勤王。日军集军于锦山，欲南下占领全州。7 月，高敬命率领义兵协同官军攻打锦山，重创日军，为壬辰卫国战争立下卓越功勋。高敬命抗击倭寇，为国捐躯，历来受到朝鲜人民的敬仰。

高敬命又是李朝著名诗人，一生勤奋创作，现存诗五卷，736 题，1150 首；补遗一卷，42 首。计 1192 首（韩国精神文化研究院，1980）。其诗采用汉文和中国古典诗歌形式写作，他的思想中受到中国传统儒学、道家、佛学思想的深刻影响，这些在其诗中也有鲜明的表现。他的人格、精神和文学成就是中韩两国人民共同的精神财富和宝贵的文学遗产。因此，高敬命其人其诗，在中朝两国都享有盛誉。朝鲜诗论家李恒福评曰：“若霁峰者，遇屯而处，天下诵其诗；当事而出，远近嘉其积；事去而死，古今其义。因其所遇名随以适。”又云：“世言南中多诗人，高霁峰为之雄鸣”（转引自朴银淑，1999）。柳根（1999）评曰：“其诗之播人口者，俊逸圆转，人皆以为不可及”（转引自朴银淑，1999）。李睟光《芝

* 本文为北京外国语大学世界亚洲研究信息中心资助课题“韩国民族英雄高敬命诗歌思想与艺术探讨”之阶段成果。

峰类说》卷十四云:“顷世诗人多出地湖南,如……高苔轩敬命者,皆表表者也”(李晬光,1970)。明万历九年(1581年)高敬命之子高用厚携父文集入明,名士庄应会、徐光启、孙元化等人皆为之序,对高敬命人格和诗格给予高度评价[1]。

高敬命诗研究对于探讨高敬命先生的思想具有重要意义。高敬命能够在民族危难中挺身而出,英勇抗击入侵之敌,蹈死不顾,为国捐躯,其忠君爱国思想和民族气节在诗中有突出表现。高敬命诗研究对探讨中韩文学关系具有重要意义。高敬命诗采用中国古典诗歌形式写作,有古体诗和格律诗;在思想情感、诗歌形式、表现手法和艺术风格等方面都表现出对中国古典诗歌的学习和借鉴,对于唐宋名家他都普遍地学习。从内容看,高敬命的诗有抒情诗、咏史诗、咏物史,也有写景诗。这些诗由于抒写情感不同,对中国古代诗人的取舍也有不同,但共同的特色是有意学习和借鉴中国古典诗歌传统,特别注意对唐宋诗歌的学习和借鉴。本文想对此略加探讨。

如果从《诗经》时代算起,中国古典诗歌发展到唐宋,已经有一千多年的历史。在漫长的发展过程中,中国古典诗人的努力探索和辛勤创作积累了丰富的经验,形成许多独具特色的传统。这些对后来的诗人来说无疑是宝贵的文学遗产,高敬命从这些遗产中受益良多。

一、咏史怀古,寄慨良深

咏史诗是中国古典诗歌的传统之一,诗人们借咏叹历史人物和故事,寄托个人的政治怀抱和今昔兴亡之感,表达对现实的批判。唐代刘禹锡、杜牧、李商隐,宋王安石这方面成就很高,高敬命写了不少咏史怀古诗,这些诗都是咏叹中国古人古事,在艺术上则明显受到唐宋诗人的影响。

杜牧的咏史诗对历史人物的评价,对历史上兴亡成败的关键问题发表独到的议论,而以绝句形式出现,这种诗常常富有哲理色彩。这种论史绝句形式后来为许多文人所效仿。高敬命的《读留侯传》便具有这种特点:“歼楚夷秦志已酬,暮年还学赤松游。平生只为韩仇出,岂向高皇浪运筹。”一般认为,张良退隐乃是出于功成身退以避祸远害的目的,此诗则独出机杼,认为张良出世的目的是为

1 《国译霁峰全书》下册《霁下汇录》,第26—29页。

韩国复仇，刘邦却不过是他复仇利用的工具，既然大仇已报，自然远离刘氏。不然他是不会轻易出山辅佐刘氏的。《题四皓围棋》："强役精神竞出奇，只能忘世未忘机。晚来谬画安刘策，绿（应作缘）是当年下手卑"。过去大家都赞美四皓的高隐和奇策，这里诗人却批判他"未忘机"，为刘氏画计亦是手段卑劣。此诗与《题四皓围棋图》寓意相同："四老商颜齿发齐，纹楸一局静中携。星移洞府樵柯烂，雹散晴空玉子迷。蜩甲坐忘酣战垒，松花不动锁岩栖。方知小数天机浅，竟下安刘一着低。"《谒夷齐庙》："西伯当年养老时，太公心事合相知。不应待到鹰扬地，方是区区叩马为。"对历来受赞扬的伯夷和叔齐进行批评，认为伯夷与叔齐未能及时劝阻姜太公灭商的行为。

咏史诗常常不是发思古之幽情，而是感慨今昔，写兴亡之感，在诗人的感叹中，深寓历史的教训，以为现实的殷鉴。这在中国古代咏史诗中是一个传统，刘禹锡、杜牧、李商隐、王安石等人的诗皆有这种特点，高敬命《次刘贡父金陵怀古韵》二首便是继承了这一传统。刘贡父是北宋时代的诗人，此诗所次却是王安石《金陵怀古》四首诗韵，这可能是此诗传入朝鲜误为刘贡父之作。诗的内容与历来咏史怀古之中寓历史教训的主题相同，其一云：

金戈百战有兹江，仅为孱孙办乞降。不信舟人曾是敌，漫将天险倚无双。

春荒草木深空苑，雨长莓苔上玉窗。三百年前无限恨，且寻青幔问新缸。

其二诗中更多化用刘禹锡诗语句，如"一片残旗""夜雨蚊雷""秦淮明月"云云。诗表达的主题是"天险不足凭，兴亡由人事"的主题，与刘禹锡同题之作相同。《满月台》："落木声中万壑哀，前朝欲问事悠哉。兴亡无迹水东去，宫殿有基山北来。几遣诗人歌秀麦，尚余残月傍空台。槎牙老石荒风雨，留与千秋鉴祸胎。"《神农氏》歌咏中国古代传说中的中华远祖神农氏，表达了诗人的仁政理想：

不周初坼世鸿荒，天降神人曲阜乡。朴俗仅能茹草木，淳风维解事农桑。

生民所养诚多阙，累圣相传盖未遑。化育亦应须辅相，时宜咸仰妙推详。

制成耒耜方资用，药辨君臣已遍尝。岂但苍生知粒食，还教赤子免夭伤。

列廛居货民生遂，应瑞名官火运昌。肇迹旧从姜水盛，不庭宁数夙沙强。

赭鞭影里神功遍，土鼓声中化日长。圣德极天犹永赖，当时榆罔未为亡。

又如《劳军细柳营》咏叹西汉名将周亚夫的故事，用唐朝高仙芝的遭遇做对照。汉天子亲入军营，重用周亚夫，一举夺取战争胜利。高敬命推崇汉高祖说自己善于“将将”。唐玄宗相信宦官监军边令诚，诛杀名将高仙芝。诗云：“如何后世昧将将，弄诸股掌庸奴同。君不见，阉竖观军竟舆尸，三叹汉文青史中。”说明要夺取战争胜利，作天子的要善于“将将”的道理。《读北史》：“落日台城旅雁嘶，嵩云回首几含悲。金环却是无情物，肠断江南旧玉儿。”咏侯景之乱中梁武帝的可悲下场。《山海关》：“真人定鼎金陵日，老将登坛碣石时。地处必争须制胜，世虽方泰可忘危！谁何言服贻谋远，控扼襟喉设险奇。钤辖即今归督府，圣朝神算策无遗。”歌颂明太祖朱元璋的深谋远虑，表达居安思危的政治见解。

中国古代诗人亦常借咏怀古迹、吟咏古人古事，间接表达个人情怀和身世之感。在高敬命的此类诗中也表现出这一特色。《独乐园》咏北宋司马光故事，则寄托了个人怀抱。司马光退隐，筑独乐园以自娱，写《独乐园记》一篇。高敬命写此诗正是个人遭贬之际，所以诗结尾说：“我读遗篇感叹频，欲寻乐处嗟难臻。君不见，钟山投老值邅屯，岁晚归路迷霜筠。”《周王得钓璜》咏姜太公遇文王故事，结尾云“怪来渊中璜，神物谁能识。清渭月空藏，千秋三叹息”，抒发了无人赏识怀才不遇的感叹。《洞宾游岳阳》咏道教八仙之一吕洞宾遭贬下世神异非常故事，末尾说“浊世人谁识，清都路不迂。骖鸾看冉冉，天澹月轮孤”，其实是抒发个人遭贬中的孤高自傲。《六马犹知善鼓琴》诗咏伯牙弹琴故事，感叹世无知音：“声音感物理何疑，琴妙从教六马知。仰秣未应谙节奏，长鸣自是契心思。鱼听巴瑟言非怪，兽舞虞庭事亦奇。独恨世人徒竖耳，断弦初不为钟期。”《布被钓名》诗咏司马光故事，表达了对司马光人格的仰慕。司马光一生节俭，“平生衣取蔽寒，食取充腹，亦不敢服垢弊以矫俗干名”。临终时嘱咐家人将写有《布衾铭》的布衾盖在身上，曰：“颜乐箪瓢，万世楷模；纣居琼石，死为独夫。君子经俭为德，小人艺侈丧躯。然则斯衾之陋其可忽诸？”这首诗说：“千古愧衾人几许，马公铭里仰冰清。”《读邓攸传有感》盛赞邓攸存弟后而弃己子的义气，并表示深深同情。《发北京到城东路左有三忠祠乃诸葛武侯、岳武穆、文丞相，此燕地也，于文丞相大有所感焉》咏南宋民族英雄文天祥事迹，对文天祥救国无力表示遗憾。

高敬命此类诗也有发思古之幽情之作，如《黄陵庙》咏古帝大舜故事：“寂寞黄陵庙，枫林绕幔坡。重华游不返，帝子恨如何。楚塞昏蛮雨，湘流咽暮波。汀洲愁极目，凄断采萍歌。”《乘槎犯斗牛》咏张华《博物志》记载张骞出西域故事，末尾云：“吾思霄壤迥不侔，有路阶天真谬悠。千秋不经传者畴，汝家茂先言不羞，绉绉志怪争效尤。我欲质之于前修，圣不语怪君知不！”《偶忆唐皇广陵观灯故事叠前韵》乃游仙之作，咏叶法善施法故事。《谒箕子庙》：“涀岸凄迷真气收，荒凉井地夷先畴。长城大野宛如昨，蔓草寒烟经几秋。南渡采云剪荆棘，北山霜露栖梧楸。佯狂陈范意谁识，万古英灵东海陬。”《箕子庙》：“玉马东来启我先，至今遗泽诵仁贤。敢将韬晦为身地，最在坚贞不愧天。千古封疆檀木下，一方香火涀江边。星轺此日经祠庙，读罢丰碑泪迸泉。”

在高敬命的诗集中，咏怀古迹的只有几首少量的诗是咏叹与朝鲜历史有关的作品，如《鸡林咏》组诗中之《芬皇废寺》《五陵悲吊》《闻玉笛声》《满月台》《东明王》。

二、托物言志，比兴寓意

咏物是中国古代诗歌重要题材，中国古代诗人常托物言志，间接表达个人情怀和身世之感。《诗经》已多赋物名句，楚辞中有《橘颂》一篇，齐梁以后咏物诗更是连篇累牍，盛唐以后，始有即物达情之作，唐宋名家多咏物之作。中国古代咏物诗有两种品格，一是为咏物而咏物，一是借咏物以达情。高敬命继承了这种传统，写有不少咏物诗。他自谦“第恨拙于诗学，咏物尤非其长”（高敬命，1980），实际上其咏物之作不仅数量极多，而且成就亦高。其《应制御屏六十二咏》曾蒙国王赐豹皮一张、黄毛笔十支、丹山乌玉五笏，说明极受赏识。

高敬命的咏物诗有的为咏物而咏物，表达热爱生活、热爱自然的情趣。《春雪》是一首咏物诗，写春雪的光、形、声，笔触极其细腻，表现了诗人对自然观察的细致和用心，一片热爱大自然的感情跃然纸上。《谢郑正安惠鱼》：“丙穴生春浪，新又雪未残。情知传尺素，恩荷跃金盘。三鬣冰犹冻，纤鳞锦有斑。小盆堪静玩，风雨不须抟！”则把对小鱼的怜爱之情抒写得淋漓尽致。《中台川上遇雨雹》写冰雹，把中途忽遇雹的情状写得生动有趣。又如《春盘细菜》：“春盘登细菜，候节变阶蓂。生意掀残雪，新芽擷嫩青。年华添物色，野兴绕林迥。想见东湖岸，倾筐簇晚汀。”《见新橘偶题》：“飞霜一夜殒青林，夕照玲珑满树金。书后新题惊数颗，馔人香雾湿衣襟。”《咏白团扇赠云上人》应答酬和之作，都写得饶有兴味。有的诗品画论乐，也可作为咏物诗欣赏。如《听应吉琴席上走呈》《题谪仙骑鲸图》《题牧牛图》《题四皓围棋图》《山水图》《古木图》《芦雁图》，对音乐、绘画的品赏意趣盎然。

有的托物言志，借咏物寄托怀抱。在中国古代诗歌中把花木傲霜耐寒的自然特性比作人的品德精神，很早就出现了，《诗经》中已经产生，屈原、司马迁的文章中也有表现。中国古代诗人于植物中喜欢梅兰竹菊“四君子”和松竹梅“岁寒三友”，诗中多所吟咏。这种风气北宋时始盛，那时文人在诗画中常表现这些题材，诗画中这些植物形象常常是有寓意的，是诗人画家人格的象征和寄托。高敬命诗中多咏松、竹、梅、菊之作，其《咏黄白二菊》历来受到称赏：

正色黄为贵，天姿白亦奇。世人看自别，均是傲霜枝。

诗借霜菊寄托坚贞自洁之节操，洪万宗《诗评补遗》上篇记载：“高敬命霁峰，长兴人，文工议。尝访奇高峰大升，题盆中菊，盆中植黄白二菊开花，霁峰濡笔题一绝曰（略），盖寓物托意也。”

他在《有怀石川先生复用前韵示刚叔》诗中表达自己的情趣说：“爱竹时穿壑，看松不出庭。俗尘亢迴隔，林锁白云扃。”他有数首咏松之作，五言古诗《咏老松》写百寻之高的老松，历经风雨，饱经沧桑，如今“蝼蚁已收霜后穴，莓苔不蚀岁寒心”。诗人喜爱老松的精神，因此“笑倚枯藤尽夕阴”。《题朴景明家古松》写古松的脱俗不凡：“昆山有古松，世言千岁物，偃蹇几风霜，曾见三韩日。……会待丹凤巢，肯容玄岂穴……凛然岁寒姿，可以蜕凡骨。”《望蟠松》写苍然老松“森森龙虎壑中卧，殷殷风雷空际回”。都在歌颂一种顽强不屈的精神。《敬次松川梅花堂韵》七律三首咏梅花，既写梅花形态之美：“竹外小枝临水好，月边疏影带霜加。”也颂扬梅花品格之高：“标格可堪人物比，风流休把品题加。”《次友生梅竹斋韵》写梅与竹：“唤作兄弟知不浅，岁寒持此作生涯。”《笛材赠申尧瑞》写竹：“袅袅江南碧玉茎，中虚合制紫鸾笙。殷勤暂寄薪村老，留与前溪弄月明。”《东轩见新竹有感再叠荒韵》：“爱竹偏怜旧业荒，客窗相对意苍茫。风飘嫩箨时侵坐，雾罥新篁已过墙。寒拂雨檐森鹤胫，巧穿苔砌绕羊肠。掀帘岸帻微凉度，不信怀州是瘴乡。”观赏新篁嫩竹令诗人神清气爽，忘记了自己身处异乡，忘记了自己艰难处境。《见新竹有感》：“夏篁衣解粉飞残，池上清阴满袖寒。使我居夷傲炎瘴，烟中玉立澹相看。”《题半刺画竹图》是一组题画诗，但因为画的内容是竹，因此实际上是咏竹组诗，共四首，分别咏《三竹》《月下雪竹》《枯篁新笋》《三竹两笋》，其中把陶渊明、伯夷、叔齐等隐士比作三竹，寄托了自己的人格追求。

其他咏物之作也常常可以见出诗人人品和精神的流露。《砥柱》用七言歌行体写，颇具李白诗壮浪奔放的风格，结尾说："天柱将倾尔扶颠，呜呼！莫随东海为桑田。"诗借中流砥柱而自相期许。《次玉堂咏鹤韵》写仙鹤的卓然不凡："几向尘笼望远天，秋风偷眼海云边。灵姿定化江州橘，逸翮应追太乙莲。霜绢漫看留素影，碧空何处驾飞仙。苍茫华表音踪断，奇事犹传翰墨筵。"《至月念日夜雪》咏雪，表达了"庶几验丰熟，斯民亡瘠捐"的愿望。《喜雨叠韵》写雨，表现出诗人对百姓生活幸福的祈望："九重忧旱剧汤年，一雨中宵忽沛然。屋溜暗流闻决决，稻畦新叶想翩翩。凉生六幕炎尘净，喜入三农好语传。却忆故园添物色，麦醪初熟竹生鞭。"有的则发今昔之感，或抒个人郁抑。如《闻玉笛声》："古国兴亡几夕晖，山川良是昔人非。深秋古垒休三弄，长使英雄泪满衣。"《见榴花开有感》二首其一："浓绿千林一点红，羞看绝艳照衰翁。可怜风韵无人识，开谢年年蜒雨中。"字面上写榴花的幽独，实际上感叹个人的身世遭遇。

三、融情入景，意境清新

写景言情，情景交融是中国古典诗歌的一大特色，中国古代诗歌中有很大一部分是描写自然景物的作品，建安诗人曹操《观沧海》已经是一首完整的写景诗，经过魏晋对自然美的发现，在文学艺术领域便出现了山水画和山水诗。晋宋之际的陶渊明，南朝诗人谢灵运、谢朓都是描写自然美的高手。盛唐诗坛上形成了以王维、孟浩然为代表的田园山水诗派，他们的诗描写田园风光和自然美景，富于诗情画意，而且又往往把个人情怀融入自然景物的描写中，形成情景交融的美的意境。上述诗人都是高敬命服膺且努力效仿和学习的对象，这种传统为高敬命所继承和借鉴。

高敬命写有大量写景诗，表现了他对大自然的热爱。由于长期的乡居生活，使高敬命能够与大自然保持亲密的接触，对大自然的美好有深切观察和体悟，因此他的写景诗大多写得具有真情实感。他的写景诗有的歌咏美好的自然风光，表达对大自然的热爱。如《雪晴晚眺》："乱山残雪澹斜晖，径绝行人鸟不飞。灞岸诗情驴子背，山阴归兴钓鱼矶。沙头冻释知幽涧，桧顶风筛认翠微。望尽琼瑶开活眼，天机元熟有鸦归。"又如《山花浸水红》写得非常有意境。《茅山八景》组诗学习王维《辋川集》诗，用五绝形式写景，《春湖十咏》用七绝形式写景，都是一诗一景。《钱塘晚照》咏浙江钱塘江："灵胥吼怒势吞空，千叠银山喷薄中。江浙宛然天下胜，涌金门外昔阳红。"写出了钱塘江潮的声势和壮观。《南窗四趣》用七律形式分别写山光、喧气、竹月、菊风。这些诗写得气韵生动，景象鲜明，富有诗情画意。明人庄应会把他跟唐代诗人元白韦刘相提并论，评曰："余览其咏物抚景，生韵流动，如蜀江春日文君濯锦，又如摩诘辋川诗中有画，画中有诗。"（庄应会，1980）

中国古典诗人很早就注意诗中情与景的关系。刘勰论诗歌创作云："物色之动，心亦摇焉。……情以物迁，辞以情发。"（刘勰撰、范文澜注，1978）在中国古代诗人笔下，景物描写常融入了个人情感，所谓"一切景语皆情语也"（王国维，1986）。王夫之说："情、景名为二，而实不可离。神于诗者，妙合无垠"（王夫之，1978）。刘熙载《艺概》云："雅人深致，正在借景言情。"高敬命不少写景诗并非为写景而写景，而是融情入景，情景交融。情与景的关系是复杂的，美好的景物令人心旷神怡，但有时也触起对美好往事的追忆，令人生今昔之感，反而产生哀愁；阴晦肃杀的景物令人悲伤，但达观的诗人又能摆脱旧套，抒写乐观昂扬的情绪。因此在中国古代诗人笔下便出现以乐景写乐情、以乐景写悲情、以悲景写悲情和以悲景写乐情等不同情况。乐景、悲景固然能够渲染乐情、悲情，而乐景、悲景又常常能反衬相反的情绪，正如王夫之所说"以乐景写哀，以哀景写乐，一倍增其哀乐"（王夫之，1978）。高敬命写景诗也非常善于把握景与情的关系，注意让景物描写为抒情服务。《触怀吟》组诗六首，在不同情景中景与情的关系便是变化的。其一"茅屋寒灯永夜清，星稀月落曙河清。愁人元自不知睡，听尽山城长短更"。月明星稀之夜与不眠的诗人成为对衬，突出了诗人愁苦难眠之情态。其四："风划顽云雪势颠，衾棱如铁夜如年。窗前有竹偏萧散，撩却愁人睡不圆。"窗前萧洒的竹影，反让诗人更加难以入睡。这是以乐景写哀情。其五："骨拙灰深火拨红，起看窗外雪漫空。前林日堕狞风黑，骇兽惊禽战薄中。"写深秋严寒狂风疾雪，渲染诗人深夜不寐心惊胆寒之情态，是以哀景写哀情。《漫成》："山雨帘纤不湿莺，桄榔叶暗乳鸠鸣。苇帘垂地苔侵坐，一柱炉香相对清。"写春雨美景，在春风细雨中黄莺、乳鸠照常歌唱，诗人心情怡然，面对一缕清香，独自享受这宁静的春日。这是以乐景写乐情。《偶吟》："高秋寒雨也能晴，霜后园林柿颊桢。水尽沟塍原陆秀，数家烟火夕阳明。"深秋黄昏，这在古代诗人笔下常常是渲染悲愁的景物，但诗人自信雨过天晴，经霜的柿子红得更加可爱。举目四望，平川秀美，夕阳晚照，农村数家，炊烟袅袅，心境格外清爽。这是以悲景写乐情。又如《题李正仲龟峰别墅》也是以乐景写乐情："羿彀曾惊触骇机，晚携家具返鱼矶。沙鸥送喜馆船出，窗竹多情待我归。红稻村边疏雨过，绿萍洲外片帆飞。十年梦绕江西路，白首京尘未拂衣。"这首诗写出经历了政治上的打击之后，乡村平静的生活抚慰了诗人心灵的折皱，他在大自然中感受到一切都是那样的自由美好，充满生机。

在中国古代诗人中，有的写景是成系列的，往往写成组诗形式。例如王维《辋川集》写景组诗，多达20首之多。高敬命写有好几组大型的写景诗，有的写得清新可喜，如《俯仰亭三十咏》30首五言绝句，分别咏秋月、晚云、落照、暮雨、奇峰、杳霭、晴云、古迹、樵歌、渔笛、疏钟、归雁、晓雾、修竹、早角、春花、细径、清风、霁雾、炊烟、黄稻、平沙、小桥、幽鸟、跳鱼、眠鹭、红蓼等，颇具情韵。《晚翠亭十咏》分别咏晴云、晓月、暮雪、夜雨、清风、苍松、秋砧、村灯、晨钟、钓鱼，《息影亭二十咏》《沧浪六咏》也很有美感。但也有奉酬应制之作，缺乏情韵，如《应制御屏六十二咏》则呈才使气，可以看作文字游戏；《息影亭四时咏和高峰》《四时咏再和高峰示刚叔》咏春、夏、秋、冬，虽然也寄寓志士之悲，但给人的感觉是无病呻吟强作愁。

四、指言时事，关心现实

高敬命的诗反映时事的并不多，一般情况下，像杜甫、白居易的诗揭露时弊、反映时局和民生疾苦的题材，高敬命不甚关注。壬辰倭乱发生后，他开始用诗的形式反映国事变化，表现他对国家局势民族危亡的忧虑。此类诗数量不多，如《盘山道上闻圣节使还自北京以虏警留宁远卫》《渡大凌河》《红螺山》《宁远城上夜望迤北山外赤气蟠空人以为虏营火光所烛》《宁远卫见游击将军提兵赴征》《晚发宁远》《过故总兵杨忠壮公照墓》《关下得边报虏骑二十余万入广宁下营近郊游兵四出抢掠云时吾行经由不久危哉危哉》。这些诗大多用律诗形式写，而以律诗写时事的传统，在中国古代诗人以杜甫为最早，晚唐李商隐的诗表现得也很突出。杜甫和李商隐都是高敬命注意学习的诗人，他的这类事诗受到杜甫和李商隐的影响。其《效夔州杂诗》便是学习杜甫诗将时局与个人遭遇结合，抒写忧国忧民兼复忧己的情怀，在构思上明显受杜甫《登岳阳楼》诗的影响。

高敬命诗歌创作取得巨大成就，这是不容否定的，这跟他向中国古典诗歌传统学习有关，也与他勤于钻研勇于创新有关，《次湖阴》诗云："行藏正与诗相似，不逐前人落窠臼。"（高敬命，1980）他的独特的经历、复杂的思想情感以及老练稳重的汉语表达风格，使他的许多诗自出机杼，独具面目，置于中国古代诗坛也自可立于大诗人之列。文学传统的继承和文学创新是相辅相成的，在处理继承与革新的关系方面，高敬命也存一些不足之处。在中国过去漫长的发展过程中，诗已经从产生、发展到辉煌，到了日过中天的时候。高敬命的时代，相当于中国明朝中期，在中国诗歌已经从文学领域退出主流地位，日益为小说、戏剧的辉煌所掩盖。诗歌的发展已经过于成熟，后人难以超越。受明代诗坛，特别是"前后七子"诗风影响，高敬命极力学习盛唐，有的几近模拟抄袭，有一些假古董之类的作品，如《浮碧楼》模拟崔颢《黄鹤楼》、李白《凤凰台上凤凰游》之类。这让读熟了中国古典诗歌的人有咀嚼生厌之感。

由于特殊的经历，高敬命也有台阁体的诗，奉答酬和，无病呻吟，如《召对》《长安清明》《宴洛滨》《召对后内廊赐酒》《应制御屏六十二咏》《寒日禁庭别赐酒》《端阳赐椒药》。虽然有人说他"久在馆阁，每当应制，随事立意，以寓讽规"（郑惟吉，1981）。但看他传世之作，多奉酬赠答歌功颂德之词，并无所谓规讽之意。由于长期不得志，有时他也产生消极失意的情绪，这在诗中也有流露，如《大槐国》："幻出封疆蚁穴中，向来唯许黑甜通。冥心便化庄周蝶，驭气何烦列寇风。混沌乾坤迷罔象，鸿蒙日月太虚空。浮生一样黄梁梦，莫向痴人较异同。"表达的就是人生若梦的感慨。

朝鲜李朝时期的诗人对中国文化倾心认同。李朝奉明朝中国为宗主国，自认为大明王朝藩王国，称中国为天朝、中朝，当时朝鲜文人便形成与明朝中国天下一家的观念。李朝建立后，有意强化朱子学在朝鲜意识形成中的主导地位，因此他们不仅输入大量中国典籍，还大量刊印中国书籍。四书、五经是朝鲜文士必读典籍，儒学伦理道德在朝鲜深入人心，这些大大强化了朝鲜文士对中国文化的认同感。这在高敬命诗中也有反映。《渡大同江》："此邦箕子有遗风，莫道山川非禹迹。"《凤山道中遇雪》："山灵故催诗，不愁沾汉节。"《上太平楼》："寰海如今属一家，东来不恨故园赊。亲擎万历元年诏，远泛三韩八月槎。快睹共惊仪彩凤，宠章无计报琼华。登楼不尽元龙兴，豪气时看吐作霞。”

明朝中国与朝鲜国来往频繁，双方使节往还赋诗唱和成为风气。为了应对明使的诗歌唱酬，朝鲜诗人精心阅读中国古典诗歌钻研诗艺，中国古典诗歌是朝鲜国诗人精心阅读的内容，这些都使他们直接间接地受到中国古典诗歌传统的影响。高敬命也有与明使酬唱之作，如《奉谢正使大人黄翰林赠扇》《奉别正使大人》。《奉别副使大人王给事》其一云：“尘壤岂能留彩凤，雪泥无复印冥鸿。”其二：“未有一言堪奖拔，晚承佳作更清新。”语气极其谦逊。高敬命曾出使明京，沿途留有诗作。高敬命诗取得的成就和存在的问题，都可以从中国古典诗歌传统和明朝诗坛、诗风中找到根源。

参考文献

[1] 高敬命 . 韩国精神文化研究院编 . 国译霁峰全书 . 汉城 ：高丽书籍株式会社，1980.
[2] 李恒福 . 苔轩集序 . 转引自朴银淑 . 高敬命诗研究 . 汉城 ：集文堂，1999.
[3] 李睟光 . 芝峰类说 . 卷十四《文章部》“诗艺”. 汉城 ：庚寅文化社，1970.
[4] 刘勰撰，范文澜注 . 文心雕龙注 . 北京 ：人民文学出版社，1978.
[5] 柳根 . 霁峰集跋 . 转引自朴银淑 . 高敬命诗研究 . 汉城 ：集文堂，1999.
[6] 王夫之 .《薑斋诗话》卷下 .《清诗话》本 . 上海 ：上海古籍出版社，1978.
[7] 王国维 . 人间词话 .《历代词话》本 . 北京 ：中华书局，1986.
[8] 郑惟吉 . 林塘遗稿 .《韩国文集丛刊》第 35 种 . 韩国民族文化推进会影印编辑，1981.
[9] 庄应会 . 朝鲜故赠礼曹判书霁峰高居文集序 . 国译霁峰全书 · 霁下汇录 . 韩国精神文化研究院，1980.

作者简介

石云涛，1957 年生，先后毕业于武汉大学中文系和历史系，获文学硕士学位和历史学博士学位，教授，博士生导师。主要研究古代文学、丝绸之路与中外文化交流史。主要著作有《建安唐宋文学考论》《唐代幕府制度研究》《丝绸之路的起源》《汉代外来文明研究》《唐诗镜像中的丝绸之路》等，主编《比较文学与比较文化论丛》，发表学术论文 150 多篇。

（原载《中州学刊》2009 年第 4 期）

外来启迪与本土创造：傅雷的翻译思想研究

马晓冬

▶ **摘要** 本文以傅雷曾阅读过泰特勒《论翻译的原则》一书并大致认同其原则的事实联系为基础，探讨傅雷与泰特勒翻译标准的共鸣与差异，并尝试丰富对傅雷“神似”论来源的认识，进而阐发傅雷翻译思想中的创造性因素。文章首先讨论二者翻译观念中要求译文似创作文字的共同标准及相似表述；然后重点从翻译如绘画的类比考察泰特勒对傅雷的启发，并分析两人“翻译是艺术”这一理念的契合；第三部分则通过分析傅雷和泰特勒翻译思想的差异，特别是傅雷对翻译创造新句法的认识，对傅雷“理想的译文仿佛是原作者的中文写作”这一翻译标准进行阐发和解读。最后，结合时代语境讨论傅雷与泰特勒的契合及相关思考如何在新中国成立后的翻译界产生回响。

▶ **关键词** 傅雷；泰特勒；翻译标准；《论翻译的原则》；神似

英国学者泰特勒（Alexander Fraser Tytler）《论翻译的原则》（*Essay on the Principles of Translatinon*）一书，不仅在西方翻译理论界有广泛影响，也引起中国译者与学者的持久关注。20 世纪 20 年代初，郑振铎就系统地介绍过泰特勒的学说，而文学家洪深、翻译家李健吾和董秋斯等人在 20—40 年代也都曾谈及泰特勒的翻译原则（郑振铎，1921；洪深，1924；李健吾，1948；董秋斯，1948），新中国成立后的 50 年代，翻译家罗书肆在《翻译通报》（第 1 卷第 5 期）上专门撰文介绍这位英国学者的翻译理论，而著名翻译家傅雷也表达过对泰特勒理论的认同。不过，长期以来，国内学界关于泰特勒的翻译思想与中国译论之关系的研究，一直聚焦于泰特勒提出的三原则与严复“译事三难”的关系（李培恩，1984；徐永瑛，1963；赵巍、石春让，2005；黄忠廉，2009）。虽然相关研究使我们比较视野中对信达雅的涵义有了多层次的认识，但正如我们前文的粗略梳理所提示的，在中西译论比较的框架内讨论泰特勒翻译观念与中国译界的关系，除了严复与泰特勒之间的平行比较，从比较文学所谓“事实联系”的角度出发，我们还有更多有待考察的课题，而翻译家傅雷的相关思考尤其值得我们注意。

在 1951 年 4 月致宋淇的信中，傅雷提到：“《泰特勒》一书，我只能读其三分之一，即英法文对照的部分。其余只有钟书、吴兴华二人能读。但他的理论大致还是不错的。有许多，在我没有读他的书以前都早已想到而坚信的。可见只要真正下过苦功的人，眼光都差不多。”为了说明自己与泰特勒的共鸣，傅雷给出一个非常具体的例子：“例如他说，凡是 idiom，倘不能在译文中找到相等的（equivalent）idiom，那么只能用平易简单的句子，把原文的意义说出来，因为照原文字面搬过来（这是中国译者百分之九十九以上的人所用的办法），使译法变成 intolerable 是绝对不可以的。这就是我多年的主张”（傅雷，2010）。[1] 傅雷所说泰特勒的“理论”，其实就是《论翻译的原则》一书中提出的翻译观念。

对傅雷翻译思想做进一步考察，我们发现其在相当层面存在对泰特勒翻译思想的回应与共鸣。此外，与上述曾或多或少论及过泰特勒翻译思想的译者相比，傅雷的译作及其翻译思想在译界产生了更大影响。因此，本文尝试从比较译论的角度，以傅雷为个案，考察他对泰特勒思想的接受、吸收及与之的差异，并借此进一步认识傅雷翻译思想的特点与创造性内涵、理解其对新中国成立后翻译建设的意义。

一、“译作应具备原创写作所具有的自然流畅”——“务使译文看来似中文创作”

泰特勒的三原则中，第一条涉及传递原作的思想，第二条与传递原作风格和手法有关，而第三条“译作应具备原创写作所具有的自然流畅（the Translation should have all the ease of original composition）”（Tytler、Alexander Fraser，2007）[2] 则关注译文本身的语言表现。由于充分意识到译者在摹仿原作过程中面临的种种限制，泰特勒认为与保存原作的思想情感和风格相比，最后一条要求尤其困难，“对于戴着枷锁行走的人，要显得优雅自由绝非易事。”（pp.112—113）“那

1 此信中的“泰特勒”加书名号，辽宁教育出版社 2005 年出版的《傅雷谈翻译》（第 29 页）亦如此，不确，未知手稿如何。

2 本文中泰特勒《论翻译的原则》一书译文均由笔者提供。关于第三原则中的 original composition 在汉译中常被译为“原作”的错误，参见汪宝荣（2003）、郭建中（2013）。

么，译者如何完成自然（ease）与忠实(fidelity)的艰难融合？”泰特勒的回答是：“他应该接纳原作者的灵魂，让原作者通过自己的身体说话。”(Tytler、Alexander Fraser，2007）他强调，“译者一定要弄清楚，如果原作者以译者所用的语言写作，会以何种风格表达自己。”(Tytler、Alexander Fraser，2007）

在1951年9月写就的“《高老头》重译本序”中，即傅雷写信表达对泰特勒翻译观点认同的4个月后，傅雷也提出了自己的“译文标准”，与泰特勒的思路和表述相当近似：

> 倘若认为译文标准不应当如是平易，则不妨假定理想的译文仿佛是原作者的中文写作。那么原文的意义与精神，译文的流畅与完整，都可以兼筹并顾，不至于再有以词害意，或以意害辞的弊病了。(傅雷，2010)

傅雷的翻译标准与泰特勒如此接近：不仅其假定原作者用翻译语言写作的论述方式近于泰特勒，而且其兼顾忠实原文与流畅风格的要求也与泰特勒强调“自然与忠实的艰难融合”相契。

在傅雷同期（1951年10月9日）写给宋淇的信中也有类似的表达——“有些形容词决不能信赖字典，一定要自己抓住意义之后另找。处处假定你是原作者，用中文写作，则某种意义当用何种字汇。以此为原作，我敢保险译文必有百分之七十以上的成功”(傅雷，2010)。以译文为原作，在中文表述中乍听起来似不合逻辑，但如联系泰特勒的第三原则“译作（Translaiton）应具备原创写作(original composition）所具有的自然流畅”，将这一表述置于翻译写作和原创写作的文体对立中来理解,我们就能体会出傅雷对翻译往往“以词害意”“以意害辞”这些问题的敏感，以及对翻译之艺术创造性的自觉意识。

在另一场合，傅雷再次明确了他对译文艺术性的要求：“我尽量尝试译得忠于原文，而又不失艺术性，务使译文看来似中文创作，惜仍然力不从心”(傅雷，2010)。对他来说，艺术性的取得仍然是以译文似中文创作这一标准为尺度的。

相对来说，泰特勒提出想象“原作者以译者所用的语言写作”在西方翻译理论界并非突出的创新，学者斯坦纳就认为，“在译文中应该让作者这样说话，即假定作者是一个当代英国人他一定如此”。在18世纪是相当普遍的说法(Steiner，T.R，1975)。但在中国近现代翻译界，此类表述却并不多见，将这一标准作为对译作质量与艺术性的核心要求并进行反复阐述，成为傅雷翻译思想的突出特征。

其实，译文当然不是中文原创，但要求其“看来似中文创作”，这个“似”是在“艺术性”上达成的。强调译文如原创作品，即是要求译文本身要能成为艺术作品，达至艺术创造的水平。傅雷翻译标准与泰特勒的契合，从根本上来自两人对翻译艺术性的认识：他们讨论翻译问题，不仅都专注于文学文本，而且都关注翻译文本的艺术效果[3]。

在《论翻译的原则》一书中，泰特勒经常使用“翻译的艺术”（art of translating）或“这门艺术”（the art）的说法[4]，因此，泰特勒有时直接称译者为“艺术家”（p.8）。由于把翻译实践视为艺术实践，把译者视为艺术家，在泰特勒笔下，我们所熟悉的作者、译者之间的等级差异似乎并不存在，对他来说，译者也是作者。他经常用 author（p.80）或 writer（p.114）来指称译者。

虽然林语堂等现代中国译者也早就提出了“翻译是一种艺术”的主张（林语堂，2009），但在将翻译作为艺术全身心投入和郑重看待这一点上，恐怕很少有译者堪与新中国成立后的傅雷匹敌。“《高老头》重译本序”的最后，傅雷感慨“艺术的境界无穷，个人的才能有限：心长力绌，惟有投笔兴叹而已”（傅雷，2010）；在致画家黄宾虹的信中又讲“以前旧译，细捡之下，均嫌文字生硬，风格未尽浑成，目前正从事校勘重译之法国文学巨著，共有百万余字，故常以艺术之境界无穷而个人之生命有限为恨”（傅雷，2010）。我们可以感受到：傅雷对自己以及他人译作的严苛批评正源自其用以进行衡量的艺术标准：“由于我热爱文艺，视文艺工作为崇高神圣的事业，不但把损害艺术品看做像歪曲真理一样严重，并且介绍一件艺术品不能还它一件艺术品，就觉得不能容忍”（傅雷，2010）。在翻译是艺术的认识下，泰特勒和傅雷给出的具体判断与建议也有诸多的契合，如都认为译者与原作者气质相近才能有更好的翻译成绩，也都对译者的艺术眼光与品味提出了要求。[5]

3 对泰特勒三原则和严复翻译标准的对比研究往往未充分注意到这样一个事实，即泰特勒讨论的是西方语言间的文学翻译，较关注风格问题，严复在“《天演论》译例言”中讨论的西方思想著作之汉译，更关注思想的传达，二者的具体关注点颇具差异。

4 当然，在英语中，art 本身也同时包含了技艺的含义。

5 如泰特勒提出“那些能完美地履行翻译职责的人必然与原作者拥有近似的特质”，而傅雷则说“非诗人决不能译诗，非与原诗人气质相近者，根本不能译那个诗人的作品。”（致宋淇，1953 年 2 月 7 日，见《傅雷文集·傅雷致友人书信》）

二、翻译如临画

在中国现代翻译理论中，傅雷的“神似”论被认为是在“翻译文论中称引较多的代表论点”（罗新璋，2009）。他通过“翻译如临画”的比喻，提出了翻译“重神似不重形似”的主张。仍然是在“《高老头》重译本序”中，傅雷开篇就写道：“以效果而论，翻译应当像临画一样，所求的不在形似而在神似。以实际工作论，翻译比临画更难。临画与原画，素材相同（颜色，画布，或纸或绢），法则相同（色彩学，解剖学，透视学）。译本与原作，文字既不侔，规则又大异。”（傅雷，2010）

而泰特勒《论翻译的原则》第 9 章同样有翻译与摹画的类比：

> 即使对第一流画家而言，要在摹本中保存原作的自然风格和精神面貌（the ease and spirit of the original）都很困难。况且画家采用的还是相同的颜料，只要考虑忠实摹仿原画的笔触和风格就可以了，……但译者的任务却极为不同：他使用的不是和原作同样的材料，但却必须赋予自己的画面以同样的力量和效果。他不能复制原作的笔触，却须用自己的笔触，创造绝妙的相似（resemblance）。他越汲汲于严格谨慎的摹仿，他的复制就越难反映原作的自然风格和精神面貌。那么，译者如何完成自然（ease）与忠实（fidelity）的艰难融合？直白地说，他应该接纳原作者的灵魂，而让他通过自己的身体说话。（泰特勒，2007）

前文已述，1951 年 4 月，在傅雷致宋淇的信中谈及自己阅读过泰特勒此书，并表达了与泰特勒的共鸣，而在前引傅雷的文字——1951 年 9 月写就的“《高老头》重译本序”中，呈现出傅雷对翻译问题的思考与泰特勒的翻译思想的紧密联系：首先，他提出“理想的译文仿佛是原作者的中文写作”这一和泰特勒相似的翻译标准；其次，他所使用的翻译如临画的比喻与泰特勒一致，二者都关注到翻译摹仿、复制的性质（相似的问题）和这种相似所指向的不同层面（物质和精神）；第三，傅雷关于临画使用相同的材料、翻译却使用不同的素材的说理方式亦与泰特勒重合；第四，两人的目的都在于强调翻译活动中复制“神”（spirit）的重要性。应该说，自身对绘画艺术非常熟悉的傅雷一定对泰特勒此说有所会心。阅读泰特勒并与之共鸣，激发傅雷结合中国传统找到比泰特勒更精练和直接的语言及形象来表述自己的翻译思想。[6]

虽然将翻译与临画相参照的立论方式极可能得益于泰特勒，但傅雷对之的阐释则融合了中国传统美学、其个人的艺术经验以及对中国翻译现状的关怀，值得我们细细体会个中滋味。

根据斯坦纳的研究，在西方翻译传统中，译者如画家、翻译如绘画的类比是与西方文学艺术的“摹仿”传统分不开的，即这一思路亦将翻译视为对原作的一种“摹仿”。从德莱顿（Dryden）开始，新古典主义时期的许多作家和译者都进行过此种类比（Steiner，T.R.，1975）。泰特勒论述中之所以特别突出临画与翻译的差异——译者的翻译使用不同的材料，却仍要创造绝妙的精神相似——借此表明翻译之难，就是试图使翻译在某种程度上超越“模仿”的地位，或者说将翻译从形式的模仿（临画的“模仿”）转移到了对原作者灵魂的再现（翻译的“模仿”），从而突出翻译的艺术创造本质。而傅雷虽然借鉴了泰特勒关于翻译之难的表述，却利用中国绘画本身“神贵于形”的美学传统，以“翻译如临画”来说明二者艺术追求在本质上的相似性。这种论述方式渗透了中国美学价值观和傅雷自己对艺术的思考，也是傅雷结合中国文化传统和出于本土关怀进行的创造性阐述。

在此十多年前（1943 年），傅雷在致画家黄宾虹的信中谈及师法古人的问题时就提出了“神似方为艺术”的观点：“化古始有创新，泥古而后式微，神似方为艺术，貌似徒具形骸，犹人之徒有肢体而无风骨神采，安得谓之人耶？其理至明，悟解者绝鲜”（傅雷，2010）。如果我们把此段论述中的“古”替换为翻译中的原作，则与傅雷后来在谈翻译问题时所提出的“神似”论在本质上极为一致。这或许就是傅雷所言泰特勒的翻译理论，有许多“他早已想到而坚信”的缘由吧？

可见，上个世纪 50 年代初对翻译思考得愈加成熟的傅雷，与泰特勒的翻译思想产生了强烈的共鸣，而其将翻译与绘画类比的方式及相关表述亦包含着泰特

6 陈福康指出，“用临画来与翻译作比较而立论”并不始于傅雷，“至少早在 1929 年陈西滢就这样比过，甚至傅雷的一些用语都与陈氏相似”（陈福康，2000）。陈源（陈西滢）的文章《论翻译》中有这样的表述：“翻译与临画一样，固然最重要的是摹拟，可是一张画的原本临本用的是同样的笔刷颜色，一本书的原文与译文用的却是极不相同的语言文字，因工具的不同，而方法也就大异。”（罗新璋，2009）这一表述与泰特勒的原文更为接近。陈源（笔名西滢）中学毕业后就入英国爱丁堡大学就读，而《论翻译的原则》的作者泰特勒即是爱丁堡大学的知名教授。此外，陈源在武汉大学（1928—1945）任外文系教授期间曾主讲翻译必修课程。联系上引陈源的表述和泰特勒的重合，可以判定，作为英国留学归来的讲授翻译科目的教授，陈源一定读过泰特勒《论翻译的原则》这部经典之作。值得注意的是，1950 年在《翻译通报》上专门撰文介绍泰特勒翻译理论的翻译家罗书肆，正是当年曾受教于陈源的武汉大学外文系的毕业生。因此，陈源与傅雷在谈论翻译和绘画时某些具体表述的相似，如果放置在同受泰特勒思想启发的背景下，或许更易被理解。

勒思想的启迪。正是通过翻译与绘画这两种艺术的类比，并汲取中国传统美学，傅雷的“所求的不在形似而在神似”言简意赅地抓住了翻译的理想状态，唤起对翻译中形神关系的注意，其立论之根本还在于将翻译的认识从语言形式的转换过程提升到艺术再创造，正如罗新璋先生所说，傅雷翻译思想对于“把翻译提高到美学范畴和艺术领域”（罗新璋，2009）至为关键。这种对翻译艺术性的体认，构成了傅雷与泰特勒思想契合的基础。

三、傅雷与泰特勒翻译思想之差异

当然，由于时代和文化的差异，傅雷的翻译标准也与泰特勒存在分歧。透过这些分歧，我们更容易体会到傅雷翻译思想的本土关怀与创造性内涵。

（一）“自由”之尺度不同

傅雷和泰特勒都强调译文应如原创写作，都强调译文应超越对具体形式和表达的模仿，传递原作的风格与精神特质，从而赋予译者一定的自由。泰特勒的理想译文是既自由又具神韵的翻译（free and spirited translation，p.119），而傅雷则说：“我们在翻译的时候，通常总是胆子太小，迁就原文字面、原文句法的时候太多。要避免这些，第一要精读熟读原文，把原文的意义、神韵全部抓握住了，才能放大胆子”（傅雷，2010）。更深入地阐述了自由与神韵之间的辩证。不过，两人所理解的翻译“自由”，在尺度又有很大差异。

泰特勒主张，为表现原作的精神和灵魂，保持译文的流畅，译者具有删减原作的自由，虽然他也强调这种“自由”应该慎用，且一定要由译者良好的艺术鉴赏力做支撑，但根据他作为典范所提供的译例判断，这种自由在今天看来却失于“放纵”。比如，荷马史诗《伊利亚特》中，在描绘英雄赫克托耳与妻子安德洛玛克告别的时刻，有一个场景是赫克托耳伸手抱孩子，“后者缩回保姆的怀抱，一位束腰秀美的女子”[7]，而蒲伯的英译则删除了原作中描绘保姆束腰的表述语。泰特勒在这一点上非常赞赏蒲伯，因为在他看来，此处译者蒲伯的艺术品味高于在描写如此场合去赞美保姆腰部的荷马。泰特勒认为，荷马描绘人物的许多表述程式（epithet）都是不合常理的，译者如果完全依照原作，就是缺乏判断力的表现（泰

7 泰特勒论文中为古希腊文文本，本文此处采用陈中梅译《伊利亚特》，华夏出版社，2007。

特勒，2007）。而我们知道，荷马作品中存在的大量程式化表述正是史诗所含口头文学传统的特征，是荷马史诗的重要文体标志。结合此例以及泰特勒书中对其他一些译例的评价，我们会发现泰特勒所赞赏的艺术判断力，是从新古典主义的立场和审美标准出发的，这就会导致以艺术判断力为名对原作的大胆改造，即纳博科夫所谓“带着专业的优雅给他笔下的牺牲品涂脂抹粉”（纳博科夫，2015）。傅雷虽然没有直接谈及对翻译中类似改造的看法，但从他对翻译的总体思考看，他是绝不能接受这种自由的。

首先，傅雷虽然从中国画论中借用了“神贵于形”的主张，但中国绘画中的“传神写照”一面强调对神的追求，一面提倡“以形写神”。由此，我们才能理解傅雷翻译思想中颇具悖论性的因素：那就是要超越形似的“放大胆子”和在艺术面前如履薄冰的心态及小心谨慎的文字磨砺[8]。他不仅对他人的翻译多有褒贬，对自己的翻译也极为苛刻，傅雷书信中，常见对于自身翻译语言的检讨：

> 我自己愈来愈觉得肠子枯索已极，文句都有些公式化，色彩不够变化，用字也不够广。（傅雷，2010）
>
> 以行文流畅，用字丰富，色彩变化而论，自问与预定目标相距尚远。（傅雷，2010）

对傅雷而言，翻译虽然重在追求“神似”，不能拘泥于字面和句子结构的“形似”，但翻译的传神达意，又必须通过译文的语言表现力和形式的经营来实现，以至于他“连打中觉也在梦中推敲字句”（傅雷，2010）。因此，傅雷的“神似”并非重神轻形，而是在形神不可兼备的情况下，抛开“形似”的束缚（并不意味着忽视“形式”），用译者的苦功和形式的经营达到传神的目的。“神似”虽然高于“形似”，但要通过对形式本身（句法、遣词用句等等）的锤炼才能获致。译者的艺术创造性恰是在这种悖论中实现的。许钧曾说：“形可似，也可不似，但译者都不能不投入自己的创造个性，不然，形合神离，形似神散，都是不可避免的。”（许钧，2003）可以说抓住了翻译中“形”“神”关系的关键性问题。

傅雷“神似论”的意义并不在于以本土的审美标准修饰和改造原作。毋宁说，是在意识到翻译实践中往往形神不可兼得的情况下，出于对艺术作品文体效果的考虑，所求的超越字面的翻译。他所担心的是传递字面会失却原文文气的连贯和

8 人民文学出版社邀傅雷翻译《老实人》，他“足足考虑了一年不敢动笔，直到试译了万把字，才通知出版社”（见《翻译经验点滴》，《傅雷文集·傅雷谈文学》，第 213 页）。

语气的生动。傅雷举过一个很普通的例子：

> 例如 Elle est charmante=She is charming，读一二月英法文的人都懂，可是译成中文，要传达原文的语气，使中文里也有同样的情调，气氛，在我简直办不到。而往往这一类的句子，对原文上下文极有关系，传达不出这一点，上下文的神气全走掉了，明明是一杯新龙井，清新隽永，译出来变了一杯淡而无味的清水。甚至要显出 she is charming 那种简单活泼的情调都不行。（傅雷，2010）

对于这样一个简单的短语，翻译家傅雷也总是希望在传递意义之外，让译文具足原作的“神气”，而不是简单地以本土的审美对之进行置换。“意义”的传递对傅雷来说是底线，在实践中，傅雷的译文“删句、删段的情况根本不存在，增减字的情况也很少”（郑克鲁，2005）。可见，傅雷虽主张为了追求艺术上的神似，译文可以超越对原作句法结构和字面表达的复制，但泰特勒所欣赏的如蒲伯那样依据本土审美眼光删减和“创造”原文“意义”的方式，则不会为傅雷所支持。

（二）“创造中国语言”

泰特勒的第三原则阐明译文应具有原创写作的流畅自然，而傅雷也强调理想的译文仿佛是原作者的中文写作，乍看起来，似乎二者都比较倾向于归化的翻译。泰特勒的确常以本土和当代的文学趣味来评判译者对原作的删改增添，这在上述他对蒲伯翻译的评价中非常明显。出于这样的倾向，在《论翻译的原则》一书中，作者从未讨论过译本对于更新和丰富译入语的意义以及翻译输入相异性的功能，而这却本应是翻译最重要的文化贡献之一。

尽管傅雷提出“从无法文式的英国译本，也没有英文式的法国译本”，强调在翻译时应“得其精而忘其粗，在其内而忘其外”（傅雷，2010），但他也同样思考翻译对于“创造中国语言，加多句法变化”的意义，这一点可以说继承了五四以来的翻译传统。

在致好友宋淇的信中，傅雷说：

> 我并不说原文的句法绝对可以不管，在最大限度内我们是要保持原文句法的，但无论如何，要叫人觉得尽管句法新奇而仍不失为中文。……我以上的主张不光是为传达原作的神韵，而是为创造中国语言，加多句法变化等等，必要在这一方面试验。我一向认为这个工作尤其是翻译的人的工作。创作的

人不能老打这种句法的主意，以致阻遏文思，变成‘见其小而遗其大’；一味的只想着文法、句法、风格，决没有好的创作可能。（傅雷，2010）

可见，傅雷对于翻译输入域外资源、滋养本土创作的责任有清醒的意识。他说的“务使译文似中文创作”，绝不是以本土审美与文化标准去归化域外作品，而是接受句法新奇而不失为中文的翻译，且特别提出这是翻译者和创造者相比的特殊任务。这种输入句法、以翻译创造中国语言的理想，既是傅雷个人的抱负，也是五四以来翻译界的某种共识。其原因与中国现代从文言到白话的语言转型相关。傅雷表达过用普通话传情达意的困难：“白话文却是刚刚从民间搬来的，一无规则，二无体制，各人摸索个人的，结果就要乱搅。同时我们不能拿任何一种方言作为白话文的骨干。我们现在所用的，即是一种非南非北、亦南亦北的杂种语言。凡是南北语言中的特点统统要拿掉，所剩的仅仅是一些轮廓，只能达意，不能传情”（傅雷，2010）。更确切地说，现代汉语虽然是从近代白话中发展而来，但它又确实是一种新的语言。它的成长，需吸取文言、方言和异国语言的营养，不断拓展和丰富自身。那些主张直译的现代译者，其理论动力就是这一认识[9]。而即使是傅雷这样一位并非以直译为理论主张和实践宗旨的译者，对此亦有深刻的思考。正如有的研究者所考察的，傅雷本人的译作无论在句法、词汇还是习语的传递上，都有突破中文常规、进行直译的努力，前文所说“句法新奇而不失为中文”，虽然不容易做到，却体现了傅雷希望保持原作句法的目标，“‘形神兼备’才是译者傅雷的最高理想”（孙凯，2013）。与泰特勒那种偏于自我中心的艺术判断力不同，傅雷的翻译理念中既包含着在本土文化中创造艺术品的追求，也负载着以翻译创造中国语言的使命。

虽然“理想的译文是原作者的中文写作”的说法及对类似标准的反复强调很可能得益于泰特勒的启发，但由于傅雷对译者自由的严格限制以及对翻译创造中国语言的认识，他的这一标准在内涵上就超越了泰特勒第三原则（“译作应具备原创写作所具有的自然流畅”）的单一风格内涵。法国翻译理论家贝尔曼（Antoine Berman）曾提出“翻译作为异的考验”这样的命题，内含双重意义：首先，它是异对我的考验，“它创立了自我和他者的关系，力求在其纯粹的他者性中向我们打开异域作品（elle vise à nous ouvrir l' oeuvre étrangère dans sa pure étrangeté）”，其次，翻译也是对异本身的考验，因为它使“外国作品脱离自己的语言土壤”（安

9 关于五四以来对于翻译与现代汉语建立的讨论、直译之风与翻译改造汉语的关系等问题，参见朱一凡（2011）。

托瓦纳·贝尔曼，2008)。从这种双重考验出发，我们可对傅雷所说“理想的译文仿佛是原作者的中文写作”有更丰富的理解。

译文应是中文写作，它不应是按照异国作品的语言表层结构复制（形似）而成的非中文，但它却是一个异国作者的中文写作，作为与我们相异的他者，异国作者及作品恰恰会帮助我们不断突破本土语言的疆界和局限，考验我们自身接纳异的现实能力和未来可能；同时，作为异国作者的中文写作，它又使异域作品脱离其母体，在一个陌生世界验证和开拓自己的可再生性，考验作品是否能在译者的帮助下通过中文这一新的语言呈现为艺术品。事实上，翻译中的原作者当然不可能用中文写作，而译者的任务恰恰是通过自身的创造去挑战这种不可能，这种挑战的本质就是不同文化和语言间的完美对话与相互激发。

傅雷在评论儿子傅聪的演奏时曾欣喜地谈到：“你能用东方人的思想感情去表达西方音乐，而仍旧能为西方最严格的卫道者所接受，就表示你的确对西方音乐有了一些新的贡献。……唯有不同种族的艺术家，在不损害一种特殊艺术的完整性的条件之下，能灌输一部分新的血液进去，世界的文化才能愈来愈丰富，愈来愈完满，愈来愈光辉灿烂”（傅雷，2010)。傅雷曾说“翻译极像音乐的interpretation”（傅雷，2010)，在这个意义上，译者正是通过其中文“写作”“演奏”异国文学的中国艺术家，既带来了本土语言的生长资源，又赋予异国作家作品以新的生命。

四、傅雷翻译标准对新中国成立后翻译理论建设的现实意义

上文我们通过与泰特勒翻译思想的参照考察了傅雷的翻译标准，既可见二者观念的契合、泰特勒对傅雷的具体启发，也呈现出傅雷结合自身翻译实践与本土关怀对相关翻译问题的创造性阐发。当然，通过二者的差异我们也看到，即使是看似相似的思想与学说，在不同的文化语境中也往往有不同的意义，旨在解决不同的问题。在西方翻译思想体系内，泰特勒提出的翻译标准与翻译和绘画间的类比并未显露突出的创新，泰特勒实际上是在对翻译史各种具体案例进行分析的基础上，对此前的西方翻译思考进行了理论总结和提升。瑞纳（Rener）在其探讨 19 世纪前西方翻译理论的专著《译释：从西塞罗到泰特勒的语言与翻译》中，

将泰特勒作为结点来论述，就包含着这样的定位（Rener，Frederick M.，1989）。那么，与泰特勒的翻译思想有着相当契合的傅雷，他所提出的“务使译文似中文创作”以及翻译“所求不在形似而在神似”等主张在中国的翻译史上又有什么样的意义？ 本文亦尝试对此问题进行考察。

就中国现代翻译史而言，对其影响至深的是五四新文化运动。它不仅推动了中国新文学的创造，也把中国对外国文学作品的译介推进到新阶段。不仅翻译的数量极大地提高了，对翻译质量问题的探索也进一步深化。新文化人在对以林纾为代表的晚清民初意译风气进行矫正的同时，不断强化翻译的“忠实”标准而推崇直译。正如茅盾所言，“‘直译’这名词，在‘五四’以后方成为权威”（茅盾，2009）。此外，直译的主张背后渗透着从域外文学输入新的表现法、提高语言表现力、建设现代汉语的观念，因此也与句法的“欧化”紧密相连。面对翻译所带来的语体文欧化趋势，以及某些在“直译”名目下产出的种种文字生涩、粗制滥造的译本，上世纪 30 年代也出现了对欧化句法进行的集中反思，这种反思实质上表达了对译文语言质量及其艺术表现力的要求。

新中国成立后，翻译事业成为社会主义国家文化建设的重要部分。对翻译质量方面的规范化需求以国家意识形态的方式被表达出来。1951 年 12 月召开的全国第一届翻译工作者会议上,胡乔木的报告提出了“必须提高翻译质量”的要求；而 1954 年 8 月召开的全国文学翻译工作会议，茅盾的报告题为“为发展文学翻译事业和提高翻译质量而奋斗”。就文学翻译而言，这种提高翻译质量的需求体现在两个方面：一是要求译者以更严肃的态度从事翻译实践；二是继承前述对欧化句法的反思，在现代汉语自身不断发展、更新的同时对其加以规范化。而这两方面，都在傅雷的翻译实践和翻译思想中有突出的体现。

从前述对傅雷翻译思想的分析中不难看到，正是对翻译是艺术的深刻体认和提倡，使傅雷将自己的翻译事业视为神圣的责任，对翻译的质量要求非常严格。人民文学出版社邀傅雷翻译伏尔泰的小说《老实人》，他“足足考虑了一年不敢动笔，直到试译了万把字，才通知出版社”（傅雷，2010）。《老实人》从初译至寄出文稿，“改过六道”（傅雷，2010）；尽管 1944 年傅雷初译《高老头》极受欢迎，先后印过四版。但新中国成立后，傅雷出于精益求精的质量要求，仍然完成了对《高老头》的重译（1951 年）和重译基础上的再改译（1963 年），足见他个人对翻译质量问题的重视。由此，他也特别不能容忍那些“本身原没有文艺的素质、素养；对内容只懂些皮毛，对文字只懂得表面，between lines 的全摸不到”的译者（傅雷，2010）。不用说，那些“对文字只懂得表面”就率尔操觚的译者，最好的状态上只能做到形似，而无法传递神韵。正是对译文质量的要求，使傅雷不惜将形似和神似对立起来，强调译文“所求的不在形似而在神似”。而在更深的层面上，强调神似重于形似，也是面对“五四”以来占主流的直译传统的某种反拨，是在文学翻译的语言忠实之外，对翻译语言艺术性和表现力的要求。

另一方面，自 20 世纪 30 年代以来一直从事翻译事业的傅雷，从自己的翻译经验出发，继承前述对语体文欧化的反思，出于对译文语言表达规范化和艺术性的考虑，总结出“理想的译文仿佛是原作者的中文写作”“务使译文似中文创作”的观点，他认为：“从无法文似的英国译本，也没有英文似的法国译本。假如破坏本国文字的结构与特性，就能传达异国文字的特性而获致原作的精神，那么翻译真是太容易了”（傅雷，2010）。这种观点中既包含了对民族语纯洁性和规范性的需求，也包含着以原作的艺术标准来看待译文，以一件艺术品还它一件艺术品的艺术追求。此种主张，无疑与更强调句法输入的直译派提出的“宁可‘中不像中，西不像西’，不必改头换面”（周作人，2009）遥相对立。

作为新中国成立后少有的完全靠自己的翻译收入生活而不靠国家养活的翻译家，傅雷以其对翻译事业的专注和投入，实践着自己的上述翻译追求。可以说，傅雷的这些翻译思考虽然来自于个人的实践与总结，但他却以自己对翻译的热切和关注表达了时代的内在需求，并通过个人译作的成功印证了这种翻译态度和翻译主张的有效性。

除了“《高老头》重译本序”“翻译经验点滴”等公开发表的谈论翻译的文章之外，傅雷还写过一篇论翻译的文字，也有相当重要的影响。在 1954 年致宋淇的信中，傅雷告诉对方：“我在五月中写了一篇对‘文学翻译工作’的意见书，长一万五千余言，给楼适夷（时任人民文学出版社社长——笔者注），向今年八月份全国文学翻译工作会议的筹备会提出（即前文所述 1954 年 8 月大会——笔者注）。里面我把上述的问题都分析得很详尽，另外也谈了许多问题”（傅雷，2010）。杨绛的《忆傅雷》亦曾谈及此事：“1954 年在北京召开翻译工作会议，傅雷未能到会，只提了一份书面意见，讨论翻译问题。讨论翻译，必须举出实例，才能说明问题。傅雷信手拈来，举出许多谬误的例句”（杨绛，1994）[10]。该文今已不存，不过傅雷所说的这封“文学翻译工作意见书”必定包含着他个人对翻译问题的思考以及对新中国发展翻译事业的建议。虽然我们今天只能由已经发表的傅雷论翻译的其他相关文字去揣测其中的内容，但可以确定的是，傅雷的万言意见书在当时的翻译圈广为人知，因为这份意见书曾“大量印发给翻译者参考”（同上）。在致宋淇的信中，傅雷提到自己向全国文学翻译工作会议筹备会提交的长文曾被周扬看到过，可见此文已为当时文艺界的高层领导所知晓。而如果没有当时领导层对傅雷意见的认可，则绝无可能将此文大量印发译者参考。那么，傅雷向文学翻译筹备会提交的翻译万言书，其思考是否可能被吸收进当年 8 月茅盾所做的主题报告中呢？

茅盾报告的第三部分的标题即为“必须把文学翻译工作提高到艺术创造的水平”，即使不是直接出于傅雷的提倡，至少也与傅雷译论的核心内容极为一致。报告详细阐释了翻译应具备艺术创造性的要求：“这样的翻译，自然不是单纯技术性的语言外形的变易，而是要求译者通过原作的语言外形，深刻地体会了原作者的艺术创造的过程，把握住原作的精神，……这样的翻译过程，是把译者和原作者合而为一，好像原作者用另外一国文字写自己的作品”（茅盾，2009）。在这段文字中，无论是翻译中形、神关系的思考和讨论，还是“原作者用另外一国文字写自己的作品”的观点都是傅雷翻译思想中极为重要的内涵，特别是“原作者用另外一国文字写自己的作品”这一表述在中国译界正是出于傅雷的反复提倡。

报告中还特别谈到了翻译工作中的语言运用问题，批评了按照原作“原来的结构顺序机械地翻译过来的翻译方法”，以及直译可能导致的翻译中欧化句法的流弊。提出“好的翻译者一方面阅读外国文字，一方面却以本国的语言进行思索和想象；只有这样才能使自己的译文摆脱原文的语法和语汇的特殊性的拘束，使译文既是纯粹的祖国语言，而又忠实地传达了原作的内容和风格”（茅盾，2009）。报告表述中对纯粹的祖国语言的强调，与傅雷所提出的“务使译文似中文创作”“译文必须为纯粹之中文”（傅雷，2010）的主张高度一致，而提倡译文摆脱原文语法和语汇形式的束缚而传达原作风格与内容，则可见傅雷“神似”翻译标准的痕迹。

10 巧合的是，这种讨论翻译问题的方式，通过对大量译例的评价考量而得出结论，也正是泰特勒《论翻译的原则》一书所用的方法。

茅盾时任中国作家协会主席、文化部部长，他在1954年8月第一届全国文学翻译工作会议上的报告带有文化界纲领的意义，报告无疑是在吸取了同时代很多翻译工作者的理论见解的基础上形成的，而作为一位无论在实践还是理论思考方面都如此用心的译者，傅雷向翻译会议上书的举动正表达了他对祖国翻译事业的关切，也借此将自己的翻译思考与体会实实在在地汇入了时代的声音。

五、结语

傅雷的翻译思想从根本上是自身翻译实践与本土翻译语境的产物，不过，与异国翻译思想资源的遇合在某种程度上帮助催生了他关于翻译思考的表述。因此这种异国启迪不表现为照搬和摹仿，而是在表述的相似中包含了对本土文学艺术传统的汲取、对本土翻译现象与问题的回应，由此使傅雷的翻译思考具有了对本土现实的创造性意义。

参考文献

[1] 安托瓦纳•贝尔曼著，刘霁译．翻译及对异的考验．见谢天振主编．当代国外翻译理论．天津：南开大学出版社，2008.
[2] 董秋斯．翻译者的修养．文讯月刊，1948（9-1）.
[3] 傅雷．傅雷文集 • 傅雷谈文学（最新增订本）．南京：江苏文艺出版社，2010.
[4] 傅雷．傅雷文集 • 傅雷致友人书信（最新增订本）．南京：江苏文艺出版社，2010.
[5] 郭建中．泰特勒翻译三原则中译辨正．中国翻译，2013（3）.
[6] 洪深．《少奶奶的扇子》改译序录．东方杂志，1924（2）.
[7] 黄忠廉．适应与选择——严复翻译思想探源．上海翻译，2009（4）.
[8] 李健吾．拉杂说翻译．文讯月刊，1948（9-1）.
[9] 李培恩．论翻译．中国译协《翻译通讯》编辑部编《翻译研究论文集(1894—1948)》.北京：外语教学与研究出版社，1984.
[10] 林语堂．论翻译．见罗新璋、陈应年编．翻译论集（修订本）．北京：商务印书馆，2009.
[11] 罗新璋．我国自成体系的翻译理论．见罗新璋、陈应年编．翻译论集（修订本）．北京：商务印书馆，2009.
[12] 茅盾．为发展文学翻译事业和提高翻译质量而奋斗．见罗新璋，陈应年编．翻译论集

（修订本）. 北京：商务印书馆，2009.
[13] 茅盾 . 直译 • 顺译 • 歪译 . 见罗新璋、陈应年编 . 翻译论集（修订本）. 北京：商务印书馆，2009.
[14] 纳博科夫 . 翻译的艺术 . 见纳博科夫著，丁骏，王建开译 . 俄罗斯文学讲稿 . 上海：三联书店，2015.
[15] 孙凯 . 从三版《高老头》看傅雷的“翻译冲动”. 法国研究，2013（1）.
[16] 汪宝荣 . 泰特勒翻译理论新探 . 四川外语学院学报，2003（5）.
[17] 徐永瑛 . 论翻译的矛盾统一 . 外语教学与研究，1963（1）.
[18] 许钧 .“形”与“神”辨 . 外国语，2003（2）.
[19] 杨绛 . 忆傅雷 . 见罗俞君选编 . 杨绛散文 . 杭州：浙江文艺出版社，1994.
[20] 赵巍，石春让 . 比较译学的个案研究引发的思考——从严复的“信达雅”与泰特勒的三原则说起 . 外语学刊，2005（5）.
[21] 郑克鲁 . 略论傅雷的翻译成就 . 怒安（傅雷）. 傅雷谈翻译 . 沈阳：辽宁教育出版社，2005.
[22] 郑振铎 . 译文学书的三个问题 . 小说月报，1921（12）.
[23] 周作人 . 空大鼓序 . 见罗新璋、陈应年编 . 翻译论集（修订本）. 北京：商务印书馆，2009.
[24] 朱一凡 . 翻译与现代汉语的变迁 1905—1936. 外语教学与研究出版社，2011.
[25] Rener, Frederick M., Interpretatio: language and translation from Cicero to Tytler. Brill, 1989.
[26] Steiner, T.R. English Translation Theory 1650—1800, Amsterdam: Van Gorcum, Assen, 1975.
[27] Tytler, Alexander Fraser. Essay on the Principles of Translation. 北京：外语教学与研究出版社 , 2007.

作者简介

马晓冬，1971 年生，毕业于北京大学中文系，文学博士，教授。主要研究方向为中外文学关系、译介学。出版专著《曾朴：文化转型期的翻译家》（北京大学出版社 2014 年版），参与《曾朴全集》（广陵书社 2019 年版）的整理和编纂工作，并任翻译分卷主编。

（原载《中国翻译》2019 年第 2 期）

商业化面孔下的政治呼唤

——从《托斯卡》到《金小玉》

马晓冬

▶ **摘要** 本文以李健吾在上海沦陷时期的改编剧《金小玉》为研究个案，探讨作者在沦陷区特殊环境下对法国作家萨尔都的原作《托斯卡》进行的改编，聚焦于改编本的去政治化处理、商业化追求以及剧作内在的政治寓意，并由此考察沦陷区话剧政治和商业之间复杂的铰接关系：看似去政治化的营业追求，可能是进行更有效的政治呼唤的支点，而商业化话剧本身又把政治当作一种可资利用的资源，以具有政治意义的宣泄召唤更多的观众。

▶ **关键词** 李健吾；沦陷区戏剧；《托斯卡》；《金小玉》

近年来，上海沦陷区的话剧运动在现代戏剧史上的意义渐渐受到了研究者的关注，而在当时的话剧舞台上，改编剧占有相当比重。作为“沦陷区剧坛的巨人”（司马长风，1979），李健吾这一时期的话剧写作在数量上就以改编剧占绝对优势。据笔者统计，抗战时期李健吾共改编剧作 16 部，其中改编自外国戏剧的作品有 12 部，而当时他最受欢迎、演出最成功的改编剧则是由法国剧作家萨尔都（Sardou）的《托斯卡》（*La Tosca*，1887）改编而来的《金小玉》。上海沦陷区话剧常因其商业运作和特殊的创作环境遭遇政治偏见，受到主流话语的忽视，以为纪念抗日战争胜利 60 周年而出版的石头说话丛书为例，其中的《抗战戏剧》一书，介绍了 50 余部抗战时期的戏剧创作，却没有一部沦陷区的作品（田本相、石曼、张志强，2005）。因此，本文尝试在沦陷区时代语境以及李健吾个人创作历程的双重视角下对改编剧《金小玉》进行个案考察，探讨沦陷区话剧商业与政治间复杂的铰接关系，特别关注于以李健吾为代表的沦陷区剧人是如何借助域外作品，在生存、救亡的夹缝中进行艺术表达与政治呼唤的。

一、从《托斯卡》到《金小玉》

《托斯卡》的中国改编并不自《金小玉》始，而是有着极为曲折的传播路线。据日本学者饭塚容的研究，1909 年留日学生在东京座上演的《热泪》即源自《托斯卡》，不过当时上演的脚本却并非根据萨尔都的原作，而是欧阳予倩、陆镜若等人看了当年东京新富座公演的日本新派剧《热血》后，由日本作家田口掬汀的改编本改造而来。事实上，连田口掬汀本人也没有真的阅读过原作，他是根据一位不知名的日本作者由原作改写的小说《杜司克》"逆路而行创作了脚本"（饭塚容，2007）。[1] 不过从当事人的回忆看来，原作的基本情节与人物仍然得到了保留。由于故事情节的曲折与情感的动人，该剧成为"文明戏"剧团所青睐的剧目（后改名《热血》）之一。

新文化运动后，时间并不久远的"文明戏"似乎已成历史产物，萨尔都的这部剧作也已渐渐被遗忘。但 20 多年后，在抗战时期沦陷区的上海，李健吾由《托斯卡》改编而来的《金小玉》却获得了巨大的成功。该剧自 1944 年 9 月 24 日至 12 月 17 日，由著名的苦干剧团演出，黄佐临导演，在巴黎大戏院演出近三个月，100 余场，当时一片好评，成为沦陷区改编剧最为成功的作品之一（邵迎建，2009）[2]，电影公司还抓住商机，马上根据此剧改编了电影《爱与恨》。

作为佳构剧作家，萨尔都并不为新文学界所推崇，但在沦陷区的上海，却得到了话剧运动的重视，不仅李健吾此期翻译了他的四部戏剧作品，另一位译者江文新也重译了他的《祖国》(*Patrie!*)，于 1939 年在上海国民书店上市，并两次再版（1941，1945），而《祖国》一剧也早在 1910 年已经由陈冷血由日文转译过来（《小说时报》第 5—6 期），其后被不同剧团搬上舞台。文明戏与沦陷区在对萨尔都戏剧选择上的重合不是偶然的，尽管沦陷区现代话剧和文明戏在艺术取向上有很大差别，但二者在境遇上却有重要的相似之处：那就是商业化的压力。

正如李健吾所言，他在沦陷时期抓起"假货色多于真货色"的萨尔都，正是"为了争取观众，为了情节容易吸纳观众，为了企图尝试萨尔都在剧院造成的

1 饭塚容："从《杜司克》到《热血》与《热泪》——日中两国在话剧界对一部法国戏剧的改编"。
2 据邵迎建的研究，以票房计算，《金小玉》在沦陷区话剧中位列第 5 名。

营业记录”（萨尔都、李健吾，1947）。事实上，从营业记录的角度考虑，在改编萨尔都的四部戏剧之前，李健吾还改编了萨尔都的先行者、著名的法国佳构剧作家斯克里布（Eugène Scribe）与人合作的作品《云彩霞》（*Andrienne Lecouvreur*），不仅在上海两次上演获得好评，1945 年该剧还被北京的沦陷区剧团搬上了舞台，同样相当成功（朱伟华，1999）。或许正是这一经验促使李健吾着手改编另一位佳构剧大师萨尔都的剧本。

沦陷区的话剧直接关乎剧人的生存问题。“孤岛”时期，李健吾虽然也从事戏剧运动，但他当时仍在暨南大学任教，后来又受聘担任中法孔德研究所研究员，有稳定的生活来源。太平洋战争爆发后，“孤岛”沦陷，暨大内迁，孔德研究所解散，李健吾和当时的许多知识分子都失去了职业，正好这时，上海闻人黄金荣的孙子黄伟拉拢上海话剧界人士组建剧团，李健吾和朱端钧、黄佐临、洪谟诸位朋友一起加入荣伟剧团，“戏剧”“舞台”就成了他们生存所系。

在当年的沦陷区话剧运动中，如果说地下党身份的剧作家于伶、阿英内心有更强烈的宣传冲动和使命感，因此对话剧的商业化始终心有负担，那么李健吾的心态则平易得多。在《云彩霞》公演时为特刊所写的自白中，他就称自己是个“卖艺的”“吃百家饭”[3]，毫不掩饰话剧作家的职业境况。1945 年 12 月中华文艺协会上海分会的成立大会上，李健吾报告上海文艺界的情形时又强调“我们以老板作中介，避免直接发生政治上的接触。……只要投资人的资本干净，立刻就争取合作演出，提高水准，争取大的观众，……”（转引自赵景深，1983）应该说李健吾并不以上海话剧的职业化和商业化为耻。1946 年抗战胜利后，李健吾在一篇公开发表的《与友人书》中描绘了当时的情况 ：“你们在大后方的有政府做靠山，我们最后也找到了靠山，那些值得感谢的闭口不谈政治的商人。我们有一技之长，他们利用我们这一技之长来做生意，商业自然而然形成我们的掩护，我们可以苟全性命于乱世了。”（李健吾，1946）

对曾给予资助的商人，李健吾的感激之情是真挚的，正是这些商人使他们能在险恶的政治环境下“弄两个干净的钱”，保持不与敌伪合作的清白。商业提供了乱世的生存之道，在某种意义上也就提供了能够不与敌伪合作的道德庇护。

3 《云彩霞》公演特刊，转引自李涛（2011）。

二、《金小玉》的改编

法国剧作家萨尔都一生创作戏剧超过 70 部，在现今读者眼中，最有名的或许就是借助歌剧名扬四海的《托斯卡》。该剧把爱情故事置于罗马城保皇党和倾向法国的共和派斗争的背景下，将爱情纠葛与政治斗争交织在一起，形成了一波三折的故事情节。然而，1941 年上海彻底沦陷后的高压环境很难容纳原作的政治表达。在孤岛时期，聚集于租界的知识分子尚可利用这一特殊空间进行抗战宣传，但在太平洋战争爆发，日军全面占领上海后，李健吾对外国戏剧则一律采取改编（而非翻译）的策略，这其中固然有力图吸引观众的商业化考虑，同时也是面临高压政治环境的一种应对。

（一）故事背景

李健吾将改编剧置于 20 世纪 20 年代军阀混战时期的北平。但从台词中所提及的人物和事件来看，更具体的背景是北伐战争时期奉军与国民革命军在河南的战事，发生于 1927 年[4]。这样一来，原作背景中发生于罗马保皇党与法国军队之间的异国战事，在改编剧中则成为内战。

在沦陷区剧坛，辛亥后的历史一向是剧人偏爱演绎的政治时段，如 1944 年 12 月 30 日上海就同时上演《党人魂》《袁世凯》《云南起义》《蔡松坡》等多部辛亥、民国题材剧作。这一时段的吸引力在于它是中国历史上最近的“过去”，往往能寄寓一定的政治含义，同时对当年“革命”力量的肯定又不会与当局相冲突。

尽管同样设置了北伐的战争背景，但改编剧《金小玉》与李健吾抗战爆发之前创作的《这不过是春天》以及孤岛时期的《十三年》在主题处理上颇为不同。孤岛时期的创作环境相对自由，因此后两剧虽然也以人物性格的表现和情节的呈现为核心，但都包含着对个体人生道路与政治选择的反思，特别是其结尾处，都发出直接的政治呼唤，《这不过是春天》的男主角冯允平说：“一个人活着不只为了活着，国家风雨飘摇，自己却闪在一旁，图他一个人安逸，不说没有良心，先没有人气”（李健吾，1982）。《十三年》中的侦探则在剧终处自言自语，因自己给军阀卖命欺压百姓而痛悔：“整整十三个年头儿，我干了些什么！一堆灰！还

4 在 1946 年出版的单行本《金小玉》人物表后，作者注明时代为“中华民国十四年暮春”（李健吾，1946）。

不如一条狗！……不如一条狗……”（李健吾，1982）。与这两出戏清晰的政治寓意相比，在《金小玉》中，政治背景却被模糊化了。不要说剧中的反面人物没有明确的政治立场表达，就是其中的正面人物革命党人莫同和学者范永立的政治表达与原作相比也简化了。改编剧第二幕众人在客厅谈论河南战事时，所提到的大帅、吴佩孚、靳云鄂、米振标这些真实历史人物，虽然更体现出军阀之间的争夺，仅从台词中完全感觉不到对立双方的政治色彩，以至于剧中的黄总参议甚至说：“我们如今和春秋战国差不了许多……”（李健吾，1946）。所以，观众在大帅的警备司令王士琦对范永立的拷打与对金小玉的无情逼迫中，看到的不是政治立场的对立，而是清晰的正邪对立。

事实上，通过本土化的改编、通过删减原作中某些与情节主线不甚相关的背景交代和政治议论，在作品情节和语言层面，李健吾对原作进行了某种“去政治化”的处理。这样，也就将剧情重心更进一步地放在了不具政治立场的女主角金小玉及其爱情悲剧之上。

（二）金小玉形象

萨尔都原作中的托斯卡是一位歌唱家，改编后的金小玉则成了京剧女伶。或许正是因为这样一种非常容易转换的身份对应，中国译者似乎特别偏爱法国戏剧中的女歌唱家形象。晚清民初戏剧译介不甚发达，但是仅就法国戏剧而言，竟然有三部法国翻译戏剧的主角都是女歌唱家（分别是曾朴翻译雨果的《银瓶怨》[*Angelo*]，徐卓呆和包天笑合译斯克里布的《怨》[*Andrienne*] 以及萨尔都的《热泪》[即《托斯卡》]）。无独有偶，在抗战时期，这三部剧都改头换面，在上海的舞台上演过。

此类形象如此受青睐，当然和清末以来京剧的日益繁盛、女性京剧演员的出现并走红不无关系。就商业而言，话剧艺术在当时的最大竞争者就是京剧。因此，京剧本身作为大众娱乐艺术的号召力促成了商业化话剧在选材和人物上对它的吸取。上海沦陷区历史上卖座最高的话剧《秋海棠》讲述的就是一个京剧演员的故事，剧团当时还请梅兰芳来指导演员唱腔。在《金小玉》之前，李健吾改编的《云彩霞》也是一个京剧女伶的故事，1942 年该剧公演后，为了增加号召力，上海的剧人和北京的四一剧社还邀请当时著名的京剧演员白玉薇登上话剧舞台，在京沪两地演出《云彩霞》（《申报》1944 年 9 月 27 日广告）。

在职业和身份上，这些外国戏剧中的女歌唱家在本土现实中有直接的对应者——京剧女伶，这就使改编剧在面对本土现实时，其跌宕起伏的剧情具有了一定可信性。上述三个形象的共同点就是为爱牺牲，想方设法拯救自己的爱人。而作为无权无势的下层女性，她们之所以拥有拯救自己心爱之人的资源，正是因为作为女伶，她们拥有一般女性不具备的恋爱和行动自由，且由于色艺双绝受到有权势者的追捧，能利用自己的地位左右形势。《金小玉》中的警备司令王士琦爱慕小玉，利用后者想救情人性命的心理要挟她，使小玉在剧烈的内心斗争后屈辱地答应做他的姨太太。为了增强故事的现实感，李健吾还在改编剧中增加了王士琦对金小玉的母亲和戏班班主威逼利诱，逼他们在卖身契上签字的叙述。

如上文所述，李健吾对原作的政治议论以及与主线关系较松散的细枝末节进行了删削，因而使金小玉的爱人、男主角范永立的分量削弱了。在李健吾的改编本中，原作开场男主人公马里奥的仆人与教堂执事之间关于马里奥身份、性格的议论，第 4 幕第 1 场警察总监手下对马里奥面对酷刑坚强不屈的描述，都被删除了。而剧本中关于女主角性格展示的部分，从出场的热情、嫉妒到终场义无反顾地与爱人共生死，特别是托斯卡与警察总监的三场非常重要的对峙，李健吾都特别精心地予以保留并加以渲染。

当然，本土化之后，金小玉的形象与托斯卡相比也有明显的变化。原作者将托斯卡塑造为一个笃信上帝的虔诚者。她在杀死警察总监后，还拿起屋里的十字架放在仇人尸体之上，因此其形象更偏重于虔诚、善良、痴情，而在改编剧的中国语境中，金小玉则不具备宗教情怀（在沦陷区异族压迫的政治语境下，作家在情感上也很难保留原作中女主人公对敌人的慈悲之情。因为在此剧正邪对立的框架中，被杀死的警备司令正是日本侵略者的化身），却在痴情忠贞之外，多了一份泼辣。小玉在李健吾改编剧中的出场是到石观音寺找范永立，叫门不开，急得在敲门时敲碎了两块砖头，观众因此一方面体会到她急于见到爱人的心情，一方面也对她的率真、泼辣有所感受。在第二幕中，王士琦想以小玉为突破口探出范永立与革命者莫同的下落，但面对人人畏惧的警备司令，小玉大气从容，不为所动。李健吾的改编中有这样一句在原作中并无对应语义的台词“我就是这样儿贱，吃软不吃硬”（李健吾，1946），不仅突出了作为女伶的小玉泼辣勇敢的性格，同时也想表明小玉最终说出莫同藏身地点并非由于本人的怯懦，而是因为对范永立的爱。经过这种改编，小玉最终以一弱女子而杀死恶魔警长的情节就有了铺垫，同时也更增强了她的性格中刚烈的一面。《金小玉》上演的广告词中概述情节曰“烈女殉情”，清晰地表明了改编本将托斯卡这个异国形象整合到民族资源中进行本土表达的努力。同时，在沦陷区民众受蹂躏的政治环境中，作家在受压迫的观众心中所呼唤的也正是这样一种刚烈不屈的精神，当这种精神寓于一个本来作为弱势群体的女性之身时，它尤其成为了对受蹂躏的中国人民抗战精神的隐喻。

（三）喜剧内容

对于原作，李健吾说他“删削了不少，当然也添加了不少”（李健吾，1944），除了我们前面所举之例，最明显的就是第二幕中黄总参议这个人物的创造和七太太戏份的添加，这两个人物使该剧在汉语世界中大大加强了喜剧因素。

大帅手下的黄总参议在原作中很难找到对应人物，是李健吾在第二幕的客厅群像中加以突出以创造讽刺效果的手笔，麦耶将其评为本剧他最喜欢的两个人物之一（麦耶，1944）。他夸夸其谈、自以为是，但其不可一世的骄傲言谈却以收到失败的战报而破产，创造了十足的喜剧效果。若我们将他的盲目自信与猖狂不可一世的日军联系起来，这个人物的创造就有了更深的寓意。

改编剧中的“七太太”对应于原作中的皇后，她是第二幕大帅获胜后庆功会的主宾，她给王士琦施压催他尽快抓捕革命党人莫同，又通过对金小玉的赞美从侧面让观众了解到后者才艺的高超。这些功能都和原作中王后这个人物相同。但原作中的王后完全是一个情节中的功能性人物，无任何性格色彩，在《金小玉》中，李健吾却通过大帅七姨太——这个妓女出身的人物给自己改编的悲剧增加了喜剧色彩。

她虽然一出场就因权势受众人吹捧，被一般官僚和阔太太围绕，但是她的一言一语、一举一动却脱不了妓女习气。七太太言语中那些妓女切口的自然流露，她的无知无觉、不以为耻，男女宾客的尴尬和谄媚，都给这场权贵云集的高层宴会增加了讽刺意味。李健吾一向有讽刺天赋，从他创作戏剧开始，讽刺性的性格喜剧就是他的擅长。另一方面，在沦陷区的特殊语境下，“笑”也是吸引观众的法宝之一。“40 年代，喜剧在上海空前流行”，其直接的原因是市场的要求，即“大众对话剧娱乐性的需求”（李涛，2007）。夏衍在分析于伶的创作时也指出，由于“为营业，为观众着想”，“而助长了他在作品中放任那种种‘涉笔成趣，涉笔成刺’（孤岛市民同时需要着趣和刺的）的‘繁花茂叶’的滋长”（夏衍，1982），这种评价亦特别适合李健吾对《金小玉》的改编。

曲折紧张的情节，感人的爱情故事，不失现实感的笑料，和传统资源的对接——在萨尔都著名的佳构剧底本之上，改编后的《金小玉》特别适合商业话剧的氛围，最终带来票房上的成功。

三、《金小玉》的成功：商业化面孔下的政治呼唤

以上对改编剧的分析令我们不难感受《金小玉》整体上的商业化努力。如果参考《申报》上《金小玉》的演出广告，就更可见出当时商业化运作的气氛与力度。演出前一个星期，广告的攻势就已在《申报》上开始；临近演出，剧团甚至在一个版面同时打出大小两幅《金小玉》广告，以该剧的“热情磅礴，大气奔腾，悲壮缠绵，紧张刺激”吸引观众；1944 年 10 月 30 日，广告则标明此剧已演满 50 场，以票房实绩号召更多观众，且此后每天的广告都同时写明截至当天的演出场次；如 11 月 28 日的广告中标明 78 场，并以“口碑载道，空前力作，新戏涌来，未便久延，未观诸君，务请从速”呼唤观众看戏；12 月 2 日，剧团日夜献演第 82、83 场，预告“演期无多”，请观众“千祈速观”。

实际上，改编佳构剧作品本身就内含商业取向，容易引起严肃的剧评人的批评。李健吾改编的《云彩霞》上演后，剧评中就有这样的声音：“作者同样花了许多宝贵的精力和时间，为什么不选择些更现实性的题材，偏偏从‘与众无关’的幻想中去求自己的园地，《云彩霞》的艺术成就固相当高，究竟‘情节复杂’和‘故事曲折’，并不是艺术创造的主要目的，一切熟练的技巧，不过是一种手段，通过手段，给观众的倒是‘给了他们些什么’！”（欧阳婉华，1942）

然而，同样是改编自佳构剧作家获得了绝对商业成功的《金小玉》在当时得到的却是一片赞扬之声，著名的剧评人麦耶甚至认为“如果要评一九四四年的剧坛佳作”，李健吾创作的《青春》和改编剧《金小玉》“都该占魁首”。麦耶的评论令人深思，他说“《金小玉》绝不是一部描写伶人的戏剧，而是一出革命的悲剧”（麦耶，1944）。探究《托斯卡》一剧的改编和接受，我们可以看到，即使是佳构剧，改编者也并非不能利用其进行更本土化的政治表达。清末日本的中国留学生第一次上演《托斯卡》的改编本《热泪》时，就曾在观众中激起强烈的政治反响，因为《托斯卡》原作中本来就有鲜明的共和保皇之间的政治斗争背景，迎合了晚清反对专制的时代思潮，欧阳予倩回忆到：“我们都不是

革命党人，可是反对专制倾向自由的思想，不可能不影响到我们，尽管在我们四个人当中每个人的感受有所不同，我们在排练的时候，不知不觉把一个浪漫派的悲剧排成宣传意味比较重的戏”（欧阳予倩，1959）。所以，改编的《热泪》甚至没有按照原作的安排让革命者在被捕前自杀，而是坚持到最后和想要拯救他的画家一起受刑，两人临刑前的交谈中，还有“专制必定会倒，自由平等的世界一定会到来”的表达（欧阳予倩，1959）。

和留日学生的改编本相比，李健吾的改编不但没有加强原作的政治倾向，反而将之模糊化了，因为他把更多的分量放到了一个不谈政治，只重爱情的女人身上，他还创作趣剧内容，在一出悲情剧中加入喜剧的成分。不过，凡此种种处理，绝不意味着李健吾没有政治表达的抱负，要理解《金小玉》在沦陷区的表达，除了沦陷区话剧商业化生存环境，我们必须考虑当时的严酷政治环境给改编者的强大压力。

1940 年，李宗绍在《一年来孤岛剧运的回顾》中有这样意味深长的总结：“‘此时此地’的戏剧运动又不同于‘彼时彼地’，它不像自由园地里的花草能自由茁长，它是在砖石压抑下的嫩芽，要懂得向空隙处伸展，否则将不待含苞即枯萎而死”（李宗绍，1940）。沦陷时期的政治环境远比孤岛时期更为紧张，《金小玉》的改编正向我们提供了一个向空隙处伸展的绝佳范例。

尽管李健吾在情节和台词方面都对原作进行了去政治化的处理，但吊诡的是，当年金小玉演出的广告词却以“壮士殉国，烈女殉情”为号召（见上演期间《申报》广告）。如果我们分析剧情，严格说来剧中并没有壮士殉国的情节。因为莫同和范永立面对的都不是外敌，范永立的被害也并非个人参与革命斗争的结果，而是他个人对朋友讲道义、有担当的人格使然。但在沦陷区特殊的政治环境下，“壮士殉国”无疑有着激动人心的票房号召力。可以说，“壮士殉国，烈女殉情”一方面通过传统话语将该剧“历史化”，尽可能使其在政治上具有安全性（而剧中台词中实际没有直接的政治表达更保证了这种安全性）；另一方面其中的政治影射却又是召唤观众来到剧场的吸引力。

其实，越是在一个政治高压、言论钳制的环境中，观众的神经就会越敏感，虽然侵略者可以用军事和文化的暴力束缚创作者的表达，但观众却和同样身处异族占领区的艺术家心有灵犀，能恰如其分地理解舞台上的微言大义。在此环境之下，《金小玉》一剧中的正邪对立本身对当时的观众来说就有着极大的感染力，因为在沦陷区，侵略者、附逆者就是头号的邪恶势力。原作《托斯卡》中的斯卡皮亚男爵被认为是“萨尔都塑造的最残暴的角色”（Cooper，Barbara T.(ed.), 1998），因此选择这样一个人物呈现于舞台就更容易唤起对邪恶的仇恨与反抗。当《金小玉》中的对应人物警备司令王士琦命令手下对青年学者范永立严刑拷打时，当他残酷地在心理上蹂躏和折磨无助的金小玉时，观众很容易认出那些蹂躏中国百姓的侵略者及其走狗的面目。文学的创造以情境取胜，而情境所包含的意义远比直接宣传的文字本身更为丰富、动人，也内含了绝大的可再生性。当原作中正邪对立的各种情境移植到沦陷区的上海时，这部看似以情节取胜而缺乏真实性的法国佳构剧却具有了对中国观众所身处现实的指涉。

和剧本相比，舞台表演更有极大的形象感和表现力，当年饰演警备司令的话剧皇帝石挥特意为塑造这个舞台形象剃了光头，强化其现实影射。正如抗战后一位批评家所言，“石挥所饰的王士琦简直是一绝，他的残忍、淫荡，活画了有‘上海屠夫’之称的敌宪”（郭天闻，1946）。黄佐临导演在舞台设计时，“在桌下装了一个小聚光灯，正好将石挥的影子投映在后墙上，人物动一动，那光头，那带穗的肩章，便跟着一起颤动，在闪闪火光中，犹如一个魔影，既阴森恐怖又令人痛恨。所以，当金小玉一刀向总监刺下去时，早已憋了一肚子气的观众不禁掌声如雷……”（白文，1990）。可以想象，在观众内心，警备司令已成为侵略者及其走狗的代表，而范永立对革命的同情、对朋友的道义、金小玉对爱情的忠贞虽然诉诸道德选择，但对有心的观众来说，这也是对身处乱世中的他们维持个体道德操守的召唤。

《金小玉》不仅备受观众的欢迎，也引起了日本宪兵的注意，1945 年，李健吾被日本宪兵队抓走，《金小玉》是罪状之一，看到《金小玉》剧照中演员石挥扮演的警备司令，审问他的日本军曹萩原大旭“拿手摸摸自己的光头，忽然如有所得，笑了”。他对李健吾讲“很像”，而且说：“你宣传我们的不是，你叫中国人恨我们”（李健吾，2016）。也抓住了李健吾这部改编剧的政治寓意。

抗战以后，李健吾发表的相当一部分文字，都经由对大时代中个体道德选择的思索展开灵魂之拷问。这更使我们意识到，他对《金小玉》的改编也有着一以贯之的道德关怀。1937 年，日军占领华北后，李健吾在《文学》上发表了一篇散文《时间》，后在出版散文集《希伯先生》时作为该书的代序。散文中讲述了一个他所知的辛亥志士是如何变质、在战争中出卖灵魂的。作者感慨道：“怕死是时间的臣妾，贪生是时间的宠幸。而对付这最大的敌人，消极的有曾子的‘吾日三省吾身’，积极的却也只有舍命相拼一个办法。这至少表示：即以其人之道，还治其人之身。它一天一天逼我，我一天一天和它算账。我要是不能够制服时间，总可以和它拼个两败俱伤。何况有的是英雄，不上两三回合，就把时间一脚踩在底下。在现今所有的民族中间，日本人最懂得，也最怕我们懂得这个道理”（李健吾，1939）。（在最直接的意义上，我们甚至可以把此段引文中的“时间”换成“日本侵略者”）所谓“制服时间”，其实也就是熬过困难，熬过折磨人身体与心灵的各种极端情境，使自己的灵魂能够经受住考验。这篇散文写于日军占领上海前夕，李健吾尚可以直抒胸臆，而在1944年沦陷区的上海，李健吾则在《金小玉》中，让革命党人莫同、范永立和金小玉坚持操守、忠于爱情，不在“时间”所带来的困境前屈服，曲折地表达他以死相拼的理想。

剧中，莫同在越狱后和范永立有这样一段对话：

> 莫：（一声长叹）……总理用了四十年，革命尚未完成，后人不知道又要用多少年。
>
> 范：艺术也是这样子。天不是一下子就会亮的。要经过很长很长的夜晚。（李健吾，1946）

李健吾让范永立此时谈及艺术，在故事的语境中并不太贴切，但是在沦陷区的特殊环境里，即使是拐弯抹角的内涵，观众也可以心领神会，因为夜晚无疑暗指着中国民众受压迫的苦难。剧本最后，金小玉发现王士琦欺骗了自己，范永立没有如约被拯救，反被枪杀时，是这样的舞台提示：“金就胸一刀刺下，合身倒向范的尸身。电灯光浅褪，晨曦高高照起”（李健吾，1946）。被王士琦一步步摧折、逼迫的弱女子金小玉最终让敌人死在自己刀下，并选择与范永立共同赴死。面对不屈的灵魂和忠贞的爱情，强权暴力绝没有恒久的力量，天总归要亮的……剧中虽然没有任何直接的言语表述，而只是在舞台上用了一抹晨曦，但试图让身处黑暗之中的观众感受到希望。特别是《金小玉》并没有用更多笔墨去描摹革命者和直接突出政治立场，而是让艺术家范永立和金小玉作为普通人以对道义的坚守完成了具有革命意义的行动，这就更向沦陷区的普通观众发出了特殊时代的政治召唤。

李健吾改编的《托斯卡》，也曾在大后方的重庆出版和上演，名《不夜天》，题目就有较强的政治寓意[5]。但在上海演出时,则以不带任何政治色彩的题名《金小玉》问世。

在渝版改编本中，李健吾把剧中的背景设定为抗日战争，并让剧中的主人公范永立成为重庆方面派来的抗日工作者，具有了鲜明的政治身份。剧终时不仅让范永立逃出魔窟，获得自由，而且还让小玉喊出“天——亮——了”，更明确地表现胜利的信念。此剧在重庆的出版使作家的表达从沦陷区的政治高压下解脱出来，因而也强化了作品宣传和表现抗战的政治功能。通过将《金小玉》与《不夜天》参照阅读，沦陷区这部改编剧中所包含的政治情怀也就更凸显出来。

柯灵在概括沦陷区戏剧的生存境遇时说，“这是一场争生存和自由的严酷斗争，实际上是一种危险的走钢丝游戏——绝端狭窄的生存空间，游丝般细弱的呼吸”（柯灵，1982）。为了话剧的生存和保证安全系数，李健吾在改编时选择萨尔都的佳构剧，对其进行了若干去政治化的处理，以保证话剧的上演、追求商业的成功，在这里，争取观众是第一位的；另一方面，对舞台下的观众而言，原作的核心情境在沦陷区语境下所包含的政治寓意却一触即发，引发他们极大的共鸣和热情，象征性地宣泄对侵略者的仇恨，并升华正义的道德情感。这也就是麦耶所言“革命悲剧”的含义。

话剧要在沦陷区真正实现政治呼唤，首先要生存，其次要尽可能感染更多大众，而这两者都有赖于商业的成功，从某种意义上说，商业越成功，其政治呼唤也就范围越广、越有效。另一方面，《金小玉》的商业成功自有其所包含的政治表达之功劳，观众以脚投票，也表明了他们对剧中隐含的政治寓意的领会。谈到改编戏，李健吾曾说：“改编小说或者剧本，我们很少把自己的灵魂放了进去。所以，有时候我们可以看到成功的创作，很少机缘遇见一个比较成功的改编。最坏的是换个名姓而已。最好的利用原作的某一点，或者是结构，或者是性格，或者是境界，或者是哲理，然后把自己的血肉填了进去，成为一个有性格而有土性的东西”（李健吾，2016）。身处沦陷区的李健吾以一种极为隐晦的方式在这部佳构剧的改编过程中置入了自身的道德与政治关怀，而观众则从爱情悲剧的感人肺腑之中体验到针锋相对的正邪较量以及正面人物的不屈与忠贞，响应着剧作家的灵魂呼唤。

5 1945年4月28日起，中电剧团在重庆银社上演《不夜天》，陈鲤庭导演、路曦、齐衡、郑敏、严皇、张雁等演出。参见孙晓芬（1989）。

通过对沦陷区的改编剧《金小玉》的透视，我们可以非常具象地感受沦陷区话剧政治和商业之间复杂的铰接关系，看似是去政治化的商业追求，其实是政治呼唤的某种支点，我们甚至可以说，在沦陷的上海，《金小玉》的谋求商业成功本身就是一种政治姿态。而商业化话剧本身也把政治当作一种可资利用的资源，以具有政治意义的宣泄召唤着更多的观众。正是通过这样一种商业与政治的铰接，进步的话剧人在沦陷区特殊的政治与文化生态下，寻找到了他们独特的表达家国情怀的方式。

参考文献

[1] 白文 . 佐临氏在“苦干”时期的艺术活动 . 上海艺术研究所话剧室编《佐临研究》. 北京 : 中国戏剧出版社，1990.
[2] 饭塚容 . 中国现代文学研究丛刊，2007（2）.
[3] 郭天闻 . 李健吾论 . 上海文化，1946（6）.
[4] 柯灵 . 上海沦陷期间戏剧文学管窥 . 上海师范大学学报，1982（2）.
[5] 李健吾 . 希伯先生 . 上海 : 文化与生活出版社，1939.
[6] 李健吾 . 戏坛往来 . 万象，1944（5）.
[7] 李健吾 . 金小玉 . 上海 : 万叶书店，1946.
[8] 李健吾 . 与友人书 . 上海文化，1946（6）.
[9] 李健吾 .《风流债》跋 . 萨尔都作，李健吾译 . 上海 : 世界书局，1947.
[10] 李健吾 . 李健吾剧作选 . 北京 : 中国戏剧出版社，1982.
[11] 李涛 . 大众与小众——迈向趣味戏剧 . 戏剧艺术，2007（6）.
[12] 李涛 . 大众文化语境下的上海职业话剧 1937—1945. 上海 : 上海书店，2011.
[13] 李健吾 .《大马戏团》与改编 . 李健吾 . 李健吾文集（8）. 太原 : 北岳文艺出版社，2016.
[14] 李健吾 . 萩原大旭 . 健吾文集（6）. 太原 : 北岳文艺出版社，2016.
[15] 李宗绍 . 一年来孤岛剧运的回顾 . 戏剧与文学，1940（1）.
[16] 麦耶 . 观剧随谈 .《 杂志》①，1944（1）.
[17] 欧阳婉华 . 云彩霞和芳华虚度 .《杂志》③，1942（3）.
[18] 欧阳予倩 . 回忆春柳 . 自我演戏以来 . 北京 : 中国戏剧出版社，1959.
[19] 邵迎建 . 家破国碎思家国——1940 年代的上海话剧与“五四”精神 . 解放军艺术学院学报，2009（3）.
[20] 司马长风 . 中国新文学史（下卷）. 香港 : 昭明出版社，1979.

[21] 孙晓芬编著 . 抗日战争时期的四川戏剧运动 . 成都：四川大学出版社，1989.
[22] 田本相、石曼、张志强编著 . 抗战戏剧，郑州：河南大学出版社，2005.
[23] 夏衍 . 于伶小论 . 夏衍论创作 . 上海：上海文艺出版社，1982.
[24] 赵景深 . 文坛忆旧 . 上海：上海书店，1983.
[25] 朱伟华 . 导言 . 中国沦陷区文学大系・戏剧卷 . 钱理群主编，朱伟华选编 . 桂林：广西教育出版社，1999.
[26] Cooper, Barbara T.(ed.) . French Dramatists 1789—1914. London: Gale Research, 1998.

作者简介

马晓冬，1971 年生，毕业于北京大学中文系，文学博士，教授。主要研究方向为中外文学关系、译介学。出版专著《曾朴：文化转型期的翻译家》（北京大学出版社 2014 年版），参与《曾朴全集》（广陵书社 2019 年年版）的整理和编纂工作，并任翻译分卷主编。

（原载《中国比较文学》2016 年第 3 期）

比较文学
视域下的经典作家
作品研究

《庄子》内篇身心观辨析

张洪波

▶ **摘要** 现代西方哲学的“身体转向”趋势为中国思想史中“身体”观的研究带来了新视野与新思维，其中备受瞩目的便是《庄子》身体观研究。本文认为，就《庄子》内篇之整体思想语境而言，其“身体”观或“身形”观必须置于其“身心”观的整体观照下，才能获得真正清晰的认识；进一步看，《庄子》“人世”观又是其“身心”观的现实根源，“天人”观更是其“身心”观的思想前提，若要全面理解《庄子》“身心”观，必须首先厘清三者之间的“呼应网络”关系。本文拟通过《庄子》内篇文本的相互参读，来探讨其身心观念之整体面貌，并辨析其有效性与有限性、复杂性与矛盾性。

▶ **关键词** 《庄子》内篇；身心；天与之形；成心；心斋

作为对西方思想传统中悠久而强大的心物二分、身心二元观念的全面反拨，现代西方哲学界自尼采、梅洛－庞蒂、福柯以来，逐渐形成“身体转向”趋势，这也为中国思想史中“身体”观的研究带来了新视野和新思维（黄俊杰，2002），其中毕来德教授（2009）的《庄子》身体观研究，便是其中饶有兴味的一例[1]。在与中国学者对话中，毕来德提出中西哲学的“根本性词汇”因各自“语意场”及“综合性历史经验”方面的巨大差异，而各有其不同的“语义联想”与“呼应网络”[2]，这一点对于笔者而言尤具启发性。本文拟系统辨析“身体”(body)

1 此外，集中研究《庄子》“身体思维”方面的成果还有吴光明（1993）、李剑虹（2011）。

2 毕来德指出，跟欧洲哲学词汇一样，“中文（哲学词汇）是有其自己的‘语义联想’与‘呼应网络’的。……要考虑到一个根本性的词汇，其意义乃是一种综合，它汇集了集体和个人的经验——而且反过来也影响这些经验，这种综合总是来自于一个特定的历史。哲学思想也是基于这一特定的历史，所以不同语言的哲学之间，交流才如此困难；它们各自使用的词汇，无论从形式还是用法，或是它们所汇集的经验，都不相吻合。结果就是，在翻译的时候，一种语言的哲学中最有力的语汇，到了另一种语言反而成了一种障碍。在欧洲语境当中，《欧洲哲学词汇》就已是一个明证。而从欧洲转译到中国，或是反过来，就更是如此了。……在一种语言当中运作自如的思想，转到另一种语言却举步维艰、阻碍重重”。《庄子九札》，宋刚译，《中国文哲研究通讯》第 22 卷第 3 期，第 7 页。

这一关键词在《庄子》内篇中的“语义联想”与“呼应网络”究竟如何，与西方有何差异？本文认为，就《庄子》内篇之整体思想语境而言，其“身体”观或“身形”观必须置于其“身心”观的整体观照下，才能获得真正清晰的认识；而进一步看，《庄子》“人世”观又是其“身心”观的现实根源，“天人”观更是其“身心”观的思想前提，若要全面理解《庄子》“身心”观，必须首先厘清三者之间的“呼应网络”关系。本文拟通过《庄子》内篇文本的相互参读，来探讨其身心观念之整体面貌，并辨析其有效性与有限性、复杂性与矛盾性。

一、“无道之世”与“保身”“尽年”观

梳理《庄子》内篇之“身心”观，首先必须进入它所面对的特定现实语境，作同情的了解；但也需要走出这一历史语境，全面客观地反思其有效性与有限性。《人间世》中楚狂接舆游于孔子之门的呼号，是《庄子》所处现实语境的集中体现：

> 凤兮凤兮，何如德之衰也！来世不可待，往世不可追也。天下有道，圣人成焉；天下无道，圣人生焉。方今之时，仅免刑焉。福轻乎羽，莫之知载；祸重乎地，莫之知避。已乎已乎，临人以德！殆乎殆乎，画地而趋！迷阳迷阳，无伤吾行！吾行郤曲，无伤吾足！

这感时伤世、饱含创痛的心灵呼号中，包含两个方面的生存判断：一方面，世道可分为“天下有道”与“天下无道”两种生存境况，而“方今之时”，“福轻乎羽”而“祸重乎地”，则又属于“无道之世”中最凶险的境况；另一方面，因世道不同，圣人之生存策略或生存境界亦有不同：于有道之世，则“成焉”（有所成就）；于无道之世，则“生焉”（存活生命）。而“方今之时”，人的生存已属艰难之至，以致“免于刑戮”已成一种奢望，竟变成了“仅有”的生活目标。

庄子所身处的“方今之时”，是一种怎样的人间地狱呢？统治者“其德天杀”，穷兵黩武，“轻用民死”，天下生灵涂炭，“死者以国量乎泽若蕉”（《人间世》），身边遍布“机辟”和“网罟”（《逍遥游》），处处皆是“身为刑戮”的肢体残缺之人，人人自危，时刻感觉自己“游于羿之彀中”（《德充符》），身如草芥，命悬一线，而“无所逃于天地之间”（《人间世》）。

在这样一种极端残酷、令人窒息和绝望的生存困境中，人的生存恐惧与生存焦虑也是极端性的。《庄子》“保身”哲学的提出，正是出于“仅免于刑”的目的：

为善无近名，为恶无近刑，缘督以为经，可以保身，可以全生，可以养亲，可以尽年。（《养生主》）

此中“无近刑”直接呼应着“免于刑”——免于世俗的掊击；而“无近名”仍然是出于“无近刑”的考虑，因为争“名实”就有“近刑”的危险。

在如此险恶的人间世，人如何才能“免刑”？《人间世》通过两类“树”的对比及“支离疏”的故事，给出的解答是：无用。“不材”之“散木”（社树）与“有材”之“文木”的命运对比表明，“有用”是招致伤害和死亡的根源，只有“不材”和“无用”，才能“不夭斤斧，物无害者”（《逍遥游》），所以为了“保身”，必须追求“无用”；支离疏就是践行“无用”，支离其身形，而得以“保身”的范例。由于是有“骇形”的残疾人，支离疏得以于兵荒马乱的“方今之时”趋利避害而保全自己：“上征武士，则支离攘臂而游于其间；上有大役，则支离以有常疾不受功；上与病者粟，则受三锺与十束薪。”在“攘臂而游”的得意之中，作者总结道：“夫支离者其形者，犹足以养其身，终其天年，又况支离其德者乎！”

为苟全性命于乱世，不仅要“支离其形”，还应更彻底地“支离其德”，也就是“支离其心”，这种自残身心，委曲求全的“无用”之追求，这种为勉强存活而努力扭曲身心的活法，一方面折射出当时生存处境的险恶和畸形，使我们能够充分理解其中“不得已”的现实合理性；另一方面我们也应该看到，这种以“无用”“骇形”而“保身”的生存观念，只是极端的人类困境所逼出来的一种极端的生存策略，仅具特定的有效性与有限性，逻辑上不具备放诸四海、俟诸百世的普遍性。《庄子》所处的“方今之时”“生焉”不易，“成焉”自然无暇虑及；但倘若世易时移，“方今之时”变为“有道之世”，或无道而尚能“保身”之世，生存底线既然有了保障，那么“圣人”就有可能换个活法——有所“成就”的活法。

当然我们还可以进一步追问：即使在同一种极恶劣的人类困境中，人之生存方式，除了“仅免于刑”的“保身”一途，并非别无选择；那么《庄子》为何如此执着于“免刑”和“保身”？因为只有“保身”才可以“尽年”，意即“终其天年，而不中道夭者，是知之盛也”（《德充符》）。

“终其天年”是《庄子》“身心”观的核心内容之一，《庄子》内篇中反复申说共达 4 次[3]，要求人应该活完“天年”——上天所给的寿数，避免中途夭折。如果身为刑戮、中道夭折而不能“终其天年”，这在《庄子》看来，就是未能恪尽上天赋予人的本分，是人之为人莫大的失败。“天年”一词所涉及的，是《庄子》中在“身心”观背后起主宰作用的、更为根本的“天人”观。

二、“天与之形”和“心与形化”观

一般而言，只要我们提及“身心”观念，其背后有一个思想前提是不言自明的：“人”之身心。“人”是出发点，是尺度，是旨归。对“人之为人”的独特价值及其主观能动性的充分肯定，在拥有“主客二分”传统的西方哲学这里天经地义。但是在《庄子》中，终极性的思考尺度不是“人”，而是作为“造物者”的自然之“天”[4]。

《庄子》内篇中，“天”的出现达 120 处之多，其中包含有作为价值标杆的一系列独创性的“天”字号观念——“天年”“天籁”“天理”“天钧”“天倪”“天府”“天刑”“天机”“天鬻”“天食”等等；而文中“天”“人”对举就达 21 处，每一处对举，皆体现出贬“人”而褒“天”的鲜明价值取向。例如：

> 圣人不由而照之于天。(《齐物论》)
>
> 为人使易以伪，为天使难以伪。(《人间世》)
>
> 眇乎小哉，所以属于人也；謷乎大哉，独成其天。(《德充符》)
>
> 不以心捐道，不以人助天。(《大宗师》)
>
> 畸于人而侔于天。(《大宗师》)
>
> 天与人不相胜也。(《大宗师》)

这里需要说明的是，与“天”相对立之“人”指的是世俗之“众人”，而《庄子》内篇中的“圣人”(与儒家完全不同)“真人”“至人”“神人”一族，则是作为“众人”之对立面而存在的得道高人[5]，所标举的是与“众人”的世俗价值理念截然对立[6]

---

3 “终其天年”之说，《人间世》中出现 3 次，《大宗师》中出现 1 次。

4 张世英认为，老庄道与孔孟儒家的“天”不一样，不具有道德含义，指的是自然运行之天。(张世英，2007)

5 《庄子》内篇中“众人”与“圣人”“真人”对举之处有 3：“众人役役，圣人愚钝，参万岁而一成纯”；“圣人怀之，众人辩之以相示也。”(《齐物论》)“真人之息以踵，众人之息以喉。”(《大宗师》)

6 “恶能愦愦然为世俗之礼，以观众人之耳目哉！”(《大宗师》)

而“与造物者为人”(《大宗师》)的价值取向——世俗“人道”是对于“天道”的分裂与背离；而“天”是“人”真正的主宰和归宿，具有“人”所“不能相胜”的压倒性优势,不自量力地妄图“以人抗天”或“以人助天”只会适得其反，“内伤其身”而不得“终其天年”。所以有智慧的“真人”必须批判、否定和超越“人道”，而“返其真”(《大宗师》)，皈依“天道”。

在这样的“天人”观统摄之下，《庄子》首先指出，人的形貌是上天给予的：

道与之貌，天与之形。(《德充符》)

夫大块载我以形，劳我以生，佚我以老，息我以死。故善吾生者，乃所以善吾死也。(《大宗师》)

死生，命也;其有夜旦之常，天也。人之有所不得与，皆物之情也。(《大宗师》)

可见人与万物同样，身形得自于天；人之生死自有天命。这是一种人所“不得与”，无法干预、无能为力的“被给予性”。人对此别无他法，必须面对和领受这一事实本身，人之为人的使命，也正在于“尽其所受乎天”(《应帝王》)。

从这种“天与之形”的基本认识出发，《庄子》以一种超越世俗的“开天眼”的视角，重新打量和反思“彼”与“我”的“身”与“心”，对人之“形”、人之“心”与人之“生命历程”进行了全新的反思，其中包含着深沉的喟叹：

非彼无我，非我无所取。是亦近矣，而不知其所为使。若有真宰，而特不得其朕。可行已信，而不见其形，有情而无形。百骸、九窍、六藏、赅而存焉，吾谁与为亲？汝皆说之乎？其有私焉？如是皆有为臣妾乎？其臣妾不足以相治乎？其递相为君臣乎？其有真君存焉？如求得其情与不得，无益损乎其真。一受其成形，不亡以待尽。与物相刃相靡，其行尽如驰而莫之能止，不亦悲乎！终身役役而不见其成功，苶然疲役而不知其所归，可不哀邪！人谓之不死，奚益！其形化，其心与之然，可不谓大哀乎？人之生也，固若是芒乎？其我独芒，而人亦有不芒者乎？

夫随其成心而师之，谁独且无师乎？奚必知代而自取者有之？愚者与有焉！未成乎心而有是非，是今日适越而昔至也。《齐物论》

这段话以全新的“天道”眼光，痛切而彻底地审视和揭示了“人道”——人之身心、人之生命悖谬而可悲的本质与真相，主要有如下三层意思：

其一，作者以一种全新的陌生化眼光，全面审视和打量着“彼我”所“受”

之“成形”——“天”所给予的“赅而存焉”的身体各部位、各器官——“百骸、九窍、六藏”，追问其组合的秩序、运转的秘密，探寻其背后的“真宰”或“真君”，但却百思“不得其朕”——人于此发现，自己对于“被给予”的身体其实并不了解，并无把握。

其二，无论知与不知，人一旦“受其成形”，其身体官能便在自然而然的运作、生长、消耗中“尽其天年”——此过程一直不可遏止地真实发生着，其“行尽如驰”，不可阻挡地以加速度奔向死亡；人终其一生在生态圈的弱肉强食中“与物相刃相靡”，煞有介事地为“生”而搏杀而奔忙，“终身役役”却不知终归一“死”，竹篮打水一场空，且人人如此，概莫能外——如此人生多么可悲，多么茫昧！

其三，人一旦有了“成形”，“成心”便随之而起——自然而有“彼我”之取，油然而生“是（我）非（彼）”之辨……无论智愚，有“心”之人概莫能外；但不管“成心”是何其“苶然疲役”地争竞忙碌，一旦“成形”耗尽，“成心”亦随之而灭，一切是非、好恶、得失之区分计较皆灰飞烟灭，可见人人皆有的“成心”是多么徒劳而悖谬！

三、“内伤其身”之“成心”观

《庄子》认为，心随形而起，随形而化，却又是“使其形者”。《德充符》中借孔子之口讲了个故事：

> 丘也尝使于楚矣，适见豚子食于其死母者。少焉眴若，皆弃之而走。不见已焉尔，不得其类焉尔。所爱其母者，非爱其形也，爱使其形者也。

小猪惊慌地离开死去的母猪，是因为“使其形者”已然消失。“心”作为“形”的控制和支配者，应如何具体展开其“使形”和“用心”的活动？这一点十分关键。《庄子》主张“不以心捐道，不以人助天”，认为“人心”应“因自然而不益生”，应“保身”“全生”，应使“身形”自然生长以“尽其天年”；但人之“成心”却因其人为刻意的“以人助天”的“益生”之过度用心，反而变成“内伤其身”的“损心”，成为“保身”和“尽年”的最大障碍。《庄子》内篇对“伤身”的“成心”所进行的反思、批判和解构，总而言之，约有如下三个方面。

其一，“犯人之形”——人类中心观

此指对上天所赋予的“人形”这一特定形体的执着与偏爱——“特犯人之形而犹喜之”，《庄子》以此为“不祥”：

> 今大冶铸金，金踊跃曰：“我且必为镆铘！”大冶必以为不祥之金。今一犯人之形而曰：“人耳！人耳！”夫造化者必以为不祥之人。今一以天地为大炉，以造化为大冶，恶乎往而不可哉！（《大宗师》）

在《庄子》看来，天地造化这个大熔炉造“人”与造“万物”完全是自然、平等而随机的；但世俗之“人”却习惯于在“人”与“万物”之间制造区别与差等，自以为是地以“人”为“优选之形”而偏爱之，“是人”而“非物”，殊不知此种“人类中心观”仅出于人“受其成形”之后“是此”而“非彼”的思维惯性而已。

无“成心”而“与造物者游”的人，则“恶乎往而不可”，是不会在意所受之形是“人”还是“物”的。所以《庄子》中的有道高人，皆能看破并打通“人形”之桎梏：

> 伟哉造化！又将奚以汝为？将奚以汝适？以汝为鼠肝乎？以汝为虫臂乎？（《大宗师》）

> 浸假而化予之左臂以为鸡，予因以求时夜；浸假而化予之右臂以为弹，予因以求鸮炙；浸假而化予之尻以为轮，以神为马，予因以乘之，岂更驾哉！（《大宗师》）

> 泰氏其卧徐徐，其觉于于。一以己为马，一以己为牛。（《应帝王》）

这恰好说明“若人之形者，万化而未始有极也，其为乐可胜计邪？”所以不妨化解、支离“人形”，可为“鼠肝”或为“虫臂”，可为“鸡”为“弹”、为“轮”为“马”或为“牛”，而获得万物齐一、“无往而不适”的自由心。

突破“人形”，同时也意味着视“人”与“物”齐——此即“齐物”思想的重要内容。既然“人”与“物”同样是“天与之形”，就不会以“人”为是，而以“物”为“非”，也不会以“人”的标准取代“万物”的标准：

> 民湿寝则腰疾偏死，鳅然乎哉？木处则惴栗恂惧，猨猴然乎哉？三者孰知正处？民食刍豢，麋鹿食荐，蝍蛆甘带，鸱鸦耆鼠，四者孰知正味？猿猵狙以为雌，麋与鹿交，鳅与鱼游。毛嫱丽姬，人之所美也；鱼见之深入，鸟见之高飞，麋鹿见之决骤，四者孰知天下之正色哉？自我观之，仁义之端，

是非之涂，樊然淆乱，吾恶能知其辩！（《齐物论》）

在人与物的比照之中，我们充分感受到“人”之标准的相对性、局限性与有效性，认识到“人”的是非标准仅是天地万物的多元标准之一，也就开始走出了人之“成心”中因“犯人之形”而起的诸种“人类中心观”的桎梏。

其二，“遁天之刑”——贪生畏死之“人情”

“遁天之刑”出自《养生主》中一个有关老聃之死的故事：

老聃死，秦失吊之，三号而出。弟子曰：“非夫子之友邪？”曰：“然。”“然则吊焉若此可乎？”曰：“然。始也吾以为其人也，而今非也。向吾入而吊焉，有老者哭之，如哭其子；少者哭之，如哭其母。彼其所以会之，必有不蕲言而言，不蕲哭而哭者。是遁天倍情，忘其所受，古者谓之遁天之刑。适来，夫子时也；适去，夫子顺也。安时而处顺，哀乐不能入也，古者谓是帝之县解。”

文中批评老老少少那种以生为乐，以死为哀，不能面对和接受死亡的“人之常情”，认为这是“遁天倍情，忘其所受”，忘记了人之生存乃是“受之于天”，离去亦是“归之于天”，纠结于生死而无法开释解脱，违背了“天情”，便是“遁天之刑”。

那么如何解开生死之“结”呢？《庄子》认为应该视人之生死为大化流转中“适时而来”“适时而去”的自然过程，安然平静地接受和顺应这一无可改变的事实，完全消除贪生怕死的意念与情绪，“生死”之“结”自然荡然无存，这就是“悬解”，从根源上去除了“生”之执着，取消了“结”的可能。

不但贪生怕死之情必须消解，所有的“人情”，是非之情、好恶之情、益生之情等等，作为人之“成心”的固有组成部分，同样应该消解。因此《德充符》进一步提出“无情”说：

有人之形，无人之情。有人之形，故群于人；无人之情，故是非不得于身。……吾所谓无情者，言人之不以好恶内伤其身，常因自然而不益生也。

所有因“犯人之形”而生的喜怒哀乐、是非好恶之情，以及奢望“长生不老”的“益生”之情，皆为扰乱人之内心的“阴阳之患”，不但不利于“保身”，反而会“内伤其身”。

不过在《庄子》看来，“内伤其身”的“阴阳之患”中，不但包括喜怒哀乐这种“感性”的部分，还包括更为重要的“知性”部分：“劳形怵心”的“心知”。

其三，“知出乎争”——“劳形怵心”之“心知”

在《庄子》看来，人之“成心”中除了“犯形”“恋生”之心外，还包括“求名实”之心：

> 昔者尧攻丛枝、胥、敖，禹攻有扈。国为虚厉，身为刑戮。其用兵不止，其求实无已，是皆求名实者也，而独不闻之乎？名实者，圣人之所不能胜也，而况若乎！（《人间世》）

连尧、禹这样的圣君尚且为“求名实”而发动战争，使“国为虚厉，身为刑戮”，足见“求名实”之“成心”如此深厚而普遍，即使在“圣人”也未能免俗。

在“求名实”之心的驱使之下，人之“心知”包括“德行”，早已沦陷为争名夺利的“凶器”：

> 德荡乎名，知出乎争。名也者，相轧也；知也者，争之器也。二者凶器，非所以尽行也。（《人间世》）

对于深深缠绕、陷溺在“名实”欲望之网中的人类“用心”活动的整体情态，《庄子》有着深刻的洞察与深沉的喟叹：

> 大知闲闲，小知间间。大言炎炎，小言詹詹。其寐也魂交，其觉也形开。与接为构，日以心斗。缦者、窖者、密者。小恐惴惴，大恐缦缦。其发若机栝，其司是非之谓也；其留如诅盟，其守胜之谓也；其杀如秋冬，以言其日消也；其溺之所为之，不可使复之也；其厌也如缄，以言其老洫也；近死之心，莫使复阳也。喜怒哀乐，虑叹变蜇，姚佚启态——乐出虚，蒸成菌。日夜相代乎前而莫知其所萌。已乎，已乎！旦暮得此，其所由以生乎！（《齐物论》）

“用心”即为“斗心”。聪明人的“心”智计百出，在所有忙碌而焦虑的日思夜想、运筹盘算之中沉溺、闭塞而“日消”，不知不觉沦为不可复阳的“近死之心”。因此在《庄子》看来，那些自以为有材、有用的“响疾强梁、物彻疏明”之“能人”，其所有的谋划与忙碌不过是“劳形怵心”而已：

> 阳子居见老聃，曰：“有人于此，响疾强梁，物彻疏明，学道不倦，如是者，可比明王乎？”老聃曰：“是於圣人也，胥易技系，劳形怵心者也。且也虎豹之文来田，猨狙之便，执斄之狗来藉。如是者，可比明王乎？”（《应帝王》）

由此可见，如此敏捷果敢的“能人”，所拥有的不过是一颗“劳形怵心”的“损心”，其外露的聪明才干就好比“虎豹之文”“猨狙之便”，又好比《人间世》中的“文木”之“材”，不过是“以其能苦其生”而已，极易“自掊击于世俗”，招致“人道之患”、杀身之祸，而无法“终其天年”。

《庄子》认为人的“成心”之所“知”，不过是“小知”而已，与“大知”有别——“大知闲闲”，此乃无涯无际、无所不包的“天”之“知”；“小知间间”，斤斤计较于区分细密琐碎的是非得失，“劳形怵心”“苶然疲役”而不知“近死”，世人之“知”，概莫能外。“小知”不仅“不及大知”（《逍遥游》），同时更是对“大知”的背离与遮蔽——“其耆欲深者，其天机浅”（《大宗师》）。因此，舍“小知”而求“大知”，弃“人”而从“天”，也就成为“真人”的必然追求。

四、“心斋”“坐忘”与“游心”观

如何突破“小知”，消除“成心”呢？《庄子》提出了著名的“心斋”“坐忘”两说：

> 若一志，无听之以耳而听之以心；无听之以心而听之以气。听止于耳，心止于符。气也者，虚而待物者也。唯道集虚。虚者，心斋也。（《人间世》）
>
> 堕肢体，黜聪明，离形去知，同于大通，此谓坐忘。（《大宗师》）

将“心斋”与“坐忘”联系起来看，不难发现二者同时指向“身”与“心”的双重超越：“无听之以耳”，即“堕肢体”“离形”之意；“无听之以心”，即“黜聪明”“去知”之意；而“虚而待物”之“气”，则与“大通”呼应契合。

“听止于耳”，同理可推“视止于眼”“闻止于鼻”“味止于舌”“触止于身”——人所有身体官能所获得的感知，皆有其自身特定的局限，而人们却习以为常地从各自“身体”的感知出发来把握整个世界，这当然是极为有限和不可靠的，是“桎梏”；“形”既如此，那么随“形”而生的“心”作为“形”之统觉与支配者，“心符”随“形感”而生，在出发点与物质基础上皆为“形”所限定，则其“心符”与“心知”也必将是有限的，同样也是待解之“结”，这就是“心止于符”。

因此，由“听”之“止”到“心”之“止”，我们发现人之“眼、耳、鼻、舌、身、意”即“成形”与“成心”全部是如此局限的“桎梏”；前文有关“成心”与“小知”的分析，更让我们看到“成心”实为“劳形怵心”的“损心”与“凶器”。于此我们充分感受到了人之身心的局限与弊病——“身”如“七窍”凿而“浑沌”死，“心”则“嗜欲”深而“天机”浅——油然而生“解其桎梏”、超越身心之渴求。所以“心斋”便要求突破“耳之止”，更突破“心之止”，而归于“虚而待物”的“气”；“坐忘”便要求支离身形，去除心知，而同于“大通”。

有关人之身心的支离与超越之说，几乎贯彻于《庄子》内篇全文：

岂唯形骸有聋盲哉？夫知亦有之。（《逍遥游》）

形固可使如槁木，而心固可使如死灰乎？（《齐物论》）

以神遇而不以目视，官知止而神欲行。（《养生主》）

夫徇耳目内通而外于心知，鬼神将来舍，而况人乎！（《人间世》）

官天地、府万物、直寓六骸、象耳目、一知之所知而心未尝死。（《德充符》）

以无为首，以生为脊，以死为尻，知死生存亡之一体。（《大宗师》）

假于异物，托于同体；忘其肝胆，遗其耳目。（《大宗师》）

真人之息以踵，众人之息以喉。（《大宗师》）

无为名尸，无为谋府，无为事任，无为知主。体尽无穷，而游无朕。（《应帝王》）

我们可以将以上引文融会贯通，来总体呈现一个超越了具体身形与心知“桎梏”的“真人”会是什么样：

首先，人之耳目、肝胆等所有感官与器官仅存其形而已（“象耳目”），其官能被停止（“官知止”）、被遗忘（“忘其肝胆，遗其耳目”），被内在打通（“耳目内通”），以至于使“气息”自顶至踵畅通无阻（“真人之息以踵”），人之身形已与“天地之一气”相通；

其次，内外贯通的全身“六骸”，已变为“虚而待物”的“寓所”（“直寓六骸”）——人之“身形”已“物化”如“槁木”，人之“成心”已寂灭如“死灰”（“无为名尸，无为谋府，无为事任，无为知主”），化为入于“寥天一”之“天心”（“一知之所知而心未尝死”）；

至此时，人之“官知”已突破有限的身形，无限扩展为“天地万物”之官知（“官天地、府万物”），人之“实体”已支离而为大化流转之“虚体”（“以无为首，以生为脊，以死为尻，知死生存亡之一体”）；

于是，人获得了“游心”（“体尽无穷而游无朕”）的大自由。

结合《庄子》全篇来看，其“游心”有两种方式：

第一种是游心于天地之“外”的理想逍遥境界。“逍遥游”的渴望，渗透在《庄子》内七篇语境之中，这是一种渴求脱离、超越现实而与“造物者为人”，游心于“方外”“四海之外”“尘垢之外”“无何有之乡”的虚幻想象，它其实表述的是人对于所处的“方内”“四海”“尘垢”和“有限”世界的抗议、否定与拒绝，强烈的“超越感”根源于强烈的“桎梏感”，游心“天外”的渴望，恰恰逆反性地折射着人之内心“无所逃于天地之间”的内在紧张。

第二种是游心于天地之“间”的现实处世方式。此种“游心”含蕴更为复杂，首先面临一个矛盾：游心于天地之间，也即“游于羿之彀中”，生存焦虑无处不在，人又如何能“安心”“养心”和“游心”呢？《庄子》的解答如下：

> 知其不可奈何而安之若命，德之至也。（《人间世》《德充符》皆有此说）
>
> 乘物以游心，托不得已以养中，至矣。（《人间世》）
>
> 入游其樊而无感其名，入则鸣，不入则止。无门无毒，一宅而寓于不得已。（《人间世》）
>
> 游心于淡，合气于漠，顺物自然而无容私焉，而天下治矣。（《应帝王》）

“安心”于“不可奈何”，指必须全面深入地认识现实处境的“不可奈何”之处，然后“不择地”、“不择事”而“安之”；“养中”于“不得已”，指要准确把握现实局势发展的“不得已”之趋势，然后“行事之情而忘其身”，使心灵摆脱“存身”的焦虑。“安心”与“养心”相辅相成，指的皆是对现实客观处境之“无奈”而“不得已”之真相的充分认识、冷静接受与平和顺应。“无奈”和“不得已”意味着“人之所不得与”——人力所无法干预和选择的客观必然性，知其“无择”，所以“不择”，从而使“心”去除了所有的负担——“心”之焦虑，不正在于其有关如何“存身”的“选择”与“承担”吗？

所谓“乘物以游心”，与“顺物自然而无容私”互为表里，“乘”物即是“顺”物，也即“缘督以为经”。“庖丁解牛”的故事，正是“养生”与“游心”的最好说明：

> 庖丁为文惠君解牛，手之所触，肩之所倚，足之所履，膝之所踦，砉然响然，奏刀騞然，莫不中音，合于桑林之舞，乃中经首之会。文惠君曰：“嘻，善哉！技盖至此乎？”庖丁释刀对曰：“臣之所好者道也，进乎技矣。始臣之解牛之时，所见无非全牛者；三年之后，未尝见全牛也；方今之时，臣以神遇而不以目视，官知止而神欲行。依乎天理，批大郤，导大窾，因其固然。技经肯綮之未尝，而况大軱乎！良庖岁更刀，割也；族庖月更刀，折也；今臣之刀十九

年矣，所解数千牛矣，而刀刃若新发于硎。彼节者有间而刀刃者无厚，以无厚入有间，恢恢乎其于游刃必有余地矣。是以十九年而刀刃若新发于硎。虽然，每至于族，吾见其难为，怵然为戒，视为止，行为迟，动刀甚微，謋然已解，如土委地。提刀而立，为之而四顾，为之踌躇满志，善刀而藏之。”文惠君曰：“善哉！吾闻庖丁之言，得养生焉。”（《养生主》）

养“刀”即是“养生”，也即“养心”。其关键在于以“无厚”之刀（即“心”）入“有间”之牛（即“世”）。心之“无厚”，即心的“虚薄化”，与去除“成心”之“心斋”相通，所以能“官知止而神欲行”；厚重之“成心”所遭遇的“世界”便是“全牛”，只能与之“相刃相靡”，落得“割”而“折”的“中道夭”的下场；只有“虚薄无厚”之心，才能“依乎天理”而“因其固然”，缘“牛”之“督”以为经，找到其技经肯綮、大軱、大郤、大窾之“间”的“空隙”，从而游“心”于有余之“间”，而物莫之伤。

随着以上“安心”“养心”与“游心”诸说的展开，我们发现了《庄子》内篇应对“无道之世”的“心的胜利法”。当然，此时的“心”已超越“成心”而为“常心”[7]：“死生亦大矣，而不得与之变；虽天地覆坠，亦将不与之遗；审乎无假而不与物迁，命物之化而守其宗也。”就身心关系而言，《德充符》中特别鲜明地体现出以“心”超越“形”的倾向——要求忘其“形骸之外”，而游其“形骸之内”；视“丧足”犹“遗土”，因为有“尊足者”存；主张“德有所长而形有所忘”；甚至还设想“无形而心成”之境界，足见“心”的压倒性优势。

上文对《庄子》内篇之“身心”观进行了较为系统的梳理。总的看来，《庄子》内篇“心形”观或“身心”观是一个辩证联系的整体，虽然其中更偏重于“心”对于“形”的超越，使得“心”因其超越取向而与“形”表现出某种程度的分裂[8]；但是作为因“形”而起、随“形”而化、处于“形骸之内”的存在，“心”之超越和解构仍是以“形骸”为基础、为尺度的。所以单独从《庄子》中抽取“身体”或者“心知”来分析，都无法获得全面而深入的认识。基于以上认识，本文认为，正如当今西方哲学思潮中的“身体”转向自有其深远的发展脉络与承变轨迹一样，《庄子》“身心”观的形成，也有其独特而丰富复杂的“语义联想”与“呼应网络”，不能无视二者之间的不同而简单套用。

---

7 “彼为己，以其知得其心，以其心得其常心。”（《德充符》）

8 王博在《庄子哲学中的心与形》中指出：“这种（心形）分裂当然不足以呈现出一个健康的或者活泼的生命，它只是在畸形的环境中、不得已的处境下的一种安顿生命的方式”（王博，2004）。

参考文献

[1] 毕来德 . 庄子四讲 . 宋刚译 . 北京 ：中华书局，2009.
[2] 黄俊杰 . 中国思想史中“身体”观研究的新视野 . 现代哲学，2002（3）.
[3] 李剑虹 . 论庄子的身体思维 . 合肥学院学报，2011（4）.
[4] 王博 . 庄子哲学 . 北京 ：北京大学出版社，2004.
[5] 吴光明 . 庄子的身体思维 . 中国古代思想中的气论及身体观 . 巨流图书公司，1993.
[6] 张世英 . 中国古代的“天人合一”思想 . 境界与文化——成人之道 . 北京 ：人民出版社，2007.

作者简介

张洪波，1970 年生，毕业于北京大学中文系，文学博士，比较文学专业副教授。主要研究领域为中国文学经典的域外翻译与阐释、跨文化文学阐释的理论与实践。出版学术专著《< 红楼梦 > 的现代阐释——以“事体情理”观为核心》，发表论文 30 余篇。

（原载《跨文化对话》第 32 辑）

《水浒传》：一个反女性的文本

魏崇新

▶ **摘要** 本文从女性主义批评的视角考察《水浒传》中的两性观念，挖掘了梁山好汉的女色禁忌心理，剖析了梁山好汉仇视女性或者更确切地说仇视女色的心态与行为，论证了小说中女性的不幸命运与悲哀，指出《水浒传》是一部反女性的小说文本。

▶ **关键词** 《水浒传》；女性；心理；悲哀

《水浒传》是一部男人所写的关于男人的书，它所颂扬的是被逼上梁山的男性英雄。多少年来，人们在评论《水浒传》时不断地为其中的男性英雄大唱赞美诗，却毫无道理地忽视了书中女性的存在，尤其是作者施耐庵在描写女性时流露出的鄙视乃至仇恨的态度。剖析施耐庵的妇女观，对于我们全面正确地评价《水浒传》是不可缺少的一环[1]。

一、女色禁忌心理

《水浒传》一百零八将中，除了扈三娘、孙三娘、顾大嫂三个女头领外，其余全是男性。他们是一伙风高放火、月黑杀人、打家劫舍、杀富济贫的绿林豪杰，是一伙闯荡江湖、替天行道的好汉。从梁山好汉的行为准则看，他们可以大碗喝酒，大块吃肉，也可以杀人越货，唯独不可以亲近女人。至于像王矮虎、周通那样喜欢女人的人，被视为好色之徒，在梁山上始终是低人一等，抬不起头来。因此，在梁山好汉中似乎有一条无形的“第二十二条军规”在制约着他们，使他们在对待女性的态度上不敢越雷池一步，那些被称为英雄的汉子，都是无情（男女

1 本文所依据的是百回本《水浒传》，人民文学出版社，2003 年。

之情）、无欲（性欲）、无视女人（美女）的人。

俗谚云英雄爱美人。英雄是人中龙，美女是人中凤，龙凤相配，堪称天作之合。所以就连那位“力拔山兮气盖世”的西楚霸王项羽，在生死存亡的关头也割舍不下美人虞姬，发出“虞兮虞兮奈若何”的悲叹。英雄也是凡人做，每个人都有一具血肉之躯，谁人没有情欲的激荡与爱的渴求？梁山好汉则不然，他们皆是铮铮铁骨的男子汉，有血肉之躯而无男女情欲，生活在由男人与女人自然构成的社会中对女人熟视无睹，这不能不令人惊叹。从《水浒传》的描写看，不爱女人、不近女色是梁山英雄观的一个重要方面，有了这种英雄观，美色也就成为梁山好汉的一大禁忌，用梁山的领袖宋江的话来说：“但凡好汉犯了‘溜骨髓’三个字的，好生惹人耻笑”。

我们不妨追问：女色何以会成为梁山好汉的禁忌？梁山好汉拒斥女色的心理根源是什么？表面看来不外乎两个原因，一是怕人耻笑，坏了英雄的名声。如同骑士爱惜自己的荣誉一样，梁山好汉极重个人名声，例如宋江，他虽然其貌不扬，武艺不高，但因“及时雨”的名头很响，天下好汉见了他莫不纳头便拜。梁山好汉像珍惜生命一样爱惜自己的名声，当然也不愿为女人而犯上“溜骨髓”的毛病，丢了英雄的名头。其二，梁山好汉所处的社会是一个强梁的社会，大家比的是勇力，气力的大小、武艺的高下常常是衡量好汉的具体标准。在中国传统观念中，男人属阳，女人属阴，男人如沉溺女色，阳气就会被阴气所耗，导致阴盛阳衰，丧失意志与精力。施耐庵在《水浒传》中说得明白：“销金帐里无强将，丧魄亡精与妇人。”为了做好汉，就必须打熬气力，练功习武，梁山好汉们也就不得不远离女色。例如晁盖：“最爱刺枪使棒，亦自身强力壮，不娶妻室，终日只是打熬筋骨。”卢俊义也是：“平昔只顾打熬气力，不亲女色。”

若从深层心理分析，我们就会发现梁山好汉拒斥女色主要来自对女性的恐惧心理。施耐庵说得明白：

> 看官听说，原来这女色最是怕人。若是他有心恋你时，身上便有刀剑水火，也拦不住，他也不怕；若是他无心恋你时，你便身坐在金银堆里，他也不睬。[2]

在人类的两性关系中，对男人来说，最大的诱惑来自女性的肉体。女性可以给男性带来欢乐，也可以给男性带来痛苦。女人似乎是一种美妙的陷阱，使男人

2 《水浒传》第 21 回，第 268 页，人民文学出版社 2003 年版。

身陷其中而难以自拔。在古代西方，对于美女海伦的争夺曾引起一场特洛伊大战。在东方，商纣王因宠爱妲己而亡国。就连孔老夫子也连连感叹："吾未见好德如好色者也！"因此，中国古代的封建人士把女人视为"祸水"，看作是引诱男人的罪恶渊薮。由于担心面对女人的诱惑会失去自我控制能力，男人就在心中极力抗拒、贬抑女人的形象。对英雄来说，这种惧怕心理尤其强烈。所谓"英雄难过美人关"，正是针对这种心理而言。如此一来，女人就成为梁山好汉心中的禁忌。

梁山好汉不怕天，不怕地，不怕官府，唯独惧怕女性。对他们来说，能否成为一个响当当的英雄汉子，关键就在于能否抵御住来自女性的诱惑，经受住美色的考验。最典型的是武松和燕青，他们两人的性格和人生经历不同，但因为经受住了女色的诱惑而受人赞誉，成为梁山好汉中出类拔萃的人物。武松的诱惑来自潘金莲，潘金莲虽然美貌多情，对武松暗送秋波，但在两人之间毕竟横亘着一条不可逾越的伦理鸿沟，因此，武松要抵御来自潘金莲的诱惑并不困难。若是换了另一种环境，另一种女人，女色的诱惑就会对武松构成很大的威胁。如张都监为了陷害武松，假意把养娘玉兰许给武松为妻。玉兰是一个美丽的女子，生得"脸如莲萼，唇似樱桃。两弯眉画远山青，一对眼明秋水润。"玉兰为武松把盏，"武松那里敢抬头，起身远远地接过了酒，唱了相公夫人两个大喏，拿起酒来，一饮而尽。"一旦张都监要把玉兰许给武松，武松连忙起身拜谢，说什么"量小人何者之人，怎敢望相公宅眷为妻？枉自折武松的草料"。言辞态度多么谦卑，没有丝毫英雄气概。最后武松中了张都督的"美人计"，做了张都监的阶下囚。假如张都监真的把玉兰许配武松，武松是很难抵得住玉兰美色的诱惑的，因为在他和玉兰之间是不存在任何伦理障碍的。

燕青英俊聪明，人称"浪子"，最容易招致来自女色的诱惑，因此，对燕青来说要抵御来自女性的诱惑就必须具有更大的意志。宋江为了受招安，派燕青去东京名妓李师师家，去打通宋徽宗枕头上的关节。燕青进住李师师家，受到李师师诸般引诱，却不为之心动。戴宗担心燕青面对李师师的美色诱惑，拴不住心猿意马，燕青却斩钉截铁地说："大丈夫处世，若为酒色而忘其本，此与禽兽何异？燕青但有此事，死于万剑之下。"他真正抵御住了美色的诱惑，显出英雄本色。相比之下，宋江则大为逊色，在李师师面前似乎有些把持不住，乘着酒兴写了一首词，说什么"借得山东烟水寨，来买凤城春色"。赞美李师师"翠袖围香，绛绡笼雪，一笑千金值。神仙体态，薄幸如何消得？"吹捧得近乎肉麻。宋江这种酸乎乎的表演，足以说明他对女性的态度，难怪李逵在荆门镇听刘太公说是宋江抢走了他的女儿，就信以为真，当面骂宋江 ：“我当初敬你是个不贪色欲的好汉，你原来是酒色之徒，杀了阎婆惜，便是小样；去东京养李师师，便是大样。”天真粗莽的李逵直言不讳地道出了宋江内心深处的隐秘。其实英雄好汉中也不乏好色之徒，在一定条件下，好色之徒也可以成为英雄好汉。抢掠刘高夫人的王矮虎，胁迫刘太公女儿做压寨夫人的周通，因程太守不肯将女儿许配自己而杀了程太守一家的双枪将董平，都是好色之徒与英雄好汉二者兼备的人物。

何止是这些人物，就是杀人不眨眼的李逵，心中也未尝没有隐私。《水浒传》第九十三回写李逵酒醉人梦，梦见几个强盗在抢一对老夫妻的独生女儿，李逵怒火冲天，拔出板斧，杀了强盗。老夫妻感激李逵，便要把女儿许配李逵为妻。“李逵听了这句话，跳将起来道 ：‘这样腌臜歪货！却才可是我要谋你的女儿，杀了这几个撮鸟？快夹了鸟嘴，不要放那鸟屁！只一脚，把桌子踢翻，跑出门来。”从李逵梦中不难看出潜藏在他心中的“情结”。礼教意识与英雄情怀使得李逵在清醒的意识中从不考虑男女之事，他对女人不正眼看上一眼。但每个人的出生都是男女化育的结果，人自出生之日起就先天地具有性本能，这种本能只能受到压抑，却不能被消灭。无论受到何等的压抑，一旦有适当的时机，性本能就会以各种方式在人的意识或潜意识中显露出来。平时，李逵这样的铁汉子是很难显露出对女性的渴求的，但在醉梦的潜意识中却不经意地表露出来。把被欺侮的女子从坏蛋手中夺回来，充当保护女性的英雄，这是李逵在现实中乐于接受的角色。现实中的李逵曾把“弓鞋窄窄起春罗，香沁酥胸玉一窝”，具有天生丽质的刘太公女儿从强盗王江、董海手中夺回。于是这种救美女于落难之中的行为也自然成为李逵心中的“情结”。怀着这种“情结”入梦，重现生活中的场景也是合情合理的。令人奇怪的是梦中出现了现实生活中并未发生的老夫妻要将女儿嫁与李逵的一幕，这显然是李逵心造的幻影。以身报恩，落难女子嫁恩人，这并不违反生活的常情，在李逵的潜意识中也未必认为这是不能接受的，只是由于长期的性压抑，出于英雄意识对女性的禁忌，就是在梦中李逵也没忘记证明自己的“清白”。但这种此地无银三百两式的表白恰恰暴露了李逵内心的隐秘，说明他对女性的难以忘怀，这是本能与禁忌在李逵心中的矛盾呈现。这种心态在梁山好汉中颇具代表性。

二、仇视女性的行为

对女性既惧怕又难以忘怀，由对女色的禁忌进而发展到对男女性爱的厌恶乃至对女性的仇恨，这在梁山好汉的心理中是顺理成章的。李逵在四柳庄为狄太公的女儿除鬼，发现原来并不是闹鬼，而是狄太公的女儿与情人王小二在幽会。李逵立即怒从心上起，恶向胆边生，闯进屋去，把一对情人的头砍下，然后“把两个人头拴在一处，再提婆娘和汉子身尸相并……拿起双斧，看着两个死尸，一上一下，恰似发擂的乱剁了一阵”。在这种残忍的行为背后，是妒嫉的愤怒，还是性本能的发泄？只有天知道。对男女之爱深恶痛绝，对偷情男女残酷杀戳，李逵的这种态度比之封建卫道士是有过之而无不及的。

基于对女性的恐惧、禁忌与仇视，形成了梁山好汉与市井女性势如水火的对峙局面，愈是美貌的女子，梁山好汉对之就愈是恐惧憎恶，甚至必欲杀之而后快。于是我们在《水浒传》中就看到一幕幕英雄屠戮女性的血淋淋的场面。

第二十一回写宋江杀阎婆惜：

> 宋江左手早按住那婆娘，右手却早刀落，去那婆娘嗓子上只一勒，鲜血飞出，那妇人兀自吼哩。宋江怕他不死，再复一刀，那颗头伶伶仃仃落在枕头上。

第二十六回写武松杀潘金莲：

> 把尖刀去胸前只一剜，口里衔着刀，双手去挖开胸脯，抠出心肝五脏，供在灵前；肐查一刀，便割下那妇人头来，血流满地。

第四十六回写杨雄杀潘巧云：

> 迎儿见势头不好，却待要叫，杨雄手起一刀，挥做两段。……杨雄向前，把刀先斡出舌头，一刀便割了，且教那妇人叫不得。……一刀从心窝里直割到小肚子上，取出心肝五脏，挂在树上。

还有雷横枷打白秀英，张顺忿杀李巧奴等等，分明是一场杀戮女性的比赛，令人触目惊心。在对待所谓“淫妇”的态度和手段上，梁山好汉显出了惊人的一致性。在这些惨无人道的杀戮中，含有多少因性压抑而来的对女性的仇恨，又有多少因杀人而带来的性的刺激与快感的满足？

周作人曾说，《水浒传》写杀潘金莲杀潘巧云迎儿的地方都特别细致残忍，显出淫虐狂的痕迹与变态的心理。夏志清在评价《水浒传》时说道：

> 《水浒》中的妇女并不仅是因为心毒和不贞而遭严惩，归根到底，她们受难受罚就是因为她们是女人，是供人泄欲的冤屈无告的生灵。心理上的隔阂使严于律己的好汉们与她们格格不入。正是由于他们的禁欲主义，这些英雄下意识地仇视女性，视女性为大敌，是对他们那违反自然的英雄式自我满足的嘲笑。小说所写的四个女性——讹诈贪婪的阎婆惜、毒杀亲夫的潘金莲、谗言害人的潘巧云以及卢俊义的前妻——不管她们的其他罪行如何，除各自所犯的罪行外，都是对婚姻不满或不甘受约束的偷夫养汉的女人。欺骗和残忍成了她们满足性要求的手段。她们的克星——正直可敬的英雄好汉们，都仇恨她们那种对欢乐的渴望和对生活的追求。他们把她们处死，以使英雄的信条的履行得到保证。（夏志清，1994）

令人诧异的是，不仅梁山好汉欣赏这种“手到处青春丧命，刀落时红粉亡身”的血腥场面，就连施耐庵也津津乐道地说：“从来美兴一时休，此日娇容堪恋否？”还说什么“须知愤杀奸淫者，不作违条犯法人”。公开赞扬梁山好汉这种杀戮女性的行为，并为之辨护，这是在称扬英雄，还是在歌颂野蛮？尼采曾叮嘱男人：到女人那里去时不要忘记带上鞭子；施耐庵则告诫男人：到女人那里去时不要忘记带上刀子。施耐庵的妇女观不仅陈腐守旧，而且残酷无情。出于这种观念，他让一个个青春女性成了梁山好汉的刀下鬼，宋江、武松、杨雄、石秀这些人正是踏着女性的尸体走上梁山的。

施耐庵在《水浒》中描绘了两个世界，一个是梁山好汉代表的男性世界，一个是市井女性代表的女性世界，男性世界是明朗的，女性世界是灰暗的，梁山好汉是无情的英雄，市井女性是多情的淫妇，英雄与淫妇势不两立，形成了两者间的对抗。施耐庵赞美的是男性英雄，贬斥的是市井女性。女性是男性的陪衬，是英雄屠宰的羔羊。这正如法国女权主义作家西蒙·波伏娃（*Simone de Beauvior*）所说的：

> 有时，“女性世界”被用来和男人的宇宙相对照，但我们必须再次强调，妇女从未构成一个和外界隔绝的独立社会；他们是团体的一部分，被男性统治着，处于附属地位。（西蒙·波伏娃，1986）

三、女性的悲哀

《水浒传》中的女性世界是一个黯然而凄惨的世界，生活于其中的女性大多难逃悲剧命运。《水浒传》所描写的女性类型，大致可分为三类。

第一类是弱女子，如被郑屠糟蹋后又抛弃的金翠莲，被高衙内父子逼死的林冲之妻，被强盗抢掠奸污的刘太公女儿等。这是被欺凌被侮辱的女性，无论是下层女子金翠莲，还是作为教头夫人的林冲之妻，都难逃不幸的命运，遭受着男人的欺压。

第二类是女英雄，如孙二娘、顾大嫂、扈三娘，她们是梁山上的帼国英雄。其中孙二娘、顾大嫂是充分男性化了的女性，生得相貌粗丑，性格暴躁；孙二娘，“眉横杀气，眼露凶光”，绰号“母夜叉”；顾大嫂“眉粗眼大，胖面肥腰”。“有时怒起，提井栏便打老公头；忽地心焦，拿石锥敲翻庄客腿。”人称“母大虫”。她们没有女性的妩媚与温柔，只会弄棒舞枪，杀人放火，在梁山泊这个男人统治的世界中，她们被彻底地同化了，她们只是符号化的女性，本质上已与男性没有多少区别。即使如此，作为女性，他们虽处处强过丈夫，却时时从属于丈夫，因为她们是女人，是女人就要从属于男人，这是封建社会的“公理”。虽然男性化到比男性还强的地步，但仍然从属于男性，这是孙二娘、顾大嫂这类女英雄的第一层悲哀；因男性化而失去了女性应有的特征，成为非男非女的人，丧失了女性的自我意识而不自觉，这是她们的第二层悲哀。

在《水浒传》的女英雄中，一丈青扈三娘也许是个例外，她容貌美丽，武艺高强，没有像孙二娘、顾大嫂那样受到男人的同化，似一朵“天然美貌海棠花”。但尽管她才貌双全，作为一个女人，在男权社会中却注定要受男人的支配，不配享有好的命运。她本来许配给祝家庄的三公子祝彪。祝彪是一个“年少壮士”，不仅相貌堂堂，而且武艺不凡，“弟兄三个，只有他第一个了得”，与扈三娘堪称才貌相当的一对佳偶。可是梁山好汉打下了祝家庄，杀了她的未婚夫及她的全家，使她无家可归，最后宋江把她当礼品送给了好色、丑陋、无能的王矮虎。扈三娘根本看不上王矮虎，但慑于梁山好汉的威力，她“推却不得”，只有委屈求全，嫁给了王矮虎。如同潘金莲嫁给武大一样，扈三娘嫁给王矮虎，同样是一朵鲜花插在了牛粪上。扈三娘与王矮虎的婚姻是被迫的不合理的婚姻，所嫁非人，扈三娘心中埋藏着多少难言的痛苦可以想象。施耐庵如果能真实地揭示扈三娘内心的痛苦，甚至于她的不满和反抗，他会写出一篇生动感人的故事。然而施耐庵不愿这样做，他认为扈三娘嫁给王矮虎合情合理，她应该感谢宋江的安排，应该满足。假如施耐庵把扈三娘的故事写下去，去展示扈三娘的不满与反抗，他会把扈三娘写成又一个潘金莲式的淫妇。在施耐庵看来，像扈三娘、潘金莲这样有才有貌的女子，不是当烈女，就是当淫妇。其结果是扈三娘忍侮负屈，听从男人的摆布，安份守己做王矮虎的妻子，最终在睦州战役中与丈夫一同战死，成了殉夫的烈妇。扈三娘与潘金莲，虽然一个是梁山泊的烈妇，一个是井市淫妇，但他们的命运并没有什么两样，同样是封建婚姻制度下的牺牲品。

第三类是淫妇，如潘金莲、潘巧云、阎婆惜、贾氏、白秀英等。她们都是美丽多情的市井女性，因为行为有违封建道德，全被梁山好汉杀死。施耐庵对这类女性最为痛恨，从封建伦理观念出发，把她们描写成淫荡歹毒的女子，认为她们不配享有比被杀戮更好的命运。

在中国封建社会中存在着这样一种根深蒂固的观念，认为女人是祸水，是男权社会的威胁，愈是美丽的女子，对社会危害愈烈，伴随倾城倾国之貌而来的是丧家亡国。如殷商的灭亡不是纣王昏淫无道造成的，而是由妲已的美貌所导致，于是《封神演义》中妲已就成了一个祸害商朝的狐狸精。同样，西周的灭亡源自褒姒的嫣然一笑，唐朝的衰乱起因于杨贵妃那“回头一笑百媚生”的娇媚。美丽的女人成了败家亡国的罪魁祸首而任人责骂，昏庸荒淫的商纣王、周幽王、唐明皇等男性皇帝却逃脱了历史的责罚，落得逍遥自在。有了祸水论为理论依据，男人们更加放肆，也更加得意，而女人则每况愈下，愈来愈可悲。施耐庵继承了历史上的这种女人祸水的观念并将其发扬光大，把美丽的女人视为淫荡害人的尤物。比如在第二十四回，他这样写武松眼中的潘金莲：

> 眉似初春柳叶，常含着雨恨云愁；脸如三月桃花，暗藏着风情月意。纤腰袅娜，拘束得燕懒莺慵；檀口轻盈，勾引得蜂狂蝶乱。[3]

施耐庵认为，在潘金莲那“脸如三月桃花”般的美貌中，必然“藏着风情月意”，美色必生淫心，淫心必生歹意，于是“淫毒皆成一套来”，结果是害人害已，成为祸害的根源。在这种观念支配下，施耐庵在描写潘金莲、潘巧云、阎婆惜等

3 《水浒传》第 24 回，第 302 页，人民文学出版社，2003 年。

市井女性时，就始终遵循着这样一个公式：

美色 = 淫荡 = 歹毒 = 该杀

为此施耐庵再三告诫男人们要远离“祸水”，否则就会引来祸患，悔之无及。“半晌风流有何益，一般滋味不须夸。他时祸起萧墙内，血污游魂更可嗟。”（第二十五回）如果执迷不悟，就会像西门庆、裴如海那样，落得个身败名裂。

在中国的封建观念中，“万恶淫为首”，女子只要沾上“淫”字，就会堕入万劫不复的深渊，遭人唾骂。可人们从不去辨别何为情，何为淫，更不会去追问女人们为何去“淫”？潘金莲与西门庆通奸，潘巧云与裴如海偷情，阎婆惜与张三相好，贾氏与李固做一处，在施耐庵看来无不犯了淫罪，该杀该剐。至于潘金莲所嫁非人，潘巧云、阎婆惜从丈夫那里得不到情爱与温存，她们所遭的冷遇，所受的压抑，所怀的孤独，所感的苦闷，施耐庵则毫不关心，只顾挥舞着“戒淫”的大棒把她们一棒打杀了事。刘高夫人忘恩负义，玉兰诱骗武松，白秀英诬陷雷横，阎婆惜敲诈宋江，潘金莲谋杀亲夫等，在施耐庵看来更是表现了女人由淫而导致的狠毒，因此让梁山好汉对她们大杀出手，毫不留情。这种杀戒一开，梁山好汉们有时就不问青红皂白，见了美丽的女性就挥刀砍去。张顺去请安道全，安道全因贪恋李巧奴不肯动身，张顺就迁怒于李巧奴，把李巧奴杀死。就连潘巧云那个可怜的丫鬟迎儿，也因帮助潘巧云被杨雄“手起一刀，挥作两段”。施耐庵仍不解恨，还写诗骂迎儿：“送暖偷寒起祸胎，坏家端的是奴才。请看当日红娘事，却把莺莺哄出来。”不仅侮骂了迎儿，还连带把《西厢记》中热心的红娘大骂了一通，甚至把她们看成坏家的祸根。既然是祸根，也就杀之当然，杀得心安理得，杀得快意解恨，杀得正大光明。孔子说：唯女子与小人难养也。施耐庵则说：唯女子与小人该杀也，其贱视仇恨女性的心理通过情节的描述流露出来。

《水浒传》的故事流传形成于宋元时代，至元末明初由施耐庵集其大成，《水浒传》的成书过程正与封建理学的成熟期相一致，故受封建理学影响较大。中国的理学由宋至明臻于成熟，中国的礼教也于此一时期更加严酷。理学家们高喊“存天理，灭人欲”的口号，极力贬低人的个体欲望，妇女更是遭到前所未有的虐待，被礼教的枷锁与贞节的绳索勒逼得喘不过气来。从一而终，夫死守节，成为广大妇女必须遵守的道德规范，所谓“饿死事极小，失节事极大”，成为约束妇女的道德训令。既然丈夫死了不可嫁人，丈夫在世时与别的男人偷情当然罪不可宥。然而，潘金莲毒杀丈夫固然可恨，武松杀了潘金莲、西门庆，杨雄、石秀杀了潘巧云、迎儿，宋江杀了阎婆惜，张顺杀了李巧奴，李逵杀了一对无辜的情人，如此等等，难道就不该受法律的制裁？可他们杀了人反成了受人赞美的英雄。这还有什么人道与平等可言。施耐庵认为淫妇该杀，杀者无罪。《水浒传》的这种妇女观，正是宋元以来封建礼教虚伪性、残酷性的集中体现，从这一角度来看，《水浒传》无疑是一部仇视女性的小说。

我们有理由提醒《水浒传》的读者：当你为梁山好汉的英雄行为拍案叫好时，还应注意不要掉进施耐庵预设的封建道德的陷阱中去，不要忘记梁山之外的不幸的女人们。梁山好汉们被贪官污吏逼上了梁山，他们造了皇帝的反，终于又受了朝廷的招安，做了封建皇帝的忠臣，落得个青史留名。而潘金莲、潘巧云、阎婆惜等这些不幸的女人们呢？她们被男权道德逼得无路可走，最终成了梁山好汉的刀下鬼，因为她们本来就没有梁山可上。呜呼！哀哉！

参考文献

[1] 罗贯中，施耐庵 . 水浒传 . 北京：人民文学出版社，2003.
[2] 西蒙•波伏娃 . 第二性——女人 . 长沙：湖南文艺出版社，1986.
[3] 夏志清 . 中国古典说导论 . 合肥：安徽文艺出版社，1994.

作者简介

魏崇新，1958 年生，复旦大学文学博士。现为北京外国语大学中国语言文学学院教授，比较文学与跨文化研究专业博士生导师。北京外国语大学学术委员会委员，北京外国语大学中国语言文学学院学术委员会主任，北京市优秀教师。主要研究领域为明清文学、中国文学海外传播。出版的著作有《市井新声》《狂狷人格》《二十世纪中国文学史观》《比较文学视域中的中国古典文学》《魏崇新选集》等，主编《明清小说观止》《明代文学史话》等。

（原载《明清小说研究》1997 年第 4 期）

比较诗学视野下的《红楼梦》“人物·人情”观

张洪波

▸ **摘要** 巴赫金以“对话”理论对陀思妥耶夫斯基小说主人公复杂深邃、矛盾动荡的思想性格特点进行了具有小说诗学意义的阐释，本文将之与《红楼梦》人物分析相结合，以突破过去已成俗套的有关人物“典型形象”的阐释观念，更深入地阐释《红楼梦》在对“人”的心性探索方面所达到的空前丰富复杂的思想艺术水平与现代启示意义，并通过分析阐明：《红楼梦》每个重要“人物”的复杂独特心性与小说众多人物互动共构的整体性“人情”之间，存在着相互依赖而又相互制约的、难以割裂的有机关联。

▸ **关键词** 《红楼梦》；人物；人情；对话理论

《红楼梦》中生动鲜明、真实丰满的人物画廊，是一个永恒的热门话题，始终拥有长盛不衰的阐释魅力[1]。本文要思考的问题是：如何对《红楼梦》人物塑造方面远远超过一般小说的卓绝精深的思想艺术境界，进行深入到位的理论阐释？也就是说，如何打破已成俗套的、小说人物理论，为《红楼梦》中登峰造极的人物描写水平，寻找到一种更为深入、更为妥帖的理论评价尺度？

笔者认为，若要深化对《红楼梦》人物的阐释，就不能仅仅停留在人物“典型形象”的一般认知层面上，而应进一步深入到人物复杂深厚的“心灵世界”中去。《红楼梦》中多元“人物”的丰富深奥的心性世界，与小说众多人物共同构成的深厚复杂的、整体性的“人情”之间，存在着相互依赖而又相互制约的难以

1 读者、学者对于《红楼梦》人物津津有味的解读和分析，从早期的评点、笔记、题红诗的片言感悟开始，发展到专文论述（较早的有李辰冬写于 1935 年的《红楼梦重要人物的分析》等），发展到专书论述（较早如太愚 1948 年出版的《红楼梦人物论》等），后来更出现以专书论专人（如王朝闻 1984 年出版的《论凤姐》）的研究，足见《红楼梦》人物分析的日趋细致深入。时至今日，无论在报章杂志上，还是在诸多《红楼梦》网站论坛上，小说中的人物仍然处于“红迷们”长盛不衰的热烈评述和争论之中。

割裂的有机关联，所以笔者拟将《红楼梦》“人物”的个性、矛盾性、复调性与它所属的“人情”的整体性、多元性、悖谬性充分结合起来论述，以期在“人物”之“深刻”与“人情”之“深广”之间，建立起互证互识的、积极开放的意义阐释循环。

在笔者看来，《红楼梦》的人物描写艺术之所以深刻高超，主要是由于其小说人物个体“内在心性”的“复杂矛盾”性，恰恰是通过人物集体“相互关系”的“多项周旋”过程而反复皴染、立体呈现出来的——这说明《红楼梦》在人物描写方面，已将“人性”之“深度挖掘”，与“人情”之“广度展开”，二者渗透交融于“一体”，从而使其写人水平，达到了前所未有的深刻复杂、多元矛盾而又复合浑成的心理现实主义高度。有学者（如夏志清、安东尼·韦斯特、浦安迪等）认为，正是在“心理现实主义”的写人深度上，《红楼梦》与陀思妥耶夫斯基小说之间存在着诸多呼应之处（后文将展开论述）。因此笔者认为，如果将巴赫金“复调”理论对陀思妥耶夫斯基小说人物那种极其复杂深邃、矛盾动荡的思想性格特点所做的富有西方现代意义的论述，与《红楼梦》的人物分析相结合，将有助于我们突破过去已成俗套的人物“典型”说，更加深入全面地阐释出《红楼梦》在人物心性探索方面所达到的空前丰富复杂的思想艺术水平与现代启示意义。

众所周知，20 世纪 50 年代以后在我国占主导地位的权威文论话语是俄苏文论，此时评述小说人物，最常用的术语就是“典型”一词。这一术语强调人物的“阶级性”，强调从政治历史、阶级社会的思路出发，将人物诠释为某个阶级的“代言人”，解释为某种阶级类型、某种思想观念的“传声筒”。很长一段时间内，“典型”理论成了一种可被简单套用于一切小说人物的公式化概念，而《红楼梦》中的人物，如贾宝玉、林黛玉等，就被定性为“反封建”的“叛逆者”，而贾母、贾政等则被定性为“封建压迫者”（《红楼梦问题讨论集》，1955）。这种简单化、概念化、贴标签式的评价人物的方式，自然极大地束缚了对《红楼梦》人物的丰富内涵的全面深入的理解；为了修正和突破这种千篇一律、固定僵化的“典型论”思路，何其芳在《论红楼梦》（1956）中提出“典型共名”说。他指出，同为“叛逆者”，阮籍、嵇康、刘伶、卓文君、红拂等人、包括《儒林外史》中的杜少卿等，与宝玉、黛玉比较却皆大不相同；同时即使是宝、黛二人之间，性格也有很大差异，可见笼统的“叛逆者典型”说，其实无助于全面了解红楼人物的丰富生动的性格特征。所以何其芳说，文学中的人物，“绝不是抽象的阶级性和政治倾向的化身”，而是各有其超越阶级性的、鲜明突出的“个性”和“特点”——正是这种突出的个性特点，使得小说人物一直流行、“活在”我们的生活当中，成了一个“共名”——“人们叫那种为许多女孩子所喜欢，而且他也多情地喜欢许多女孩子的人为贾宝玉”；“人们叫那种身体瘦弱、多愁善感、容易流泪的女孩子为林黛玉”（何其芳，1998）。

这里我们看到，何其芳以“共名”说为偏重阶级政治观念的人物“典型”理论，补充上了超阶级的“个性”内涵；不过他的“共名”概念，虽然抓住了《红楼梦》人物性格中最醒目最突出的那一“点”，却尚未涉及人物形象更丰富、更复杂的“面”和“体”的方面；为了弥补这一不足，研究者们开始借鉴英国小说家弗斯特的“扁平人物”与“圆形人物”说，以求更充分地概括红楼人物的性格特征。

在《小说面面观》中，英国小说家爱·摩·弗斯特提出，小说人物可分为“扁平”和“圆形”两种。所谓“扁平”人物（如狄更斯笔下许多人物），即是“按照一个简单的意念或特征而被创造出来”的类型化人物，这类人物在小说中表现出的性格特征是清晰鲜明、确定可靠的，也是始终如一、不会变化的；而“圆形”人物（如简·奥斯汀笔下许多人物）则是“宛如真人那般复杂多面”，不断使人感到“新奇”，且又十分真实、令人“信服”的人物（爱·摩·弗斯特，1984）。从此理论出发，将“扁平”人物与“圆形”人物的区分应用于《红楼梦》人物的理解与阐释，可以使我们在以“共名”说把握红楼人物之“鲜明特点”的基础上，更进一步来理解人物性格的“复杂深度”与鲜活真实之特点。

但是，如果将简·奥斯汀小说中的“圆形”人物（如《傲慢与偏见》中的伊丽莎白等）与《红楼梦》中的众多人物相比，我们仍然感觉红楼人物还要丰富复杂得多（宋淇，2000）；笔者觉得，“扁平”与“圆形”之分，只是初步描绘了小说人物“形象”的立体性、复杂性，可尚未涉及小说人物“心灵”中极为细致微妙、复杂多变的心理特征，也仍然不足以全面阐释《红楼梦》人物那种充满矛盾性、多面性与荒谬感的、前所未有的心性刻画深度。

夏志清曾指出：“就写世态的现实主义水平和写心理的深刻而言，《红楼梦》是一部堪与西方最伟大的小说相媲美的作品”。他认为《红楼梦》作为小说的“现代意义”，主要就体现在“它的注重人情世故”，以及“它对置身于实际社会背景上的人物的心理描写”（夏志清，1988），所以他说：“即便是最好的现代小说，在广度和深度上也难以与《红楼梦》相匹敌。……在这一部小说里，哲学和心理学是紧密相连不可分离的——在中国文学中，《红楼梦》不仅是一部最能体现悲剧经验的作品，同时也是一部最重要的心理现实主义的作品”（夏志清，1988）。——正是在人物刻画的“心理现实主义”深度上，出现了最有意味的中西小说对比：夏志清及另一位西方的中国小说研究者安东尼·韦斯特（Anthony West）皆认为，可与《红楼梦》进行呼应和对比的西方小说，恰恰就是陀思妥耶夫斯基小说中的主人公们。安东尼·韦斯特在他关于两种《红楼梦》英译本的评论文章中（安东尼·韦斯特，1958）曾把宝玉比做德米特里·卡拉玛佐夫（陀思妥耶夫斯基小说《卡拉玛佐夫兄弟》中的主人公），因为这两个人都是深受折磨的灵魂；而夏志清则认为，以“宝玉的坦白，他的天真和优柔，他的理解和怜悯的能力”，使他更像陀思妥耶夫斯基小说的另一个主角——《白痴》中的梅思金公爵（夏志清，1982）。这两位评论家已经敏锐洞察到《红楼梦》在深刻的人物心性描写方面与陀氏小说的相应性；不过，在将《红楼梦》主人公与陀氏小说主人公直接进行“平行”比较之前，我们首先需要深入探索其“可比性”前提：在中西各自独特的小说发展传统中，《红楼梦》与陀氏小说何以能够同样达到如此精深复杂且存在着相互呼应的写人深度？

这是因为，在小说艺术创作层面，在对于“人”的丰富多彩、深刻复杂之性格认知、心性探寻与艺术塑造的主要观念上，陀思妥耶夫斯基小说与《红楼梦》达到了殊途而同归的境界。笔者拟从三个层面来深入分析：（一）“自我”矛盾：“人身上的人”与“正邪两赋之人”；（二）“人我”对话：“大家彼此”的“对应”与“周旋”关系；（三）“整体人情”：悲剧性、悖谬性的存在困境。因篇幅所限，本文将集中论述前两个层面，第三层面另文论述（张洪波，2004）。

一、自我矛盾：“人身上的人”与“正邪两赋之人”

在小说主人公心灵复杂性的深入描写方面，巴赫金十分推崇陀思妥耶夫斯基所提出的“人身上的人”的观念——“在完全采用现实主义的条件下，发现人身上的人……人们称我是心理学家，这是不对的，我只是最高意义上的现实主义者，也就是说，我描绘人类心灵的全部奥秘”（陀思妥耶夫斯基，1883）。大致说来，陀氏小说描写人物的“心理现实主义”深度，便建立在对人物心灵的内在分裂、矛盾、冲突之双重性质的充分展开和深入剖析的基础上。巴赫金对此进一步阐释说：“陀思妥耶夫斯基总是要从一个人的内心矛盾中，引出两个人来，目的是把这一矛盾戏剧化，把它横展开来表现”（巴赫金，1988）。——所谓“人身上的人”，所谓“从一个人内心矛盾中引出两个人”，或者巴赫金所说的小说主人公内心中的“两个声音”的复调对话，都旨在突出人类心灵本质上的内在矛盾性质。

与此相应的是，《红楼梦》作者在把握其小说人物性格气质的内在矛盾性质方面，也提出了自己的看法，这就是小说开篇借贾雨村之口道出的“正邪两赋”论。

《红楼梦》第二回中，当冷子兴演说贾府之时，提到宝玉这个“异样”孩子，以“色鬼”评之，贾雨村便马上“罕然厉色”纠正了他，继而说出了一番十分重大的“天地生人”之理论。他说天地之间，“大仁”之人禀“清明灵秀”之“正气”，而“大恶”之人禀“残忍乖僻”之“邪气”，不过，世上除“大仁”与“大恶”两种极端化情况以外，却存在着更多的“正邪两赋”之人，在这些人身上，出现的是“正气”与“邪气”碰到一起之时，相互矛盾、相互冲撞的紧张态势——

正不容邪，邪复妒正，两不相下，亦如风水雷电，地中既遇，既不能消，又不能让，必至搏击掀发后始尽。

而秉有如此正邪两赋“气质”的人，也就具有亦正亦邪，不可以常情常理窥测捉摸的矛盾性、复杂性特征，及特立独行的卓异性格：

> 在上则不能成仁人君子，下亦不能为大凶大恶。置之于万万人中，其聪俊灵秀之气，则在万万人之上，其乖僻邪谬不近人情之态，又在万万人之下。若生于公侯富贵之家，则为情痴情种，若生于诗书清贫之族，则为逸士高人，纵再偶生于薄祚寒门，断不能为走卒健仆，甘遭庸人驱制驾驭，必为奇优名倡。

由此可见，在《红楼梦》作者的人物构设观念中，小说中主人公皆为“正邪两赋一路而来”之人，他们性格生成中，这种“聪俊灵秀”之“正气”与“乖僻邪谬不近人情”之“邪气”，相互间“两不相下”“既不能消，又不能让”，而始终处于“搏击掀发”之矛盾冲突状态，便决定了其心性的内在矛盾与对立性质——这种“正邪两气”说与陀氏小说有关“人身上的人”，有关内心中“两种声音”相互“对话”的观念（巴赫金，1988），异曲而同工，都在阐释人类心灵的矛盾性与“二重性”。

然而，《红楼梦》“两气”说，与陀氏的“两人”说，虽然都包含着对人类心性的复杂认知观念，但二者之间毕竟还是存在着中西文化观念的巨大区别。

以陀氏小说为代表的西方小说中的“人性”思维，是从“人”出发，执着于“人”的思想意识而此外无它，“人”的终极性与绝对性，便使得“人”身上的“矛盾对立”在走向空前的具体、深刻和尖锐之时，也在“对立”中走向了难以化解、难以整合、难以自我超拔的极端化、绝对化方向，因为一切都终止于“人”，以“人”为目标为“整体”，这反而会导致无法真正全面地把握“人”——将“人”之认知绝对化和“终极”化，也就造成了始终不可达致的“人”的“彼岸化”。

而以《红楼梦》为代表的中国式“人性”思维，却是从环绕“人”、构成“人”却比“人”更为本源的自然之“气”出发——《红楼梦》作者在创造性地强调区分和辨析“人”所禀赋的“气”的内在冲撞、矛盾、对立性质之时，其思维根基却仍然立于“气”在本源上“赋形于万物（也包括人）”的混沌性和整体性。对于“气”这个“整体”来说，“人”仍然只不过是所属的一个“部分”——“人”的“相对化”，也就有可能在更广阔的背景下敞开“人”、更辩证、更超越也更“客观”地反思“人”，从而有可能推进对于“人”的更见“大体”，更为全面的认识。

西方人性思维根基上的“人”的绝对化，造成了人性思维方式上的三种倾斜与失衡状态：（1）“个体”的绝对强化，“群体”的相对弱化；（2）“自我”的绝对强化，“他人”的相对弱化；（3）人之“思想意识”的主观化、绝对化，及人之“整体生活”的相对弱化、简化——也就造成了胡塞尔所说的“生活世界”的被遗忘（米兰·昆德拉，1992）；正是在这样的思维惯性背景下，海德格尔才全力为西方思想寻求免于偏执的“去蔽”，寻求“天空”与“大地”，寻求“家园”，寻求人类“存在”的全面敞开与整体澄明之境（海德格尔，1997）。

巴赫金指出，陀氏小说在西方人性思维传统基础上的创新之处，就在于他以“残酷的天才”，“让自己的主人公承受特殊的精神折磨，以此逼主人公把达到极度紧张的自我意识讲出来”（米兰·昆德拉，1992）——在陀思妥耶夫斯基的深刻剖析之下，小说主人公丰富复杂的“自我意识”在极端紧张的内在矛盾、分裂的尖锐处、深渊处，开始走向“他人”，开始了与“他人意识”的深刻交锋与全面对话。

陀思妥耶夫斯基全力打破个体“自我意识”那种自说自话的“独白”、封闭性特点而寻求面向“他人”的开放、对话，这是他对于西方人性思维之“自我意识”的全面改造与深刻纠偏，然而与此同时，他的小说也未能摆脱西方人性思维传统的胎记——因为他的一切改造，始终是在“思想意识”的场域内进行的；相对于《红楼梦》中极之鲜活、生动、丰富的“整体生活”原生性场景而言，陀氏小说中“思想意识”的深刻性，在某种程度上，仍然是以“整体生活”的“缩减”为代价的。

陀氏小说中的主人公，无论是《罪与罚》中的拉斯柯尔尼科夫、《白痴》中的梅思金公爵，还是《卡拉玛佐夫兄弟》中的德米特里、阿廖沙或伊凡，其内心之思想意识皆处于极端激烈紧张的矛盾冲突之中，可见陀氏小说习惯于从“自我意识”出发而充分吸收“他人意识”；而《红楼梦》却更多地侧重于在众多人物相互间的对峙与周旋“关系”之中，展开幽微而复杂的生活冲突、性情冲突，更倾向于从“特犯不犯”的“众人”之中，经过深浅映衬、反复皴染，而渐次逼现、鲜明凸显出个性生动独特的多元“个我”——从中展现既包括“一己”、又包容“众人”的、具有多元性、复调性的人性与人情。所以《红楼梦》所展示的不仅仅是“思想意识”的冲突，而是更为复杂浑厚的、涵容所有物质与精神生活元素的、人类“存在”意义上的冲突。

由此可见，《红楼梦》所代表的中国特色的人性思维，更倾向于从“相对性”特征来表现“人”——即倾向于在“人伦”的群体性中来认识“个人”的相对性，因而其中的“个体”“自我”意识对于西方而言是相对弱化了。在中国传统的人性思维中，与“他人”的“关系”往往具有更为重要的决定性意义，超过了“自我”“个体”的意义，而这种对于人伦“关系”的偏重，也往往容易导致对“自我”“个性”的压抑和遮蔽。

《红楼梦》的深刻创新之处，便是在复杂错综的“人伦”关系的整体环境中，刻画出了“人人俱尽，个个活跳”（第二十一回脂批）的鲜明生动的多元人物“个性”。《红楼梦》把“人伦”关系的多元复杂性，与人物“个性”的内在矛盾性充分结合、相互渗透在一起：其中，矛盾复杂而又独特鲜明的多元“个性”，共同构成了整体“人情”的错综与冲突；而整体“人情”之“对峙”“周旋”性质，则又以深刻而错综的方式，渗透、影响、左右着每个人物个体心灵、生活与命运——“自我”矛盾的复杂性与“人我”矛盾的多元性，就共同构成了《红楼梦》人物心性的复调性;而“个性”深度与“人伦”广度的整合,也就构成了复杂而又统一的整体“人情”——笔者正是在此意义上,来深入理解和阐释鲁迅所提出的“人情小说”观——《红楼梦》对于“人伦”、对于“世情”的复杂错综性质的把握,以及对于“自我”、对于“情性”的深入探索,都包含在宏大而又幽微的整体“人情”观念之中。如果说陀氏小说是从“自我”出发而走向与“他人”的对话,那么《红楼梦》则是从“大家彼此”多项周旋的“人伦”关系出发,在对不同的、独立而多元的人物“个体”命运的体贴与同情、伤痛与无奈之中,融“个性”与“共性”于一体,而揭示出既杂多又整一的普遍“人情”——它其实也就是深层的、整体性的人类生存困境。

二、“人我”对话:“大家彼此”的“对应”与“周旋”关系

(一)对“他人客观性”的辩证认知与开放对话态度:

巴赫金认为,在以往小说的作者“独白体”模式中,小说人物仅仅是作者的“传声筒”,其性格往往是封闭性、论定性的,比如果戈理小说《外套》中的主人公,就是“从头到脚被人数落过,而且作出了最后定论的”“早被别人说死了,定了性,仿佛活着就成了死人”(巴赫金,1988),而陀思妥耶夫斯基的复调小说则打破了这种“把人看死的完成性”,强调作者创作时的“客观性”,认为作者应该“不把个人态度带进小说”,要追求莎士比亚描写人物那样的“客观”效果:“他描写人和生活,却并不表露他自己对问题的想法,而由他的人物凭个人的意愿去解决”(巴赫金,1988)。——陀氏小说是怎样达到这种人物描写的“客观性”的呢?巴赫金认为,在陀思妥耶夫斯基的复调小说里,作者对主人公所取的新的艺术立场,是认真实现了和彻底贯彻了的一种“对话立场”:

> 他(作者)是和主人公谈话,而不是“讲述”主人公。……只有采取对话的方针共同参与的方针,我的议论才可能与他人的议论发生紧密的联系,与此同时,却并不与他人议论融合,不吞没他人议论,也不把他人议论的涵义融于自身中,这就是说,要充分保留他人对话的独立性。在意思紧密相联的情况下,要保持某种距离,远非轻而易举。但保持距离是作者的构思所规定了的。因为只有保持距离,才能够保证对主人公的描绘具有真正的客观性

（巴赫金，1988）。

这种在人物描写方面“不把个人态度带进小说”的，充分确认“主人公的独立性、内在的自由、未完成性和未论定性”的“客观态度”，对于中国小说《红楼梦》而言，并不显得陌生和新鲜——这种人物描写的“客观”立场直接呼应着渊源深厚的史传“实录”传统，也即在论文上编“史传”源流部分论述过的“美丑毕露而无褒贬”、要求“适如其人”“适如其事”的“客观”描写精神。因为这种得天独厚的史传“客观”“实录”传统，再加上作者丰富的阅历、敏锐的思想洞察力和天才的艺术表现力，《红楼梦》刻画人物性情方面已经达到了圆融成熟之境界，以“善恶必书”、提炼“情理”的“写真”精神，凡写一人，“必于一个人心中讨出一个人的情理”[2]，对数量众多的人物进行了“妍媸毕露”、真实丰满、鲜活生动而褒贬难辨的深度心性“写真”。

《红楼梦》中所描绘的人物，总数达到了四百余位[3]。以一部小说而涵盖如此众多的人物，而其中写得个性鲜明、栩栩如生的人物，从“金陵十二钗”之正册、副册、又复册中的女子们开始算起，再加上宝玉及贾府其他上层主子下层仆人，旁及与贾府有关联的甄士隐、贾雨村、刘姥姥等人，至少是以数十计；且所有人物又都共处于同一个庞大的生活圈子中，错综穿插却又一笔不乱，这在世界长篇小说领域中是极为罕见的。吴世昌曾将莎士比亚剧作中的人物描写与《红楼梦》做了一个比较，他认为：“莎翁和曹雪芹在他们的作品中都创造了四百多个人物，但莎翁的人物，分配在三十多个剧本中，而且许多王侯、侍从、男女仆人，性格大致相类；在不同的基本中‘跑龙套’的人物原不必有多大的区别。而曹雪芹的四百多个人物，却严密地组织在一个大单位中，各人的面目、性格、身份、语言，都不相同；不可互易，也不能弄错”（吴世昌，2000）。——那么《红楼梦》的众群钗、众人物之间的复杂关系又是如何严密而错综地组织起来的呢？

巴赫金认为陀思妥耶夫斯基小说人物间那种相互冲突、相互交锋、相互对质、相互影响的积极紧张的互动关系，具有“深层对话”和“大型对话”的性质，而这种深层的“大型对话”实质上已成为陀氏小说的结构方式（巴赫金，1988）；

2 张竹坡《金瓶梅读法》：“做文章，不过是情理二字。今做此一篇百回长文，亦只是情理二字。与一个心中讨出一个人的情理，则一个人的传得矣。虽前后夹杂众人的话，而此一人开口，是此一人的情理。非其开口便得情理，由于讨出这一人的情理，方开口耳。是故写十百千人，皆如写一人。而遂洋洋乎有此一百回大书也。”

3 诸联在《红楼评梦》中说：“总核书中人数，除无姓名及古人不算外，共男子二百三十二人，女子一百八十九人，亦云夥矣。”根据他的统计，《红楼梦》中人物共有四百二十一人之众。（一粟，1963）

这一观念也同样适用于阐释《红楼梦》的多元人物间的积极互动关系与小说错综交织的叙述艺术结构，只不过，《红楼梦》人物的互动关系不仅仅聚焦在思想意识层面，而是涉及到人物现实生活处境中言行举止所有方面的更加复杂多样，也更加丰富幽微的相互“应答”关系，它不但包括“彼此”之间的两两对应，还包括“大家”之间的多元周旋，在“大家彼此”的整体“人情”语境下，更具有息息相生的“整体感应”特点。

（二）“大家彼此”的“对应周旋”关系

所谓“众人”之间的关系，用《红楼梦》第二十二回的话来说，就是“大家彼此”间的两两“对照”与多元“周旋”关系。《红楼梦》人物之间所形成的多层次、多角度、多条件的两两对应与多元周旋关系，几乎是不可胜数的——或是十二钗之间的对应与周旋，或是丫鬟之间的对应与周旋，或主仆之间的对应与周旋，或是贾府“爷们”之间，或是贾府“奶奶们”之间……从贾府的“凤凰”宝玉，到黛玉、宝钗、湘云，到元、迎、探、惜四位贾府小姐与凤姐、李纨，到大观园中的丫鬟辈女孩儿，再到其余贾府主仆人等，再推及京都中的太监、官员、百姓（包括贾雨村、醉金刚倪二、石呆子等）、僧道尼姑，再到千里之外的刘姥姥、乌进孝、甄家……所有这些大大小小、或近或远的人物构成了一个极为复杂的人事“生态圈”，此中人物“大家彼此”间千丝万缕、“触境生春”般的对应周旋关系，其情形种类之多，几近于恒河沙数。——就彼此对应关系而言，不消说最醒目的“钗黛”对比，及“晴为黛影”“袭为钗副”之说，就说那触目皆是、随手拈来的或微妙、或紧张的两两相对与往来关系，比如说贾母和刘姥姥这两个老太太，就构成看似最远实际又很切近的彼此对应；比如说探春与大太太的陪房邢善保家的，本来是八竿子打不着的关系，却在特定的抄家情境中爆发出惊心动魄的彼此交锋；又如宝玉在梨香院的龄官那里，第一次感受“从来未经过这番被人弃厌”的尴尬；又如黛玉的丫鬟紫鹃，与宝钗的丫鬟莺儿，她们对自己主子的关心，她们为此在宝玉面前的不同表现，其间就存在着幽微细致而充满张力的对比……就多元周旋关系而言，最醒目的情形当是宝玉与群钗的周旋关系了，但《红楼梦》远远不止于此，它写出了大观园内外、贾府上下整体“人情”错综穿插、周流不息、极为复杂丰厚的动态网络关系，比如凤姐在贾母、王夫人、邢夫人间的周旋，以及与仆人们的周旋；比如平儿与凤姐、贾琏及下人们的周旋，又如厨房风波中，柳嫂子与芳官、晴雯、小蝉、司棋等人的周旋，又如小红与怡红院中大小丫鬟、及与凤姐、贾芸的周旋……

《红楼梦》中“人我”对话活动的映衬、对比、周旋关系，具有生生不息的有机“生态”性质。这是一种“弥漫性情状”，是一种整体渗透性的、层层积累、渐次变化推移的整体情境，它具有森林、海洋般的有机生态特点，其中的每个人都直接生存在“众人”的眼光、评论、言谈之中，每个人的性情、举止、命运也都与其他人息息相关。小说二十二回中，宝玉因深感人际相处中难以“妥协周全”的困境，填了一支《寄生草》:“无我原非你，从他不解伊。肆行无碍凭来去。茫茫着甚悲愁喜，纷纷说甚亲疏密。从前碌碌却因何？到如今，回头试想真无趣！”——在“我你他伊”相互牵连的人情网中,个人如何能够“肆行无碍”呢?而人性的最复杂浑厚的深度与广度，也正蕴藏在这千头万绪千丝万缕间“相与于无相与，相为于无相为”的，既日常普通，又波云诡谲的整体人情境遇之中（张洪波，2004）。

参考文献

[1] 爱・摩・弗斯特 . 小说面面观 . 苏炳文译 . 广州 ：花城出版社，1984.

[2]《红楼梦问题讨论集》第一、二集 . 北京 ：作家出版社，1955.

[3] 安东尼・韦斯特 . 透过玻璃镜，阴暗地 . 纽约客，1958. 由翁廷枢译成中文 . 刊于《文学杂志》五卷六期 . 台北，1959.

[4] 巴赫金 . 陀思妥耶夫斯基诗学问题 . 北京 ：三联书店，1988.

[5] 海德格尔 . 艺术作品的本源 . 入《林中路》. 孙周兴译 . 上海 ：上海译文出版社，1997.

[6] 何其芳 . 论红楼梦 . 入张宝坤选编《名家解读〈红楼梦〉》上册 . 济南：山东人民出版社，1998.

[7] 米兰・昆德拉 . 小说的艺术 . 北京 ：三联书店，1992.

[8] 宋淇 . 红楼梦识要 . 中国书店，2000.

[9] 陀斯妥耶夫斯基 . 自传、书信及记事本摘抄 . 圣彼得堡，1883.

[10] 吴世昌 . 我怎样写红楼梦探源 . 转引自宋淇《红楼梦识要》. 北京 ：中国书店，2000.《南洋商报》1962 年元旦特刊 .

[11] 夏志清 .《红楼梦》里的爱与怜悯 . 原载台湾《现代文学》廿七期，1966. 入胡文彬，周雷编《海外红学论集》. 上海 ：上海古籍出版社，1982. 译文参照《中国古典小说导论》中译本第 330 页改 .

[12] 夏志清 . 中国古典小说导论 . 合肥 ：安徽文艺出版社，1988.

[13] 一粟编．《红楼梦卷》第一册．北京：中华书局，1963.
[14] 张洪波．红楼梦之整体“人情”:悲剧性、悖谬性的存在困境．红楼梦学刊，2004（3）．

作者简介

张洪波，1970 年生，毕业于北京大学中文系，文学博士，比较文学专业副教授。主要研究领域为中国文学经典的域外翻译与阐释、跨文化文学阐释的理论与实践。出版学术专著《< 红楼梦 > 的现代阐释——以“事体情理”观为核心》，发表论文 30 余篇。

（原载《红楼梦学刊》2008 年第 5 辑）

在中西文化的交叉点上
——茅盾与外国文学

汪剑钊

▶ **摘要** 茅盾是中国新文学史上最重要的小说家之一，他不仅在创作上卓有建树，而且有极高的理论修养与外国文学的知识。本文从文学比较与接受美学的角度切入，就茅盾在外国文学的研究和文学翻译的理论进行了梳理与辨析，拈出文学为人生、科学性与自然主义、翻译学研究和现代主义的倡导等专题，指出了茅盾在20世纪中国文学发展上的开拓性工作和先驱者的作用。

▶ **关键词** 中西文化；茅盾；外国文学

1827年1月31日，歌德在与爱克曼的一次谈话中声称："民族文学在现代算不了很大的一回事，世界文学的时代已快来临了"（爱克曼，1982）。相隔二十年以后，马克思和恩格斯在《共产党宣言》中也重申了这一概念。他们认为，资本主义的全球扩张，使一切国家的生产和消费都具有了世界性的特点。"物质的生产如此，精神的生产也是如此。各民族的精神产品成了公共的财产。民族的片面性和局限性日益成为不可能，于是由许多种民族的和地方的文学形成了一种世界的文学"（《马克思恩格斯选集》，1972）。应和着这一预言，"世界文学"逐渐从它的可能性转变为一种现实。其重要标志之一便是，有着古老文化积淀的亚非拉文学纷纷摆脱各自传统的羁绊，尝试着利用人类思想由近代向现代转型的契机，建构起一种新型的文学面貌。

以"五四"精神为骨干的20世纪中国新文学是"世界文学"发展的一个极为重要的分支。可以并不夸张地说，没有世界性的交流，没有外国文学的介入，便不能想象现代意义上的中国文学之存在。站在下一个世纪的入口处，回顾本世纪的文学历程，我们不难发现，自鲁迅以降，中国新文学史上的一流作家，几乎无一不通晓一种或数种外国语言，几乎无一不受有东西方文化的同时熏染。中国新文化的先驱者之一茅盾，也是这样一位有着双重文化背景的人物。在中国为数不多的学者型作家中，茅盾的博学和睿智是有口皆碑的，至于他和外国文学的渊源，更为论者所重。综观茅盾的理论著述，涉及外国文学的，计有三分之一强，其中仅专著一项，便有一百多万字，重要者有，《近代文学体系的研究》《小说研究 ABC》《欧洲大战与文学》《骑士文学 ABC》《近代文学面面观》《现代文艺杂论》《神话杂论》《六个欧洲文学家》《西洋文学》（即由书目文献出版社再版的《西洋文学通论》）《希腊文学 ABC》《北欧神话 ABC》《汉译西洋文学名著》《世界文学名著讲话》等。在这些著作中，茅盾站在中西文化的交叉点上，以一种开放性、世界性、历史性的眼光，纵横捭阖，爬梳抉剔，既勾勒自古希腊罗马文学以来各种文艺思潮兴衰代谢的线索，又对那些世界一流作家和作品进行重点的剖析和鉴赏，提纲挈领地为我们展示了世界文学流衍递进的整个过程。因此，即便撇开其创作不谈，仅以上列著述而论，茅盾也堪称不可多得的一位外国文学研究专家。作为中国新文学的一位先驱者，他的成功无疑得力于这些精深的研究成果。

一、“为人生”的主张与俄苏文学

和新文学史上许多作家一样，茅盾从事文学活动伊始，就受到了俄苏文学的强烈影响，“我也是和我这一代人同样地被五四运动所惊醒了的，我，恐怕也有不少像我这样，从魏晋小品，齐梁辞赋的梦游世界伸出头来，睁圆了眼睛大吃一惊的，是读到了苦苦追求人生意义的俄罗斯文学”（茅盾，1960）。在世界文学史上，俄罗斯作家向来以浓重的入世精神著称，他们无不怀有悲悯的情怀，关注人类的生存境遇，生命的意义，俄罗斯的命运。俄罗斯民族和中华民族相近似的是，它也是一个道德感高于美感的民族。在俄罗斯，文学常常被视作精神探索的一个触角，诗歌往往是灵魂之升腾和坠落的预言。在绝大部分诗人和作家眼里，内容的重要性远远高于形式，因此，唯美的、纯艺术的风格追求很少能在俄罗斯找到适宜的土壤，间或有之，也只能如昙花一现，绝不可能在文坛上占据主流的地位。自普希金、果戈理开始，俄罗斯文学便确立了同情下层人民苦难的人道主义传统，其对“被侮辱与被损害”的“小人物”的描写，构成了俄罗斯文学最出色的人物群像，殆至托尔斯泰、陀思妥耶夫斯基、契诃夫，对人性的张扬甚至达到了宗教的高度。

中国“五四”文学发轫之初，文学研究会和创造社在文学的功能问题上产生过较大的分歧，前者提倡“为人生而艺术”，后者则标举“为艺术而艺术”。关于文学研究会，茅盾发表过这样一个看法，称它“是一个非常散漫的文学集团”，其“发起诸人”，说不上什么“企图”“野心”，对于文艺的意见也并不一致，而且，也不曾追求过一致。“如果有所谓‘一致’的话，那亦无非是‘将文艺当作高兴时的游戏或失意时的消遣’的时候，现在已经过去了”（《茅盾全集》，1979）。茅盾认为：文学是为人生而作的。文学家所欲表现的人生，绝不是一人一家的人生，乃是一社会一民族的人生”（茅盾，1920）。由文学的“为人生”，进而表现出对俄罗斯文学的亲近，这是周氏兄弟、郑振铎等一批“文学研究会”骨干的共同倾向。这批作家对文学的选择是与他们对国民性的改造、对重建人生的理想结合在一起的。作为“文学研究会”主要的理论代表，茅盾进一步申述了这一观点：“俄人视文学又较他国人为重，他们以为文学这东西，不单怡情之品罢了，实在是民族的秦镜，人生的禹鼎，不但要表现人生，而且要有用于人生”（茅盾，1920）。正是对文学的功利性和教化作用的重视，茅盾对俄罗斯人道主义的文学的最大代表托尔斯泰产生了强烈的共鸣，力图和后者一样去反映广阔的社会生活，刻画众多的人物性格，展示时代风云中的各种复杂的社会关系，追求创作上的“史诗”风格。长篇小说《子夜》便体现了茅盾的这种努力。

《子夜》是中国新文学史上第一部社会剖析派的长篇小说，作者着力要表现的是当时上海各个阶层的生活，写出在半封建半殖民地的中国，民族资产阶级没落的必然命运。与传统小说单一结构不同，茅盾采用了一种复式结构。作品围绕主人公吴荪甫，铺开了工厂、农村、公债市场等多条线索。这种写法令人想起托尔斯泰在《安娜·卡列尼娜》中所采用的艺术手法，小说的一条线索是安娜的爱情悲剧之发展，另一条线索则是列文的农村改革之尝试。至于《子夜》第二章的设置，更是与托尔斯泰的《战争与和平》的第一章有异曲同工之妙。前者以灵堂吊唁为楔子，描写作为吊客的工、商、军、政各界人士的言谈举止，让书中的主要人物一一登场亮相，同时引出民族资本家吴荪甫与买办资本家赵伯韬的矛盾这一主要线索，以及其他几条次要线索。至于后者，托尔斯泰通过宫中女官安娜·巴芙洛夫娜的家庭聚会，一一介绍了书中的主要人物，拈出了几大家族间的亲怨关系。说到人物间的相似，在这两位大师的笔下，最值得重视的恐怕是《安娜·卡列尼娜》中的列文和《复活》中的聂赫留朵夫与《霜叶红似二月花》中的钱良材。他们都怀有社会改良的美好心愿。然而，严酷的现实总令他们的好心不得好报。不过，托尔斯泰所要表现的是“忏悔的贵族”在背叛本阶级的过程中的困窘；茅盾要指明的则是，资产阶级改良的不可能。

与西欧的批判现实主义相比，俄罗斯的现实主义有更为厚重的人道主义内涵，也较多地带有理想主义色彩。这一点对茅盾是极具吸引力的。从文学“为人生”的原则出发，茅盾以为，文学的社会职责不仅在于揭示痛苦，更需要创立“救济之法”。当他在比较托尔斯泰和易卜生这两位外国文学的大师时，其天平明显倾向于前者。这是因为，托尔斯泰“对社会之观察，乃乐观的非悲观的，彼谓社会大多数人皆为善人，其为恶者或社会制度逼之为恶，或社会之高等人临之为恶也，其说部或剧本都含此意”（茅盾，1919）。俄罗斯文学中有一个特异的现象，那就是在萎靡、沮丧、颓唐的“多余人”形象身边，总时不时地会有一些出色的女性相伴随。她们有的是贵族小姐，有的是平民学生，有的甚至是妓女，却无一不具有善良的天性和顽强的生命力，在受尽了社会的摧残和凌辱之后，依然不失其理想的色彩，她们在非常情况下所显露的镇静与勇敢，往往令那些沉沦中的男主人公黯然失色。在茅盾的小说中，也有这样的“新女性”群像，《蚀》三部曲中的静、慧、孙舞阳、章秋柳，《虹》里的梅行素，《腐蚀》中的赵惠明。她们不同于“贤淑温良”的传统女性，大多具有特殊的“狷傲”性格，除带有极强的个性解放和理想主义色彩以外，还夹杂着一丝虚无主义的意味，从中显露出对恶势力决不妥协的抗争精神。茅盾在塑造女性形象时所作的这种审美选择极有可能受到过他一向青睐的俄罗斯文学的暗示。

二、科学性、写实性与自然主义

在众多的茅盾研究文章中，有关他和自然主义的关系向来是论者所关注的重点之一。过去有人指斥自然主义对茅盾的创作产生的全然是负面的影响，抱着“为贤者讳”的用心，将他的文学道路描绘成不断抛弃自然主义的轨迹；时下却又有人认定他就是自然主义文学在中国的代表。固然，茅盾一生的文学活动与自然主义有着不解之缘，后者既影响了他的批评风格，也帮助过他创作个性的确立。但是，如上述对作家所受影响的全盘否定或全盘肯定都只能给茅盾研究罩上一层迷雾，无助于对他进行正确的评估和解读。

19 世纪和 20 世纪之交，中国一度盛行过唯科学主义思潮，它的信奉者认定，科学是取得真理的唯一途径，科学不仅可以有效地控制自然界，而且还能够解答人生和社会的诸种问题。1895 年，严复发表《论世变之亟》，把“科学”与“民主”界定为“于学术则黜伪而崇真，于刑政则屈私以为公而已”（《严复集》，1986），在求新的知识分子中间得到了热烈的响应，他们充分认识到科学与现代文明之间的密切关系，将它从单一的知识学提高到了意识形态的层次。“在国内几乎做到了无上尊严的地位；无论懂与不懂的人，无论守旧和维新的人，都不敢公然对他表示轻视或戏侮的态度”（胡适，1923）。在“五四”新文化运动初期，知识界曾经掀起一场传统世界观与科学世界观的论战，结果以后者的胜利而告终。科学世界观的支持者认为，科学可以为人类，提供一种正确的人生哲学，它的可能性起源于科学与人生的综合，伴随科学的成功，人生可以一步步趋于完善。新文化运动的急先锋陈独秀曾经有过类似的表述：“人类将来之进化，应随今日方始萌芽之科学。日渐发达，改正一切人为法则，使与自然法则有同等之效力，然后宇宙人生，真正契合。此非吾人最大最终之目的乎？”（陈独秀，1917）陈独秀以为，科学应成为现代人的新信仰，以取代孔孟学说为核心的儒教。他的这种观点进一步影响到他对文学的认识：“写实主义自然主义，乃与自然科学、实证哲学同时进步，此乃人类由虚入实之一贯精神也。”[1] 陈独秀的这种理解与当时茅盾的文学观念是一致的。后者也认为：“近代西洋的文学是写实的，就因为近代的时代精神是科学的。科学的精神重在求真，故文艺亦以求真为唯一目的。科学家的态度重客观的观察，故文学也重客观的描写，因为求真，因为重客观的描写，故眼睛里看见的是怎样一个样子，就这样写。”（《茅盾全集》，1989）。

众所周知，滥觞于 19 世纪中期的自然主义文艺思潮曾经受到孔德实证哲学的影响。孔德认为，人类精神的发展有三个阶段：宗教阶段，哲学阶段，实证阶段。这最后一个阶段就是科学时代。自然主义文学的集大成者左拉，通过对贝尔纳医生的《实验医学导论》的研读，间接地接受了孔德的影响。左拉力图在自己

1 陈独秀《通信》，载《新青年》第 1 卷第 6 号。

的小说中体现“科学性”。在他的眼里，小说家如同在实验室中紧张地操作着的科技工作者，他摒除任何主观的体验与臆想，坚持“纯客观”的态度，如实地反映所观察到的事物的现象，拒绝对隐匿在现象背后的原因作出说明和解释，因为作者不是一位道德家，而是一位解剖学家；他只要说出他在人类尸体里发现什么就够了。显然，茅盾对以左拉为代表的自然主义文学对客观性的推崇是持赞许态度的。从文学为人生的角度来看，自然主义的“求真”更易表现社会的真实性，在揭橥时代的病症和抨击丑恶腐败的现象上，它具有浪漫主义、象征主义等难以达到的优势。至于茅盾对当时文坛的评估，则是“基本止还停留在‘写实’以前”，已有的一些长篇小说，如《官场现形记》《儒林外史》等，虽然也触及到了社会的阴暗面，“却决不能算是中国的写实小说”（茅盾，1920）。在茅盾看来“以文学为游戏为消遣，这是国人历来相传的描写方法；这两者实是中国文学不能进步的主要原因。而要校正这两个毛病，自然主义文学的输进似乎是对症药。”（茅盾，1922）

不过，需要指出的是，茅盾当时强调向西方自然主义学习，并不意味着他认定自然主义是最好的写作方法。那不过是他认为当时国内文学界存在着若干缺点，自然主义恰恰可以对此进行补救。因此，他才决定去花费一些心力研究它，通过输入自然主义，去改变读者的口味，帮助作者获得新的写作技巧。按照茅盾最初的认识，自然主义绝非文学的最终鹄的，代表文学发展方向的是新近出现于欧美的“新浪漫主义”，“能帮助新思潮的文学该是新浪漫的文学，能引我们到真确人生观的文学该是新浪漫的文学，不是自然主义的文学，所以今后的新文学运动该是新浪漫主义的文学”（茅盾，1920）。从茅盾心目中的文学演变来看，自然主义是文学进化的一个驿站，但中国的文学必须经过自然主义的洗礼，方有可能进入更高阶段的文学发展层次，也就是他所谓的“新浪漫主义”，其缘由则是，自然主义“能抨击矣，而不能解决；能揭破现社会之黑幕矣，而不能放进未来社会之光明。故其结果，使人愤懑而不知所自处，而终至于消极失望，或者趋于危险之思想（主义）”（《茅盾全集》，1989）。因此，茅盾所择取的自然主义“并不是人生观的自然主义，而是文学上的自然主义”，也即吸取自然主义文学求真写实的长处。由此可见，茅盾介绍自然主义时的态度是清醒的，既不把它当作包治百病的灵丹妙药，也不因其尚存的欠缺而视同草芥。

三、现代主义与新文学的趋势

由于现代主义在中国新文学史上所遭受的厄运，评论者向来怵于研究茅盾与现代主义的关系。可以说，它也是迄今茅盾研究中的一个薄弱环节。早在 1920 年，茅盾便发表过一篇短文《我们现在可以提倡表象主义的文学么？》。在这篇文章中，他指出："写实文学的缺点，使人心灰，使人失望，而且太刺戟人的感情，精神上太无调剂，我们提倡表象，便是想得到调剂的缘故。况且新浪漫派的声势日盛，他们的确有可以指人到正路，使人不失望的能力"（茅盾，1920）。如前所述，出于文学表现人生和有用于人生之目的，茅盾竭力主张引进西方的写实主义和自然主义文艺思潮；但是，他并不认为它们能创造"最高格的文学"，他的设想是"先要介绍"，然后"坚决地反对"，以完成文学史的进化。为此，他从文学的社会作用着眼，"开始尽力提倡非自然主义的文学，便是新浪漫主义了"。在他的心目中，唯有"浪漫的精神"，方是创新的、解放的和革命的。在此，"新浪漫主义"被放到了一个与"新理想主义"同等看待的地位，似乎只有新浪漫主义才能表现未来的人生，触动人们去为新的理想而奋斗。但是，被茅盾视作"新浪漫主义"主要代表之一的罗曼·罗兰，并不是严格意义上的"新浪漫主义"（或称现代主义）的作家。于此，我们可以看出，茅盾早期对现代主义的推崇带有某种盲目性。而他对现代主义的真正把握，大致在 20 世纪 20 年代末，也即他撰写《西洋文学通论》的时期。

尽管有着上述的盲目性，茅盾在"五四"初期为现代主义所作的辩护依然显示了其艺术感觉的敏锐："即使退一步讲，以西洋文学为尽属于'堕落派'，那么，在纯粹艺术方面看来，堕落派的作品虽'有伤风化'，却不必定是无艺术价值的作品。我们若也承认'美'是艺术晶的一个要素，我们便没法去反对堕落派的作品。"茅盾以为，文学的发展应以"丰饶多变"为贵，"独尊一派"无异于宣判艺术的"死刑"。故此，对于近代以来灿若繁星的文学流派，不持轻率的反对态度，而是应该相信"这些流派都是构成更美的艺术国底分子"，把各派"等量齐观"，才能免除那些"陈见私意"对文学的健康发展的阻碍严（茅盾，1922）。

作为人生派的作家，茅盾信奉“文艺是人生的反映，是时代精神的缩影，时代的文艺完全是该时代的人生的写真。”人类是逐渐进化的，相应地；文艺也是愈益向前发展的，正所谓“怎么样的社会背景产生出怎么样的文艺，怎么样的文艺是怎么样的人生反映”（《茅盾全集》，1989）。据此，茅盾用以评判当时流行于欧洲的三个著名的现代主义流派，“未来派”“达达派”和“表现派”。他认为，由于本世纪初物质文明的骤然进化，机械和科学扫荡了整个欧美社会，对人们的心理产生了极大在影响。机械总是力量愈大、速度愈快，也就显得愈好，“所以一般人的脑子里也旋转着‘力’‘速’两个字”，未来派作家生逢这样的社会背景，受到此种暗示，自然地就可能创造对力的崇拜、速度的崇拜的作品。达达派兴起的时期，恰逢第一次世界大战，人类正处于那种荒诞、无聊的战事之中，“达达派的作家，一方面亦亲身感着这种空虚的悲哀，一方面却因置身在外，反而脑筋看得清楚，看得澈、见得到”。受到人类破坏性的感染，达达派也就来破坏艺术的一切陈规；期望在这种破坏里创造新的艺术。至于表现派，与上述两派一样，同样与德国的社会现实密切相关，它是战败后的心理折射，“物质上的困难引起了精神上的痛苦”，受着悲观主义的驱使，作家们认定“人性是恶的、物质的、肉的”，故此，“表现派破弃一切旧规则而努力要创新的精神，以及变态性欲的生活，都是现在这时代的人生的缩影”（《茅盾全集》，1989）。通过对这三派的分析，茅盾得出一个结论，现代主义各派的兴起，并非是纯然无意义的现象，也不是人们一味地好奇喜新的缘，故，实在是出于“时代不同，人生各异”的原因。因此，他要求文学研究者要秉持一颗“公正心”去评判它们，认真地探求它们产生的时代背景，讨论它们的艺术价值。

在发表于1921年7月13日《民国日报》上一篇题为《“唯美”》的文章中，茅盾列举了三名唯美型的作家，英国的王尔德、意大利的邓南遮和俄罗斯的索洛古勃，比较他们在“唯美”的同一标志下，对美的使命之不同理解和不同表现，指出前面二人的精神于现代人格格不入，唯有索洛古勃具有真正的现代意义，针对后者的悲观、厌世倾向，茅盾精辟地点出，“他的悲观是对于人类希望太过了以后的悲观。他嘴里虽说着死，心里却满贮着生命烈焰”，“惟其渴望更好的人生，更好的世界，所以他诅咒现在这人生和世界”。因此，“他是真正人生底批评者，真是伟大的思想家”（《茅盾全集》，1989）。因此，茅盾呼吁在中国能出现一个索洛古勃式的“唯美文学家”。

在对西方现代主义的介绍上，茅盾再次把重心转向了俄罗斯，在《西洋文学通论》中，茅盾指出，19 世纪末，俄国在表面上虽然仍像一个沉睡的巨人，没有任何变动，实际上，它的经济组织、社会关系和生活方式，已产生了巨大的转变，社会的重心已由原先贵族的庄园迁移到“近代式的都市”。资本家已在逐步取代以往贵族们的地位，而个人主义色彩也在社会的各个角落里愈益鲜明和强烈。但与此同时，“专制政治的铁链却又束缚得紧紧的”。俄罗斯的现代主义文学便在这样的背景下得以产生。值得重视的是，茅盾在比较了西欧和俄罗斯不同的地理、种族、时代背景以后，切中肯綮地指出了俄罗斯象征主义的独到之处：“西欧的象征主义和神秘主义到了俄国，却又失去了‘颓废’的色彩，而转入了幻想的玄学。在法国，象征主义是文艺上一种新的表现的方式，但在俄国，却又成为一种哲学。俄国的文学简直把整个宇宙视作一组的象征。宇宙间万物之所以重要，非为物的本身，而因为每物是另一物的反映或象征”（茅盾，1985）。除指出上述特征以外，茅盾还充分肯定了俄罗斯象征主义者在文字上的革新，视作“最值得纪念的事”。在他看来，与涅克拉索夫和纳德松等一批现实主义诗人相比，巴尔蒙特和勃洛克具有更大的艺术魅力；至于索洛古勃，甚至超越了一代大师屠格涅夫。在较为全面地评价了象征主义者的艺术成就后，茅盾作出了这样的断语；“这班神秘象征诗人把俄国文字的表现力提高了，扩大了，充实了，又美化了”（茅盾，1985）。其赞赏之情溢于言表。长期以来，尤其是 20 世纪 40 年代以后，苏联和我国对以象征主义诗歌、存在主义哲学为主体的俄罗斯白银时代的文化复兴运动一直讳莫如深，这方面的研究无形之中也成为“禁区”。近年来，这种局面有所改观，学界普遍认识到，那一时期俄罗斯知识分子的精神探索标志着欧洲近代思想的现代性转型（刘小枫，1994）。而早在 20 世纪 20 年代末，茅盾便以自己卓越的学术洞察力，正确地评判了这一场现代主义运动，这不能不令我们这些后来者叹服。

四、接受心态与西洋文学史构成

当我们回顾以往的自在态文学史，就会发现，与这个文学史同生共死的许多事物，包括声音、色彩、运动，等等，都已逝去，留下来的只是由符号形式凝固而成的一些“遗迹”。文学史本身只有一个，但可以有无数本文学史著作去对它进行描述和解读。它们与真实的文学史相距多远？哪一部著作更正确一些呢？我们又如何来据以判断呢？评判文学史能否建立一套统一的标准？这是一些看似平常、实则深奥的问题。它们涉及的是一个“文学接受”的重大课题。根据接受美学的理论，“在作者、作品和读者这个三角形中，读者不只是被动的一端，一连串反应，他本身还是形成历史的又一种力量。文学作品的历史生命没有其接收者的积极参与是不可思议的”（姚斯，1989）。正是由于“接收者”这个“中介”的存在，作品才能够进入到具有连续性的，不断变动着的经验视野，而在这种延续性中，作品便由简单的吸收逐渐上升到批判的理解，变消极为积极，从而达到一种“创造的境界”。

显然，在文学史的接受上，接受者多半会与他的文化归属感和价值判断相关联。我们回头来看茅盾所构建的西洋文学史，便不难证明这一点。茅盾曾经说过：“介绍西洋文学的目的，一半果是欲介绍他们的文学艺术来，一半也为的是欲介绍世界的现代思想——而且这应是更注意些的目的”（茅盾，1921）。这段话表明，茅盾在从事外国文学的介绍和研究活动中，预设了两个目标，一个是它的艺术性，也即美学因素；另一个则是它的思想性，也即意识形态性。在茅盾的心目中，后者似乎要占更大的比重。茅盾的这种选择标准无疑与“五四”时期知识分子所需承担的启蒙任务相一致，他极为重视国民性的改造和人生观的重建问题，文学在此被看作完成该任务的一个较为理想的工具。同时，它也必然地受到我国“文以载道”的传统之影响。诚然，茅盾看待西洋文学基本采取了一种社会学的方法，但他并未将其庸俗化，其艺术家的良知总在自觉地促发他关注文学作品的艺术层面。

正是本着这样的出发点，茅盾在《西洋文学通论》的绪言中提出了学习和研究西洋文学的四个基本观念。第一，文学并非凭空而来，也不是梦中偶得，“而是从那个深深地作成了人类生活一切变动之源的社会生产方法的底层里爆出来的上层装饰”，其申说的是一个经济基础对上层建筑产生作用的原理；第二，文学家不是与世隔绝的，他应是社会的一分子，“社会的意识形态，时时刻刻在影响一个文学家”，“所以，‘超然’之说，归根只是一句没有恶意的夸大”，在茅盾看来，近来崛起于西方文坛各种“超现实”的新派，在本质上仍然是那个现实的反映；第三，初民时代，文学是属于公众的精神产品，直到文艺复兴以后，“重商主义”在欧洲抬头，“文学家在社会的地位，方由公众的退而为个人的”；第四，在茅盾看来，文学史变迁的根本原因，就是“写实的精神”与“浪漫的精神”的“互相推移”，它们是构成文艺的要素，不论怎样，都万变不离其宗（茅盾，1985）。茅盾的这四个基本观念给我们的启示是，从事外国文学研究工作，坚持历史唯物主义的观点才是一条正确之途，任何一种文学现象的产生，都不可能是孤立、单一的，它必然与社会环境、时代背景、作家个人的修养、文学的内部规律等有各式各样的联系，唯有全面、系统地考察它的成因与结果，才能避免武断、臆测、片面。

此外，茅盾在描述文学史发展的过程中，十分注意“穷本溯源”的工作，同时对文学新思潮的兴起又时刻保持着警觉。在各种文学样式中，他对各民族的神话传说予以了特别的关注，据茅盾晚年的自述称：“二十二三岁时，为要从头研究欧洲文学的发展，故而研究希腊的两大史诗，又因两大史诗实即希腊神话之艺术化，故而又研究希腊神话”（《茅盾序跋集》，1994）。在研究方法上，茅盾较多地借鉴了人类学派的方法，又能自出机杼，另创新的境界。他非常重视神话的科学性和史料性，力图通过对神话的研究，探讨人类社会、文化的起源。在一系列神话专著中，茅盾研讨了不少神话学的基本问题，大至神话的性质、类别、起源，小至诸神的谱系以及它们的流传、演变。在中国的神话学研究中，茅盾是较早地运用比较这一方法的学者。他注意到，虽然同属于欧洲，但由于地理环境的不同，其神话发生和内在精神也并不相同：南欧神话多蕴含一种欢快、轻松，及时行乐的人生观；北欧神话则具有一种“悲剧”的意味。正是这种差异性，造成了它们各自文学发展的不同方向。通过神话研究，茅盾大胆地推断出欧洲的骑士文学与北欧神话有极深的渊源关系。这一推断极富勇气，但并非无的放矢。骑士的行侠仗义中渗透的英雄主义和自由精神，与古代神话、史诗中的英雄原型非常相似，所不同的是，在古代神话中作为非主要因素出现的美女故事，到中世纪便演成了主要情节，“恋爱的信仰代替了宗教，骑士们已经不是上帝的前卫，而是美人的前卫了”（茅盾，1985）。除“追本溯源”以外，茅盾在文学史研究中始终保持着一个批评家的敏锐眼光，关注异域文学的横向发展。在《西洋文学通论》中，他专辟一章，对新起的“新俄文学”作了细致周密的介绍，指出新写实主义是对旧写实主义的扬弃。在全书的结束，他宣称，“将来的世界文坛多半是要由这个受难过的新面目的写实主义来发皇光大”。这表明茅盾在移植外国文学方面，虽然坚持的是“思想性”标准，但是也毕竟显示了他立足于当下、瞩望未来的立场，披露了一名学者应有的人间情怀。

五、“媒婆”与“处女”——译学理论的探讨

在整个茅盾研究中，虽已有不少文章论及茅盾的翻译活动。但是，绝大部分论者很少注意到茅盾对中国翻译理论所作的贡献，这不能不说是研究茅盾与外国文学的关系领域中的一个缺憾。与许多翻译家仅埋头于翻译实践、从不过问译学理论的情况不同，茅盾十分注意翻译理论的建设工作。他一方面总结自己和前人的翻译经验，另一方面和翻译界的各家理论的倾向进行讨论和辨析，提出了一系列有关翻译的主张，这些主张大多散见于《翻译文学的讨论》《直译与死译》《直译 • 顺译 • 歪译》《译诗的一些意见》《“媒婆”与“处女”》等十多篇文章中。在中国现代文学史上，能如茅盾这样下力于翻译理论探讨的作家，实属罕见。

作为 20 世纪中国新文学运动的参与者，茅盾和鲁迅、瞿秋白、巴金、林语堂等人一样极为强调翻译的重要性。当时，有人说，创作是“处女”，翻译不过是“媒婆”；意谓翻译是一项微不足道的事，只有创作才是可贵的。针对此种观点，茅盾发表文章予以反驳，指出：“翻译的困难，实在不下于创作，或且难过创作”，因为，翻译一部作品，译者首先必须明了作者的意图，其次要真正领会原作的美妙，再次，译者需要将自己沉入原作，与书中人物同悲同喜，最后，译者本人必须具有能传达原作风格的能力；故此，“真正精妙的翻译，其可宝贵，实不在创作之下，而真正精妙的翻译，其艰难实倍于创作。”“‘处女’固不易得，‘媒婆’这何尝容易做呀！”不过，茅盾也并不以翻译之难而姑息、偏袒那些坏译本，在历述翻译的重要之后，他号召翻译界行动起来，作一个清理运动，推荐好的“媒婆”，驱逐坏的“媒婆”，帮助东西方文学缔结一段美好的姻缘（茅盾，1985）。

考察茅盾对译学理论的建设，大致可推溯到 1920 年，他在《译书的批评》中认为，在翻译问题上“就同一学说而讨论其介绍之正确与否”，是“最合我国现代需要而又我们现在勉能胜任的批评”（茅盾，1934），他提倡切合实际的翻译批评，戒除那些貌似博学、实则空洞的主观臆断的“批评”或烦琐的论述。茅

盾对文学翻译所提出的第一要求就是忠实。他坚决反对当时有人提出的“顺译”主张：“译得错不错是第二个问题；最要紧的是译得顺不顺”(《茅盾全集，1989》)。为此，他毫不含糊地亮出自己的观点：“在理论文学的翻译，我以为应当以忠实为第一义，‘看去眼顺与否’是无关大体的。……至于文艺作品的翻译；自然最好能够又忠实又顺口，并且又传达了原作的风韵和‘力’。”茅盾以为，在不得已的情况下，也必须尽量传达原作的神韵，亦即“力”，因为那是构成一部作品感人与否的关键。在茅盾看来，假如“原作的文学是朴素的，译文却译成了浓艳，原作的文字是生硬的，译文却成了流利”(茅盾，1934)，这就没有把原作的风格体现出来，仍然是对原作的歪曲。茅盾以为，直译的东西，看起来较吃力，但不会看不懂，真正看不懂的文字是“死译的文字，并非是直译的缘故”；“我相信直译在理论上是根本不错的，惟因译者能力关系，原来要直译，不意竟变成了死译，也是常有的事”(茅盾，1922)。针对这后一种情况，茅盾对译者提出了三项要求：“翻译文学书的人一定要他就是研究文学的人”，“翻译文学书的人一定要他就是了解新思想的人”，“翻译文学书的人一定要他就是有些创作天才的人”(茅盾，1921)。在直译、硬译、顺译、意译等主张中，茅盾无疑倾向于前者，但他的这种倾向并不是毫无原则、毫无条件的，在他看来，由于中外文结构的不同，那种字对字、句对句，一个不多、一个不少的翻译，是不可能的事，因此，他提倡能够传达原作精神的“直译”。

正是本着上述对传达原作的“力”之追求，茅盾在译诗艺术上，灵活地采用了“意译”一说；诗歌翻译向来是文学翻译的难点。有人认为；诗是不可以翻译的，诗就是在翻译中失掉的东西；也有人认为诗是可以翻译的，真正的好诗必定是可译的，另外还有人认为，有的诗是可以翻译的，有的诗是无法翻译的，即使可译的诗，也不过是将就的办法。茅盾的意见基本倾向于第三者，他觉得，经过翻译，原诗的种种好处，只能保留一部分，不可能原样移植。但是，译诗又是一项必须做的工作，因为借此可以感发本国诗的革新，“我们翻开各国文学史来，常常看见译本的传入是本国文学史上一个新运动的导线；翻译诗的传入，至少在诗坛方面，要有这等的影响发生”(茅盾，1922)。因此，他认为译诗是有积极意义的。

有此识见，茅盾在诗的直译和意译问题上选择了“意译”一说，这与他一贯强调译文要传达原作的“力”相一致。他主张在原诗的许多好处中挑出最为重要的半保留，也就是诗的神韵。译诗并不是简单地把一种文字译作另一种文字，而是译这首诗为又一首诗，传达原诗的音韵、意义、结构的精妙。不过，茅盾所谓的“意译”也仍然是有所限制的，它绝不是“节译”“顺译”，而是要合乎原诗的风格，“原诗是悲壮的，焉能把他译为清丽”。在诗的格律上，茅盾也主张尽量能以格律传达原诗的格律美，但又不拘泥于这一原则，如果它妨碍了译诗的其他条件，“不如不管，而用散文体去翻译。翻译成散文的，不是一定没有韵，要用韵仍旧可以用的”（茅盾，1922）。

此外，茅盾还对翻译中译名的标准化问题和名著的复译、重译问题发表过一系列的见解。关于前者，他以自己在翻译过程中遇到的困难为例，希望翻译界能制订出一套统一的标准，免得生出许多不必要的歧义。关于后者，他写过《< 简爱 > 的两个译本》，比较伍光健和李霁野对同一作品的两个译例，得出结论：“真正的名著应该提倡重译。要是两个译本都好，我们可以比较他们的翻译方法，对于翻译质量很有好处”（茅盾，1937）。综上所述，茅盾在半个世纪以前提出的一套翻译理论，不少观点都是合理正确的，他注重翻译的时效性、翻译的质量，在具体翻译上提倡“形神兼配”的主张，迄今仍具有启迪意义。

以上分五个专题对茅盾与外国文学的关系进行了粗浅的评述。在评述过程中，面对这样一位既研究过文学史、本身又构成了文学现象的作家，我时时感到评述所需的学养和才能的欠缺。这注定了本文仅是一则“初探性”的抛砖之举，至于对这一课题全面、深入的探讨，限于时间和篇幅，只能留俟他日了。值此茅盾先生一百周年诞辰之际，谨献本文，以作纪念。

参考文献

[1] 爱克曼辑录，朱光潜译．歌德谈话录．北京：人民文学出版社，1982.
[2] 陈独秀．通信．新青年，第 1 卷第 6 号．
[3] 陈独秀．再论孔教问题．新青年，1917（2）．
[4] 胡适．科学与人生观．上海亚东图书馆，1923.
[5] 刘小枫．走向十字架上的真．北京：三联书店上海分店，1994.
[6] 茅盾．文学家的托尔斯泰．时事新报•学灯，1919.
[7] 茅盾．俄国近代文学杂谈．小说日报，1920（11）．
[8] 茅盾．现在文学家的责任是什么．东方杂志，1920（17）．

[9] 茅盾 . 我们现在可以提倡表象主义的文学么 . 小说月报，1920（11）.
[10] 茅盾 . 小说新潮栏宣言 . 小说月报，1920（11）.
[11] 茅盾 . 为新文学研究者进一解 . 改造，1920（3）.
[12] 茅盾 . 新文学研究者的责任与努力 . 小说月报，1921（12-2）.
[13] 茅盾 . 译文学书方法的讨论 . 小说月报，1921（12）.
[14] 茅盾 . 近代文明与近代文学 . 时事新报·文学旬刊，1922（30）.
[15] 茅盾 . 一年来的感想与明年的计划 . 小说月报，1922（12）.
[16] 茅盾 . 译诗的一些意见 . 时事新报·文学旬刊，1922（52）.
[17] 茅盾 . 直译与死译 . 小说月报，1922（13）.
[18] 茅盾 .“媒婆”与“处女”. 文学，1934（2）.
[19] 茅盾 . 直译·顺译·歪译 . 文学，1934（2）.
[20] 茅盾 .《真亚耳》的两个译本 . 译文，1937（2-5）.
[21] 茅盾 . 契诃夫的世界意义 . 世界文学，1960.
[22] 茅盾 . 西洋文学通论 . 北京：书目文献出版社，1985.
[23] 姚斯著，刘峰，袁宪军译 . 读者反应批评 . 北京：文化艺术出版社，1989 .

作者简介

汪剑钊，1963 年生，毕业于武汉大学，文学博士。现为北京外国语大学外国文学研究所教授，比较文学与跨文化研究专业博士生导师。北京大学诗歌研究院研究员。主要研究方向为中西现代诗研究、俄罗斯文学研究。出版有专著《中俄文字之交》《二十世纪中国的现代主义诗歌》《阿赫玛托娃传》《俄罗斯现代诗二十四讲》《诗歌的乌鸦时代》等，译著《俄罗斯黄金时代诗选》《俄罗斯白银时代诗选》《曼杰什坦姆诗全集》《茨维塔耶娃诗集》等。在《外国文学评论》《外国文学研究》《外国文学》《国外文学》等杂志上发表数十篇论文。主持国家社科基金项目“俄罗斯黄金时代诗歌研究”。

（原载《外国文学评论》1996 年第 3 期）

当代通俗文艺与文学作品研究

新文艺进城

——“大众文艺创研会”与五十年代北京通俗文艺改造

张　霖

▶ **摘要**　20 世纪 50 年代初，为推动解放区新文艺在城市中的普及，北京文艺界展开了全面的城市通俗文艺改造运动。在这一运动中，“大众文艺创研会”是新、旧文艺家合作的重要的组织之一。本文对该会的组织性质、活动方式及其杂志《说说唱唱》进行了系统的考察，并研究该会在新文艺的生产、传播中的重要作用，同时，还就普通市民对文艺改造工作的接受、挪用状况进行深入分析，以展现这一文学史进程中新、旧文艺工作者和普通市民三者间复杂的文化互动关系。

▶ **关键词**　新文艺；50 年代；大众文艺创作研究会；通俗文艺

20 世纪 50 年代初，是现代中国史上的一个充满矛盾和机遇的时期。在这个阶段，不仅各行各业都在进行规模宏大的社会改造运动，新中国的文学也面临着更普泛、更深入的革新。特别是当 1949 年党的工作重心由农村转移到了城市之后，为了巩固工农兵文化在城市中的领导地位，在党宣传部门的领导下，文艺界开始了普遍的城市通俗文艺改造工作。

城市的通俗文艺改造，主要是以解放区的工农兵新文艺来取代城市市民的通俗文艺的文化改造运动。这不仅是新文艺进入城市并在城市中普及的过程，也是新中国工农主体的国家意识建立的开始。这一运动，包含着新旧文学的更替、城乡价值的对立、政治文化与商业文化的冲突、上层精英与下层民众的审美趣味抵牾等复杂而有趣的问题。也正在这样复杂的文学生产语境中，新、旧文艺家跨越了种种隔阂，联手合作，共同摸索新文艺的城市化道路。新中国文学的面目也正是在城市通俗文艺的改造过程中逐渐清晰起来的。然而，对于新文艺“进城”这一重要的文学史话题，目前还甚少引起当代文学史研究者的注意。笔者以为，对这个问题的遮蔽，主要是由于部分研究者的启蒙主义的精英文化立场所造成的。这使得我们的研究过多地关注上层社会的文学生活，而忽略了处于社会底层的旧文人、旧艺人以及市民对于新文艺的态度和反应。这种研究视野的褊狭，对于以工农兵为主体的当代文学的创作实践来说，不能不说是一个巨大的偏差。

因此，本文试图把目光投向下层社会的文化生活。从 50 年代北京地区所展开的城市通俗文艺改造说起，以新文艺的代表人物赵树理发起的新、旧文艺家的文化组织——“大众文艺创作研究会”（该组织简称“大众文艺创研会”）所参与的城市通俗文艺改造活动为中心，考察新文艺在城市中的生产、传播和接受状况，从而描述新文艺“进城”的历史面貌，并以此为基点，论述新、旧文艺工作者和城市市民三者之间的文化互动关系。

一、大众文艺创研会的成立

北京是新中国的首都，又是旧中国的皇城，同时，还是新、旧文人的汇集地，因此，北京的城市通俗文艺改造无疑具有重大意义。因此，50 年代初，来自解放区和国统区的新文学作家，如赵树理和老舍，都积极投入了北京的通俗文艺改造工作。

1949 年初，赵树理先于老舍进京。他在深入工人生活的偶然机会里，发现了位于北京城南的著名平民游艺场所——天桥。自清道光、咸丰年间（1821—1861）开始，天桥就已经成为北京平民的重要商业、游艺场所。由于商业活动繁荣，20 世纪三四十年代的天桥就是平津地区最为重要的城市通俗文艺舞台，许多著名的民间艺人，如评书艺人连阔如、评剧艺人新凤霞、相声艺人侯宝林、单弦牌子曲艺人曹宝禄等都曾在此献艺（中国曲艺志全国编辑委员会，1999）。到 1949 年，天桥仍是城市曲艺名伶汇集的场所。作为一个有使命感的新文艺工作者和敏锐的通俗文艺家，赵树理把更多的目光投向这里，他关心的正是如何使解放区的新文艺在城市中普及的问题。

然而，外面世界翻天覆地的变化，却没有给天桥的戏园子带来明显的震动。特别是在吸引观众最多的茶园、小戏棚子和地摊的演出中，新文艺的影响更是微乎其微。起初，艺人和观众对来自解放区的新文艺并不感兴趣，虽然赵树理曾经在天桥看到过演出新文艺的广告，但这只是一个应付检查的障眼法。实际的情况是外面贴一套，里面演一套。新文艺干部来时，艺人们才改唱“东方红”。而另外一些旧艺人，学会了新节目，却不理解其政治内涵。比如《解放区的天》之类的革命歌曲，经常会在死人出殡的仪仗里演奏（薛宝坤，1983）。

相对于艺人上下逢迎、躲躲藏藏的演出生活而言，北京的一批依靠卖文、卖画为生的旧文人、旧国画家的日子也不好过。新中国成立后，这些昔日名家的作品不再受到市场欢迎。而他们又都是自由职业者，不属于任何单位，没有生活来源，旧作品卖不出去，新作品拿不出来，一时间，包括张恨水在内的通俗小说作家，张大千、齐白石等国画家的生计都陆续出现了问题。据邓友梅回忆：“中山公园展卖齐白石老人的画，几尺长的中堂，标价四十万旧币无人问津；旧货摊上，张大千的册页四万元旧币（合人民币四元）一幅人们还挑挑拣拣。……还有的画家揭不开锅”（邓友梅，1994）。

出现这些问题之后，赵树理和老舍都意识到，大多数城市艺人和旧文人并不是拒绝或反对新文艺，而是不知该如何跟上时代的步伐。因此，新文艺工作者有责任帮助旧艺人进行改造。在此情况下，赵树理提出将解放区的新文艺“打入天桥去”的口号。而老舍则主动为旧文人四处奔走、寻找出路，积极动员他们加入到新文艺阵营中来。

与旧艺人、旧文人、旧画家的日渐狭小的生存前景相反，北京的通俗文艺市场的需求仍然很大，传播渠道依然畅通。第一，通俗文艺的读者群庞大。北京拥有二百万人口的大城市，工人、学生、战士、市民占了人口比例的绝大多数，他们都是通俗文艺的读者。第二，通俗文艺的表演舞台密集。这里有五千余名说唱、曲艺艺人，十余个戏班子，几十个说书场，需要大量的唱词、剧本。第三，北京有充足的文艺创作队伍，除了新文艺工作者之外，还有许多章回小说作者、自由作家、国画家、连环画画家、写旧戏曲和曲艺的作者。第四，北京有发达的图书市场，有几百个小书摊、旧书摊，还有不少历史悠久的印书局，可以开印几千种剧本、唱本，一次可印几十万册（王亚平，1949）。只要能够充分地调动这些有利资源，北京完全可以被改造成新文艺的生产基地。正是因为看到了工农兵的通俗文艺在北京发展的广阔前景，以及北京的旧文人、艺人寻求出路的内在需要，1949 年 7 月第一次文代会结束后，留京的部分新文艺代表、文化干部以及进步艺人立即投入北京的城市通俗文艺改造工作。

正是在上述背景下，经赵树理等人的倡导，一个旨在团结新旧文艺工作者、研究通俗文艺创作、推动新文艺在城市中普及的群众性文化组织——“大众文艺创作研究会”在京筹备建立。1949 年 10 月 15 日，大众文艺创研会在北京前门箭楼召开成立大会，选举赵树理、王亚平、王尊三、连阔如、赵富成、王颉竹、凤子、李薰风、辛大明、苗培时、郭玉儒等十一人组成大会主席团，赵树理任大会执行主席。全国文联副主席周扬、全国剧协主席田汉、市委会宣传部部长李乐光等领导到会祝贺并应邀讲话。10 月 20 日，会员大会继续在太庙（今劳动人民文化宫）的松林中召开，通过会章草案，选举了赵树理、王亚平等十五人为执行委员。至此，大众文艺创研会正式成立了（苗培时，1950）。

作为一个群众性的文艺组织，大众文艺创研会存在时间约两年。1950 年，当北京市文联成立后，其工作逐步由市文联接管，到 1951 年底完全停止活动。究其性质来说，该组织在成立之初不属于任何政府的文化机构，甚至连固定会址都没有，而且政府并未给予拨款，也不发给会员生活津贴，其经费来源主要是会员的会费、该会组织的演出和出版的营业收入、由该会介绍出版的会员著作的部分版税，以及个人捐助。因此在体制上它是一个半“同人”的文化组织。另外，据该会《会章》介绍，这个组织的宗旨是“团结北京市新旧文艺工作者，及有创作研究兴趣者，在反帝反封建反官僚资本主义、文艺为人民大众服务的总方向指导下，共同学习、研究、创作、展开北京市普及的新文艺运动”(《大众文艺创作研究会会章》，1950)。可见，该组织的主要的作用就是团结在京的旧文化人，使之能够进入新文艺阵营，为新政权服务。由此可知，大众文艺创研会是一个具有统战性质的半“同人”文学组织。

这一“统战”加“半同人”的性质，从 1950 年 2 月公布的会员名单中也可证明。现将该名单所登记的会员身份构成情况统计为表 1 ：

表 1 大众文艺创作研究会会员身份构成表

总人数：204		
会员身份构成	人数（人）	占总人数的百比例%
工人	69	34

续表

<table>
<tr><th colspan="2">会员身份构成</th><th>人数（人）</th><th>占总人数的百比例%</th></tr>
<tr><td colspan="2">学生</td><td>27</td><td>13</td></tr>
<tr><td colspan="2">市民（包括身份不明的会员）</td><td>34</td><td>17</td></tr>
<tr><td rowspan="8">文艺工作者（共 74 人）</td><td>新文艺工作者</td><td>14</td><td rowspan="8">36</td></tr>
<tr><td>旧曲艺工作者</td><td>16</td></tr>
<tr><td>旧戏曲（剧）工作者</td><td>13</td></tr>
<tr><td>小说作者</td><td>13</td></tr>
<tr><td>编辑记者</td><td>6</td></tr>
<tr><td>文化干部</td><td>5</td></tr>
<tr><td>教员</td><td>4</td></tr>
<tr><td>旧画家</td><td>3</td></tr>
</table>

从表 1 中，可以清楚地看到，大众文艺创研会以工人为主体的基本组织原则。而且，它的成员来自社会各阶层，身份比较复杂，唯一的共同点就是他们都爱好通俗文艺创作，因而看上去是个比较纯粹的文学组织。但是，果真如此吗？如果仔细分析“文艺工作者”的这一类会员的身份，可以发现存在一个有别于“曲艺工作者”“戏（曲）剧工作者”“小说作者”“编辑记者”等按职业划分的新类别——“新文艺工作者”。那么，哪些人可以被划入“新文艺工作者”的行列呢？本文以会员人数较多的从事小说和曲艺工作的会员为例，将其名单做进一步分析，参见表 2：

表 2 从事小说、曲艺工作的会员身份分类表

<table>
<tr><th>职业身份</th><th>非新文艺工作者</th><th>新文艺工作者</th></tr>
<tr><td>小说作者</td><td>新文学作家：舒舍予（老舍）
自由作家：孙嘉瑞（梅娘）
武侠小说家：郑证因、徐春羽
社会言情小说家：李薰风
专栏作家：金寄水（清室遗老）
《红玫瑰画报》主编：陶君起</td><td>赵树理
马烽
康濯</td></tr>
</table>

续表

职业身份	非新文艺工作者	新文艺工作者
曲艺艺人	连阔如（评书） 侯宝林（相声） 曹宝禄（单弦）	王尊三（说书）

从表 2 中，我们不仅可以看到大众文艺创研会几乎搜罗了在京的所有著名通俗文学家，其作者阵容相当强大（张恨水、陈慎言、还珠楼主等人虽然没有入会，但也被团结在组织周围，参与了该会搜集整理民间文学、修改旧戏曲剧本、曲艺段子的相关工作）。更重要的是，还可以发现该会在对会员的分类上执行着完全不同的两套标准：一是根据其职业分类，如教员、记者、曲艺演员、戏曲演员、小说作者等；二是根据其政治经历分类，在这里，被划入“新文艺工作者”一类的都是来自解放区的文化工作者：他们虽然分工不同，但有共同的文学立场，因此无论是唱大鼓还是写小说、写戏曲，都被看作一类。而对于没有解放区经历文艺工作者，却又仅以职业区分，不再考虑他们文学立场的差别。特别是在小说作者中，尽管老舍等新文学作家与郑证因等章回小说作者属于两个敌对的文学阵营，还是被等同视之。因此，这种分类方式表明，是否拥有解放区工作的特殊政治经历，才是新中国文艺界唯一的也是天然的分水岭。而这一资历，正是新文艺工作者超然于其他文化人之上的最为重要的政治指标。

此外，据曾任《说说唱唱》编辑邓友梅回忆，当时年轻的进步青年作者并不愿意加入这个组织，认为大众文艺创研会是落后分子集中的地方。他参加大众文艺创研会的活动是因为他的政治过硬，可以担负改造旧文人的工作。[1] 由此可知，在大众文艺创研会中，新、旧通俗文艺家的结合并不是一种平等的关系，在表面的团结之下，又建立起一套新的文化等级。

解放区文艺在政治上所取得的压倒性优势，决定了大众文艺创研会的第二个根本性质，即它是一个具有明确思想改造目的的文学组织。在大众文艺创研会的成立大会上，周扬、赵树理、田汉等人的发言中都重点解释了城市通俗文艺家为什么，以及如何进行思想改造的问题。

周扬首先从政治上给城市通俗文艺家定位，笼统称之为“旧文艺工作者”，

1 邓友梅在 2004 年 8 月 1 日的电话采访中对作者谈到。

在名称上与“新文艺工作者”相区别。这一称呼表明了以下两点：一是给他们一个新的社会身份（即“文艺工作者”），为其指明出路；二是在政治上对其做了定性（即“旧”），强调了城市通俗文艺在文化上的腐朽性、落后性。在这一前提下，周扬向他们解释何谓思想改造，他说：“有些人怕听‘改造’，其实改造是好听的话，把旧思想、旧作风去掉建立新思想、新作风、就叫做改造。”赵树理则鼓励旧文艺家们只要通过学习政策，写群众关心的问题，就能够完成思想改造。田汉的发言则针对戏曲界，他采取怀柔的办法，以情动人：“以前的人爱旧戏，但看不起旧戏，而现在我们不只爱他也尊重他，进一步改革他。旧戏曲工作者在今天的条件下要急起直追才能得人民的敬意”（周扬、赵树理、田汉，1950）。从三位党文化领导人的发言中可知，在 1949 年，党对城市通俗文艺改造的态度是坚定而温和的。新文艺工作者和党的文化干部在旧文学、旧文艺的改造工作上有绝对的自信。他们坚信，思想改造的工作并不需要政府的强制就可以在城市中顺利进行下去。虽然城市通俗文艺家的政治立场比较复杂，但他们有一个共同特点，就是文化上都追随统治阶级趣味，经济来源完全依赖市场。所以当政局发生更替之时，他们必然要寻找新的依附。在这种情势下，只要恩威并施，给他们一条出路，出于生计考虑他们大多会选择归顺新政权（杨犁，1949）。至于出身贫苦、文化水平较低的艺人，党的文化干部则更多地采取怀柔的策略，把他们的阶级出身和他们的落后文化身份相区别，对其所受的压迫表示深切地同情，尊重他们的人格，并称其为“文艺工作者”，给予他们较高的政治地位。在这样的感召下，旧艺人中的大多数都会感激涕零，形成翻身做主的阶级觉悟，而自愿为新政权服务（曹宝禄，2003）。事实上，这两种策略在大众文艺创研会以后的工作中的确都收到了预期的效果。

在明确了大众文艺创研会的组织性质后，还应该了解其活动方式。正如前文所述，该组织最主要的任务就是创作、普及新文艺，促进新、旧文艺工作者的团结和改造。为了实现这一目标，该会在执行委员会之下，又设组织联络、创作、研究三个部门和一个编辑出版委员会负责指导具体工作。而这几个部门的主要活动方式就是通过集体学习工农兵文艺思想和新文艺作品，让处于松散状态的文艺家们组织化，使之对新的文学体制产生认同。

在大众文艺创研会的活动中，组织联络部主要负责招募会员和新文艺的传播工作。除了开办“星期讲演会”，培养新文艺的读者和作者外，它的主要工作就是把要求进步的艺人组织起来，进行政治学习，而后为之开辟表演新文艺的场所。而创作部和研究部主要承担新文艺生产方面的工作。创作部负责监督和帮助会员的写作，包括作品的约稿、修改、推荐和审查，以解决其生计问题等。相比之下，研究部是最重要的部门。它由主席赵树理亲自领导，集中了众多名作家，主要从事通俗文艺改造的理论建设，同时进行统战工作。

那么研究部的活动如何开展呢？以小说组为例，该组初期有组员 21 人，新、旧小说作者都有。据原《红玫瑰画报》的主编陶君起回忆，他被编入小说第一组，组长为通俗小说作家刘雁声，陶负责组织联络干事兼记录，最初参加活动的如陈逸飞、金寄水、刘雁声、刘植莲、李克、李薰风、金启暻、杨祖燕、孙嘉瑞（梅娘）、崔兰波等人，其中以通俗小说作者为主。而小说家们由于没有组织生活经验，而且“文人相轻”的风气很盛，因而根本无法展开工作。直到新文艺工作者马烽和康濯加入以后，采取换作品、谈往事的办法，增进作家之间的了解，使之成为朋友，这才“搞好了组织”。小说家们放下了架子，开始主动要求学习创作新文艺作品。经过集体的观摩和讨论，适应力强的就开始小说习作，写不来的就参加连环画和民间传说的改编工作。特别值得一提的是，小说组的集体研讨活动实际上就是初级的“集体写作”。在小组中，作品从选题到完稿都要经过反复地公开讨论和修改，直到被同组人员认可后才可以交到编辑委员会审核。经过反复打磨，新生产出来的通俗文艺作品很少会带有作家个人的特点。同时，这种写作方式也是一种党的组织生活的训练，它有效地改造了旧文人的思想方式。在集体的辩论中，旧小说家们逐渐接受了为工农兵服务的文艺标准，并自觉以之指导创作。他们认识到：“创作第一要注意到在大众中间所起的作用，避免自我欣赏”。正如陶君起所说：“组织帮助了每一个人，每次小组会上，情绪都十分热烈；纠正了不少个人主义的思想。感到了集体学习的必要。……我们更相信了组织的力量。”（陶君起，1950）

二、大众文艺创研会与新文艺的生产

要真正推动新文艺的生产，大众文艺创研会首先必须建立自己的文艺阵地。该会的编辑出版委员会的主要负责人是《新民报》的总编王亚平，这对大众文艺创研会开辟自己的文学阵地非常有利，因此，该会掌握的有六种报纸副刊中，属于《新民报》的就有五种，分别是《新曲艺》《新戏剧》《工厂文艺》《新美术》《新北京》《大众文艺》；和《进步日报》的副刊《大众文艺》。除报纸外，该会还有两种杂志，分别是会刊《大众文艺通讯》和全国性的通俗文艺月刊《说说唱唱》，前者主要刊登讨论城市通俗文艺改造的理论文章，而后者则发表新文艺作品。此外，还有通俗丛书四种和小人书四十一种。这些报刊、丛书的用稿量非常大。仅报纸而言，每天都有八千字的版面需求，而为之供稿的，主要就是大众文艺创研会的成员。因此，这些阵地的建立不仅为新文艺的生产和传播创造了良好的环境，而且，也为旧文人解决了生活上的实际困难。

在上述刊物中，最重要的就是《说说唱唱》。它是大众文艺创研会创办的唯一的大型定期刊物，也是该会最主要的发表园地。《说说唱唱》创刊于1950年1月，主编为李伯钊、赵树理。1952年改版后由李伯钊、老舍担任主编，每期6万字(第一期特大号8万字)，先后由大众文艺创作研究会和北京市文联编辑。内容主要为各种可供表演的剧本、小说、诗歌、鼓词等新文艺作品。该杂志共出版六十三期，1955年3月终刊。

作为全国性的通俗的综合文学刊物，《说说唱唱》在文艺界和工农群众中影响颇大。新中国的文坛领袖人物郭沫若、茅盾、周扬三人都曾为其创刊号题词。可见它被寄寓的厚望。而且，《说说唱唱》不同于大多数国家文化机关主编的文学刊物，它是由通俗文艺圈内的专家创办，又有一定的非官方性质，因而比较强调作品的创新性和娱乐性。

以《说说唱唱》创刊号为例，它在作家、作品编排上可谓煞费苦心。首先，这期杂志基本出具了大众文艺创研会最强的解放区作家阵容，包括代表解放区文艺方向的赵树理，人称“延安四大鼓”之一的苗培时，诗人王亚平、作家康濯等新文艺名家。而且，还要邀请冀南民间“抗战诗人”马紫笙作鼓词，又请北京著名的旧剧作家景孤血创作新京剧，以彰显其“半同人”的和“统战的”性质。其次，就内容而言，创刊号所发表的七篇作品，基本都以翻身解放、移风易俗为主题，人物涉及城乡各个阶层，题材多为世情故事，情节曲折、人物生动。就形式而言，《说说唱唱》特别注意形式的多样化。作品中有鼓词、评书、唱词、小说、诗歌等等。在此基础上，编辑部还提倡形式革新。创刊号中，既有“洋为中用”的新编，如王亚平根据普希金童话诗《渔夫和金鱼的故事》改写的唱词《老婆子和小金鱼》，也有“由雅入俗”的改作，如赵树理把解放区文艺的典范之作——田间的新诗《赶车传》——改成了传统鼓词《石不烂赶车》，以至于，改作名声还超过了原作，因此引起了新文艺圈内的小小风波。但不管怎样，《石不烂赶车》受到艺人们的广泛欢迎，很快就传播开来。

正如《说说唱唱》出版广告中写的：“《说说唱唱》是通俗的、大众的、综合性的文艺月刊。……散文能‘说’，韵文能‘唱’；认识字的看得懂，不认识字的，说说唱唱听得懂，愿意听”（《说说唱唱》创刊号要目，1950）。虽然它也承担政治宣传的任务，但并没有过多的限制，总体而言，说教意味并不浓厚，形式也比较灵活多变。因此，《说说唱唱》的发行量很高，在华北、东北地区的大小书店和书报摊中随处可见，其发行量曾达到五六万册，在相当一段时间内超过《人民文学》，足见其受读者欢迎的程度。

另外，在《说说唱唱》编辑部周围聚集了一批精通通俗文艺的专业作家，如赵树理、老舍、王亚平、田间、苗培时、马烽、康濯、凤子、辛大明、邓友梅、章容、沈彭年、汪曾祺（1951 年底改版后加入）等，他们既是作者，同时也是编辑；通过他们的努力，《说说唱唱》又把著名作家、学者团结在一起，不仅有郭沫若、游国恩、阿英、曹靖华、端木蕻良、吴晓铃、杜澎、艾芜、秦兆阳、叶浅予（画作）等新派人物，还有张恨水、还珠楼主、陈慎言、金寄水等旧派名家，都为杂志撰稿或审稿；同时《说说唱唱》还积极培养工农兵作者，不仅发现了陈登科，还刊登过“高玉宝式”的战士作者崔八娃和小有名气的工人作者王彭寿、曹桂梅等人的习作，形成了一支高水平的通俗文艺创作队伍。从 1950 年到 1951 年底改版之前，《说说唱唱》发表了大量优秀的通俗文艺作品，如赵树理的鼓词《石不烂赶车》和小说《登记》、老舍的曲剧剧本《柳树井》、王亚平的唱词《张羽煮海》、陈登科的成名作《活人塘》，此外，还整理了民间文学遗产——山东快书《武松传》、武安落子《九红出嫁》等，这些作品均堪称一时佳作，产生了广泛影响。

三、大众文艺创研会与新文艺的传播

大众文艺创研会生产了大量新文艺作品，但这仍然是案头之作，要想使之向全社会普及，必须依靠城市原有的宣传力量，如艺人、旧书业等，去开辟广阔的新文艺阵地，以吸引并培养新文艺的观众和读者。

由于有解放区的文化工作经验，新文艺工作者清楚地知道，新文艺要想占领城市的文化阵地，必须依靠民间艺人。从 1949 年 8 月到 1950 年底，北京举办过多次艺人讲习班，大约有 2000 多名艺人（包括 260 名盲艺人）参加了学习。讲习班邀请一流的专家、学者（如欧阳予倩、田汉、洪深、赵树理、阿甲等）为艺人们讲授《社会发展史》《中国革命与中国共产党》《在延安文艺座谈会上的讲话》及戏曲改革政策等课程，同时进行表演、音乐等职业技能培训，以提高其演出质量。对北京的曲艺界来说，这样大规模的政治学习和专业培训是闻所未有的。艺人们参加学习的热情很高，但目的各不相同，有的想尽快知道自己的生活将会发生怎样的改变；有的则是抱着混毕业证书，好重新搭班子唱戏。经过大约为期两个月的集体授课和分组讨论，艺人们的思想普遍受到触动，初步接受了党的阶级启蒙。而土改中普遍应用的诉苦会，对启发艺人的政治觉悟同样有效。著名京剧艺人裘盛戎说："经旧剧科诸位同志的苦心教导，知道了新旧社会的不同，应改造自己过去的糊涂观念。……我们本身应更随时警觉努力，前进再前进，改革国剧"（裘盛戎，1999）。著名评书艺人连阔如则表示，"改造后的旧艺人有了政治头脑，都不愿唱旧戏曲。……愿唱反封建的、反迷信、反官僚的、反帝国主义等等的新戏曲"（连阔如，1950）。

除了给艺人们上课之外，党的新文艺工作者还身体力行，义务帮助他们演出，手把手教给他们如何创作、表演新文艺作品。1949 年底，曹宝禄、连阔如、关德俊等说书艺人组织了"群英社"；1950 年 1 月，相声艺人孙玉奎、侯宝林（当时是大众文艺创研会成员）等人发起成立了"北京市相声改进小组"。这两个组织都得到了作家老舍的热情帮助，学者吴晓铃也为相声改进小组改写过新相声段子。1949 年初，新凤霞所在的私营评剧戏班在北京天桥万盛轩小戏园子演出期间，曾接待过解放区来的"新秧歌剧团"。团员们义务参加民间艺人的演出，不收取费用、自带伙食，并教艺人表演《夫妻识字》《兄妹开荒》《白毛女》《血泪仇》等解放区名剧。新凤霞与解放区的著名演员王昆、郭兰英等人都曾同台演出。据新凤霞回忆："解放区来的秧歌剧，观众看着新鲜，我们也觉得新鲜，爱看爱听。演员们一见面就跟我们打成了一片，我问王昆为什么跟我们演出？她说：'你们天桥的小戏院子，是劳动人民的娱乐场所，我们来是为了深入生活，接近劳动人民。'……他们有文化，我们把他们当老师，但他们总是谦虚地说：

‘我们是来学习的’。”（新凤霞，1982）[2] 在互相学习和切磋中，新文艺工作者和民间艺人结下了深厚的友谊。

在新文艺工作者的帮助下，艺人们很快就积极地投入新中国的文化建设，并在政治宣传工作中承担了重要的工作。1951 年 3 月抗美援朝战争期间，在京艺人成立“第一届中国人民赴朝鲜慰问团总团曲艺服务大队”，奔赴朝鲜前线慰问中国人民志愿军。同年 9 月，盲艺人讲习班结业后，即成立首都盲艺人曲艺实验工作队，在城市配合各项政治运动，走街串巷进行宣传工作。

除了对旧小说家和旧艺人的改造外，新文艺工作者还对出版、销售通俗读物的私营旧书业进行改造。通俗读物是市民主要的文化消费品。而且，随着农村扫盲运动的展开，粗通文墨的农民的数量逐渐增加。基层干部对能够作为政策文件辅助教材的通俗读物的需求也大幅增加。因此，注重出版有益于人民的通俗书报成为新中国出版业重要原则（尾季美，2005）。为了满足现实的需要，夺取这个重要的宣传阵地，《文艺报》曾多次讨论相关问题。而北京最有名的图书出版商集中在打磨厂街一带。著名的旧书店有宝文堂、学古堂、泰山堂、二酉堂等十几家，大多都有近百年的历史。这些书店的出版和销售能力都非常强，每种图书通常都以几十万份开印，除了在华北一带的书店和数以千计的租书摊长期销售外，他们还有自己的远销渠道，每逢庙会、节日或农闲时节，就有许多货郎会把热销的图书带到东北、西北地区，直接送到农民手中。在这些北京的旧书店中，宝文堂生意做得很大，但 1949 年到 1950 年间，由于政治的巨大变革，该书店面临经营危机，为了跟上形势，第四代经理刘玉铮常常到街上问做宣传的学生今后“应该印什么？”（陈逢春，1952）事实上，宝文堂的困境也是建国初期旧书业普遍面临的问题。

旧书店的经理们的困境，为新文艺工作者提供了与之合作的机会。大众文艺创研会就在这时派人访问了宝文堂，与之协商合作出版新唱词、《新历书》的事宜。大众文艺创研会答应为宝文堂提供符合新时代要求的作品，并希望宝文堂为他们提供广阔的发行市场和畅通的销售渠道。双方一拍即合，宝文堂的两代经理——刘善政和刘玉铮父子一起加入大众文艺创研会，成为正式会员。在这次合作中，新文艺工作者和旧出版商共同实现了他们的目标。在宝文堂协助下，大众文艺创研会的新曲艺、新评戏、《东方红》的仿影等通俗读物都得以大量印

2 当时来参加演出的新秧歌剧团员有王昆、张玮、贺键、钱明、牧虹、郭兰英、华群、萧甲等人。

行，仅在 1950 年一年，就出版该会会员作品 60 余种。从 1951 年到 1952 年，新唱本销售 200 多万册，仅《小女婿》一种就近 20 万册，而且销售范围从华北扩大到齐齐哈尔、库伦、迪化，成都和上海；而宝文堂的历书生意得以重振，仅在 1951 年春节前后，就销售了五万余册。由于宝文堂书店积极投入新文艺的传播事业，不仅政治地位迅速提高，而且获得了不小的经济收益。1950 年，出版总署决定对通俗读物的定价、出版给予补贴。这一政策也对参加城市通俗文艺改造的私营旧书业恢复生产起到了一定作用（尾季美，2005）。

有了艺人和出版的充足准备，新文艺还需要市民、工人的理解和接受。事实上，当新文艺刚刚进入城市的时候，北平的市民、工人并不熟悉这种来自农村的文艺形态。为了培养群众对新文艺的兴趣，设立在北平的新华电台主动与艺人联系，成立了广播小组，请他们在电台公开表演新曲艺节目。从 1949 年 9 月 1 日起，每日下午六点三十分开始，有半小时左右的时间播送一段新曲艺节目。1950 年 3 月，又增加了午间的新曲艺广播时间，在“工人时间”栏目中加了半小时的曲艺节目。但是有条件收听电台广播的，主要是工人和干部，普通市民不在其列。因此，在大众文艺创作研究会的倡议下，1949 年 9 月 29 日，在北平最繁华的商业区前门箭楼开辟了一个演唱新词的阵地——“大众游艺社”。

大众游艺社是由艺人全权组织的演出机构，推举连阔如、曹宝禄任正、副社长，并以“只唱新词，树立新作风”为演出原则。艺人演出的新词主要由大众文艺创研会提供。所谓新作风，包括多方面的改革，比如打倒明星制，演员作风要朴素，演唱要认真，去掉旧游艺场所的一切陋习，民主评定演员待遇，等等。为了筹备大众游艺社的开幕，许多演职员都亲自参加劳动，主动出钱出力。据沈彭年回忆，“大众游艺社的开幕很不容易，靠了热心的演职员们，东挪西借来的一点钱，草草的修建和布置了一下，前台主任全国华和侯一尘，都参加劳动：挂幕布，抬锅炉，侯一尘把自己家里的台灯和铜盆都拿来公用，演职员都有信心，有的说‘只要赚得出来车钱就唱’，有的说‘赚不出来车钱走着来也唱’”（沈彭年，1950）。但起初新词并不特别吸引观众，尽管有二三十个演员，其中不乏名角儿，但每场只卖到十几个座，果然连车钱都没赚出来。直到 11 月 6 日，第一次卖了一个满座，终于鼓舞了士气。但市民对新曲艺的接受才刚刚开始，需要进一步培养观众，扩大它的范围。

为了能够让新文艺在北京中生根，赵树理决定把天桥的艺术送到知识分子中去。1951 年秋季，大众文艺创研会的赵树理、沈彭年与燕京大学教授林庚共同协作，在燕京大学中文系开设民间文艺课，两周一次，每周两小时，采取专家讲课和著名演员现场表演相结合的形式，讲授相声、大鼓、牌子曲、还有被蔑称为“蹦蹦戏”的评戏等民间曲艺形式，介绍民间文艺体裁的历史沿革和艺术特色（沈彭年，1985）。[3] 据上过这门课的燕京大学学生潘俊桐回忆，第一次课听者众多，礼堂被挤得水泄不通，听者中包括不少讲师和助教，并称新凤霞的评戏《刘巧儿》，歌喉婉转，“听后大有绕梁三日之叹”；而连阔如的山东评书《潘金莲》声音宏亮，模仿人物惟妙惟肖，百多名听众“屏住呼吸，一动也不动”（潘俊桐，1985）。

四、市民趣味与新文艺标准的抵牾

20 世纪 50 年代初期的城市通俗文艺改造在表面上进行得热火朝天，但新文艺工作者、旧文艺家和城市民众间的文化合作并非水乳交融，而市民也并非在一夜之间就接受了文化改造。在新文艺的政治高标、纯正品味，与文化商人的利益驱动，以及市民世俗的文化趣味之间存在相当明显的抵牾。

1949 年 8 月 1 日，正值农历七夕。按风俗，北平要上演《鹊桥相会》。此前一个月，平津两地的戏剧界刚刚提出旧剧改革的口号，为了做出表率，就去掉了“天帝下旨赐婚”一场戏。大多数观众对此没什么反应，但也有不少人拒绝接受。据一位外国记者回忆，他曾经在 1949 年七夕节去看了这场戏，但他所遇到的观众“显然是些强硬派”。落幕时，因为没有看到天帝下旨，许多人大叫：“戏没完！戏没完！”“当剧团的一位工作人员出来解释说，删去最后那场戏时为了破除迷信时，观众还拒绝退场。……前排的观众甚至把瓜子抛到他的身上。大概十分钟后，观众才闷闷不乐地离开剧场”（德克·博迪，2001）。这种情况说明，市民对新文艺并不理解，他们并非一开始就自愿接受新政权对自己的文化改造。

除了某些直接的反对之外，大多数市民对新文艺抱有比较大的热情。比如，当时北京、上海、苏南等城市中一度掀起观看秧歌剧《白毛女》的热潮。不过，

3 参与该课程讲授的有作家赵树理和各曲种名家，包括连阔如（山东评书）、高元钧（山东快书）、良小楼（京韵大鼓）、新凤霞（评戏）、魏喜奎（奉调大鼓）、孙玉奎（相声），顾荣甫和尹福来（满族八角鼓）等。参见沈彭年（1985）

市民对《白毛女》的兴趣并非出于真正理解这个剧目的内容，只是出于“新奇而已”（沈立人，1949）。城市中的书商正是抓住了人们的这种猎奇心理，出版了十七个版本的《白毛女》连环画。在经济利益的驱动下，有些商人粗制滥造，对《白毛女》原作任意删节，甚至删去了喜儿翻身得解放的结尾（何公超，1949）。

从城市通俗文艺的生产者的反应中，可以看到一个有趣的现象，就是文化地位处于劣势的市民对于新的文化环境有极强的适应能力。虽然他们的审美趣味既不被知识分子的高雅文化认可，也不见容于新文艺的政治标准，但是，当他们面对强大的政治宣传攻势之时，并非完全被动地接受改造，而是为自己的需要寻求多种变通的渠道。而夹在政治文化和市民文化之间的旧文艺家和商人，既要遵循政治宣传的原则，又要满足市民的趣味，其结果就是对新文艺的形式、内容进行局部的改写，将其挪为他用，从而消解政治文化的压力。因此，以“旧瓶装新酒”为招牌的新文艺在进入城市之后，同样遇到“新瓶装旧酒”的尴尬问题。

《文艺报》和《人民日报》经常刊登关于通俗文艺改造的批评文章。1950 年的月份牌俨然已经是新文艺的做派，不仅图画的主题已由升官发财改为“生产建国”，而且主人公也从静坐巧笑的旗袍美女换成了穿着工装裤在机器前劳作的女工。不过，50 年代月份牌女工虽然衣着朴素，但仍然不失女性的妩媚，皓齿蛾眉不说，还要在蓝色的工作服上露出一截粉红的衬衫，甚至指甲上还涂着红艳艳的蔻丹（陈涌，1950）。这与 60 年代宣传画中强壮朴素的女工形象的差别显而易见。而在抗美援朝战争期间，利用连环画进行“反美”宣传，一度成为社会动员的主要途径。而京、沪等大城市，是受美国文化影响大的地区，因此，不少商人和连环画作者就利用这个机会，以宣传抗美援朝为名，在政治宣传品中加入了大量暴力、色情的图画，以供读者消遣。1952 年，《文艺报》专门撰文严厉批评这种任意的“挪用”行为，认为这些作品非但不能激发民众抗击“美帝”的斗志，反而引起他们的恐惧和淫欲（陈肃，1952）。此外，在音乐方面，最常出现的就是随意改变革命歌曲的演唱、演奏形式来满足的市民的文化生活需要，比如私营电台中用“怪里怪气的黄色腔调”演唱革命歌曲。为此党的文化机关还特别公布了一份禁止在非正式场合演奏的革命歌曲名单（《应严肃对待庄严的革命歌曲》，1952）。

上述事实从一个侧面说明，在 50 年代初，市民的文化心理并没有因为新政权的建立和新文艺的普及而发生根本地改变。也就是说，他们既努力迎合、积极参与新文艺活动，又对新文艺的政治训导意图进行着局部的消解和本能的拒绝。北平在 50 年代初一度流行秧歌舞就是明显的例证。但是，即便是市民阶层采取这种最为积极的迎合态度，也还是不能符合新的政治文化的要求。因为群众表演中对民间趣味的追求在某些方面侵害了新文艺的严肃性，妨害政治宣传的准确度。因此，《进步日报》在 1949 年 6 月 8 日刊登了北京市总工会为许多跳秧歌舞的人制定的四条纪律：(1) 禁止跳秧歌舞者男扮女装。(2) 禁止佩带封建迷信挂件。(3) 禁止任何粗俗的言语行为，如把蒋介石画成个黑乌龟。(4) 严格控制使用化妆品（德克・博迪，2001）。

当国家的宣传机构对城市通俗文艺改造频频发出预警的时候，也正从另一个侧面说明，新中国的政治文化正在向全社会的各个角落渗透，即使是社会底层的文化生活，也开始受到前所未有的严格监督。正是在此情况下，赵树理等人对城市通俗文艺的宽容、尊重态度遭到公开批评[4]。1951 年 12 月，《说说唱唱》宣布将与《北京文艺》合并，作为市文联的机关刊物，担负起"指导全国通俗文艺工作"的任务（本社启事，1951）。此后，大众文艺创研会交出了《说说唱唱》的编辑权，转由北京市文联负责。这次改版使该杂志的性质发生了根本的改变。首先，《说说唱唱》由半"同人"的刊物转变为官方刊物；第二，它由以通俗文艺创作为内容的文学刊物转变为以政治宣传为内容的综合性刊物；第三，它的读者逐渐由普通的农工、市民转变为学生、干部。1952 年 1 月，《说说唱唱》正式改版，原班编辑人马逐渐调离编辑部，甚至离开文坛。1955 年 3 月，《说说唱唱》终刊。大众文艺创研会作为 50 年代的一个重要的半"同人"文学组织，对新中国文坛的彻底消失了。

五、结论

综上所述，大众文艺创作研究会是一个旨在团结各界文化力量，共同推进新文艺普及的半"同人"的文学组织。正是这种半"同人"的性质，使它团结了大批被排斥在革命文化阵营之外的旧文人和艺人，对北京的民间文化力量进行了有效的整编。大众文艺创研会是新中国文化秩序形成的一个缓冲区域。通过这个组

4 有关赵树理小说对通俗文艺的借鉴，可参看董之林（2006）。

织，新、旧文艺工作者和市民找到了文化认同的基础，并进行着有效的文学互动。

然而，就在大众文艺创研会所建立的表面的文化认同之下，仍然存在种种矛盾和冲突。正如历史学家洪长泰先生所指出的，即使在同一社会中文化符号及制成品都为一般人所认可和接受，也并不意味着此种文化系统是连贯和一致的。因为文化系统内部具有复杂性，此系统中不同单元之间存在冲突和矛盾（洪长泰，2003）。因此，当新文艺由解放区移入城市后，它所面对的，不再是一个相对单纯的文化系统，而是一个更加多元化的城市文化生产机制。特别是当市民文化和商业文化加入新文艺的生产、传播，乃至于接受的环节之后，共产主义文艺系统在建设过程中矛盾与冲突变得越来越激烈。尽管 1949 年后，中国文坛在文学实践层面呈现出一体化的面貌，但是，这并不能说明该文化系统内部的冲突也消亡了。因为掌握政治和文化权力的上层精英只能通过控制文学的生产和传播来保证文艺作品的意识形态在文本层面的一致性和纯粹性，但是，他们对意识形态在文学的接受环节中的损耗却往往鞭长莫及。也正是因为新文艺的接受主体是文化水平不高且与农村生活相隔膜的城市居民，他们对新文艺作品的理解、接受方式均受到其固有的思想、观念、知识、趣味的限制。虽然新文艺在普及的过程中一直非常注意大众化，但如何保证普通读者能正确理解作品的政治内涵一直是困扰新文艺作家的问题。

虽然市民对自己文化趣味的坚守往往被新文艺工作者视为文化落后性的表现，但是，从另一个角度看，这恰恰说明了他们在文化上并不是被动的文化消费者。50 年代，北京市民对新文艺的挪用就有力地证明，市民不仅有能力灵活地应付各种自上而下的文化改造，甚至当面对新文艺的压力时，还可以采用阳奉阴违的变通办法，抵抗新文艺对市民文化的压制和征服。政治学家詹姆斯·史考特（James C. Scott）在研究群众（特别是农民）对政府进行抗议时，发现“人民往往不会采取一些武装或激烈的公开行动，因为这样容易招来重罚，甚至杀身之祸；他们会透过笑话、歌曲、不敬的手势或委婉的说法来表示不满及愤怒。这类行为与平日对有权势的人所公开表现的尊敬和服从是完全不同的。”史考特将之成为“隐藏的剧本”（hidden transcript）（洪长泰，2003）。因此，市民对《白毛女》等解放区名剧的猎奇性的欣赏态度，通俗文艺家、图书商人对各种政治文化宣传品的灵活挪用，都可以被视为共产主义文化系统内的“隐藏的剧本”。正是由于“隐藏的剧本”的存在，任何一种上层文化都不可能实现对民间社会的彻底改造。而大众文艺创作研究会的成功与失败也正在于此，它试图在保存市民文化中的“隐藏剧本”的同时，对其进行全新的改写，然而，在一个日趋激进化的政治革命时代，这种中庸的文学观是不可能取得成功的。

参考文献

[1]《说说唱唱》创刊号要目 . 文艺报 . 第一卷第九期，1950.

[2] 本社启事 . 说说唱唱，1951（12）.

[3] 陈逢春 . 话说宝文堂 . 说说唱唱，1952（7）.

[4] 陈肃 . 加强对新连环图画编绘与出版工作的思想领导 . 文艺报，1952.

[5] 陈涌 . 略谈“新瓶装旧酒”. 文艺报，1949.

[6] 大众文艺创作研究会会章 . 大众文艺通讯，1950（1）.

[7] 德克·博迪 . 北京日记——革命的一年 . 洪菁耘、陆天华译 . 上海：东方出版中，2001.

[8] 邓友梅 . 琐忆老舍先生 . 文学自由谈，1994（3）.

[9] 董之林 . 关于“十七年”文学研究的历史反思——以赵树理小说为例 . 中国社会科学，2006.

[10] 何公超 . 十七种《白毛女》连环图画 . 文艺报，1949.

[11] 洪长泰 . 新文化史与中国政治 . 台湾：一方出版社，2003.

[12] 连阔如 . 我对于大众文艺创作研究会的希望 . 大众文艺通讯，1950（1）.

[13] 苗培时 .“大众文艺创作研究会”筹备经过 . 大众文艺通讯，1950（1）.

[14] 潘俊桐 . 别开生面的民间文艺课——回忆赵树理 . 高捷编 . 回忆赵树理 . 太原：山西人民出版社，1985.

[15] 裘盛戎 . 学习后的感想 . 北京市艺术研究所、上海市艺术研究所编 . 中国京剧史下册第一分册 . 北京：中国戏剧出版社，1999.

[16] 沈立人 . 新区文艺运动的几个问题——苏州通讯 . 文艺报，1949.

[17] 沈彭年 . 记大众游艺社 . 大众文艺通讯，1950（1）.

[18] 沈彭年 . 老赵剪影 . 高捷编 . 回忆赵树理 . 太原：山西人民出版社，1985.

[19] 陶君起 . 半年来小说组的活动情形 . 大众文艺通讯，1950（2）.

[20] 王亚平 . 大众文艺工作的推进 . 文艺报，1949（1—4）.

[21] 尾季美 . 50 年代的通俗文艺——以赵树理《三里湾》的出版为中心 . 现代中国·第六辑 . 北京：北京大学出版社，2005.

[22] 新凤霞 . 对秧歌剧的怀念 . 新凤霞回忆录 . 香港：三联书店，1982.

[23] 薛宝坤 . 侯宝林和他的相声艺术 . 哈尔滨：黑龙江人民出版社，1983.

[24] 杨犁 . 争取小市民层的读者——记旧的连载、章回小说作者座谈会 . 文艺报，1949.

[25] 应严肃对待庄严的革命歌曲 . 人民日报 • 文化生活简评，1952.
[26] 中国曲艺志全国编辑委员会、中国曲艺志•北京卷编辑委员会 . 中国曲艺志•北京卷 . 北京 ：中国 ISBN 中心出版，1999.
[27] 周扬、赵树理、田汉在成立大会上的讲话 . 大众文艺通讯，1950（1）.

作者简介

张霖，1976 年生，毕业于中山大学中文系，文学博士，副教授。主要研究方向为中国现当代文学史、当代文化研究。出版专著《赵树理与通俗文艺改造运动》（南京大学出版社，2020）、译著《灰色上海（1937—1945）：中国文人的隐退、反抗与合作》（三联出版社，2012）、《中国当代文学》（与陈国球合著，香港公开大学，2007）。

（原载《文学评论》2006 年第 6 期）

赵树理与建国初期的北京通俗文艺改造
——以《说说唱唱》为中心

张 霖

▶ **摘要** 《说说唱唱》是新中国成立初创刊的最重要的通俗文艺刊物。赵树理是该杂志的创刊者和重要作者。他以《说说唱唱》为阵地，大力推动通俗文艺改造活动。勾勒《说说唱唱》的兴衰，可以认识通俗文艺曾经在社会主义文化建设中发挥的重要作用，也能展现不同文艺派别之间的互动、合作与竞争。

▶ **关键词** 赵树理 ;《说说唱唱》; 通俗文艺改造

1949 年初，赵树理和众多来自解放区的作家们一起，开始投身到新中国的文化建设中来。在从农村到城市的文化环境的转换中，赵树理积极地在寻找自己的新的文学生长点。尽管赵树理在积极熟悉工人的生活，也发表了一些有关工人文艺的讲话，但是，他并没有动笔描写他所不熟悉的工人和城市，而是发现了“天桥”这个北京城中最大的平民游艺场所。也就是说，赵树理进入城市之后，所关注的并非是文件中的城市主体——工人，而是现实中的城市主体——市民的精神世界。在天桥，他所见到的市民文化空间并非一个与乡村截然不同的新世界，仍然是旧文艺的天下。因此，他生出了打入天桥去的愿望（赵树理，2006），并在第一次文代会上雄心勃勃地说 ：“旧文艺的阵地还这样大，我们新文艺工作者应该以最大的努力来夺取它！新文艺的火车头，把一大段旧文艺车皮挂上，在普及基础上前进。”（赵树理，2006）

1949 年 7 月，在刚刚参加完毕第一次文代会之后，赵树理就全心投入了北京的通俗文艺改造工作。他先后参加了中国戏曲改进发起人大会，筹备“中国曲艺改进会”，参加平津地区部分章回小说作者座谈会。是年 10 月 15 日，赵树理担纲的“大众文艺创作研究会”（简称“大众文艺创研会”）在京正式成立，吸纳了一大批熟悉通俗文艺的新、旧艺术家，开辟了创作、演出、出版等多个宣传新文艺的渠道[1]。赵树理以“改造通俗文艺”为核心的新中国城市文化建设的宏图正式展开。为了给新通俗文艺开辟一块试验田，使“大众文艺创研会”的作家们的新作品有一个发表园地，并能尽快向全国传播，一份以新通俗文艺为主要形式的刊物——《说说唱唱》也就应运而生。

一、《说说唱唱》的创刊

《说说唱唱》创刊于1950年1月，它的最初的编辑者为大众文艺创研会，主编为李伯钊、赵树理，赵树理负责实际工作。编委会成员有：王亚平、田间、老舍、李伯钊、辛大明、苗培时、马烽、章容、康濯、凤子、赵树理。在第二期出版时，工人出版社总编兼副社长、赵树理青年时代的挚友王春加入编委会。编辑部设在北京市文联所在地，北京王府井大街附近的霞公府十五号，这里也是《北京文艺》编辑部所在地。

1950年1月20日，《说说唱唱》创刊号由新华书店出版，杂志为三十二开，创刊号为特大号，篇幅较长，八万字，定价二元七角。为了扩大影响，《说说唱唱》除了在《文艺报》（1950年1月25日）上刊登了广告外，还邀请到时任政务院副总理、全国文联主席的郭沫若题写刊名，并且请郭沫若、茅盾、周扬为其创刊号题词。如此之高的规格表明，《说说唱唱》不仅代表了解放区文化普及的成功经验，更代表了新中国以工农为主体的文化品质。《说说唱唱》的创刊，在某种程度上已经成为工农兵文艺全面夺取城市文化领导权的重要象征。

《说说唱唱》一直拥有一批具有专业水准的编辑和作者。专业作家赵树理、老舍、王亚平、李伯钊、马烽、康濯、苗培时、沈彭年不仅是杂志的编辑，也是杂志的主要供稿者，他们都对通俗文艺有较为深入的研究，并且有丰富的创作经验，从而保证了作品的质量。赵树理的鼓词《石不烂赶车》和评书体小说《登记》、老舍的大量鼓词、太平歌词和曲剧剧本《柳树井》都是在这里发表的，王亚平也在《说说唱唱》的工作时期迎来了自己创作的高峰期。（罗扬，1978）

1950年5月，北京市文联成立后，大众文艺创研会的工作逐渐过渡到市文

1 有关大众文艺创研会的相关情况，参见张霖（2009）。

联。《说说唱唱》编辑部的力量也因为汪曾祺的加入而再次加强。1950 年，汪曾祺三十岁，已经在文坛崭露头角。他被称为赵树理、老舍手下的“大管事”，担任《说说唱唱》的主要编辑工作，因此，他所接触的作者也较多。不仅有大众文艺创研会的会员，如社会言情小说作家陈慎言，原《红玫瑰画报》主编陶君起，清朝九王爷多尔衮的王位继承人金寄水，革命艺人王尊三等，还有会外的经常联络的旧文人，如言情大家张恨水、武侠大家还珠楼主，以及大学教授吴晓铃、既会演话剧还会写单弦的新文艺工作者杜澎等。正是因为有了汪曾祺和老舍这样的中间人，《说说唱唱》才得以团结了一批熟悉通俗文艺、政治背景迥异的优秀作者。

后来，随着《说说唱唱》杂志规格的不断升级，作者群得到迅速扩大。1953 年后，在杂志上经常可以看到编辑部以外的名家稿件，如郭沫若、游国恩、阿英、曹靖华、端木蕻良、艾芜、秦兆阳、叶浅予（画作）等人都曾在此发表作品。

除了专业作家之外，《说说唱唱》还发表了不少工农兵业余作者的习作，从中培养了不少工农兵作家，如部队作家陈登科、崔八娃、邓友梅，工人作家王彭寿、曹桂梅等。陈登科的成名作《活人塘》就是赵树理在一堆废稿中亲自拣选出来的。

在编辑和作者的共同努力下，《说说唱唱》的影响不断扩大，在创刊的第一年里就行销全国，基本为普通读者自由购买，发行量就达到 3 万册左右，成为群众中最受欢迎的通俗文艺刊物。在接下来的一年中杂志的销量迅速上升，达到 5—6 万册左右。而当时《人民文学》的销量为 6 万册。鉴于这种成功的发展状况，党的文化干部更加注重通俗文艺工作，决定加强对它的管理和监督。1951 年 12 月，北京市文联将《说说唱唱》的编辑权收归自己所有，用它代替《北京文艺》作为自己的机关刊物，并要求其担负“指导全国通俗文艺工作”的责任。而杂志级别的升高，意味着通俗文学在新文艺战线上地位的再次上升，它一度成为党进行文化改造的最重要的武器。

二、《说说唱唱》对《金锁》的检讨

《说说唱唱》尽管为新文艺在下层民众中的普及做出了巨大的贡献，但是随着新中国文化控制的逐渐增强，它成功的运作并不能换取其发展的自由空间。从

1950年创刊到1951年底，《说说唱唱》曾发表了四篇有问题的作品，它们是：

1. 淑池[2]的小说《金锁》（第三、四期连载，1950年3—4月）；

2. 孙良明的小说《政府不会亏了咱》（第十六期，1951年4月）；

3. 赵树理（署名“吉成”）的文章《〈武训〉问题介绍》（第十八期，1951年6月）；

4. 张蓬、李悦之的话剧《种棉记》（第十九期，1951年7月）。

在这几次批评和检讨中，对大众文艺创研会成员孟淑池所写的小说《金锁》的检讨是规模最大的一次。

《金锁》是《说说唱唱》创刊初期的一篇重点推荐作品，其内容主要是写一个名叫“金锁”的乞丐的人生遭际，主人公金锁起初流落在一个恶霸地主家里当长工，地主欠工钱不给他，还假意骗了一个女难民来给他做老婆，其实是另有图谋。地主强奸金锁妻不遂，就预谋将他们夫妇害死，结果金锁死里逃生，参加了革命，最后返回乡村将案情弄清，为自己正名，为妻子伸冤。该作品篇幅很长，有四万余字，分成两部分在1950年3月、4月的《说说唱唱》上连载，并在4月号的续载部分中加配了六幅插图。应该说，这样的编辑力度在《说说唱唱》的编辑工作中是空前绝后的，足见编辑部对这一作品的推崇。不凑巧的是，《金锁》发表之时，正值中共中央发布《关于在报纸和刊物上展开批评和自我批评的决定》，该决定“要求报纸刊物吸引广大的人民群众经常地有系统地监督我们的工作，注意我们工作中的缺点和错误，加以改正，使我们能够继续不断地向前进步”（《人民日报》社论，1950）。《文艺报》立刻响应号召，在1950年5月发表题为《加强文学艺术工作的批评与自我批评》的社论，并在文章中首次点名批评《金锁》是一篇“在思想上是不正确的，在人物形象上是被歪曲了的，存在着很多不健康，不正常的东西”（《文艺报》编辑部，1950）。并在同期杂志上发表了《说说唱唱》编辑部的自我批评文章。不久，《光明日报》（1950年5月31日）、《文学评论》（1950年8期）也纷纷发表文章，质疑这个作品中人物的真实性，从而引起广泛的争论。

从内容上看，《金锁》是以压迫—反抗—翻身为主题的典型的革命文艺，但小说的笔法和细节有些模仿《阿Q正传》的痕迹，所以作者的视角与一般的翻身故事不大相同。它之所以被批评，究其根本，主要是因为作者没有把主人公金锁塑造成一个英雄的劳动人民，而是写出了下层民众辛苦恣睢、无赖懦弱的一面。

2 淑池，又名孟淑池，大众文艺创作研究会小说组组员，后因《金锁》被错划为右派。

不过，作者并没有让这种鲁迅式的现实主义笔法走得太远，在小说的最后，金锁还是从他妻子的惨死中觉醒了。他参加了革命，翻身解放，成为一名光荣的解放军的连长。但是，小说对于主人公突然的转变并没有足够的铺垫和交代，所以这个光明的尾巴并不能掩盖它所暴露出的现实的黑暗。正因为如此，小说《金锁》引起了多方指责。

《文艺报》以批评与自我批评的方式，首先编发了《说说唱唱》编辑部的编辑邓友梅的文章——《评〈金锁〉》。该文从政治立场出发，斥责小说“看不到金锁有什么反抗，对地主有什么憎恨，有的只是对地主的羡慕”，“这是农民吗？是劳动群众吗？简直是地痞，连一点骨气都没有的脓包，只是地主的狗腿，旧社会的渣滓才有这样的性格，才可能为了吃饭连地主调戏老婆都无动于衷，而作者把这当作劳动人民的正路”。所以，文章批评小说的“人物不真实”，“在某些地方诬蔑了劳动人民”（邓友梅，1950）。《文艺报》的“编者按”基本同意邓的看法，并在编者按中说，接到这篇文章后即把它转给《说说唱唱》编委会，请他们加以注意。在这种情况下，赵树理、陶君起两人不得不分别代表《说说唱唱》编委会和大众文艺创研会小说组出来表态。《文艺报》在邓的批评文章后，也公开发表了陶、赵二人的检讨。

有意思的是，大众文艺创研会小说组虽然没有直接反对邓有梅和《文艺报》的意见，但对该组成员孟淑池写的小说《金锁》却表露出辩护之意。他们在《文艺报》上刊登了组长陶君起整理的小组检讨过程：小说组对《金锁记》的问题进行了三次连续讨论，参加者有赵树理、孙嘉瑞、杨祖燕、陈逸飞、邵炘、刘经庵、崔雁荡、马烽、康濯、苗培时、邓友梅、陶君起等人。从陶的综述中可以看到，当时，包括新文艺工作者在内的通俗小说家们没有过多地从政治立场上考虑作品优劣的习惯，他们仍然坚持从文学的角度来评价这个作品，所以就大谈小说在情节、结构、人物等方面的缺陷。虽然小说组也指出《金锁》的人物性格处理不恰当，主题不明确，作者的立场不鲜明等问题，但同时还肯定小说选材新鲜生动，作者文字修养好、有生活基础等优点，并解释说，作者的失误是因为其生活在新解放区，对人民革命的过程不了解的缘故（陶君起，1950）。经过了三次讨论，大众文艺创研会的集体认识仍然没有上升到《文艺报》的政治高度。

赵树理作为《说说唱唱》的主编，在该期《文艺报》上发表了《〈金锁〉发表前后》一文。这篇文章与其说是公开检讨，不如说是公开辩护。他只承认该作品在结尾的处理技巧上存在问题；将作者和编辑部的责任，全部揽在自己一人身上，检讨了自己的工作作风不民主、对作者不够负责的态度。至于邓友梅和《文艺报》对该作品的指责，赵树理并不同意。他首先强调《金锁》的真实性明："我所以选这篇作品，也正是因为有些写农村的人，主观上热爱劳动人民，有时候就把一切农民都理想化了，有时与事实不符，所以才选这一篇比较现实的作品来作（做）个参照。"关于金锁的懦弱无赖的性格，他解释道："'有骨头'这话是多少有点社会地位的人才讲得起的，凡是靠磕头叫大爷吃饭的人都讲不起，但不能就说他们都不是劳动人民。他们对付压迫者的方法差不多只有四种：'求饶''躲避''忍受''拼命'，有时选用，有时连用，金锁也不例外。"至于金锁的转变与革命是否可能的问题，赵树理也认为符合实际情况，因为"这些人的出路只有一条，就是参加革命：有的是在革命实力未到以前主动找去，有的是在革命势力到达以后，得到了土地，再加以组织教育，才能挺起腰来。在新解放区的农村，这类人不占多数，可也不是个别的，只是容易被一般人（包括贫农在内）忽略，因为在一般人意识中没有给他们列下户口。……解放军中像金锁这一类出身的人也不少，经过教育之后，还不是和其他英雄一样吗？"（赵树理，1950）

但是，赵树理的申辩态度并没有坚持多久。两个月后，《文艺报》又一次对《金锁》展开围剿，组织了八篇与《文艺报》的立场相同的读者来稿，其中一篇指责该作品"下流到了极点"，"解放区里有这样下三滥的作品真是头一回见到。还要替它辩护吗？我不要看"（《文艺报》编辑部，1950）。迫于这种压力，赵树理不得不再次进行公开检讨。这一次，赵树理基本放弃了自己的观点，承认《金锁》丑化了主角，作者的立场存在问题。不过，赵树理仍然不忘记努力保护作者，在包揽了所有错误之后，他特别提到："最后，我仍认为作者具有写农村的特殊条件：生活熟悉、文字通俗流利，只要经过相当的政治学习，一定是能写出好的作品来的。"（赵树理，1950）

但是，这次对《金锁》的检讨在很大程度上表明，赵树理的通俗化的编辑方针已经不能满足改造通俗文艺工作的政治需要，它的发行成绩也不为文艺领导所赏识。在1951年初，赵树理就因"不是一个领导人才"而被调到中宣部担任文艺干事，主要的任务就是"入部读书"。赵树理搬入中南海庆云堂，按照胡乔木的指示，读完了五六本苏联和其他国家的文学作品，然后就被派下乡去"体会群众新的生活脉搏"，在山西盘桓了半年之久，了解了农民试办合作社的情况，搜集了写作《三里湾》的大部分素材（赵树理，2006）。这次冷处理使赵树理对北京文坛的影响力在不知不觉中降低了，而《说说唱唱》的发展也受到影响，其编辑方针被逐渐调整到适合政治需要的方式上来。

三、《说说唱唱》的改版和终刊

1951 年 11 月，全国文联为响应政协第一届全国委员会第二次会议关于改造思想的号召，在 11 月 17 日，全国文联常务委员会扩大会议通过了首先在北京文艺界组织整风学习的决定。24 日，北京市文艺界举行了整风学习动员大会。会上胡乔木、周扬、丁玲分别作了题为《文艺工作者为什么要改造思想？》《整顿文艺思想、改进领导工作》《为提高我们刊物的思想性、战斗性而斗争》的重要讲话，并于 1951 年 11 月 20 日，全国文联常务委员会通过关于调整北京文艺刊物的决定，其中第五条规定《说说唱唱》与《北京文艺》合并。12 月，大众文艺创作研究会停止活动，该会主编的《说说唱唱》也转交北京市文联负责。自 1951 年 12 月第二十四期起，《说说唱唱》代替了《北京文艺》，成为市文联的机关刊物，改由市文联和大众文艺创研会共同编辑。老舍出任主编，副主编为李伯钊、赵树理、王亚平，由人民文学出版社出版。

《说说唱唱》的改版启事虽然强调这次改版的目的是要加强《说说唱唱》，故停办《北京文艺》，但实际上从 1951 年底到 1952 年初，《说说唱唱》编辑部的编委们发表了一系列郑重其事的检讨文章，对《说说唱唱》以往的编辑方针做了极大的调整。

1951 年 11 月，《说说唱唱》在杂志的篇首位置发表了副主编王亚平的检讨文章《为彻底改正通俗文艺工作中的错误而斗争》。王亚平对大众文艺创研会在文艺工作中的种种错误做了自我批评。比如，作品的思想性不高，内容只求无害，导致粗制滥造的问题；编辑部领导的政治意识不强，自由发表，把杂志变成了朋友、私人自我表现的园地；还有就是创研会的通俗文艺家们与正统的新文学作家之间存在“门户之见”，“瞧不起某些专业文艺工作者，有对立情绪”等等。不管是否出于自愿，为了调解编辑部新、老人员间的矛盾，顺利完成改版工作，王亚平改变了大众文艺创研会以通俗文艺工作专家自居的态度，尊称专业文艺工作者为“专家”，主张通俗文艺的提高必须与知识分子“专家”密切合作，对新文学作家领导通俗文艺工作表示了完全的赞同和支持。

1952 年 1 月，《说说唱唱》第二十五期改版后的第一期刊物上，原主编赵树理也在杂志篇首位置，以黑体字发表了《我与 < 说说唱唱 >》这一著名的检讨文章。赵树理总结错误原因时，态度没有王亚平谦虚，他只承认《说说唱唱》的编辑方针存在“形式主义”问题，认为编辑部对作品“可说可唱”的“形式通俗化”的强调，使其对作品的思想内容的强调有所忽视。但他不接受编辑部的政治倾向有问题，只在针对他自己的自我批评中，承认自己错误的根源在于“不懂今日的文艺思想一定该由无产阶级领导”，因此，他编辑的稿子“不是去宣传无产阶级在国家生活中的领导作用，而是故意把阶级面貌模糊起来，甚而迁就了非无产阶级的观点，以至造成不断的错误”。他表示会通过努力提高自己的理论水平来纠正这些错误。

编辑部的另一位来自太行山的通俗文艺家，赵树理的老朋友苗培时，在赵树理之后发表了一篇全面、深刻的检讨文章——《把我的思想提高一步》。在这组文章发表之后，苗培时逐渐淡出了《说说唱唱》的编辑工作，被调往煤炭部门工作。赵树理的名字也从《文艺报》编委的名单中无声无息地消失了。

这组检讨文章的发表意味着《说说唱唱》的性质悄悄地发生了改变，从表面上看，这次改版是《说说唱唱》取代了《北京文艺》，但实际上意味着通俗文艺改造运动的改弦更张。早在《说说唱唱》刚刚创刊之际，编辑部曾在《文艺报》刊登过一则广告，介绍该杂志的宗旨和内容：“《说说唱唱》是通俗的、大众的、综合性的文艺月刊。每期六万到八万字。内容有评话、小说、快板唱词，都是咱们人民大众喜闻乐见的各种文艺形式。散文能‘说’，韵文能‘唱’；认识字的看得懂，不认识字的，听得懂，愿意听。”而它的读者群是“城市里的工人、市民、大中学生；乡村里的区村干部、小学教员；部队里面的中下级干部、文化干事；城市和乡村里千千万万的戏曲、曲艺工作者”（《文艺报》编辑部，1949）。在发刊广告中特别强调来稿的说唱文体形式，明确了刊物的通俗性和娱乐性，并无意于在政策上、政治上规范全国通俗文艺工作。但是，《说说唱唱》对文体和寓教于乐风格的追求在后来被批评为思想性不强，犯了形式主义的错误。因此，编辑部从 1952 年起在《稿约》中特别强调了来稿“内容”要有思想性，要求作品的阶级立场鲜明，要“站在无产阶级的立场，观点来写新社会、新人物、新生活”，在形式方面，则相对降低了要求，只要“通俗易懂，力求能说能唱能表演”（《说说唱唱》编辑部，1952）。改版后的《说说唱唱》不仅看不到思想内容与政治需要不相符的作品，甚至连形式探索性的通俗文学作品也消失了，只有指导性的社论和各地通俗文艺工作报告的比重在大幅度增加。

到了 1953 年，《说说唱唱》进一步脱离了下层民众的文化生活，为了提高刊物的专业性和权威性，不再顾及工农兵读者的文化水平，开始经常性地发表学者的研究论文。在这一年里，编辑部提出要完成“钻研民间艺术，发掘、吸收其中的精华，接受、介绍丰富的民族遗产”的任务，鼓励作者、读者收集各地流传的民间文艺作品（《说说唱唱》编辑部，1953）。

1952 年的改版虽然使《说说唱唱》的编辑力量、作者队伍和权威性得到进一步加强，但却使它失去了新鲜活泼的说唱特色。1953 年，周扬曾在家里组织丁玲、陈荒煤、章容、苗培时等人专门给赵树理开会，讨论其新中国成立后创作进展不大的原因，并像胡乔木一样，为赵开列了外国名著书目（李士德，1990）。而赵树理本人似乎也厌倦了种种文坛斗争，调到作协后反而自动疏离北京的文化圈，经常下乡参与农村建设工作，并开始专心从事长篇小说《三里湾》的写作。在繁忙的事务中，赵树理几乎无暇顾及《说说唱唱》的编辑工作。

1954 年 10 月，北京市第二次文学艺术工作者代表大会提出决议，希望将《说说唱唱》的内容加以扩展，以进一步反映首都工业建设中群众斗争生活及社会主义改造事业中的新人新事，决定将其改名为《北京文艺》，另行编辑出版。在北京市文联的设想中，重新创刊的《北京文艺》将在一定程度上继续《说说唱唱》的风格，在内容上扩展为“以刊登反映现实生活的文艺作品（小说、戏剧、诗歌、散文、讽刺小品、杂文、美术作品）为主，而以文艺理论、文艺批评、说唱文学、文艺专题讲座、古典文学的分析和研究以及文艺活动报道、民间故事、民歌为副的较通俗的文艺刊物”。并且，新的《北京文艺》仍由老舍为主编，编委由老舍、田家、吴晓铃、石煌、汪刃锋、李微含、李岳南七人组成。[3] 然而，文坛的政治局势的发展却急转直下。1955 年 1 月，全国展开胡风及“胡风反革命集团”的批判与斗争运动。与此同时，根据中共北京市委的指示，北京市文联、北京市文化局建立了肃反运动领导小组。《说说唱唱》的副主编王亚平、编辑考诚、主要撰稿人端木蕻良、汪刃锋等人随着运动的深入渐渐牵连进去。

3 北京市文联编辑部、北京大众出版社 .《说说唱唱》改名《北京文艺》启事 . 说说唱唱，1955 (03)。

同年 3 月,《说说唱唱》编辑部在山雨欲来风满楼的情况下发表了《终刊词》,以《说说唱唱》隶属于北京市文联，受到条件限制，难以指导全国通俗文艺工作为由，宣布杂志终刊，更名为《北京文艺》，并告知读者其承担的民间文学的采集、研究工作将由中国民间文艺研究会在是年 5 月创刊的《民间文学》继承，在这个杂志的编辑委员会中有原《说说唱唱》的两位主要编辑人员：王亚平和汪曾祺（《说说唱唱》编辑部，1955）。然而，几乎就在《民间文学》创刊的同时，王亚平因“胡风集团反革命分子”的罪名被撤销市文联秘书的职务，并被逮捕入狱。

尽管赵树理本人并没有因为《说说唱唱》的停刊而立即放弃他的文学夙愿，还曾经打算和老舍、张恨水一起另起炉灶，重办一份真正面向大众的文学杂志——《大众文学》,并预计在 1957 年 10 月 1 日创刊。但是,就在《大众文学》的筹备工作已经基本完成之时,反右运动开始,北京文艺界人人自危,《大众文学》也就不了了之。与此同时，赵树理被调往新创刊的《曲艺》杂志担任主编，在明升暗降的调任中，他逐渐失去了对新中国文学的影响力，彻底退出了北京通俗文艺的改造。

在《说说唱唱》存在的短短五年中，也是北京通俗文艺改造中新旧文艺家一度实现合作与互动的阶段,《说说唱唱》努力保持着当时稀有的同人刊物风格，试图以一种相对轻松的通俗趣，然而不肯放弃“趣味性”的保守观念，最终导致了该杂志在短暂的繁荣之后的迅速衰落。加之杂志所主导的说唱为主的文学形式非新文学创作的主流,因此,在以往的文学史研究中仍处于被遗忘的状态。但是,当我们重新回到历史现场之时,《说说唱唱》曾有的身前的辉煌和身后的寂寞，却让我们有机会在当代文学史的发展脉络中看到通俗文艺改造中呈现出的另外一种更具生命力的可能性，并为这种可能性的夭折而扼腕叹息。

参考文献

[1]《人民日报》社论 . 坚决展开批评和自我批评的决定 . 人民日报，1950.
[2]《说说唱唱》编辑部 . 稿约 . 说说唱唱，1952（04）.
[3]《说说唱唱》编辑部 . 一个新的开始 . 说说唱唱，1953（1）.
[4]《说说唱唱》编辑部 . 终刊词 . 说说唱唱，1955（3）.

[5]《文艺报》编辑部 .《说说唱唱》创刊号要目 . 文艺报，1949（1-9）.
[6]《文艺报》编辑部 . 读者对于《金锁》的看法 . 文艺报，1950（2-8）.
[7]《文艺报》编辑部 . 加强文学艺术工作的批评与自我批评 . 文艺报，1950（2-5）.
[8] 邓友梅 . 评《金锁》. 文艺报，1950（2-5）.
[9] 李士德 . 辗转病榻话故交——章容同志回忆赵树理 . 赵树理忆念录 . 长春：长春出版社，1990.
[10] 罗扬 . 王亚平曲艺文选 • 序 . 王亚平曲艺文选 . 北京：中国曲艺出版社，1987.
[11] 陶君起整理 . 读了《金锁》以后 . 文艺报，1950（2-5）.
[12] 张霖 . 新文艺进城——“大众文艺创研会”与五十年代北京的通俗文艺改造 . 文学评论，2009.
[13] 赵树理 .《金锁》发表前后 . 文艺报，1950（2-5）.
[14] 赵树理 . 对《金锁》问题的再检讨 . 文艺报，1950（2-8）.
[15] 赵树理 . 回忆历史，认识自己 . 赵树理全集 . 第 5 卷 . 太原：北岳文艺出版社，2006.
[16] 赵树理 . 我的水平和宏愿 . 赵树理全集 • 第 3 卷 . 太原：北岳文艺出版社，2006.
[17] 赵树理 . 在大众文艺创作研究会成立大会上的讲话 . 赵树理全集 • 第 3 卷，太原：北岳文艺出版社，2006.

作者简介

张霖，1976 年生，毕业于中山大学中文系，文学博士，副教授。主要研究方向为中国现当代文学史、当代文化研究。出版专著《赵树理与通俗文艺改造运动》（南京大学出版社，2020）、译著《灰色上海（1937—1945）：中国文人的隐退、反抗与合作》（三联出版社，2012）、《中国当代文学》（与陈国球合著，香港公开大学，2007）。

（原载《东吴学术》2019 年第 3 期）

《狼图腾》：生态政治与强权想象

唐利群

▶ **摘要** 无论是小说还是电影，《狼图腾》获得的广泛关注以及激烈争论都使之成为一个值得探究的文化现象。本文认为《狼图腾》中"知青""狼性""生态"等因素的共同作用是其大获成功的必要条件，而作者将其上升为本质化的民族性格批判，文明优劣论，则对应着某种强权想象；其引发的争议，也折射出中国社会转型过程中的集体性焦虑。《狼图腾》凸显了中国当代文化的诸多症候，或者说它本身就是这症候的表现之一。

▶ **关键词** 《狼图腾》；生态政治；强权想象

2015 年，电影《狼图腾》上映后获得相当高的票房（7 亿），并带来小说《狼图腾》的再度热销。如同十年前小说出版后引发的巨大争议，电影的问世使得很多来自不同角度的评论再次浮出。可以说，一部属于畅销、通俗作品的《狼图腾》，之所以受到从大众到精英，从市场到学院，从国内到国外如此众多的关注和争论，恰好在于它在多个层面上凸显了中国当代的文化症候，从而成为值得探究的文化现象。

一

《狼图腾》的作者姜戎（原名吕嘉民）自称此书 1971 年起腹稿于内蒙古锡盟东乌珠穆沁草原；1997 年初稿于北京；2001 年二稿，2002 年三稿，2003 年岁末定稿于北京；2004 年 4 月，这部长达 54 万字的小说正式出版。一经出版，即成畅销，截至目前，《狼图腾》中文版在中国内地再版 160 次，正版发行 500 多万册，盗版 1600 万册，并且形成一定的国际影响，版权输出到美国、英国、澳大利亚、德国、法国、意大利等 30 多个国家。

姜戎并非专业作家，在《狼图腾》之前和之后都没有创作过其他文学作品，这部小说的大获成功看似意外和偶然，其实应该说是多种因素共同作用的结果。一个因素可以称之为“知青”，虽然《狼图腾》绝非一部知青小说，它的重心不在于知青文学所惯常呈现的“青春无悔”的激情或“蹉跎岁月”的怨愤——但这并不是说“知青”因素是全然不重要的：小说取材于作者 1967 至 1978 年在内蒙古锡林郭勒大草原度过的知青时代，作者也乐于强调小说内容与自己实际生活经验的重合，尤其是在有人质疑小说真实性的时候；小说主人公陈阵与作者一样，是从北京赴内蒙古草原牧场的知青，他在小说中起到一种连接作用：既是蒙古草原的一个外来者，却又对草原的生活方式和文化传统无限认同，通过陈阵的视野，蒙古草原呈现为一处带有浓厚的异域色彩的存在，对于生活在城市的读者来说，具有某种陌生化的效果；另外，知青岁月总是跟“文革”时代相联系，作为已经非常大众化的认知，以及当代小说惯用的叙事策略，“文革”是一切灾难的根源，一切荒谬的集合，对其反思和批判可以满足我们对于矛盾的想象性解决的需求。

“知青”因素使得《狼图腾》获得一种可理解的历史感和距离感，不过，对于一部畅销书来说这还远远不够，当初姜戎把书稿交给出版商的时候，出版商刚开始以为这是写知青的，觉得 2004 年左右知青题材已经不热门了，要出版很为难，读完之后才发现这不是知青小说，而是一部“狼书”。确实，在《狼图腾》中，真正的主角并不是陈阵这些知青，或者毕利格老人这样的蒙古族人，而是草原狼。这是一本与狼共舞。为狼正名的书。小说多处借陈阵之口，指责固有文化体系中对于狼的观念：“您不知道，我们汉族人是多么恨狼，把最恶最毒的人叫作狼，说他们是狼心狗肺，把欺负女人的人叫作大色狼，说最贪心的人是狼子野心，把美帝国主义叫做野心狼，大人吓唬孩子，就说是狼来了……”（姜戎，2004）因此，《狼图腾》对狼的形象进行了全方位的改写，与作为贪婪、残忍、凶暴、狡猾的狼的文学原型迥异，《狼图腾》刻画了近乎完美的草原狼。狼的第一次出场，就带着高贵的王者之风，陈阵因为赶路误入狼的领地，发现“在晚霞的天光下，竟然出现了一大群金毛灿灿、杀气腾腾的蒙古狼……狼群中一头被大狼们簇拥着的白狼王，它的脖子、前胸和腹部大片的灰白毛，发出白金般的光亮，耀眼夺目……”（姜戎，2004）此后，小说描写了发生在草原上的几十场大大小小的狼战，如围猎黄羊、赶杀军马、人狼大战、狼狗之争、飞狼吃羊……

狼在这激烈的、你死我活的竞争过程中表现出勇猛、坚韧、不屈的品质，以及高度的智慧、耐性、组织性和纪律性，即便是它坚定的敌人、场部主任包顺贵也不禁赞叹："狼懂气象，懂地形，懂选择时机，懂知己知彼，懂战略战术，懂近战、夜战、游击、夜战、游击战、运动战、奔袭战、偷袭战、闪击战，懂集中优势兵力打歼灭战……"（姜戎，2004）[1] 也许成吉思汗的铁骑，也曾是狼的学生。

《狼图腾》中还贯穿了一个小狼的故事，陈阵为了解狼的习性，掏狼窝抱回一只刚出生不久的小狼崽，小狼由人抚养长大，却始终狼性不改，最后为维护自己野性的尊严而付出生命的代价，留下的狼皮筒子宛若旗帜在风中招展，肉体不在而精神长存。小狼的故事诠释了狼追求自由的本性和灵魂。

应该说，《狼图腾》塑造的已经不是狼，而是狼神，是关于狼的神话。可以设想，如果是在上世纪80年代或90年代初期，关于狼的神话都不会像在新世纪前后这样具有强烈的现实感召力，这不仅仅指中国经济的发展、城市的扩张已经使得人们远离自然、原生的环境，桀骜不驯的狼为处于日益栅格化、离子化的当代人提供了想象自由、野性精神的一种方式，更是指《狼图腾》的酝酿和成书与中国资本市场的形成几乎是同步的，在激烈的市场竞争中，企业家们无不推崇"狼性文化"：只有像狼一样执着、进取甚至凶猛、冷酷，才能打败竞争对手而免遭淘汰，最终胜出。这就解释了为什么很多商界大腕如张瑞敏、李彦宏等在读了《狼图腾》之后赞其为对企业精神的超前认识，而很多公司会让员工人手一本《狼图腾》作为职场指导。有评论者认为《狼图腾》出版的时代，"正是发展中'狼性'最重的那些年。该书可视作时代的精神写照"（李北方，2015），这并不是没有道理的。

除了"知青"因素和"狼性"因素之外，《狼图腾》还有一个相当吻合当下日益兴起的社会意识的因素，那就是"生态"。在小说中这也可以视之为替狼性正名而采取的一种叙事策略：虽然草原狼的形象在《狼图腾》中获得非常正面的改写，但也难以避开其嗜血、可怕的一面，即使是初生的小狼所表现出的野性也会让人心头一凛："它的眼睛还没完全睁开，可是它的细细的狼牙却已长出，龇出唇外，露出凶相。""这条小饱狼在吃食天天顿顿都充足保障的时候，仍然像饿狼一样凶猛……狼吃食的时候，绝对六亲不认。"更不用说成年狼在围猎黄羊、赶杀军马过程中异常血腥的杀戮带给人的不适感。对此，小说采取的策略是把狼

1 后文出现的小说原文均出自此书，不再注。

放入生态圈中写，展示了一个以狼为核心的生物链和生态圈：腾格里（蒙古人信仰中的长生天）是父，草原是母，狼是腾格里的使者，守护着草原生态。小说借蒙古族老人毕利格之口，向疑惑于狼群滥杀黄羊的陈阵传授了草原文化真谛："在蒙古草原，草和草原是大命，剩下都是小命，小命要靠大命才能活命……要说杀生……黄羊群没命地啃草场就不是'杀生'？就不是杀草原的大命？把草原的大命杀死了，草原上的小命全都没命！"在草原逻辑中，腾格里（天）之下，只有草原是大命，人、狼、家畜等都是小命，小命的延续依赖于大命的存在。黄羊、旱獭、老鼠等生物如果大面积繁殖，会破坏草原，最终危及草原上的所有生灵，所以狼群的捕猎起到了保护草原的作用，是大命的守护者。在这样的视野下，"狼吃羊"不但不再显得残暴，反而蒙上了一层天命的色彩。即使是残忍、嗜血的狼性，在生态视角下也最终获得了正当性和合理性。

因为狼是草原英雄，是草原的守护神，"站在草原各种错综复杂的关系的制高点上"，所以外来力量对狼的状况的改变就会改变草原生态，就会改变大命与小命息息相关、互生互补的关系。小说出现了两种对立的力量，一方是自然、草原、天命，其人格化代表是毕利格老人以及陈阵、杨克等接受了狼文化的知青；另一方则是农垦、开荒、杀狼，其人格化代表是外来者、东部蒙古族、场部领导、包顺贵等。小说在时间上展现了草原的冬夏春秋，四季更迭，在空间上则描述了这两种对立力量的不断冲突和交锋，最终后者取得了绝对胜利，对狼的虐杀带来草原狼的灭绝，然而接踵而至的却是草原面积一步步缩小，质地一步步恶化，生态环境受到严重破坏。

《狼图腾》的生态书写恰逢其时，与经济增长相伴随的生态危机在新世纪以后逐渐进入中国大众的视野，尤其是城市中产阶级，在享受发展带来的便利的同时，也敏感于环境恶化带来的生活品质方面的问题：沙尘暴、雾霾、食品安全等等成为挥之不去的阴影。《狼图腾》充满着对自然、纯净的草原生态的描写，并声称这是最后一片水草丰美的净土，与结尾处它的令人叹惋的沦丧，以及全书完稿于北京沙尘袭击中形成鲜明的对比，毫无疑问，这非常准确地击中了城市中产阶级的生态关切和维权意识，甚至被认为是某种世界性观念的体现。这也可以解释强化了生态因素的《狼图腾》的电影为何主要受到国内外中产阶级的追捧。

二

《狼图腾》是一部狼书，却并非为狼而写狼，小说表面上在讲生物狼、生态狼，实际上要谈的是文明、文化、现实、政治。正如陈阵在草原狼的启示下发问："是否在中国还存在着一个从未中断的狼图腾文化？""他觉得自己似乎正站在一个通往华夏五千年文明史的隧道入口。"将狼上升到图腾崇拜的高度，承载的是作者无法掩饰的对于文明之思的强烈兴趣。而这也正是小说引发来自各方激烈争论的主要原因所在。

作者想要表达自己观念的意图是如此鲜明，以至于小说不仅将陈阵设置为草原狼的观察者，而且使其成为民族生活、文化的评判者，甚至有时候直接成为作者的"传声筒""自己意图的发言人"。这带来了小说在形式上最大的特点：它成为文学文本和政论文本的结合，尤其是在小说的最后一章，设置了长达 5 万字尾声《理性探掘———关于狼图腾的讲座与对话》，直接让陈阵表达作者的一系列观点、看法，一如米兰·昆德拉所批评过的那种小说那样，极其可怕地"使作品消失在作者的形象后面"。

那么，作者的文明之思究竟为何呢？首先是"羊性"和"狼性"的对比，直接对应于"蒙族"和"汉族"的民族性格。小说几乎在每次具体的事件描绘之后，都让陈阵和同伴、朋友进行某种谈论和思考，如在一次击退了狼的突然袭击之后，毕利格老人对表现不佳的陈阵说："就你这点胆子咋成？跟羊一样。你们汉人就是从骨子里怕狼，要不汉人怎么一到草原就尽打败仗。"而陈阵自己的评价居然也是："我真没用，胆小如羊。""不如草原上的狗，不如草原上的女人，连九岁的孩子也不如。"而当陈阵与别的知青交流时，得到的也是对于自我的反思，张继原称："我当了马倌以后，感触最深的就是蒙汉民族的性格差别。过去在学校，也算是处处拔尖的，可一到草原，发现自己弱得像只猫一样。我拼命地想让自己变得强悍起来，后来才发现，咱们好像从骨子里就有些先天不足似的……"小说将胆小、懦弱、顺从……称为羊性，把勇猛、强悍、进攻……视为狼性，不仅以之类比个人性格的差异，而且将其上升为不同民族的性格特征。

小说进而将这本质化了的民族特征视为由不同的文明所致："华夏的小农经

济和儒家文化，从存在和意识两个方面，软化了华夏民族的性格”，“汉人崇拜的是主管农业命脉的龙王爷———龙图腾，只能顶礼膜拜，诚惶诚恐，逆来顺受。哪敢像蒙古人那样学狼、护狼、拜狼又杀狼。……一到游牧民族的草原上，咱们农耕民族身上的劣根性全被比较出来了。”在这里，从民族性格推导出了两种不同的文明，一种是游牧文明，一种是农耕文明，两种文明路向孰优孰劣，在小说的表述中昭然若揭。

还不止于此，作者在结尾的宏篇大论中，意犹未尽地将狼性文化、游牧精神从纵向上推及几千年的中华文明史，认为炎黄就是游牧民族，汉民族是炎黄游牧先祖的子孙；历史上不但边疆少数民族，而且秦始皇、汉武帝、唐太宗、武则天……都具有游牧文化血统；农耕文明软化了中华民族的性格，是依靠游牧民族的定期或不定期的输血才得以延续。而从横向上，小说将世界文明、尤其是西方文明也纳入到思考的范围之内，认为一种“大游牧”的精神“不仅摧毁了野蛮的罗马奴隶制和中世纪黑暗专制的封建制度”，而且到了现代，西方“白人狼”“文明狼”为争取更广阔的生存空间，不断向外进发，“开拓了巨大的海外市场和‘牧场’”。

至此，《狼图腾》展示了它的全部逻辑，它泾渭分明地将羊性——温柔敦厚（儒家学说）——汉民族——农耕文明——中华文化置于反思和批判的一端，而将狼性——金戈铁马（成吉思汗）——蒙古族——游牧民族——西方文化置于赞美和值得效仿的另一端，简单化的二元对立，再加上作者断然认为“人类的历史在本质上就是争夺和捍卫生存空间的历史”，那么后者对于前者的征服和胜利就被视为理所当然。虽然小说披着文明反思的外衣，可是弱肉强食的丛林原则，胜者为王的强权崇拜已经呼之欲出了。

《狼图腾》出版后激起的巨大争议，也多在于此。最尖锐的批评莫过于来自德国的汉学家顾彬：“《狼图腾》对我们德国人来说是法西斯主义，这本书让中国丢脸”（《德国汉学权威另一只眼看现当代中国文学》，2006）。更多的批评则集中于它张扬穷凶极恶的狼文化，即使一些与姜戎一样服膺于西方自由、民主普世价值的学者，也无法完全认同《狼图腾》中明显的社会达尔文主义倾向，而呼吁重视人文精神和人道主义（丁帆，2011）。还有许多跟姜戎曾经共同在内蒙古草原插队的知青，包括同样写过关于“文革”时期知青生活的作家老鬼，都纷纷撰文或开座谈会批驳《狼图腾》对狼性、对蒙古族文化的有意歪曲。一些对小说所描述的对象比较熟悉的人甚至指出《狼图腾》中误导读者的上千处常识性错误……

值得注意的是，几乎每一种对《狼图腾》的负面批评都可以找到相对应的另一种对《狼图腾》的正面肯定，如《狼图腾》的英文译者、美国汉学家葛浩文就认为顾彬的看法是一家之言，《狼图腾》在美国普遍反响良好，“也许可以说是一本突破性的中文作品”（季进，2009），很多当代知名文学评论家，如孟繁华也毫不吝惜赞美的文字：“这是一部情理交织，力透纸背的大书……是一部狼的赞歌，也是一部狼的挽歌。”李小江甚至写了一本比冗长的《狼图腾》更厚的评论专著——《后寓言：＜狼图腾＞深度诠释》，运用专业批评的十八般武艺，对狼图腾的微言大义进行了阐发，认为担心《狼图腾》反人类、反文明的看法是多虑了，这部产生于“后毛泽东时代”的寓言小说，质疑的是专制体制和大一统文化带来的民族性格的孱弱，其指向是自我批判的，并没有那么危险（李小江，2010）。至于小说的真实性问题，很多的读者都觉得小说就是虚构的艺术，无可非议……

《狼图腾》引起的诸多关注并不是因为作者的文明之思、对历史和现实的看法有多么深刻，从几千年的人类文明史中抽象地提取出“狼性”“游牧精神”，放之四海而皆准，这本身就是非历史化的、简单化的，最后小说的逻辑也是难以自洽的，甚至会得出荒谬的结论，就像有批评者在《批评 < 狼图腾 >》中毫不留情地指出：在《狼图腾》的结尾处由主人公陈阵作了个总结——“实际上最能概括中华民族精神的就是两句早期的儒家格言：‘天行健，君子以自强不息。’‘富贵不能淫，贫贱不能移，威武不能屈。’而这四个‘不’：不息、不淫、不移、不屈，就是典型的狼精神和狼图腾精神，也是对狼图腾精神的准确写照和高度概括”，游牧文化的狼图腾精神居然是几句农耕文化的儒家格言，这不可不谓黑色幽默。

简单通俗、充满谬误的《狼图腾》之所以被从大众到精英的读者们一再谈论，归根结底是因为它切中了中国当代的文化症候，或者说它本身就是这症候的表现之一。其文明之思的分析模型是一个被反复使用的结构：中西文化冲突下的中国道路。离它最近的类似思考可以说是纪录片《大国崛起》，虽然其呈现的是西方国家的崛起，却潜在地成为中国的示范；而《狼图腾》的思路也与上世纪80年代末出现的纪录片《河殇》相近，虽然用的已经不是“黄色文明”“蓝色文明”的字眼，但是中华文明如何在衰落中增添新的文明因子，以靠拢西方先进文明，思路却如出一辙。这样的反思甚至可以追溯至中国五四时期的“国民性批判”，虽然《狼图腾》中并未出现“国民性”一词，然而关于“羊性”“家畜性”“狼性”“凶兽性”的描述却曾经出现在五四“国民性批判”的话语中。总而言之，中西文明对比的思考框架使得中国人很容易陷入一种集体性的焦虑，为自我的现代性寻找种种出路。这，可能才是《狼图腾》的出现引发持续性的热议的真正原因。

当然，对于中国道路给出的答案是大不相同的，而这种区别并不是没有意义的，比如同样是国民性批判，“五四”时期鲁迅的危机意识和解决的路径是这样的：“中国人但对于羊显凶兽相，而对于凶兽则显羊相，所以即使显着凶兽相，也还是卑怯的国民。这样下去，一定要完结的。我想，要中国得救，也不必添什么东西进去，只要青年们将这两种性质的古传用法，反过来一用就够了：对手如凶兽时就如凶兽，对手如羊时就如羊”（鲁迅，1981）。鲁迅的深刻之处在于将羊性、狼性置于社会关系之中，最后得出的是反抗强权的结论；而大半个世纪以后，《狼图腾》在对羊性、狼性进行本质化处理之后，完全折服于“西方狼”，进而礼赞“资本狼”和“市场狼”，最终露出的是其强权想象、强权崇拜的内核。

三

最后还应该谈谈《狼图腾》的电影，这部影片被冠以里程碑式的意义：“首部由非中国导演执导、中国出品的巨制”。电影有很多看点：从筹备到制作完成长达 7 年（2007 年立项）；选择由法国导演让·雅克·阿诺执导；用真狼来拍摄，从 2010 年开始训狼，共有 35 匹狼演员；剧组有法、美、德、英等各国近 40 余名国外特效师及中国本土 160 余名特效师打造视觉效果，制作精良。2015 年 2 月上映后反响不俗，法国市场的观影人次也很可观。专业人士赞其为“超越民族而传递了整个人类的情怀，代表了中国电影最高的美学水平、工业化水平和国际化水平”（饶曙光，2015）。

影片的确是选取了小说《狼图腾》中具有所谓“国际性”的因素进行了拍摄。如前所述，小说所宣扬的“狼性”、所探讨文明优劣论存在着明显的道德瑕疵和逻辑漏洞，连葛浩文进行英译的时候都删除了文中的大量议论和最后一章，所以，在改编成电影时，这两方面的内容同样也完全被淡化了，而另外两个方面因为显得较为吻合“世界性”的特色，在电影中则得到了强化：一是生态，二是“文革”。

其实，那些仅仅是呈现某地原生态的电影，如《边城》或者《黑骏马》，往往是不卖座的，因为它们常常缺乏故事性、情节性，而《狼图腾》则不然，现代城市人早已不知道野生狼为何物，电影中狼群的围猎黄羊、赶杀军马具有相当强的新异感、动作感和视觉冲击力，可以称得上惊险；而关于“文革”也具有可看性，一方面世界范围内都知道它的负面含义，另一方面它又经常被表现为一种荒诞的景观，所以会给中外观众带来既熟悉又陌生的感觉。电影一开始的场景就是如此，浩浩荡荡的上山下乡的知青队伍，一下子将人带入了另一个完全不同的时代，这个被称作“极左”时代的代表性人物就是场部主任包顺贵，是他全然不顾毕利格老人的劝说：“要是把狼打绝了，草原就活不成，草原死了，人畜还能活吗？”一定要把狼作为阶级敌人斩尽杀绝；在包顺贵领导的灭狼运动中，每一桩事件都令人痛恨：命令大伙儿掏狼窝，摔死幼小无辜的狼崽；为了获得完整的狼皮，开着吉普追赶老狼，直至让狼活活跑到气绝；为了灭狼，使用作为草原大忌的放火烧荒的办法，投毒的办法，还动用雷管、机关枪……结果不仅狼被残杀，毕利格老人和儿子也在这个过程中出意外而死亡，老人的儿媳竟然由组织的安排而改嫁……电影不惜增加了一些小说所没有的情节和细节，以凸显“文革”极“左”路线带来的种种恶果。

电影成功地塑造了包顺贵这一专断的官僚形象，同时也成功地将草原受到大规模破坏的根源归因于“文革”时代在草原猎杀生灵，农垦种地。无论小说，还是电影，在这一意识形态上都是一致的。由于“文革”造成的灾难罄竹难书，增加一条破坏生态的罪名对于读者和观众来说并不会感到有何不妥，但是这样就会忽视一个事实：对内蒙古草原生态真正造成毁灭性打击的是在 20 世纪 80 年代之后，是在资本市场逐渐形成的过程中，是在迎合日益兴起的消费主义的过程中，过度放牧、开采矿产……才使得几千年的草原被迅猛地榨取、摧毁。如果电影的生态意识仅仅只是把灾难的发生推诿给一个已经完全被否定了的时代，而对资本市场、消费主义带来的环境问题缺少基本的反思，甚至像小说那样对“资本狼”“市场狼”欢呼拥抱，那么，即使这样的意识是世界性的，全球化的，那也是需要警惕和反思的。

参考文献

[1] 德国汉学权威另一只眼看现当代中国文学 . 德国之声中文网，2006.
[2] 丁帆 . 狼为图腾，人何以堪？——《狼图腾》的价值观退化 . 当代作家评论，2011（3）.
[3] 季进 . 我译故我在 ：葛浩文访谈录 . 当代作家评论，2009（6）.
[4] 姜戎 . 狼图腾 . 武汉 ：长江文艺出版社，2004.
[5] 李北方 .《狼图腾》：狼的两种隐喻 . 南风窗，2015（6）.
[6] 李小江 . 后寓言《狼图腾》深度诠释 . 武汉 ：长江文艺出版社，2010.
[7] 饶曙光 . 在“影片《狼图腾》研讨会”上的发言 . 今晚报，2015.

作者简介

唐利群，1971 年生。毕业于北京师范大学中文系。文学博士。现为北京外国语大学中文系副教授。研究方向为中国现当代文学，主要研究兴趣为女性文学、左翼文化、马克思主义女性主义理论。发表学术论文 30 余篇，代表作有《二三十年代女性文学与革命意识形态》《“鲁迅大撤退”的背后 : 知识生产与意识形态》《< 阴道独白 > : 性言说的祛魅与返魅》等。

〔原载《海南师范大学学报（社会科学版）》2015 年第 11 期〕

《阴道独白》：性言说的祛魅与返魅

唐利群

▶ **摘要** 无论是在美国还是中国，《阴道独白》的传播及其变异，都承载了一个最基本的祛魅功能：正统文化中作为禁忌存在的女性性器，以自我言说的方式，展现了对于神秘化、污名化的女性性经验的揭示。然而，需要进一步关注的是：由于性、身体在文化机制中的特殊位置，性言说很可能面临着被再度意识形态化的危险。本文将从《阴道独白》的文本、演出和传播等方面考察其被再度书写、再度生产的状况和面临的问题、困境，以探寻恢复性言说本真、朴素呈现的可能之道。

▶ **关键词** 阴道独白；祛魅；返魅

一

创作于1994年的《阴道独白》无疑具有先锋剧的诸多特征，作者伊娃·恩斯勒（Eve Ensler）本人是不仅是美国诗人、剧作家，也是女性主义行动派；剧本在采访了200余名女性的基础上编写而成，被采访的人当中，“有年老的、有年轻的，有结过婚的和没结过婚的，有异性恋，也有同性恋，有大学教授、有演员，有工人，也有妓女。有非洲女人，亚洲小姐，西班牙女郎，俄罗斯大嫂，甚至还有犹太主妇”[1]，覆盖之广，跨越时代、国族、阶级和性取向；全剧由十八个叙述段落组成，多半采取独白的形式，“其中还可再分为口述实录风格的独白、混声形式的访谈集锦；混声里有时是作家和被采访者对话的形式，有时是多人话音的穿插”（艾晓明，2001）。可以说它既是“独白”的，也是“众声喧哗”的，这种

1 伊娃·恩斯勒《阴道独白》，喻荣军译，见豆瓣网络译文，剧本原文均出自此译文，后文不再注。

方式带来某种后现代式的拼贴风格，也带来某种堪称经典的开放结构：每一个叙述段落都可以独立出来，或者被二度创作，从而被赋予新的意义，就像这部剧作问世之后在全球范围内翻译、改编、搬演时在地化的情形，其实完成了一个意义不断增值的过程。

当然，《阴道独白》的先锋性更来自它的内容、鲜明的女性主义色彩，最尖锐的表现莫过于充溢其间的对于正统文化的冒犯感和挑战性。《阴道独白》当然可以被视为女性的性言说：十八个片段，形态各异的女性性体验的呈现。如果放在女性主义文学的脉络中，这其实并不罕见；尤其是欧美女性主义自 20 世纪六七十年代以来，无论是理论倡导还是创作实践，都转入对建立在女性身体和性欲基础上的书写方式的强调，如埃莱娜·西苏提出的“阴性书写”，露西·依瑞格瑞提出的“女人话”，都是将女性的身体作为写作的源泉和动力，认为女性的声音、情感和欲望的释放，会带来一种新的话语方式，为女性逃离父权法则、重返自身及其语言提供各种可能性。而像多利丝•莱辛、玛格丽特•杜拉斯、安妮•莱克勒克等女作家的文学创作也都带有类似的特征，通过女性主体对于性、对于身体的感受和认知、书写和叙述，来颠覆男权社会僵硬的性别规定，唤醒女性最深沉的自我意识。伊娃·恩斯勒 90 年代创作的《阴道独白》，还是可以视为这一写作传统的延续，然而一如它的标题带来的惊世骇俗之感，剧作仍然挑战了我们的常识，因为它所选择的言说对象是女性的性器“阴道”——“阴道”在我们的文化中，包括在彼时的美国，也更接近于一个禁词，意味着一种文化禁忌，是属于极度私人、隐秘领域的事物，如何能在大庭广众中说出？但是《阴道独白》让剧中人不断地、反复地说出这个词，其出现频率之高，为先前的作品所未有。用作者自己的话来说就是：“不被我们说出的东西，它就不被看见，得不到承认，不被记忆。我们不说的东西成为秘密，这些秘密产生羞耻、恐惧和神话。我把它说出来是希望有一天我能够轻松地说，不再觉得羞耻和不好意思”（伊芙·恩丝勒，2000）。

让不可说之事变得可说，让不可见之物变得可见，揭开笼罩在被神秘化的性之上的种种迷雾，这是《阴道独白》独特的祛魅功能，它让女性对自我的身体有了全新的理解和认识。剧中“最令人痛苦的”采访是针对“年龄在 65 岁与 75 岁之间”的女人的采访，“因为她们当中的许多人从来没有接受过类似的访问”，“从来没有正眼看过自己的阴道”，“从来没有性高潮”，也“从来不会谈这些”，可是当老妇人倾诉完自己青春时代失败的性经验带来的心理焦虑和障碍之后，终于承认“你是第一个跟我谈论这些的人，现在，我的感觉好多了”。

诉说那难以启齿的经验，这类似于一个性的启蒙过程。《阴道独白》在传入中国大陆，排演者对剧本进行本土化改编的过程中，启蒙色彩实际上大大加强了。2003 年中山大学中文系师生第一次排演中文版《阴道独白》，十余年来，复旦大学、华中师范大学、首都师范大学等高校以及各专业团体和民间团体的演出，所用的剧本均有增删，而一个相当突出的特点，就是加入了相当多原作所没有的、带有初步性启蒙色彩的环节：初潮、痛经、初夜、人流、妇科病……出现在林林总总进行再度创作的文本中；这些在女性成长过程中会遇到，然而可能不被意识，甚至常识缺乏的经历和遭遇，获得了关注和言说。从一定意义上说，这是颇具中国特色的改动，它表明在一个美国的剧作中已经毋需讲述的身体经验，在性教育相对滞后的中国仍然具有新鲜、陌生之感。其实早在 20 世纪 90 年代，中国的当代小说就已经有此倾向，一些受到欧美女性写作思潮影响的中国作家如陈染、林白等，在小说中开始前所未有地书写女性的隐秘经验，21 世纪以来的《阴道独白》改编本，仿佛是以另一种方式——戏剧的方式延续了 90 年代中国女性小说的某些主题。回到身体，认识自己——正是对于启蒙和祛魅的渴望，才使得源于西方女性主义的理论和创作在中国的文化空间里激起了巨大的反响。

《阴道独白》的祛魅功能还在于，“阴道”在正统文化里同时也是一个贱词，相对于象征着男子气概的男性性器，女性性器一经说出，就意味着一种“不洁”“不净”“幽暗”“丑陋”甚至“卑贱”，因此，《阴道独白》不仅让女性说出这个词，而且还要再造这个词，要重塑阴道的全新形象，要修正阴道的文化想象和象征意义，为男权社会中被污名化的女性性器和性经验正名。剧中重要的段落如“阴毛”“洪水”“阴蒂”“阴道的气味”……组成了与阴道紧密相关的形象，有的在对男性偏见的控诉中反驳“阴毛不但龌龊而且肮脏”，有的诉诸直接的赞美：“阴道闻起来像什么？”“像上帝”，“像水”，“像一个崭新的早晨”，“美味的糖果”，“或是南太平洋季风”……而剧本最后一段诗歌独白“我就在那里”，则以作者伊娃·恩斯勒在儿媳的产房目睹婴儿降生的过程，描写了“一个羞怯的性器官变成了一条时光隧道”，“一个神圣的器皿”，“一条威尼斯的河道”，“一口深深的井”，而新的生命就从这撕裂的、变形的、流血的通道中来到世间……真实到残酷的写实手法在诗歌的最后蓦然翻转成超现实的丰沛的想象——

“我站在那里，
突然间，她的阴道变成了一只红红的跳动着的心。

因为那是阴道，
所以那颗心能够牺牲一切，
它能够宽恕，能够修补，
它能够改变形状，让我们进去，
它能够舒展张开，让我们出来，
就是那阴道啊，
它为我们疼痛，它为我们伸展，它为我们死亡，
它为我们流血，为我们这个艰难的奇异的世界流血。
我清楚地记得，
我就在那里，在那个屋子里。”

应该说，《阴道独白》重塑了“阴道”的多重形象，它是独特的，也是美丽的，是普通的，也是惊人的，它是我们身体正常的一部分，又与伟大的生殖与生命相联系……

对于“阴道”污名化的反拨，也最容易唤起对女性的情感共鸣，在中国大陆的诸多改编本中，基本保留了这些段落，尤其是最后一段。而在为《阴道独白》的合理性辩护的说辞中，知乎上《如何看待北外女生的 < 阴道独白 > 事件》的评论也极为有力 ：“无可否认的是，我们每一个人，无论是男是女，是女性主义者或男权至上者，全部都出自一个伟大的部位——阴道”。“你一定有母亲，她不管是像马克思说的，由于‘在性爱基础上对美好生活向往的婚姻’而有了你 ；还是像王小波说的，由于‘伟大的友谊’有了你，你都是从阴道开始你阳光的人生”。

正是在这种能够唤起无数人强烈认同的情感的映衬下，《阴道独白》对于女性所受的性侵害、性暴力的描写才显得极富批判力量。“我的阴道曾是我的村庄”只是其中短短的一节，却是最具震撼力的一章，这个段落采用了反复咏叹、交叉对比的方式，让来自中欧、在科索沃战争中受害的妇女诉说着数万人惨遭强暴的痛楚，女性受辱之前与之后的巨大落差得到强烈的表现 ：一开始是美得令人惊叹

的想象："我的阴道是青山绿水，原野粉嫩，牛儿欢叫，阳光普照，甜甜的男孩手拿着金黄的麦穗轻轻抚过"，可是如今，"我不会去碰它"，"并不是由于那些士兵把步枪插入我的身体，那冰冷的枪头让我心如死灰……"；然后，歌曲一样的过往重现了："我的阴道唱着歌，少女们的歌，风铃般的歌，秋日田野的歌，那是阴道的歌，阴道自己的歌"。可是暴力的画面插进来："并不是由于我听过撕心裂肺的嚎叫，并不是由于我阴道的一部分从我手中滑落，那部分就是我的一片阴唇……"紧接着再次的对比："我的阴道，一个生机勃勃四面环水的小山村，我的阴道是我的家乡"。但是故乡此刻却被彻底地摧毁了："他们轮流地摧残了我七天，我的阴道闻起来就像是烧焦了的臭肉……"

可以说，由于这些段落的存在，《阴道独白》突破了发达国家女性的生命经验，而具有了更为广阔的视野，它将不同地域的众多女性依旧遭受暴力侵袭的共同命运，以非常尖锐的方式揭示了出来，而且，这并不只是女性的历史命运，也是当下正在发生、需要面对的残酷现实：在现存的这个世界中，以男性对女性的侵犯和凌辱为基础的权力结构，仍然牢固地存在着。

如果只是从篇幅上看，《阴道独白》更多表现的是对女性性经验的自我探索；抗议女性所受的性暴力，只是它的一个很小的部分，但是在《阴道独白》被译为 40 多种语言，在 130 多个国家搬演的过程中，"反对性暴力"成为它最显著的标签、最为人所知的主旨。这或许可以说，正是由于这个最具有代表性和普遍性的部分的存在，《阴道独白》才在世界范围内获得如此广泛的回应和极高的声誉。

二

戏剧之不同于小说，是戏剧的文本不止用以阅读，还需用于表演，所以戏剧往往比小说的意识形态性更强。《阴道独白》看似独白，却不能只发生在私人阅读和理解的领域，而是要进入到表演和观看的公共时空当中。这在某种程度上是一大挑战，因为诸如反对性暴力、赞美生命的孕育与诞生……这些或痛苦、或严肃、或优美、或崇高的段落，是比较容易与公共性联系在一起的，然而《阴道独白》的核心内容是关于女性的性欲如何从压抑中解放出来，它的大量文字实际上是对性快感的描述，那么，面临的一个问题就是：私密的经验如何转化为公共的舞台表演？虽然当下西方戏剧的实验和创新有时候是无所顾忌的，可是艺术的底线也并不是没有争议的问题。

《阴道独白》在1996年由作者本人首演于纽约百老汇，可以设想一下，作者要唤醒女性对自己身体的感知，探索性快感的源头，而且，要在众目睽睽之下表演出来，如果还考虑到美国百老汇是集艺术生产和商业消费于一身、在娱乐大众方面驾轻就熟的一个地方，就知道要在这个空间里传达出女性的性快感、性愉悦是通向自我主体意识的觉醒这样的含义有多大的难度。伊娃·恩斯勒采取的是单人剧的方式，在几乎没有什么特设的背景、音乐、灯光的舞台上，表演者坐在一张高椅上将“众人的独白”诉说到底。令人印象深刻的是整个表演始终贯穿着一种幽默、风趣的风格，最直接的反应就是下面的美国观众不断爆笑并鼓掌。也就是说，伊娃·恩斯勒运用的是充满反讽和荒诞的方式，将剧本中对性快感的叙述表现得淋漓尽致。睿智、嘲讽、夸张……使得叙述主体获得了某种自由和自在，也使得大量关于性高潮、阴蒂自慰、呻吟、观看阴道、女同性恋的性诱惑……这些段落的表演避免了沦为剧场观众集体窥淫或意淫的对象。

比如老妇人的独白：“下面？自从1953年起我就没有碰过下面了。不，这和抗美援朝没有关系。”出人意料的句子使原本阴郁的回忆发生了意义陡转，立刻获得一种幽默效果；而老妇人内心激情的外化——“下面的热流”被说成“身体里喷涌出的巨大洪流”，涨满了整个客厅，她的情人“跪在洪流之中”，情人的朋友则“在洪流中拼命地游着”，这个荒诞的梦境具有化腐朽为神奇的功能，使得连老妇人自己都不能理解的自我的欲望获得了观众的理解。

阴蒂快感是女性主义者用以颠覆男性菲勒斯中心主义对女性性行为的压制和规训的一个重要方面，而伊娃·恩斯勒是这样说的：

“阴蒂的用途非常单纯，它是人体专为快乐而设计的唯一器官。阴蒂的结构既精细又简单，它由8000个神经纤维组成了束。这种高度集中的神经束比男人或是女人身上任何的一个部位都要多，无论是指尖、嘴唇还是舌尖，而且它还是男人阴茎上的两倍，是的，是两倍，绝对是两倍。”

看似科学的严谨说明却因为故意反复强调与阴茎对比而变得令人大笑不止，成为有趣的常识。

最突出的一场戏是“一个喜欢让自己的阴道快乐的女人”，伊娃·恩斯特在其中要模拟快感中的女人各种各样的呻吟声，这可谓是刀尖上的舞蹈，难度极高，最后，表演者高超的技艺使得模仿秀充满了嘲讽的意味，也可以说，性在此变成一种可笑的东西而被超越。

作为被翻译得最多的美国话剧，《阴道独白》当然也在世界各地得到了形式多样的演出。在中国，《阴道独白》中文版的上演已逾十年，比较突出的有高校社团的学生表演，民间团体的业余表演，以及实验剧团的专业表演，它们都很少再采取单人剧的方式，演出的人数常常是三人、多人甚至群体出演，充分发挥此剧结构灵活的特点。表演中当然考虑了中国的语境以及观众的接受，所以会有很中国化的改动，如中山大学 2003 年在广州美术馆的演出，增加了不少舞蹈的设计，通过演员的肢体语言来表现阴道的如花般绽放……再加上灯光、布景的配合，达到一种唯美的效果。

总体而言，由于演出者大多具有女性主义的理论背景，对于剧作重新想象女性的身体，让女性欲望、幻想获得新的文化表达，进而重建女性自我主体的理念，都是认同的，而性快感作为剧作表现的最重要的部分，也都被中国的表演者承袭、保留了下来。

但是其中并不是没有问题的，仍以中山大学的表演为例，它将原作中“一个喜欢让自己的阴道快乐的女人”改成了三个女人一起“叫床”的对话，一个打扮比较时髦，讲普通话的女子 A 对叫床没有什么心理障碍，说：“食堂有好吃的，我会叫！穿上新衣服，我也叫！跟男朋友做爱做到我爽啊，我更叫！”而农村妇女打扮，操着河南方言的女子 C 则说“丢死人了。俺可从来都不叫”，可是 A 和另一个说广东话的女子 B 不断劝说 C 尝试叫一叫，并做出各种示范，最后 C 也开始在台上模仿起了性高潮时的叫床声……

从这种改写中可以看到，改编者在表述性快感时有很自觉的意识，会突出一种夸张、喜剧的风格，当然这种风格是在民族化的基础上完成的，但是如果稍有不慎，这样一幕也有沦为滑稽小品式的表演的危险；就其角色身份的设计而言，已经很明显地表现出城市对乡村，小资对农妇的优越感。然而最主要的问题还不是在这里，而是在于从伊娃·恩斯特原作的逻辑中就已经透露出了的问题：正如戏剧所传达的，我的身体、我的阴道、我的性快感，我要自主追求、我要自由表达、我不用负罪，也不必害羞……它们把女性从依附的、被动的性中解放了出来，但是，需要继续追问的是：我们会不会同时又落入另一重陷阱？那就是女性的性被强化了，女性成为性的存在，性的符号？女性重新返回到私领域？而这却正是男权社会所乐见的。

从《阴道独白》的剧作和它的改编来看，是有这样的危险的。因为要为阴道正名，因而放大了它，使之成为一个被强化了的符号；因为要探索快感的源泉，“我已经变成了我自己的阴道”，女性被简化为阴道的形象，也就意味着被物化。一个致力于挑战和颠覆男权社会性别规定的先锋作品，在这里偏离了它的初衷。当《阴道独白》在为阴道的神秘化、污名化祛魅的时候，未尝没有构造另一出关于阴道、关于快感的神话。这种返魅也许是即使反讽、荒诞的艺术手法也无可奈何的。

类似这种“逃脱中的落网”，还表现在《阴道独白》体现的另一重逻辑上，那就是认为女性对男性菲勒斯中心主义的反抗可以通过对语言秩序的颠覆来实现。这当然也不是伊娃·恩斯勒的独创，其实，西方女性主义自20世纪六七十年代以来就有这样的倾向，逐渐与现实的政治运动脱离，而强调独立的文化层面的批判男权，这也与当时整个社会思潮从激进立场上后撤，“既然不能颠覆现实秩序，就让我们颠覆语言秩序”的趋势是一致的。所以，在“身体写作”上，就出现通过翻转语词的意义而达到批判目的的现象。在《阴道独白》原作中，有一段叫“寻找失去的cunt”，cunt原本是男性中心主义用来贬低、诬蔑阴道的一个词，然而在表演中却通过拆解、联想和重新组合，赋予了这个词新的含义，“你听，‘cunt’，这么发音，克，克，卡，卡，cavern，山洞，cackle，咯咯地笑，clit，阴蒂，cute，可爱的，……然后就是u，curvy，弯弯的，啊，鲨鱼皮一般令人心动的u，uniform，制服，under，下面，up，上面，urge，欲望……”就这样，每一个字母都生发出缤纷的字眼和含义，最后，这个被重新定义的、全新的“cunt”被剧作家用近乎喊叫的声音反复说出。

在北京薪传试验话剧团在2009年第一次买到《阴道独白》的商演版权而进行的演出中，这个段落被本地化了，但表现的思路与原作是一样的：“cunt”变成了汉语的“屄”，也是对阴道极具污辱的一个词。表演者强调：“现在我要重造这个词，”“你听，b i，这么发音，b——i，b o——博士，博爱，波伏娃，波浪…… i ——一次，一小时，一次一小时，一心一意，一丝不苟，一丝不挂，一寸光阴一寸金，一刻值千金，一年之计在于春……”最后，表演者号召大家一起大声反复叫出“屄”“屄”“屄”……

如果一个语词，长久以来受到男权社会的污染，那么，是否用另一种方式说出来就能翻转它的意义呢？也许，我们是可以一时扰乱它的语言的规定性，然而这是否就意味着男性菲勒斯中心主义被解构了呢？当然不是，一进入现实社会，就会发现其中的权力结构没有受到丝毫的改变，即便我们在伊娃·恩斯特的意义上使用“cunt”或者“屄”，却还是要面对全球每五名女性中就有一人曾被强奸或性侵这样残酷的事实。没有经济、政治、制度的变革，想通过颠覆语言来颠覆男权制，动摇现实的权力关系，带有明显的乌托邦色彩。

这也是另外的一些表演并不能令人满意的原因，北京 Bcome 小组于 2012 年将《阴道独白》改编成了《阴道之道》，其中一幕选择了一个咒骂品德败坏的女人最恶毒的字眼“婊”，意图“用半污名的方式来解救污名”，对中国诗人海子的名诗《面朝大海，春暖花开》进行了戏仿：

“从明天起做一个婊子 / 自慰、呻吟、不戴胸罩 / 从明天起做一个婊子 / 装纯、卖萌、不给操 / 从明天起关心妇科和套套 / 从明天起关心高潮和阴道 / 陌生人，我也祝福你 / 祝你们有情人终成眷属 / 祝你们郎才女貌、早生贵子 / 而我只愿一辈子做一个婊子。”

在这个段落中，表演者想用一种极端的方式——用她们自己的话说是“重口味”的方式——来表现对约定俗成的婚姻、家庭模式、生活方式的拒绝，进而表现一个女性某种独立的自我意识的萌生，然而，以“婊子”来进行自我命名，而“婊子”所关心的事物也不过是在性的狭小范围之内，所以，在表演者的主观意识中，可能已经将“婊”转换成了不具贬义甚至是富于挑战性的一个语词，但是它连语词重建、赋予新意的过程都给省略了，也没有提供超出这个语词传统所指的内涵，整个段落里的“婊”反倒很吻合男权社会对耽溺于性的女人的色情想象，因此，对污名的主观化使用并没有解救污名。

三

《阴道独白》在发表、上演数年之后的 1998 年，由伊娃·恩斯勒发起在美国传统的“Valentine’s Day”（2 月 14 日）演出此剧，将这一天改写为“Victory over Violence Day”（简称 V-day），即“妇女战胜暴力纪念日”。为了号召更多的人反对针对妇女的暴力，她在每年的 2—4 月开放剧本版权允许义演，《阴道独白》的演出渐成全球风潮。21 世纪初，《阴道独白》进入中国，最早上演的是英文版。2001 年在南京大学的中美文化中心，2002 年在上海美国俱乐部的英文演出，受众多为外国观众，只有少数中国代表观看了演出。

由于《阴道独白》的作者在一定条件下开放版权，使得这个女性主义作品的跨国旅行变得较为顺畅；又因为它并非完全开放版权，使得它在中国的演出、传播会以十分本土化的方式进行，从而在不同的方面改变了原作的意涵。最突出的表现，就是不少团体在排演过程中不断加入中国特色的内容，以至于形成近乎完全改写的剧本。像中山大学 2013 年演出本、复旦大学的《阴 Dao 多云》、Become 小组的《阴道之道》都是原创多于原作的内容。

在传播的路径上亦如此，一条路径可以称作“小资路径”。《阴道独白》中文版自中山大学 2003 年的演出之后，除了偶尔遭禁，十多年来《阴道独白》在中国称得上是“全国开花”，演出的版本各不相同，演出场所也十分灵活，学校、小剧场、咖啡馆、街头、地铁……都有尝试。当然，最突出的，还是中国各大高校持续不断地排演此剧。根据荣维毅在《< 阴道独白 > 中国大陆演出十年记》中的统计，先后演过此剧的有中山大学、复旦大学、广西南宁华光女子中学、北京大学、华中师范大学、武汉大学、厦门大学、首都师范大学、南京大学、北京外国语大学等十多所院校。这跟在美国的情形较为相似，在美国有剧场演出，有在 V-day 纪念日朗诵其中的片段，而更常见的，也是每年几乎有一二百所大学表演此剧。可以说，无论中美，大学校园是《阴道独白》传播的主要文化空间；大学生群体则是《阴道独白》的主要受众；换言之，《阴道独白》较多地表现了城市中的大学生群体，也即所谓的中产阶级的后备军——他们对于性、对于身体的新的想象方式和理解方式。当然，由于中美“小资文化”的差异，也使得《阴道独白》在中国社会的反响有了自己的特点。

较近的一个例子就是 2013 年北京外国语大学性别行动小组演出此剧，在网络上激起极大反弹，与此前《阴道独白》多年以来在网络上虽有流传却无激烈反应相比完全不同。北外同学使用的是北京 Bcome 小组改编的《阴道之道》的剧本，后者在 2012 年曾经进行过剧场演出，也没有招致类似的抨击。究其原因，很大程度上源于演出前学生们为话剧作宣传，在人人网上发布了相关信息以及 17 张照片，每张照片上各有一名女生举着字牌，上面写着“我的阴道说……”。是这些图文而非《阴道独白》的戏剧内容迅速在网络上流传，而多家媒体的转载、报道，放大了来自意见不同的各方争论，并使之成为当年的一个热点问题。在网上流传的这些宣告中，“我的阴道说：不要以爱的名义……”“我要尊重！”“别把我当敏感词”之类似乎并无大碍，但最受诟病的是以下几句：“我的阴道说：我要，我想要！”“我的阴道说：初夜是个屁！”“我的阴道说：我可以骚，你不可以扰！”“My Vagina Says: Open for Business!”“My Vagina Says: Closed for Business!”等等。大量的言论据此强烈批评北外女生的性道德，认为实在不吻合大学生的身份，但同样也有诸多为之辩护的言辞，如著名性学家、社会学者李银河就力挺北外女生，认为那不过是声明女性的性愉悦权、性自主权、性话语权和性价值观的“女权宣言”。这场从网友大众到专家学者都卷入其中的广泛而热烈的争论，除去人身攻击式的非理性的口水战不论，否定和肯定的不同意见恰好彰显了对性言说的界限究竟为何的分歧：性，可以说，可是怎么说？性，是自由的，但是有没有限度？

因这场争论而带出的另外一些例子，恰好表明了说什么、怎么说还是非常重要的。在肯定北外女生举牌宣告的一派中，有人拿英国大学生 Grace Brown 在 2011 年发起的一个“Project Unbreakable”项目作类比，后者拍摄了数百名性侵受害者们的照片，每张照片上都有一个女子手举字牌，上面写着强奸犯在进行猥亵时说的攻击性话语。这个例子是用来论证北外女生举牌的合理性的，不过，显而易见，形式固然相似，效果还是有很大差别的，“Project Unbreakable”才是真正体现了打破不敢言说性侵害的禁忌，反抗男权暴力的女权主义，在本质上，它更接近于《阴道独白》中抗议性暴力的部分，与“我的阴道曾是我的村庄”一样有一种痛彻心扉而又震撼人心的力量。而北外女生的举牌则有为吸引眼球而作夸张表现之嫌。

还有人在网上传了《阴道，就是这么重要！100 个男人说阴道——北外女生，你们不孤单！》的支持性言论，将大洋彼岸康涅狄格学院大学生的 V-Day 预热片拿来为北外女生加油打气，在这个 Video 中，美国的大学男生们被问到“阴道对他们有多重要”时，在短暂的惊诧和尴尬之后，开始纷纷发表自己的看法：“阴道是一个伟大的词”，“阴道对我很重要，因为没有它就没有我”，“阴道是两情相悦之中的关键”……如果我们对比一下北外女生的宣言，会发现还是有所不同的，前者以平和、坦然的言说方式将阴道理解为生命的通道，性爱的愉悦。而后者则集中在性自由、性解放方面，并且是以某种急切、粗暴甚至粗俗的方式进行的言说的。还值得一提的是，北外女生选择的表述完全没有对性的商品化、享乐化的警惕意识，“My Vagina Says: Open for Business!”意为“我的阴道说：开始营业”，而“Closed for Business!”在英文中并无意义，很显然，这里表达的是想当然的“打烊”“关张”的意思。将女性的身体理解为性交易的场所，在自由主义者那里也许没有什么不妥，因为他们强调个人只要是在不伤害他人的情况下，可以自由地支配自己的身体。但问题在于性从来就不仅是个人的，也是社会的、文化的，有时候看似出于个人的自由、自主选择，也不过是吻合了社会的主流逻辑。尤其在当下由资本主导、消费身体的社会里，女性的性，依旧是被窥视、提供色情想象的对象；女性的身体，也往往是因为具有“可看性”而受到关注，如果对此没有任何警惕，即使看似激进的女权口号，也不过是与资本市场的逻辑暗合，而失去了它的批判意义。

因此，考察《阴道独白》在中国的传播情况，另一种趋向是值得思考和关注的，它在一开始的时候与“小资路径”似无差别，但中国的现实却改变了它的某些方向。不少中国高校的团体在排演完此剧之后，产生了让这个剧传播至更偏远的地方，进入到更多普通的观众和人群中去的意图，在这个过程中，《阴道独白》发生了与弱势群体的种种交集。中山大学第一次排演此剧之时，主创人员就带着这个作品的纪录片到番禺的打工者中心去放映，当时一些现场的打工者看了以后站起来，“说到他们自己身边的女工友遭受暴力的经验，其中有一个女工说，在一个工厂里，老板看上了一个女工，然后硬要跟她好，但是这个女工就是拼死不从，结果他让他的手下，把她先奸后杀，然后五马分尸，把她的尸块丢在垃圾堆里。”这种完全不同于校园生活的底层妇女遭受暴力侵犯的惨痛经验，在创作者与观众的交流中被揭示了出来，并成为他们未来进行再度改编的素材的来源。

复旦大学在排演此剧时，接触到中国妇女生殖健康的情况，其中有一个农村妇女的故事感动了大学生演员，她说：“我原来只关心卫生巾是否有护翼，我真没想到农村妇女因为繁重的劳动子宫会脱出阴道外，遭受如此的折磨。”大学生们连夜把这段故事写入《阴道独白·愤怒的阴道》。

还有很多别的突出问题如“溺毙女婴”“农村女孩求学难”“强迫上环”……都是这样进入了各高校《阴道独白》工作坊的讨论、分享和再创作的。与中国社会现实的接壤，使得《阴道独白》在传播过程中与受众有了更多的互动，在某些时刻，受众甚至转变为戏剧的主体，如中山大学创作人员追述“第一次到农村去演出和采访”，发现村里的小学生居然对剧很感兴趣，在和小姑娘们聊天的过程中，进而发现她们都有自己的性别故事，几乎每家都存在着重男轻女的现象，于是，大学生放下了原来的计划，带着小朋友们编剧本，自导、自演，当晚就演出给村民看。这些极具中国本土色彩的经验，使得一部先锋剧与弱势群体的生活状况结合了起来，变得更加具有社会批判的锋芒。

当然，意义还不仅如此，由于下层妇女生命故事的加入，使得除了性别之外的“阶级”因素凸显了出来，在此映照之下，美国版的《阴道独白》显露了其西方中产阶级白人女性的立场局限，中国版的《阴道独白》也显露了属于小资的大学生走出象牙塔之必要性和紧迫性。在城市演出时，大学生演员曾有过这样的经历：为了让观众对“阴道”一词脱敏，演员让观众一起反复喊出这个词，有一位女孩坚决不肯，不是因为害羞，而是因为愤怒，因为她觉得完全没有必要这样做，不这样做也不妨碍自己对身体的理解。虽然在《阴道独白》中，伊娃·恩斯勒表示“阴道，我说出来了”“我每个晚上演出时要说它一百二十八遍”，说出来是重要的，可是过于强化和集中于这一点，却也只能使之再度成为狭隘、僵硬的意识形态。一旦打开视野，走出观念的局限，就会发现那些广泛存在于中国社会中的形形色色的不平等和歧视，并不仅仅局限于性和性别的领域，那也同样是需要我们去正视和挑战的。正如复旦大学《阴道独白》剧组成长十年后的感悟：“只要你跟人待在一块儿，就难免遇到人找理由歧视你。你不是变性人，你还可能是同性恋；你不是同性恋，你还可能是大龄未婚；你结婚了，你还可能穷；你不穷，你还可能胖，你不胖，你还可能学历低……如果你看到一个歧视胖子穷人大龄未婚青年的人却激烈地反对歧视同性恋时，你当然要谨慎，他并不真的懂得什么叫作尊重。”

此时再回到无论美国版还是中国版的《阴道独白》所招致的争议，所面对的困境：性要如何言说，才不是再度成为神话？性言说要用什么方式，才能逃脱正统文化和消费文化的双重陷阱？实践者在近期召开的“阴道大声说——作为性别教育的独立话剧之路研讨会”的发言，其实已经表明他们逐渐意识到：“性、性别、阶级这几个视角是需要交叉的……在性、性别、阶级这三个分歧范畴，如果有任何一个脱节或者是单一的论述，可能会产生各种各样的问题。”只有将更多不可见的边缘族群和弱势群体的诉求加入进来，只有将社会政治经济结构的改变与文化批评再度结合起来，我们才能建构更为本真、素朴的言说。《阴道独白》需要我们走进，也需要我们走出。

参考文献

[1] 艾晓明 . 阴道独白与性别文化 . 中国青年研究，2001(1).

[2] 卜卫 . 倾听 V 的独白 . 中国女性（中文海外版），2002(9).

[3] 李若楠 .《阴道独白》的十年 . 复旦大学《九十九度》杂志，第 5 期 .

[4] 石艺 . 从剧本走向运动 . 哈尔滨学院学报，2012(4).

[5] 肖慧 . 阴道独白的跨国旅行 . 妇女研究论丛，2009(3).

[6] 伊芙 • 恩丝勒 . 阴道独语 . 陈苍多译 . 台北新语出版社，2000.

作者简介

唐利群，1971 年生。毕业于北京师范大学中文系。文学博士。现为北京外国语大学中文系副教授。研究方向为中国现当代文学，主要研究兴趣为女性文学、左翼文化、马克思主义女性主义理论。发表学术论文 30 余篇，代表作有《二三十年代女性文学与革命意识形态》《“鲁迅大撤退”的背后：知识生产与意识形态》《< 阴道独白 >：性言说的祛魅与返魅》等。

（原载《文学与文化》2017 年第 1 期）

海外华裔文学与西方文学研究

华裔作家的文化自信与传承创新

——佛教思想与陈美龄小说《雌狐月饼复仇记》*

杨 春

摘要 当代华裔美国作家陈美龄的长篇小说《雌狐月饼复仇记》受到中国传统佛教思想的很大影响。作家借用了佛教的“人生即苦”“再生轮回”等观念来构建小说的整体结构、设计人物角色，并由此凸显了小说的女性主义主题。通过改写佛教譬喻故事、戏仿禅宗公案故事，小说探索了佛教思想对于当代华裔美国人所面临的问题和挑战的借鉴意义。通过对传统佛教思想的创新性借用和改写，反思并真实再现了华裔美国人的生存状况以及流散华人的命运，体现了华裔作家对母国文化的文化自信和文化传承。

关键词 陈美龄；《雌狐月饼复仇记》；华裔美国文学；佛教思想

华裔美国作家陈美龄（Marilyn Chin）1955 年出生在香港，7 岁时移民美国，出版了《矮脚竹》（*Dwarf Bamboo*，1987）、《凤去台空》（*The Phoenix Gone, the Terrace Empty*，1994）、《黄色狂想曲》（*Rhapsody in Plain Yellow*，2003）、《情天恨海》（*Hard Love Province*，2014）等 4 部诗集及一部小说《雌狐月饼复仇记》（*Revenge of the Mooncake Vixen: A Manifesto in 41 Tales*，2009）。陈美龄的作品在美国获得了很多奖项，并被收入重要的美国文学选集。她已经成为继汤亭亭等人之后新一代华裔美国作家的优秀代表之一。

《雌狐月饼复仇记》是迄今为止陈美龄创作的唯一一部小说作品。这部小说以其独特的结构形式、具有魔幻色彩的人物形象、离奇的情节、大胆不羁的想象、幽默辛辣的语言风格，在当代华裔美国文坛独树一帜。作家运用了来自东西方的

* 教育部人文社会科学研究规划基金项目“当代华裔美国文学与中国文化传统”（13YJA751058）

各种文化资源，把《伊索寓言》《堂吉诃德》《变形记》、聊斋故事、佛教观念、志怪小说、武侠小说、老庄思想、日本漫画等素材有机地融入对华裔美国人的历史与现实生活的描绘，创作出了一部别具一格的华裔美国小说。

陈美龄受到家里长辈信仰佛教的影响，在成长的过程中接触到很多有关佛教信仰的知识。奶奶给她讲述的佛教故事，使她幼小时就了解到佛家关于轮回、涅槃、地狱等观念。1974 年，陈美龄进入马萨诸塞大学学习中国古典文学，接触到了更多有关中国传统文化的知识（刘葵兰，2012）。在《雌狐月饼复仇记》中，作家对佛教思想进行了创造性的借用。她不仅借鉴佛教思想观念设计了小说的整体结构及人物形象，还改写佛教譬喻故事，对禅宗公案故事进行戏仿。通过对佛教思想观念的借用，作家探索了传统佛教思想对于今日华裔美国人所面临的问题和挑战的借鉴意义，实现了对当代华裔美国人生存状况的再现以及对流散华人命运的反思。

一、佛教思想与小说的结构、人物设计及女性主义主题

陈美龄曾这样说明《雌狐月饼复仇记》的整体结构及人物设计：

> 本书的结构建基于古代佛教关于再生以及受苦的永恒循环的观念。美龄和月妮都是老移民的灵魂的再生。在小说引言中那个朝小姑娘扔粪便的小和尚，以及在第一个故事中折磨月妮的史密斯兄弟，他们和在小说最后带着大狗欺负美龄的男孩们是完全对应的循环。这些人物都深陷于一个邪恶的再生循环中。受苦的循环在延续，对女性的压迫在延续，导致受苦的肉体欲望也在延续。(Chin，Marilyn，2009)

佛教把宇宙的有情识的和证悟得道的生命体共分为十类，即“四圣六凡”。“四圣”是指声闻、缘觉 、菩萨和佛。这四类属于觉悟者，都已超脱生死轮回，是为“圣”者。“六凡”，也称“六道”“六趣”“有情”“众生”，是指没有超脱生死轮回、没有获得解脱的凡庸者，包括天（指一般的神）、人（指人类）、阿修罗（指魔神）、畜生（指一切动物）、鬼（指一切鬼魂）、地狱（指作恶多端、在地狱中受折磨者）。佛教理论的基本出发点，是断定人生为“苦”，人的生命、生存就是“苦”。佛教讲的“苦”，最常见的说法是“八苦”，即生苦、老苦、病苦、

死苦、怨憎会苦、爱别离苦、求不得苦、五取蕴苦。在八苦中，五取蕴苦既是其他苦的根源，又是一切苦的聚集。五蕴与“取”（指一种固执的欲望、执着贪爱）联结在一起就会产生种种贪欲，因此被称为“五取蕴”。佛家还认为，人生的过去、现在和未来三世皆苦。人间世界是火宅、是无边苦海。佛家的“业报轮回说”则认为，业力是众生所受因果报应的前因，是众生生死流转的动力。所谓“业”即是行动或作为。因为众生的身、口、意三业是由无明即无知决定的，所以众生的行为往往是这种无知的表现。业力的影响是不会消除的，众生的善业和恶业都会引起相应的果报。众生在善恶因果的严密关系中，修善的随福业而上升，作恶的随罪业而下堕，不断在苦海中沉浮，在“六道轮回”中流转，永无了期。只有皈依佛法，弃恶从善，虔诚修持，才能跳出“六道轮回”的樊笼，求得超出生死的解脱（方立天，2012）。

陈美龄借用了佛教的人生即苦、再生轮回等观念来设计小说的结构及人物角色，并通过在小说引言、第一个故事及最后一个故事中描写女性的受辱及其复仇，彰显了小说的女性主义主题。

《雌狐月饼复仇记》一共有七章，除了第二章只有一篇故事以外，其余六章都由若干个相对独立的故事组成。小说的主人公是一对华裔双胞胎姐妹美龄和月妮。黄家在美国俄勒冈州经营着一家名为“双喜”的中餐馆。

小说的引言题为“给我的姐妹们”，讲述了一个简短的故事：一个淘气的小姑娘在不断地转着圈跳舞，她的顽皮动作和吵闹终于让一边的小和尚忍无可忍，他抓起粪便朝小姑娘扔去。师父呵斥小和尚说：“难道你认不出她了吗？她就是那个你上辈子用大便扔过的女孩儿啊，也就是那个你在上上辈子扔过大便的同一个女孩儿……”（Chin，Marilyn，2009）师父命令徒弟接受一系列的课程，希望促进他开悟（启蒙）的进程。

这个故事可以说是整部小说的“文眼”，因为它开宗明义地提出了小说最为核心的问题：女性的受辱、再生和轮回、受苦的持续以及开悟（启蒙）的难以实现。

小说的第一个故事是“月亮——一个华裔美国人的复仇故事”。这个故事极富象征意味。故事的女主人公名叫“月亮”，明显地带有对月亮的指涉意味。另外，“月亮”这个名字也来自作者的母亲，同时也是作者对汤亭亭《女勇士》中角色月兰的致敬（刘葵兰，2012）。

华裔女孩月亮长着一张像月亮一样“又大又黄”（Chin，Marilyn，2009）的脸，她个子矮小，长得很胖，像1999年所有的又矮又胖的华裔女孩儿一样孤独而悲伤（Chin，Marilyn，2009）。月亮对喜欢开着雪佛兰黑斑羚敞篷改装车在加州海岸公路上兜风的史密斯兄弟有着一种“奇怪而不可餍足的欲望”（Chin，Marilyn，2009）。这种欲望和迷恋显然是盲目的，因为月亮根本不了解史密斯兄弟是什么样的恶棍，只有在遭受了他们的侮辱和折磨以后，她才意识到自己的错误；另一方面，女主人公这种盲目的迷恋正代表着华裔移民对主流社会的向往、对同化的渴望。月亮对主流社会的生活、对白人男性满怀着憧憬。对她来说，开着时髦敞篷车在加州海岸公路上兜风、长长的金发像马鬃一样飘扬在脑后的白人男孩儿似乎代表了主流社会生活中最具有吸引力的一部分。而在史密斯兄弟看来，月亮的一切都是丑陋和难以理解的，无论是她的肤色、长相还是她的文化背景。他们故意弄翻独木舟，让月亮掉进海里，然后把差点溺水的月亮拖到码头上。他们脱光了她的衣服，轮流对着她的圆脸和肚子撒尿，一边说道：“这么说，这是真的，你们的阴道都是斜的。斜眼婊子！你还真以为我们对你感兴趣？”（Chin，Marilyn，2009）

“斜眼”（slanted eye）是白人对华人外表的刻板印象，他们认为眼尾上挑、狭长的细眼睛是典型的华人长相。史密斯兄弟对月亮的外貌和人格的贬低、侮辱正代表着美国主流社会对华人一贯的歧视以及对华裔女性的偏见。而月亮的中国文化背景以及华裔移民在美国的经历更是在这两个白人男孩儿的知识范围以外。叙述者告诉我们，史密斯兄弟俩是十分无知的。他们在一个“山谷”里长大，因此不懂人情世故；他们的学习很差，几乎是文盲。在那个凉爽的夜晚，月亮为了和他们接近，曾经唱起一首歌，并弹奏着祖母从中国送来的小小的像琵琶的乐器。这首歌有古老的假音，唱着被流放的大雁飞过地平线、风暴中潮起潮落的大海以及孩子们在一个深不可测的新国度的迷失——显然，这首歌吟唱的是移民的故事。他们离乡背井，在陌生的国土上痛苦地摸索着生存的道路。而对于无知的史密斯兄弟来说，月亮的歌，包括她弹奏的乐器都是陌生而无法理解的。佛家认为，愚痴无知就是“无明”，也即对人生实相的盲目无知，它是人生痛苦的总根源。因为如果不能正确认识人生实相，就必定再次堕入六道轮回，因果相续、生生死死、无始无终。处于无明状态的史密斯兄弟自然也逃脱不了这个结果。

故事里，被侮辱的月亮展开了神奇的复仇。在三十个日夜里，月亮变身为一个嗜杀的疯子，如可怕的瘟疫一般让南加州地区的白人男性离奇丧命。在第三十一天夜里，月亮终于在高速公路上找到了正开着敞篷车兜风的史密斯兄弟。她像复仇的月亮女神一样突然降临在他们面前，浑身散发出耀眼的光芒。史密斯兄弟的眼睛什么都看不见了，他们的车坠入了峡谷。汽车翻滚了十二圈，兄弟俩双双身首异处。验尸官说他们的头就像是被人用手术刀切掉了一样。

在故事的最后一段，叙述者直接对读者说话："月亮长大了，减了肥，成了一名著名歌手。这似乎证明了这个世界不存在正义。也许，正好说明了确实有正义。你对这个结局的解读主要取决于你的种族、宗教信仰、头发颜色、社会和经济地位以及政治倾向——还有你是否是女权修正主义者以及你是否有为被压迫者加油鼓劲儿的习惯。"（Chin，Marilyn，2009）

小说叙述者明确指出，这是一个从华裔女性的视角写的复仇故事。这里的复仇就是华裔美国女性对种族、性别的歧视、压迫的复仇，这也是对汤亭亭开创的描写华裔美国女性的反抗与报仇的继承和发展。陈美龄一直把汤亭亭视为偶像和先驱，尤其是汤亭亭在《女勇士》中对华裔女性反抗性别和种族歧视的描写深得陈美龄的赞赏和推崇（刘葵兰，2012）。在陈美龄的作品中，女性复仇的主题得到了更为大胆的表现。而在陈美龄颇具魔幻色彩的故事中，复仇的女性形象更加具有侵略性。

根据陈美龄的设计，史密斯兄弟在堕入轮回后再生为带着狗欺负美龄的男孩儿，这就是小说的最后一个故事"三个结局"。美龄放学后被三个带着狗的白人男孩儿辱骂围攻。为了脱身，她抓着一栋五层公寓楼外墙上的常春藤爬到了四层楼的高度。这时，两个男孩带着狗等在她身下，而第三个男孩带着狗到了楼顶上，那条狗开始啃咬美龄抓着的那根藤条。美龄随时可能摔下来，被等待着的两条狗撕成碎片。

美龄的故事是对一个佛教譬喻故事的借用和改写。在佛教故事中，一个人被老虎追赶摔下悬崖，他抓住一根藤条悬在半空。这时，追赶他的老虎在悬崖上步步逼近，而悬崖下还有另一头猛虎正虎视眈眈。更糟的是，一黑一白两只老鼠开始啃咬他抓着的那根藤条。这个人随时可能死去。这时，他看到在伸手可及之处长着几颗草莓。于是，他一手抓住藤条，一手摘了一颗草莓放进嘴里：真甜啊！（Chin，Marilyn，2009）人生即苦、为老所逼是这个譬喻故事的主要寓意。生老病死等八苦随时在侵噬人们宝贵的生命。猛虎、悬崖、黑白二鼠代表着人生中不可避免的困苦、危险以及死亡的威胁。而甜美的草莓则代表了及时行乐、逃避现实。这个佛经故事告诫世人，人们往往因五欲的满足而忘记了人生之苦，耽于享乐而不知大限将至。[1]

陈美龄在她的改写故事中给困境中的美龄设想出了三个不同的结局。第一个结局是：美龄右手抓住藤条，左手从背包中掏出一个奶奶去世前做的月饼。她慢慢吃着美味的蛋黄莲蓉月饼，感到平静和满足。她的心里没有后悔，享受着这一刻的美好和甜蜜。第二个结局是：美龄从背包中掏出几个月饼，扔给了男孩儿和他们的狗。最后，美龄和男孩儿们一起坐在树下，分享美味的甜食，他们之间的分歧解决了。第三个结局是：美龄从背包中掏出两个月饼，这实际上是伪装成月饼模样的浸了河豚毒液的星形飞镖。美龄用飞镖杀死了两条恶狗，吓退了欺负她的男孩们。脱险后的美龄爬上了楼顶，发现那里有一个屋顶花园。她在花园里摘了几颗草莓，塞了一个到嘴里。草莓的甜蜜一直伴随着她回家。

这三个截然不同的结局，不仅是这个故事的结局，也是整部小说的结局。我们可以看到，作者并没有给美龄的困境提供一个唯一的解决方法。在佛经故事中，带给人一时享受的甜美的草莓如果说是对人生之苦的一种解决的话，那么这种解决也是暂时的、逃避的、自我欺骗的。因为如果不能悟道成佛，堕入轮回终将是每个人不可避免的结局。而陈美龄为处于人生困境的女主人公提供的三条出路则更引人深思。

第一条出路是及时行乐，同时也可以解读为逃避现实、软弱退让。当女主人公面对白人男孩儿的无理辱骂和暴力威胁时，她没有采取任何有效的应对措施。她的逃跑、退让以及在生死一线的危急关头让自己沉醉于月饼的甜美，都意味着她彻底放弃了反抗。这和佛教故事中人用一时享受迷醉自己，逃避瞬间将要袭来的死亡是同样的态度。

第二条出路则是巧施计谋、解决争端。小说告诉我们，美龄采取这个解决方法是受到了奶奶的启发。美龄奶奶曾对她说：“嘴巴要甜，说话要甜，这样就能

1　这个譬喻故事的大意是笔者根据陈美龄在书中提供的版本翻译的。但这个故事显然有不同版本。最早的版本大概出自僧肇（384？—414）对《维摩诘经》的注解。僧肇的注解结合了鸠摩罗什、竺道生以及自己对《维摩诘经》的理解。他用这样一个譬喻故事来解读佛经中“是身如丘井”一句：一人有罪于王，畏罪逃跑，王命醉象追赶他。罪人跳入枯井，摔落半途抓住一丛腐草。这时，井底有恶龙吐毒，旁边有五条毒蛇也欲加害，还有两只老鼠啃咬草根，上面醉象也虎视眈眈。正当此人极度恐慌之时，从井口上方的一棵树上不时有蜜汁滴入他口中，蜜汁的甜味让他忘记了恐惧。在后世的传说及佛教画像中，醉象变成了老虎，蜜汁变成了草莓，枯井变成了悬崖，井里的一条恶龙和五条毒蛇变成了另一头猛虎或深渊里的三条毒龙等。故事的细节虽然有所变化，但其教诲意义是没有改变的。见（后秦）僧肇等注（2011）。

万事和谐”（Chin，Marilyn，2009）。于是，美龄用小恩小惠的手段安抚和收买欺负她的男孩儿，最终男孩们经受不住甜食的诱惑，他们之间的分歧似乎解决了。但是，这条出路可靠吗？从小说中我们知道，这几个男孩儿欺负美龄是完全没有缘由的。他们就是那些无知、暴力、对华裔女性充满歧视和偏见的主流社会男性的代表。他们和史密斯兄弟一样，辱骂美龄“斜眼婊子”。三个人带着大狗恃强凌弱、欺负美龄一个女孩儿，可见其人品之卑劣。这样的人绝不会因为一点小恩惠就放弃固有的偏见，对于曲意逢迎、顺从忍让的受害者，他们只会变本加厉地欺压、迫害。美龄奶奶作为第一代华人移民，在美国经受了各种歧视和欺辱，忍辱负重、委曲求全已经成为她求生的习惯和本能。由于政治地位、经济地位以及种族地位的低下，早期的华人移民几乎不能为自己的权益做任何有效的抗争。为了维持那一点可怜的生存空间，他们不得不以模范少数族裔的姿态，以沉默顺从、善于配合的形象来获取主流社会的接纳和肯定。因此，第二条出路在华裔移民历史上也是具有典型意义的选择。

小说提供的第三条出路是针锋相对、大胆抗争。用浸过毒液的飞镖杀死恶狗、吓退白人男孩儿，美龄的反抗和报复毫不犹豫、痛快淋漓。故事里说，这两只伪装成月饼的飞镖是美龄最后的秘密武器，是奶奶去世前给她的。奶奶要美龄随身带着飞镖，但只能在最危急的时候才能使用。奶奶的临终礼物救了美龄的性命。实际上，在整部小说中，黄家奶奶都是一个十分强势的女家长的形象。在美龄父亲病逝、母亲绝望返回香港以后，是奶奶独力把美龄、月妮这对双胞胎姐妹抚养长大，她还一手打理着黄家的“双喜”中餐馆。奶奶时常挥舞着剁肉刀吓唬和管教孙女儿，威胁和赶走试图接近黄家姐妹的男孩儿，甚至杀死了闯进餐馆敲诈勒索的黑帮分子。可见，第三个结局中的奶奶更加符合黄家奶奶在整部小说中的形象定位。也可以说，第三种结局才是真正体现了作者的创作意图、最符合小说的内在逻辑的结局。当美龄大胆反抗、击退了暴力男孩以后，她在屋顶花园摘到的甜美草莓对她来说应当是胜利的滋味和勇敢的报偿吧。

“三个结局”的故事巧妙借用了佛教譬喻故事的典故，把佛家用以解说佛法义理的譬喻故事化用来描写在美华裔女性所面临的挑战和困境。小说的三个不同结局促使人们思考，作为少数族裔女性，面对性别和种族的歧视，究竟哪一条才是正确出路。

小说在引言中提出的问题：女性的受辱、人生即苦、再生与轮回，在小说的第一个和最后一个故事中得到了回应和解决。不断堕入生死轮回的人们，一再上演着被欲望驱使的追逐、被无知驱使的迫害。月亮和美龄的故事告诉我们，被迫害者的正确选择，就是奋起反抗、勇敢捍卫自己的尊严和生命。陈美龄继承了汤亭亭开创的华裔美国女性主义小说的传统，进一步高扬华裔女性的反抗精神。而月亮和美龄的大胆反抗、暴力复仇显然比汤亭亭笔下的女勇士、无名姑姑更加决绝和无情。这一部“雌狐月饼”的“复仇记”[2]，充分反映了陈美龄的独特个性。

二、小说对佛教故事与观念的戏仿与创新

《雌狐月饼复仇记》第四章的标题是“开悟以后，还有山药粥：十三个佛教故事”（“After Enlightenment，There Is Yam Gruel: Thirteen Buddhist Tales”）。这一章里的很多故事都是对禅宗公案故事的戏仿性改写。

笔者借鉴琳达·哈琴等学者的观点，给“戏仿”定义如下：戏仿就是文学作品对其它已经存在的语言与文化材料（前文本、目标文本）的一种有差异的模仿。从其对待目标文本的态度以及希望达到的目的和效果来看，戏仿可以有一系列不同的个性（ethos）：从恶意攻击的、轻蔑嘲笑的、玩笑游戏的、善意嘲弄的到虔诚崇敬的等等（Hutcheon，Linda，1985）。小说第四章的若干故事从题目到内容都有意模仿了禅宗公案故事。作家试图将禅宗典故和黄家姐妹的生活经历结合起来，探寻和思考流散华人的命运和未来。

“公案”原指官府判决是非的案例，禅宗借用它专指前辈祖师的言行范例。广义上说，凡是禅宗祖师的“上堂”或“小参”所发表的看法（话头），都是公案；禅师之间、师父和弟子之间以及弟子之间的“机锋”（机缘语句）都是公案；现存的全部禅师“语录”及“偈颂”也都是公案。禅宗认为，检验自己是否对禅的宗旨有所领会，应取公案加以对照。因而，公案既是探讨祖师思想的资料，也是判断当前禅僧是非的准则（潘桂明，1992）。

小说第四章有一则故事，题目是“用经书擦屁股”（Wiping One’s Ass with the Sutras）。有一天，月妮被奶奶抓到上完厕所后竟然撕掉佛经来擦屁股。月妮振振有词地为自己辩解说，在学习和干完餐馆的活儿以后，她没有时间去沃尔玛

2 “雌狐（刁蛮丫头）”“月饼”以及“雌狐月饼”都是黄家奶奶对孙女儿的称呼（Chin，2009）。

买卫生纸了。手边除了她的医科考试参考书以外，就只有一本佛经。难道要她撕掉考试参考书吗？那可能会打破她成为脑外科医生的期望！而那本旧佛经嘛，上面都是文言文，反正她也读不懂。奶奶长叹一声，只好作罢（Chin，Marilyn，2009）。

据禅宗公案记载，确实有一些著名的禅师曾宣称佛经是擦屎的手纸。德州宣鉴禅师曾说，“达摩是老臊胡，释迦老子是干屎橛，文殊、普贤是担屎汉，等觉、妙觉是破执凡夫，菩提涅槃是系驴橛，十二分教是鬼神簿、拭疮疣纸”（普济，2011）。临济义玄禅师也说，“三乘十二分教皆是拭不净故纸”（慧然，2001），“佛是幻化身，祖是老比丘”（慧然集，2001），“等妙二觉，担枷锁汉。罗汉、辟支，犹如厕秽。菩提、涅槃，如系驴橛”（慧然，2001）。但是，禅宗的呵佛骂祖、毁佛谤经并非是真正反对佛教。这些极端言论的目的是要破除传统佛教的偶像崇拜，停止对佛祖、经像的盲目追求。使人明白佛在自心、无须外求，只有“不与物拘”，才能“透脱自在”“始得解脱”。在小说中，禅宗的这些著名公案被作者借用、改写，用来描绘年轻华裔面对佛经的真实态度——他们不懂佛法，对佛教等中国传统思想完全不感兴趣，对佛经、佛祖抱着真正的轻蔑态度。从月妮的话可以看到，佛教经书对于她来说没有任何价值——语言上是她完全读不懂的文言文，内容上讲述的也是她无法理解的道理，对她在美国获得成功更是毫无帮助，其价值还不及一本考试参考书。面对一门心思要在美国出人头地、实现美国梦的孙女儿，黄家奶奶的痛苦和无奈促使读者思考：在美国这个号称推崇多元文化的社会中，处于强势主流文化包围中的少数族裔文化的出路究竟在哪里？

小说第四章的另一则故事是“南泉禅师的娃娃的古代寓言”（That Ancient Parable about Nanzen’s Doll）。故事写道，一次黄家两姐妹在家争夺一个芭比娃娃，都说娃娃是教堂的女士给自己的。于是，黄家奶奶用砍肉刀把娃娃劈成了两半。

“南泉斩猫”是唐朝的著名公案故事。有一天，南泉山普愿寺的高僧南泉禅师发现寺里东西两堂的弟子在争吵，原来是在争抢一只猫。南泉禅师把刀架在猫脖子上说：你们说说为何抢这只猫？如能说出道理我就不杀猫，如果说不出，我就把猫杀掉。弟子们面面相觑，不敢说话。于是南泉禅师一刀把猫砍死了。这个公案故事的寓意何在呢？后人众说纷纭。有一种说法是：众和尚为了争抢一只猫闹纠纷，这是执着于自私的欲望。南泉禅师试图用破戒杀生的极端行为来提点弟子，让他们放弃我执、悟得禅理。

陈美龄对“南泉斩猫”故事的戏仿涉及基督教对美国华裔移民社群的影响。对基督教，黄家奶奶显然是反感和抗拒的。小说中的另一个故事“蛋糕的寓言”(Parable of the Cake) 写道：住在黄家隔壁的教堂女士曾经用一个因为拼错了名字而被退货的生日蛋糕引诱黄家姐妹去教堂参加教会活动，结果小女孩因为吃了蛋糕上的花生酱过敏、呕吐。奶奶发现之后，不仅用竹子笤帚痛打姐妹俩一顿，而且罚她们头顶茶壶在佛祖像前跪了两个小时。在圣诞节前夕，奶奶去超市买了一个装饰着圣诞老人的大蛋糕，带着两个孙女把蛋糕送给邻居女人，而且让孙女帮她翻译说：“恶毒的修女，我们并不乞求得到你的上帝”！(Chin，Marilyn，2009）然后，为了奖励已经得到教训的两个孙女，奶奶带她们去唐人街吃中国点心。但是，在故事的最后，当奶奶死后，黄家姐妹都改信了基督教。姐妹俩努力学习，终于成功了。她们开着白色奔驰车去吃各种美味的西式点心，忘记了奶奶的话和故事、中国点心以及佛教教义……

显然，作者的态度是无奈的：老一辈华人移民对佛教和中国文化传统的虔敬已经不得不让位于年轻一代的不敬。就如同华裔移民在美国被同化的进程一样，不管你是否愿意，是否承认，你都必须看到，这是没有回头路可走的。被住在国文化同化是流散在外的移民不可避免的归宿和结局。作为黄家强势的女家长，黄家奶奶曾经坚信，华人在美国只是过客，总有一天十万流亡的华人要回到中国，建立起一个乌托邦的社会，和自己人结婚生子。但最后，奶奶不得不承认，这个想法是不可能实现的。

陈美龄虽然对流散华人的被同化非常抵触反感，但是她深深知道，这是不可逆转的进程。所以她认为更有必要重讲老故事，把我们的文化和故事一代一代地传下去（Chin，Marilyn，2009）。通过对禅宗公案故事的戏仿式改写，作家把传统佛教思想和当代美国华裔的生存语境结合了起来。这种改写本身就是对母国文化的一种坚守和传承。

此外，陈美龄在小说中借用佛教思想的同时，对佛教的某些观念进行了独具特色的创新，传统的佛教思想在她的作品中获得了新的阐释和发展。

例如，《雌狐月饼复仇记》的小说结构虽然立足于作家对佛教“轮回”观念的借鉴，但作家并未拘泥于佛教的固有观念，而是对佛家思想进行了创新性的活用。佛家的人生观是悲观、厌世、消极的。佛家认为，人命短促、人生即苦，“人”就是一大“苦聚”（任继愈，2009）。众生只要跳不出“无常”的圈子，无法摆脱爱欲的纠缠，就得永远在六道轮回中流转、受苦。但陈美龄表示，受佛教哲学的影响，该小说的结构是轮回的、循环的，但它同时也是向前发展的、乐观的。她相信，所有生物、无论大小，在经历了很多次轮回再生以后，最终都会获得开悟（Chin，Marilyn，2009）。作者这种乐观、积极的态度与佛教的观念是大不相同的。因此我们看到，小说中的黄家姐妹俩美龄和月妮虽然在成长的道路上遭遇了种种磨难：父亲早逝，母亲离家，每天紧张学习之余还要在自家餐馆干活、送外卖，学校里有欺凌华裔女生的白人男孩儿，大学里还有骚扰女研究生的教授……但是，两位主人公最终仍然长成了自尊自爱、为了实现梦想刻苦努力的坚强女性。这样的描写是作者对传统佛教思想进行反思和创新的结果。

再如，小说第五章“负重的牲口：寓言七则”中有一则故事题为“蝉”。这个故事的最后一段直接翻译了《金刚经》中的一段话，但修改了最后一句。

《金刚经》原文如下：“所有一切众生之类，若卵生，若胎生，若湿生，若化生；若有色，若无色；若有想，若无想，若非有想非无想，我皆令入无余涅槃而灭度之”（赖永海，2015）。意即：

> 无论是依卵壳而出世的众生，还是由母胎而出生的众生；无论是因潮湿而出生的众生，还是无所依托而仅借其业力得以出现的众生；又无论是欲界与色界中有物质形体的众生，还是无色界中没有物质形体的众生；无论是有心识活动的众生，还是一切没有心识活动的众生，以及说不上有无心识活动的各类众生，我都要使他们达到脱离生死轮回的涅槃境界，断尽他们的烦恼、永绝诸苦，让他们获得最终的解脱。（赖永海主编，2015）

“蝉”的最后一段是这样的：“死者和生者都将要埋葬他们自己，然后一再、反复地重生。带着同样的生的欲望，带着同样的愤怒：所有一切众生之类，若卵生，若胎生，若湿生，若化生；若有色，若无色；若有想，若无想，若非有想非无想：大家齐声歌唱，在一片高亢的和谐中。”（Chin，Marilyn，2009）

可以看到，作者把经文中“我皆令入无余涅槃而灭度之”一句改成了“大家齐声歌唱，在一片高亢的和谐中”。

在“蝉”这个故事中，蝉、螳螂、麻雀、斑点猫、加州红尾鹰一个被另一个所捕杀，而人类的命运也与动物如出一辙。斑点猫的主人杰克在伊拉克被当地武装分子所杀，武装分子又被美军的黑鹰直升机消灭，直升机驾驶员回到加州后发现丈夫已跟情人私奔。绝望中的她坐在门廊上一边喝酒、一边听歌，耳机里仿佛有千百只蝉在唱着生与死之歌……（Chin，Marilyn，2009）在陈美龄的笔下，动物界和人类社会的食物链是如此类似。无论是人还是动物，所有生物都只专注于满足眼前的欲望，没想到下一秒自己就会成为别人的猎物，在生生死死中不断轮回。于是，《金刚经》中的佛希望能够帮助众生达到涅槃境界，使他们脱离生死轮回、获得解脱。

在这个故事里，陈美龄吸取了佛家“众生平等”的观念，把动物与人的命运摆在一起进行反思。但她对佛家普度众生的方法和途径进行了改写：要想解救自己，不是依靠佛的力量，而要依靠众生自己的力量；想要摆脱互相残杀的命运，不是通过涅槃离开生命世界，而是大家同声高歌、和谐共存。显然，这才是陈美龄心目中摆脱人生之苦的正确道路。

不同于开疆拓土的前一辈华裔美国作家，陈美龄并不强调自己以及自己作品的“美国性”，反而一再强调自己的“中国根”。20 世纪 70 年代开始涌现的一批以汤亭亭为代表的华裔美国作家，把“拿回美国”（reclaiming America）作为自己创作的目标和主要诉求。那一代华裔作家通过描绘一百多年来华裔美国移民筚路蓝缕、白手起家，在遥远陌生的国度用血汗建立家园的故事，力证华裔美国人拥有对美国这块土地的合法权利。为了争取华裔美国作家和华裔美国文学在美国文学界的位置，汤亭亭等强调自己是美国人、美国作家，自己的作品属于美国文学传统。而在亚裔/华裔美国文学已经进入美国主流文学行列的时代，陈美龄等年轻一代作家开始开拓新的空间和舞台，赋予华裔美国文学新的色彩和个性。与前辈作家形成鲜明对比的是，陈美龄宣称要“拿回‘中国性’”（reclaim “Chinese-ness”）：“我想要利用我学过的所有中国古典文化，从我的现代派前辈那里拿回中国诗歌……我要从庞德、雷克思罗斯那里拿回‘中国性’，同时坚决维护萨义德的‘反东方主义’”（Chin，Marilyn，2009）。陈美龄曾反复提及自己非常喜爱和依赖中国的文化传统，以中国文化为自己创作的灵感源泉。她说：“当我写诗的时候，我总是梦回唐朝。我强烈地感到我是中国传统的一部分……我能感觉到与自己的中国根的紧密联系”（Chin，Marilyn，1998）。这既表现出她对华裔美国人独有的中国文化传统的自信，也反映了新一代华裔美国作家的独特感性。

作为一个有着中国古典文学专业背景的作家，在小说《雌狐月饼复仇记》中，陈美龄把佛教观念和禅宗故事融入对华裔美国人历史与现状的描写中，展现了中国文化对当今世界面临的诸多挑战的特殊价值和意义。在诗歌创作中，她运用唐诗宋词、汉赋乐府的意象、典故、体裁形式，实现了中国古典诗歌和英文诗歌的融合。陈美龄力图在创作中打造一种新的“移民个性”（immigrant personality）和“少数话语”（minority discourse）（Chin，Marilyn，2009）。作为一个富于社会责任感的少数族裔作家，陈美龄努力用手中的笔为受到种族、性别、阶级歧视的边缘群体呐喊发声。而少数族裔作家独有的双重文化背景则成为宝贵的资源，帮助成就了陈美龄“少数话语”的独特个性。陈美龄的创作创造性地继承中国文化传统，表现出新一代华裔作家对母国文化的自信，对母国文化的坚守。创新性地运用中国文化元素并将其融入“移民个性”的塑造，成为陈美龄的“少数话语”创作的突出特色。可以说，正是因为陈美龄对中国文化传统的热爱，才使得她收获了“异花受精”（叶维廉，2004）的丰美果实，成为新一代华裔美国作家的优秀代表。

参考文献

[1] 方立天 . 佛教哲学 . 北京 ：中国人民大学出版社，2012.
[2] 慧然集 . 杨曾文编校 . 临济录 . 郑州 ：中州古籍出版社，2001.
[3] 赖永海主编 . 金刚经 • 心经 . 北京 ：中华书局，2015.
[4] 刘葵兰 . 变换的边界 ：亚裔美国作家和批评家访谈录 . 天津 ：南开大学出版，2012.
[5] 潘桂明 . 佛教禅宗百问 . 北京 ：今日中国出版社，1992.
[6] 普济辑 . 朱俊红点校 . 五灯会元 . 海口 ：海南出版社，2011.
[7] 任继愈主编 . 中国佛教史 . 北京 ：中国社会科学出版社，2009.
[8] 僧肇等注 . 注维摩诘所说经 . 上海 ：上海古籍出版社，2011.
[9] 叶维廉 . 异花受精的繁殖：华裔文学中文化对话的张力 . 世界华文文学论坛，2004（4）.
[10] Chin，Marilyn. The Phoenix Gone，The Terrace Empty. Minneapolis: Milkweed Editions，2009.
[11] Chin, Marilyn. Writing the Other: A Conversation with Maxine Hong Kingston. Skenazy, Paul and Martin, Tera, eds. Conversations with Maxine Hong Kingston. Jackson: UP of Mississippi, 1998.
[12] Chin, Marilyn. Revenge of the Mooncake Vixen: A Manifesto in 41 Tales. New York: W.W. Norton & Company Ltd, 2009.
[13] Hutcheon, Linda. A Theory of Parody: The Teachings of Twentieth-Century Art Forms. New

York: Methuen, Inc, 1985.

作者简介

杨春，1969年生，毕业于北京师范大学中文系，文学博士，现为北京外国语大学副教授。主要研究方向为中西文学比较、华裔美国文学、海外华文文学。出版专著《汤亭亭小说艺术论》（外研社2009年版）等。在《外国文学研究》等学术刊物上发表论文30余篇。主持并完成教育部一般项目“当代华裔美国文学与中国文化传统”。

〔原载《清华大学学报》（哲学社会科学版）2019年第6期〕

论《中国佬》对中国古典小说结构的戏仿

杨 春

▶ **摘要** 中国古典白话小说具有两个显著的结构特征，即“联缀性”结构和“头回”故事的运用。联缀式结构是中国长篇白话小说特有的结构特点。在正文前面加一个内容独立的“头回”故事则是话本小说即短篇白话小说的结构特点。通过对汤亭亭的重要作品《中国佬》的细读，可以见出它是作者对中国古典小说进行创造性借鉴和模仿的结果。通过对中国古典小说结构的戏仿，作品并置官方历史记录和虚构的华裔历史故事，质疑和颠覆了貌似客观的官方历史的权威，从而实现了对华裔历史的重访和再创造。

▶ **关键词** 联缀性结构；头回故事；戏仿；历史；叙事

在对中国古典小说结构模式的研究中，中外学者都注意到了它与西方传统长篇小说（novel）的巨大差异。这也许是源于中西哲学思想和逻辑思维模式的不同。从《易经》到理学，中国传统的阴阳五行说影响了中国人思考和认识宇宙、天地、万物、人情的基本框架。按照蒲安迪教授的观点，这使得“绵延交替”“反复循环”的情节成为中国传统小说描摹世间百态、人世沧桑的基本结构模型（蒲安迪，1996）。中国传统小说重“循环”的模式和西方小说追求直线发展的结构迥异其趣。从《西游记》《水浒传》《三国演义》《金瓶梅》《红楼梦》《儒林外史》等中国古典长篇小说的优秀作品来看，它们都不曾建立像西方传统长篇小说那样的统一连贯的、“首、身、尾”紧密相接的整体结构，而是采用一段情节接一段情节、循环往复的方式来结构全书。这种“联缀式”[1]的结构模式是中国古典白话小说（尤其是长篇小说）结构的最大特点。

1 蒲安迪将中国传统小说的结构称为“缀段式”的（episodic），罗念生先生和陈中梅先生把《诗学》中的epeisodiodes译为“穿插式的”。见蒲安迪（1996），亚里斯多德、罗念生译（2002），亚里斯多德、陈中梅译（2002）。

中国古代长篇白话小说有联缀式结构这一突出特征，中国古代短篇白话小说则有另一个结构上的特点，即“头回”故事的运用。“头回”，即冒头的一回，是说话艺人的专门术语，亦称“得胜头回”“笑耍头回”。它在“入话”[2]之后、正话之前，往往是和正话题旨相似或相反的一个或几个故事。由于其自身就成为一回书，可以单独存在，位置又在正话之前，因此叫做“头回”（胡士莹，1980）。头回虽然一般比较简短，但它是独立完整的故事。头回故事和正话的内容之间没有必然的逻辑联系，是一个自成单元的独立的故事，但它对正话起到引发、映衬、对照等作用，是话本小说一个颇具特色的组成部分。

头回虽然是独立于正话情节以外的一个单独的故事，但它和正话并非毫无关联。鲁迅先生曾说，“此种引首（即头回）……或取相类，或取不同，……取不同者由反入正，取相类者较有浅深，忽尔相牵，转入本事，故叙述方始，而主意已明”（鲁迅，1998）。概括了头回故事的类别和作用。一种是“取相类”，即头回故事的内容和正话的情节有某种相似性，由浅入深，起到引发正文和前后映衬的作用。另一种是“取不同”，头回故事和正话的内容刚好是相反或相对的，头回和正话一正一反，恰成对比，可取得特殊的艺术效果（宋常立，2000）。这种正文前面加头回故事的惯例作为话本小说即短篇白话小说的结构模式一直延续到清末。

中国古典长篇小说的联缀式结构和短篇小说“头回”故事的运用被汤亭亭创造性地借用。汤亭亭曾明确表示过对《西游记》等中国古典小说的喜爱以及对中国传统小说结构形式的借鉴。[3]经过反复尝试和精心挑选，汤亭亭最终借用了传统中国小说的结构形式来抒写华人父辈的英雄业绩，重建华裔历史，追寻美国华裔的身份和位置。《中国佬》巧妙地戏仿中国小说的特殊结构模式，并置官方历史记录和虚构的华裔历史故事，质疑和颠覆了貌似客观的官方历史的权威，从而实现了对华裔历史的重访（revisiting）和再创造 (reworking)。

2 “入话”是指话本小说开篇时的诗词及议论。在最初它是说话人为了聚集和吸引听众，或在正话开讲之前先以诗词炫耀才学之用。在文人创作的拟话本中，入话成为一个固定环节，起到引出正文、渲染气氛、点明主题的作用。“正话”则指话本小说的主体正文部分。

3 汤亭亭曾表示，自己的小说形式受到中国传统小说形式的影响，她喜爱《西游记》和中国传奇小说展开故事的艺术方式，“一段情节接一段情节，好像无休无止。”见张子清：“东西方神话的移植和变形——美国当代著名华裔小说家汤亭亭谈创作”（张子清，1998）。

一、《中国佬》对联缀式结构的戏仿

《中国佬》这部小说的结构是很奇特的。它一共有十八节，其中有六节是篇幅较长的主体故事，描述华裔男性在美国的生活经历。这六个主体故事分别是：1.“中国来的父亲”；2.“檀香山的曾祖父”；3.“内华达山脉中的祖父”；4.“造就更多的美国人”；5.“美国父亲”；6.“在越南的弟弟”。在这六个主体故事之间，还穿插了十二个轶闻插曲式的小故事。有的来自中西文学作品，有的是神话传说，有的是新闻报道，有的是史实，也有作者自撰的故事。在英文原著的目录中，十二个小故事的标题以斜体字与主体故事的题目区别开来。由于作者没有在书中以任何形式[4]对这十二个小故事的内涵及象征喻指意义进行解释，只是将其与主体故事参差排列在一起，使这本书对读者而言成为一个真正的挑战。甚至一些评论家对这些穿插故事的作用和含义也是不甚了了。如有的美国批评家认为，“《中国佬》一书中那些松散的穿插故事之间缺乏明显的主题上的连贯性。神话传说元素好像是后来添加的东西”（Lau，Joseph S. M，1989）。但根据汤亭亭本人的说法，《中国佬》的所有穿插故事都是她精心挑选的。每个故事放在什么位置能取得最佳的阅读效果，也是她经过反复慎重的考虑才决定的（Skenazy，Paul and Tera Martin ed.，1998）。

汤亭亭自己曾把《中国佬》一书的结构比作一个六层蛋糕。她说，十二段传说轶闻就是蛋糕中间的糖霜，六个主体故事就是蛋糕本身。她有意将典故、历史、轶事、新闻等传说故事与主体部分的现实故事并置在一起，而不去解释现实故事和传说故事之间是如何相互作用的。她希望读者能够自己去读出其中的关系和深意（Skenazy，Paul and Tera Martin ed.，1998）。显然，要想真正理解这部作品，必须首先解开其结构之谜，弄清这十八节故事的相互关系和隐藏的涵义。在细读作品的基础上，笔者以为可以把全书分为八个单元：

一、关于发现（1）

二、关于父亲们（2）

　　中国来的父亲（3）

4　汤亭亭在访谈中提到，曾有朋友说她应当在书中给出一些注释，以帮助读者理解晦涩难懂之处。而她则希望在书中给读者更多的刺激以鼓励他们自己去图书馆查阅有关背景资料。见 Kingston（1998）

鬼妻（4）

三、**檀香山的曾祖父**（5）

论必死（6）

再论必死（7）

四、**内华达山脉中的祖父**（8）

法律（9）

阿拉斯加的中国佬（10）

五、**造就更多的美国人**（11）

绿沼泽地的野人（12）

六、**老笨孙历险记**（13）

美国父亲（14）

七、**《离骚》：一曲挽歌**（15）

在越南的弟弟（16）

百岁老人（17）

八、**关于倾听**（18）

其中，前面的序号标明八个单元的顺序，括号中的数字标明十八节故事的顺序。穿插故事的标题为正体字，主体故事的标题为黑体字。第一单元“关于发现”是一个改编自中国古典文学作品的寓言故事，起到开篇序曲的作用。第八单元的小故事“关于倾听”则是全书的尾声。其余六个单元都是以一个主体故事为中心，在主体故事之前或之后联缀穿插故事。

我们先来看看六个主体故事。第一个故事“中国来的父亲”讲述了父亲前半生的经历。第二个主体故事是“檀香山的曾祖父”，叙述者从 19 世纪中期夏威夷的甘蔗种植园开始追寻华人祖先的足迹。第三个主体故事“内华达山脉中的祖父”讲述了 19 世纪 60 年代修筑横贯美洲铁路的祖父的故事。第四个主体故事“造就更多的美国人”讲述了家族里其他亲戚的故事。第五个主体故事“美国父亲”接着讲述父亲的故事。最后一个主体故事是“在越南的弟弟”，叙述者集中描述了历次战争给她的家庭带来的影响。

全书的时间跨度从 19 世纪中期到 20 世纪中后期。作品从最早来美的契约华工写起，直写到在美出生的第四、五代华裔参加越战以后的经历。《中国佬》俨然是一部美国华裔的历史。

汤亭亭采取了一种特殊的方式来组织这本特殊的“历史书”[5]。她选择了美国华裔历史上最重要的时期和最具代表性的事件来重点描写，并把它们与叙述者家庭的真实经历结合起来，在想象和现实的交汇中勾勒出了一百多年来华裔在美国拼搏创业的历史画卷。而中国古典小说的联缀式结构就是作者别出心裁选取的特殊结构形式。她把情节各不相连、相互之间没有因果关系和时间连续性的故事排列在一起。每一节主体故事都选取一个历史时期，围绕一个或几个主要人物，再现这一时期的代表性事件和核心主题。如第一节和第五节讲述了父亲在美国的经历，他从旧中国地位优越的读书人变成了只能干女人活计的沉默的中国佬；第二节记叙了 19 世纪 50 年代早期契约华工在种植园开垦拓荒以及他们反抗沉默法则的斗争；第三节叙述了 19 世纪中后期修筑铁路的华工的英雄业绩以及他们随后遭受的驱逐和迫害；第四节讲述了从 19 世纪中后期到 20 世纪中期，在排华法案的阴影下，华人移民及其后代承受着种种压力和排斥，但仍以顽强的精神在美国扎下根来的经历；第六节讲述了 20 世纪中期弟弟在越南战场的经历以及叙述者反战的和平思想等。每一节主体故事都自成单元、相对独立。全书没有一个或几个贯穿始终的主人公，而是把不同历史时期的一代又一代华裔移民的事迹一段又一段地排列出来。但是，和中国古代联缀式结构的优秀作品一样，《中国佬》一书并没有给人散漫零乱之感。原因之一是作者对父亲故事的巧妙处理。

作者并没有完全按照时间顺序来排列这六段主体故事。她把父亲的故事分拆成前后两段，然后把对华裔祖先事迹的追忆放在两段父亲故事中间。这样就形成了一个相对紧密的架构，使多为虚构和想象的早期华人的历史和叙述者家庭的真实的现实生活融合在一起，从而避免了把虚构的历史故事和真实的现实故事截然分开可能带来的弊端，使作品的整体感觉更加浑然一体。此外，几乎在每节以第三人称叙述的主体故事的前面，都有第一人称叙述者“我”以“叙述自我”[6]的口吻讲述的一段开场白。例如第二节故事“檀香山的曾祖父”，第一人称叙述者首先讲述了她对中国大陆的好奇和向往。接下来，作品才开始用第三人称讲述在夏威夷的甘蔗园里做苦力的曾祖父的故事。就这样，每一段历史故事前面都有“叙述自我”站在写作的今天对这段历史的一个思考和梳理。通过这种方式，作者把

5 汤亭亭曾提到《中国佬》是一本历史书，是神话化了的历史。见 Kingston，“Writing the Other: A Conversation with Maxine Hong Kingston”，interview by Marilyn Chin，in Conversations with Maxine Hong Kingston，p.100.

6 在第一人称叙述者身上有两个自我：一个是“经验自我”，即当时的“我”；一个是“叙述自我”，即此时此刻正对着读者讲故事的“我”。见罗钢（1999）

历史故事和今日的现实成功地连接起来。作者对六个主体故事的处理体现出她对联缀式结构的创造性的运用。

《中国佬》结构的联缀式特点不仅体现在主体故事的设计编排上。如果我们把十二个穿插故事再放入整体结构中，则本书的联缀式结构特征就愈加明显。这些穿插故事就像话本小说的“头回”，分布在主体故事前后，起到特殊的作用。与“头回”不同的是，这些穿插故事并不总在主体故事之前，有的位于主体故事之后。但他们在作品中的作用和话本小说的“头回”却有异曲同工之妙。在《中国佬》中，除了第一和第十八节故事作为全书的序曲和尾声自成单元以外，其它十二个穿插故事分别和有关的主体故事组合在一起，构成相对独立的叙述单元。每一个叙述单元都有一个核心主题，每个单元的主体故事和穿插故事都是为了表现这一主题服务。由于这些穿插故事都是作者对神话传说、文学作品、新闻报道、甚至法律条文的加工和重述，所以无论内容上、情节上还是时间上都和前后的主体故事完全无关，使得整部作品前后情节没有因果联系、时间发展没有连续性的特点更加突出。再加上这些穿插故事的素材来源非常庞杂，可以说作者在构思它们时运用了古今中外的文化资源。这就使作品情节跳跃、叙述片断化、章节之间缺乏情节或时间上的连贯性的联缀式特征更加突出。

二、《中国佬》对“头回故事”模式的戏仿

如上所述，《中国佬》把十二个轶闻插曲小故事穿插在主体故事的前后，从而使整部作品形成了一个个相对独立的叙述单元。这些穿插故事篇幅短小，其内容游离在主体故事的情节之外，甚至被有的人认为是可有可无的部分[7]。但事实上，它们的重要性不可低估。如果说主体故事因为历史史实的限制，还有着自己的逻辑发展和主题走向的话，那么穿插故事的选择和安排就可以完全根据作者的需要而定了。因此，这些穿插故事的选择和编排体现了作者对每段历史记忆的思考和认识。甚至全书的高潮也正是出现在穿插故事当中。这样的布局设计充分体现了汤亭亭对中国传统小说“头回”手法的再创造。

下面我们就选择几个叙述单元来具体分析穿插故事的含义和功能，看看穿插

7 在较早出版的《中国佬》的中译本《金山华人》中，译者删除了十二个穿插故事中的六个，并指出结构的松散及大量复杂的对历史、宗教和神话传说的引用导致了该作品的复杂。见汤亭亭（1985）

故事与主体故事之间是如何相互作用的，以及作家是如何运用穿插故事来实现特殊的艺术效果的。

小说第一节“关于发现”可以看作全书的序曲。这个穿插故事是这样的：很久很久以前，一个叫唐敖的男子为了寻找金山，飘洋过海，到了女儿国。被当地人抓住以后，他被穿耳洞、缠足、拔掉胡须、敷粉描眉。最后被改造成一个合格的女人，并成为服侍女王用餐的宫女。女儿国没有赋税和战争。据有的学者说，女儿国的位置就在北美。这个故事来自清朝李汝珍所著《镜花缘》一书中有关“女儿国”的描述。但汤亭亭对原来的故事进行了大胆的改编。其中最为显著的，一个是将主人公从唐敖的妻兄商人林之洋变成了读书人唐敖，另一个是把因仕途失意而游历海外的唐敖说成是为了寻找金山而飘洋过海，最后是在故事末尾说女儿国在北美。显然，作者把这个古代的奇异故事变成了华人先民到金山（即美国）追寻梦想的隐喻。唐敖（华人）为了寻找梦想中的金山，却发现了女儿国。本以为这里会是充满各种诱人机会和奇妙境遇的乐土——唐敖在被女人们俘获时毫无戒备，甚至“当她们要他跟着走时，他就听从了。如果他有同行的男伴的话，他一定会转过头来冲他眨眨眼”（Maxine Hong Kingston，1980）。——他还在幻想着一次艳遇。没想到，等待他的却是非人的折磨：他被强迫从男人变成女人，身心两方面都经受了巨大的痛苦。和唐敖一样，华人先民们在到达了想象中遍地黄金的人间天堂——“美丽的国家”以后，备受歧视、侮辱、排斥和迫害。对于华人男性来说，最大的侮辱也许就是被降低到女人的地位。他们被迫干女人的活儿：洗衣、当家佣、做厨师、打扫房间。更由于排华法案限制华人妇女入境，并禁止异族通婚，使华人男性被迫长期过着单身汉的生活。华人男性的被去势和女性化不仅是他们的日常生存的现实，更具有文化、政治和语言层面的象征意义。对华人男性来说，性别的倒转正是他们在新的国家的身份和地位的象征。在这里，他们不得不处于次等的、被动的、沉默的弱者地位，不得不接受那些被所有文化赋予女性的身份特征。而这种女性特征是主流社会强加给他们的。“发现”金山之旅带来的不是梦想中的财富和美好生活，也没有使他们逃离赋税和战争。“发现”金山竟然是女儿国的现实对于华人父辈来说，标志着一段惨痛和屈辱的历史。

这个穿插故事以其对华人先民追寻金山梦的反思成为统摄全书的序篇。它同时预示了以下章节中将要涉及的很多重要问题：沉默和发声（妇人们曾吓唬唐敖要用针线缝上他的嘴巴）、梦想的虚幻和破灭（唐敖对艳遇的幻想）、压迫和战争的无所不在（据说女儿国没有赋税和战争）、华人男性社会角色和地位的倒转（唐敖的被迫变性）等。

小说的第三个叙述单元由三个故事组成。主体故事“檀香山的曾祖父”后面联缀着两个小故事“论必死”和“再论必死”。这一单元的核心主题是“沉默”与“发声”。主体故事讲述曾祖父伯公作为第一批华工来到夏威夷的甘蔗种植园做工。华工们除了承受艰苦的劳动，还要遵守种植园干活时不准说话的规定。为了和沉默法则斗争，伯公给大家讲了一个“国王的儿子长着猫耳朵”的故事，于是华工们也在地上挖了一个大洞。他们趴在洞口，吼出了埋藏已久的心里话：“你好，母亲！”“我想你们！”“我想回家！……我要我的家，我想家！家！家！家！家！”（Maxine Hong Kingston，1980）慑于中国佬突然爆发的力量，洋鬼子监工们再也不敢剥夺华工们说话的权利了。从此以后，伯公干活时总是又说又唱。华工们成了创造新的习俗的人。这个故事中的沉默法则影射了主流社会剥夺华人的话语权和其它人权的现实。作者歌颂了华人移民争取权利的斗争，同时赋予了华人先民习俗创造者和土地开拓者的身份，从而确立了他们作为这块土地的开创者和拥有者的历史地位。

这一单元的两个穿插故事是“论必死”和“再论必死”。从题目上就可以看出它们在主题意义上的关联。“论必死”是作者对宋代李昉编著的《太平广记》中的一则传奇故事《杜子春》的改写。杜子春是中国北周或隋朝时人，他得到一位道士的帮助，成了富人。道士要他帮一个忙。他让杜子春吃下三粒药丸，嘱咐他无论看到什么可怕的景象都不可出声，因为他将看到的一切都是幻觉。杜子春在幻觉中经历了非常可怕的事情，包括看着自己的妻子被剁成碎肉。他自己也在地狱中备受折磨，甚至被砍头。但他一直坚持不出声。接着，他被投生为一个哑女，结婚后生了一个孩子。当丈夫厌烦了他的沉默，威胁要将孩子摔死时，他不置一词。当孩子真的被摔出去时，他终于忍受不了了，叫出了声。突然，他又回到了道士身边。道士告诉他，因为他打破了沉默，道士正在修炼的长生药被毁于一旦，人类再也不会永生了。杜子春战胜了喜、怒、哀、惧、欲，唯一没有战胜的是“爱”。在这个故事中，沉默是人类获得永生的前提。但正如永生是违背自然规律因而不可能达到的妄想一样，沉默也是违背人之常情的要求。尤其是在杜子春的幻觉中，我们看到了沉默的残酷和灭绝人性。当成为母亲的杜子春面对爱子的惨死终于失去自制，哀叫出声时，难道有任何人可以责怪他/她的违反约定吗？我们只能庆幸人性之没有完全泯灭。杜子春没能征服“爱”，因此打破了沉默，也毁掉了人类永生的机会。应当说，这才是正常的人类，正常的人性。汤亭亭借这个古老的故事揭示了沉默尤其是强加于人的沉默之残酷和违反人性。这个故事是对本单元主题的进一步深化和阐明。

“再论必死”是一个来自波利尼西亚群岛（中太平洋群岛，夏威夷属于该群岛）的古老传说。波利尼西亚有一个半神半人的捣蛋鬼叫毛依。他做的最后一件事就是从夜神那里为人类偷盗永生药。他让天地万物保持肃静，然后潜入海底。趁夜神希娜正在熟睡，他从她的阴道钻进了她的身体，把她的心抱在怀里。当他伸出双脚试图从希娜体内出来时，一只鸟看到了他扭动的双脚，忍不住大笑起来。笑声惊醒了夜神，她收紧了身体。毛依死了。这个有些滑稽的故事给评论者出了一道难题。约瑟夫·劳就曾坦白地说，他看不出这个故事和全书的内容有什么关系，他唯一能够想到的解释就是：“汤亭亭召唤出这个夏威夷半神只是为了好玩”（Lau, Joseph S. M.，1989）。但如果把本单元的三个故事联系起来，我们应当可以清楚地看到作者的用意。毛依的故事和杜子春的故事是相似的。毛依偷盗永生药和道士修炼长生药都是为了人类的永生这一不可能实现的梦想。而在两个故事中，沉默都是获得永生药的前提。打破沉默就会毁掉人类永生的梦想。在两个故事的结尾，获取永生药的努力都因为沉默的被打破而失败了。这两个故事的不同点在于，杜子春是被动地忍受着沉默带来的折磨，最后是在极其悲惨的情况下无法忍受痛苦的煎熬而打破沉默的。毛依则是一个喜欢恶作剧的捣蛋鬼的形象。那只鸟是在十分可笑的情况下因为忍俊不禁而大笑出声的。一个是痛苦的哀号一个是开心的大笑，都是有生命之物的天性和本能。这两个故事告诉我们：沉默是违背人性的；在任何情况下，即使有严格的约定或禁令，也不可能完全禁止人们天性的流露和表达。

这两个穿插故事包含着同样的道理：即使是为了一个貌似伟大和正义的目标而要求人们违背本性或牺牲人的基本权利也是不道德和不人道的，是注定会失败的。这是作者对华人在美国被迫沉默、被剥夺基本人权的揭露和控诉。它们和主体故事一道，共同揭示了本叙述单元反抗沉默、争取权利的主题。两个穿插故事将华人的遭遇与人类的共通经验联系起来，赋予这一主题更加深刻和普遍的意义。

第四个叙述单元的结构和第三个叙述单元相同，也是在主体故事后面联缀着两个穿插故事。主体故事“内华达山脉中的祖父”主要讲述了祖父阿公在内华达山脉中修筑铁路的故事。这个故事记叙了修筑第一条横贯美洲大陆铁路的华人先民的卓越功勋，是作者对美国官方历史的最重要的修正。这一单元的主题可以说是“修正历史、教育后人”[8]。同时，在阿公的逃亡过程中，作者有意插入了很多对白人暴行的描写，揭露了美国社会几十年间针对华人的种族歧视行径。

紧接着主体故事的，是本书最特别的一节：“法律”。作者在这个穿插故事里列举了从1868年到1978年所有重要的涉及华人的美国法律条文。和华人在美国历史上所做出的重大贡献一样，华人在美国历史上所遭受的歧视和侮辱同样不为大多数美国人所知。因此，汤亭亭认为自己有责任在作品中把真相报告出来。读者可以看到：在中美两国政府签订《蒲安臣条约》，表示同意人天生具有改变国籍和信仰的权利，并承认两国居民在两国间移入和移出对双方皆有好处的1868年，就有四万名华人矿工被美国驱逐出境。旧金山还曾别出心裁地制定了名目繁多的针对华人的赋税：辫子税、禁止使用扁担挑篮子的扁担法、鞋履税、洗衣税等。华人不得申请商业执照，也不得在各级政府中担任职务，他们被禁止拥有土地和房产。1882年，美国国会通过了第一个《排华法》，10年内禁止中国劳工进入美国。1904年，《排华法》被无限期延长。1924年，国会通过《移民法》，明确禁止“中国妇女、妻子和妓女”入境。任何与中国人通婚的美国人都将失去美国公民身份……（Maxine Hong Kingston，1980）

作者用官方法律条文摘录的形式来写这一节。新闻报道和公文式的正式语体突出了这些法律的高高在上的权威。而其骇人听闻的内容和种族歧视的丑恶本质则在与形式的对照中构成最大的反讽。“法律”一节出现在全书的中心位置（它是十八节中的第九节），是作者煞费苦心的有意安排[9]。这一设计成功地告知读者大众，美国政府几十年来的种族歧视政策是华人及其后裔遭受不公正对待的重要原因，排华法是几代华裔承受痛苦和屈辱的根源。挑战官方历史有意消抹华裔的历史功绩以及华裔所遭受的不公正对待的斗争，在这一节对法律的引用和重写中

8 在美国的历史课本中，第一条横贯美洲的铁路是被作为19世纪最伟大的工程之一来叙述的，因为它使沿着东海岸发展的美国成了一个真正的大陆国家。但这条铁路主要是由华工付出惨重代价而修成的这一事实却历来被忽略了。很多美国人并不知道华工在美国历史上做出的巨大贡献。见杰夫·特威切尔（2000）

9 多娜·佩里在采访汤亭亭时说，她喜欢《中国佬》把表现美国种族歧视历史的“法律”一章放在中间的做法，因为当读者已经开始了解书中的那些人物时，就在书的中间，突然看到令人发指的美国移民政策。它使读者愤怒。汤亭亭回答说，那正是她想要的效果。她说，她把“法律”一章放在全书正中位置，是因为她发现读者根本不知道这些事。而如果把它放在附录里，人们会跳过它；把它放在前言中，人们也会跳过前言；作为脚注，好像又太学究气。她也不相信读者会自己到图书馆去查阅相关的资料。因此，她就把这一章直接放到书的中间。见 Kingston, interview by Donna Perry，in Conversations with Maxine Hong Kingston，p.179.

达到了最高潮。作者对美国历史及华裔历史的修正和改写也在这里被赋予了更加重大的意义。这一节不仅是全书整体结构的枢纽，而且也成为这部作品深化主题的中心环节。这一节对整部作品的结构和主题展示都起到特殊重要的作用。

本叙述单元的第二个穿插故事“阿拉斯加的中国佬”是对本单元主题的进一步补充和丰富。这是一个根据海报、报纸上的新闻、私人日记等材料还原的历史事件。1885 年 7 月的一天，在偏远的阿拉斯加，白人矿工把所有中国佬赶上船，让他们去和印第安人矿工打仗。第二年夏天，白人矿工又用枪逼迫上百个中国佬挤上没有水和食物的旧船，然后任他们在海上漂流。这个真实的历史事件说明，到处都上演着驱逐华工的暴行。这是“法律”一节的最佳注脚。

从以上分析可以看到，《中国佬》中的穿插故事绝非随意拼凑、可有可无的点缀。它们在作品中起着重要的作用，它们的编排穿插也是作者精心设计的结果。

大体说来，这些穿插故事的作用及功能和话本小说的头回故事基本类似。在主体故事前面的穿插故事一般起到引出正文、预示和点明主题的作用，而在主体故事后面的穿插故事则更多起到深化和强调主题、或丰富和补充本单元内容的作用。主体故事和穿插故事各自组合，形成了全书主体部分六个相对独立的叙述单元。每个单元分别突出一个核心主题。六个叙述单元的前后联缀构成了全书的主体结构。此外，小说首尾各安排一个穿插故事作为序曲和尾声的设计使整部作品形成一个严整的统一体，给人和谐、匀称的美感。尤其值得一提的是作者把“法律”一节放在全书正中间的设计。这个完全没有情节和人物、只是把歧视华人的法律条文逐年排列出来的章节具有惊人的力量。它在整部作品的中心部位形成了一个奇崛的峰峦。它的内容带给读者巨大的心理震荡，而它在文体和叙述语调上的特殊性使其和作品的其他部分形成巨大反差。统观全局，处于中心位置的“法律”一节的影响辐射整部作品，因为排华法案的阴影笼罩了几代华裔在美国的生活。“法律”一节是华人在美国官方历史中留下的印记，是美国官方历史有关华人的少有记录之一。因此，它成为作品力图颠覆和挑战的官方历史的象征。这些法律条文所记录的正是一段践踏人权、蔑视公理的丑恶历史。可以说，在这一节，作品对官方历史的质疑和嘲弄达到了最高潮。“法律”一节也由此成为全书情节发展的高潮。这个出现在小说中间的高潮打破了西方传统长篇小说的结构模式。按照常规，长篇小说情节的发展一般应遵循“开头——发展——高潮——结局”的模式，高潮一般出现在全书的后半部分，结尾之前。但由于《中国佬》并未采用西方小说头、身、尾一以贯之的结构模式，而是借用和模仿了中国古典小说的联缀式结构。这就使得这个位于中间的高潮不仅不显得突兀，反而给人对称、协调之感[10]。这段象征官方历史的"法律"被前后的华裔历史故事包围，使其高高在上的、权威的、中心的地位受到来自下层的、被歧视的、边缘的力量的嘲弄和挑战，突出强调了作者对华裔历史及美国历史的修正和改写的意图。高潮的巧妙设计使作品的主题得到更加有力的呈现。

著名文学理论家林达·哈琴在《一种后现代主义诗学》一书中把汤亭亭的《女勇士》和《中国佬》列为后现代主义元小说的重要作品，绝非偶然[11]。哈琴认为，20世纪六七十年代以来，在欧美文坛上涌现出了一批后现代主义小说佳作。这些被她称为"历史编纂元小说"的作品的基本特征就是运用历史素材，通过重访历史的写作来质疑历史叙事的真实性和权威性，对历史叙事的形式及内容进行重新思考和再加工。的确，汤亭亭的作品正是以华裔美国人的历史经验为素材，通过重访在美华裔历史的写作来质疑历史的真实性和权威性，对有关华裔美国人的历史叙事的内容(如官方记录的华裔历史、家族轶闻、文学作品中的华裔故事等)及形式（华裔自传、传记等）进行重新思考和再加工，从而挑战美国主流社会对在美华裔的刻板印象化，为建构华裔美国人独有的身份和文化传统提供了新的选择。为了实现这一目标，汤亭亭在创作时采用了独特的艺术形式，"戏仿"就是其最重要的创作手法之一。

作为当代文论的重要概念之一，"戏仿"意味着文学作品对其他已经存在的语言与文化材料（前文本、目标文本）的一种有差异的模仿。从其对待目标文本的态度以及希望达到的目的和效果来看，戏仿可以有一系列不同的个性：从恶意地攻击的、轻蔑地嘲笑的、玩笑游戏的、善意地嘲弄的到虔诚地崇敬的等等(Hutcheon，Linda，1985)。有学者认为，由于戏仿特有的双重编码结构，即戏仿文本和被戏仿文本构成了同一部作品，使得戏仿的个性常常呈现出爱恨交织、充满矛盾的状态（Rose，Margaret A，1993）。而戏仿对差异的凸显、它的双重话语特征、它对唯一性和权威的挑战，使其在当代理论话语中占据了显著的位置。

10　蒲安迪教授在对中国传统长篇小说结构模式的研究中指出，中国传统小说情节的高潮往往远在故事的终点之前就发生了。像《金瓶梅》《水浒传》《西游记》等作品，除了把高潮设在全书三分之二或四分之二处以外，还将全书分为对等的两半。这种截全书为两半的叙事模式，在《红楼梦》中也很明显。蒲安迪认为中国古典小说的这种结构模式和十八九世纪的欧洲小说完全不同，而是和中国哲学有关天道循环的观念有关。见蒲安迪（1996）

11　林达·哈琴在此书中把汤亭亭等人的作品命名为"历史编纂元小说"（Historiographic Metafiction），并认为这类小说是唯一一种圆满体现了后现代主义诗学的小说，代表着当代小说的发展方向。见 Linda Hutcheon（1988）

戏仿是后现代主义小说的重要艺术特征之一。在汤亭亭的创作中，戏仿不仅表现在作品的内容上，也表现在对作品形式的处理上。作为一位在两种文化夹缝中成长起来的华裔美国作家，对来自中美两种文化传统的素材和资源进行仿造、模仿、改编、变形是汤亭亭构建华裔美国人身份和华裔美国文化传统的重要手段。通过戏仿中美两种文化的文化素材和符号，汤亭亭或是质疑和挑战它们所携带的意识形态偏见，或是从新的角度对其进行重新思考和阐释，将其重新定位，使其成为新的华裔美国文化传统的一部分。汤亭亭作品中的戏仿大至某个文类或文学作品的整体结构，小到一个典故、一则寓言、几行诗歌乃至作为文化符号出现的一个人名（如毛泽东、玛丽莲·梦露）。通过戏仿，汤亭亭清除了被戏仿对象——重建华裔美国人文化传统和独有身份的素材和原料所携带的负面的东西，无论它是偏见、刻板印象还是陈旧过时的固定模式；另一方面，通过戏仿，强调和突出了被戏仿对象所包含的积极意义和正面价值，使其由中国文化传统或美国文化传统的一部分转化、变形为华裔美国文化传统的有机组成部分。戏仿是汤亭亭把取自别处的素材和原料吸收、转变、化为已有的重要途径和手段。

在《中国佬》中，作家巧妙地戏仿了中国古典小说的结构，对联缀式结构和“头回”故事模式进行了创造性的模仿。这里的戏仿可以说是带着敬意和喜爱之情的。毕竟，汤亭亭对《西游记》等中国传统小说的喜爱，应当是促使她在《中国佬》的写作中借用和改造中国古典小说形式的直接动因。汤亭亭曾说，她从 9 岁左右就开始写《中国佬》里面的那些华人先民的故事了。直到三十多岁时，她才终于找到了最满意的形式，创作出了我们今天看到的《中国佬》(Skenazy, Pauland Tera Martined, 1998)。可见，这部小说的艺术形式是作家精心构思之后的结果。在《中国佬》中，作家把中国古典小说的结构模式改造变形之后，使它成为描绘、记录华裔父辈在美国筚路蓝缕、历经磨难、建立卓越功勋的英雄业绩的载体。在这里，作家对一种旧的结构形式的戏仿成为对这种形式表达敬意的方式，同时也赋予这种传统形式新的内涵和价值。而经由这种戏仿，作家成功地“挪用和占有”(appropriate) 了中国古典小说的结构模式，把它化入了华裔美国文化传统之中，使其成为华裔美国文化传统的一部分。

参考文献

[1] 胡士莹 . 话本小说概论 . 北京 ：中华书局，1980.
[2] 杰夫 • 特威切尔，汤亭亭 . 中国佬 . 肖锁章译 . 南京 ：译林出版社，2000.
[3] 鲁迅 . 中国小说史略 . 上海 ：上海古籍出版社，1998.
[4] 罗钢 . 叙事学导论 . 昆明 ：云南人民出版社，1999.
[5] 蒲安迪 . 中国叙事学 . 北京 ：北京大学出版社，1996.
[6] 宋常立 . 中国古代小说文体论 . 天津 ：天津社会科学院出版社，2000.
[7] 汤亭亭 . 金山华人 . 李美华译 . 长春 ：吉林人民出版社，1985.
[8] 汤亭亭 . 女勇士 . 李剑波等译 . 桂林 ：漓江出版社，1998.
[9] 汤亭亭 . 中国佬 . 肖锁章译 . 南京 ：译林出版社，2000.
[10] 亚里斯多德 . 诗学 . 陈中梅译 . 北京 ：商务印书馆，2002.
[11] 亚里斯多德 . 诗学 . 罗念生译 . 北京 ：人民文学出版社，2002.
[12] Hutcheon, Linda. A Theory of Parody: The Teaching of Twentieth-Century Art Forms. New York: Methuen, 1985.
[13] Kingston, Maxine Hong. China Men. New York: Alfred A. Knopf, Inc., 1980.
[14] Kingston. Coming Home. Interview by Paul Skenazy, in Paul Skenazy and Tera Martin ed. Conversation with Maxine Hong Kingston. Jaskon: UP of Mississippi, 1998.
[15] Lau, Joseph S. M. "Kingston as Exorcist" , Modern Chinese Women Writers: Critical Appraisals. ed. Michael Duke. New York: An East Gate Book, 1989.
[16] Linda Hutcheon. A Poetics of Postmodernism: History, Theory, Fiction. New York and London: Routledge, 1988.
[17] Rose, Margaret A. Parody: Ancient, Modern, and Post-modern. Cambridge: Cambridge UP, 1993.
[18] Skenazy, Paul and Tera Martin ed. Conversations with Maxine Hong Kingston, Jackson: UP of Mississippi, 1998.

作者简介

杨春，1969 年生，毕业于北京师范大学中文系，文学博士，现为北京外国语大学副教授。主要研究方向为中西文学比较、华裔美国文学、海外华文文学。出版专著《汤亭亭小说艺术论》（外研社 2009 年版）等。在《外国文学研究》等学术刊物上发表论文 30 余篇。主持并完成教育部一般项目“当代华裔美国文学与中国文化传统”。

（原载《外国文学》2007 年第 6 期）

小说叙事的演进
——以理查逊和奥斯汀为中心

王慕尧

▶ **摘要** 理查逊在其心理小说中改变以往的叙述视角，利用小说人物承担叙述功能，实现了叙述视角从“外”至“内”的转移；通过多个写信人及第二人称的运用来增加叙事角度，呈现出视角多重化的倾向。奥斯汀放弃了理查逊的第一人称，而采用自己极为擅长的第三人称叙述，在运用有限视角方面进行新的探索。奥斯汀娴熟运用内外视角，秉承着自然简洁的叙事风格，充分显示了其小说叙事艺术的成熟。

▶ **关键词** 理查逊；奥斯汀；叙事

塞缪尔·理查逊（Samuel Richardson）是18世纪的知名小说作家，其处女作《帕梅拉，或美德得报》（*Pamela; or Virtue Rewarded*，1740）一经出版便风行一时，被视作英国第一部现代意义上的小说。之后的作品《克拉丽莎，或一位年轻女士的生平》（*Clarissa; or The History of a Young Lady*，1747）《查尔斯·格兰狄森爵士》（*Sir Charles Grandison*，1754）也广为流传。尽管后世对理查逊的作品贬褒不一，但其对英国文学以至欧洲文学的影响是无可置疑的。与以往的骑士传奇、寓言小说不同，理查逊不写冒险和流浪，而以爱情和日常家庭生活为题材，集中一条主线，将人物置身于矛盾冲突之中，克服了前人小说结构松散的弱点。为了便于人物袒露心声，其三部小说均采用书信体形式。书信有利于作家改变叙述视角，进入人物的主观世界，捕捉人物的心理活动和发展变化，从而呈现出人物真实的内心世界和情感体验。理查逊的心理描写并非情节和人物的附庸，而成为一种小说架构的手段，具有不可替代的作用：心理的发展变化直接推动了情节的发展，成为情节演变的依据。由此，理查逊成就了英国文学史上的第一部心理小说。

而简·奥斯汀（Jane Austen）对英国小说的影响则更为深远。其早期的文学创作深受理查逊的影响，这在其哥哥兼文稿代理人亨利·奥斯汀（Henry Austen）所作的《奥斯丁传略》中可以得到验证："理查逊创作并保持人物性格的前后连贯性的能力，使她具有天然鉴别力的头脑得到了满足，同时，她的审美趣味又使得她避免了他所犯的风格冗长、结构庞杂的错误。她对于菲尔丁的任何一部作品，评价就不是那样高了"（亨利·奥斯丁，1985）。"当然，奥斯汀最为欣赏的还是《查尔斯·格兰狄森爵士》，曾将其改编为六幕喜剧。她也借鉴理查逊的写作手法，尝试运用书信体创作了《爱情与友谊》（*Love and Friendship*）、《苏珊小姐》（*Lady Susan*）和《埃莉诺和玛丽安》（*Elinor and Marianne*，《理智与情感》的前身）。但奥斯汀并没有囿于模仿，最终放弃了对《查尔斯·格兰狄森爵士》的改编，《理智与情感》成稿时也舍弃了书信体，却保留并完善了理查逊小说中的戏剧因素，突出小说的戏剧性，完成了向戏剧小说的演变。

作为一种新兴文体，小说自 16 世纪产生以来一直未能摆脱流浪汉小说的影响，过于关注事件却忽视人物，直至理查逊将视角转向小说人物，揭示人物内在的心理活动以及对外在刺激的反应，才实现了小说艺术史上关键性的转变。理查逊所擅长的心理描写，奥斯汀并没有放弃，而是以戏剧化的形式来呈现，简洁、隐蔽且更为高明。理查逊小说中的戏剧因素，也经由奥斯汀发展为小说模式——以"戏剧式呈现"（dramatic presentation）（乔·亨·刘易斯，1985）的手法设计情节、塑造人物，突显出小说的戏剧效果。戏剧小说不是与心理小说的决裂，而是在其基础上的传承与发展。由于分属于不同的年代，二者之间的历史演进也折射出英国小说艺术的发展脉络。本文将从小说叙事的角度，剖析心理小说和戏剧小说的艺术特征及其演变过程。

一、理查逊：灵活多样的叙述视角

（一）叙述视角由外及内的转移

笛福（Daniel Defoe）和斯威夫特（Jonathan Swift）采用第一人称创作的回忆录小说深受读者欢迎，提高了小说的文学地位，也促使当时的作家积极探索小说的叙事艺术。到了 18 世纪中期，尽管第一人称的叙述手法仍然是多数小说作家的选择，但其在叙述视角上的局限性也日渐显露。以菲尔丁（Henry Fielding）为代表，那种全知全能的叙述模式使得叙述者常常居高临下地以小说人物的审判者自居，直截了当地举起文学“惩恶扬善”的旗帜，在推出人物的同时不由自主地介入作品中大加评论。作品之所以被过多地介入,症结就在于小说的叙述角度。一旦摆脱了那种全知全能的叙事视角，作者的角度也就客观地多。理查逊就独辟蹊径，在其心理小说中改变了以往的叙述视角。

叙述者或人物与叙事文本中的事件相对应的位置或状态，就是叙述视角（胡亚敏，2004)。小说中承担叙述功能的，可以是叙述者，也可以是作品中的人物。叙述者或小说人物以无所不知的姿态，由外及内地去观察和评判作品中的人物和事件，是为外视角。传统小说多倾向于选用外视角，由“介入的”叙述者承担叙述功能。而理查逊却在小说中采用叙述的内视角，利用小说人物承担叙述功能，通过人物的知觉、意识和情感去感受外界事物，所有的事件和人物都呈现在叙述者的个人意识之中，再泄露给读者。这种由小说人物担当的叙述者是“非介入的”，原本就置身于作品之中扮演着自己的角色，并通过自我的目光和情绪的投射，展示其所见所闻，完成对故事和人物关系的分析和再现。理查逊的心理小说因而实现了叙述视角从“外”至“内”的转移。这种内视角的运用，打开了人物的内心世界，使人物的心理冲突和情感变化展露无遗；作者有意退出作品，加强了对人物内心世界的发掘，写出了人物心理的动力。这些都是其他视角类型所难以企及的。理查逊从作品中退出，甚至宣称自己只是一名为克拉丽莎不停书写的誊写员，是其书信的第一读者。就这样，他在叙述者和编者、男性和女性以及作者和读者之间不断进行文本转换，游刃有余。为读者提供了一个不固定却是多角度的视角，将分析、批评、判断的主动权完全交给了读者，使读者暂时忘却那个文本之外的作者，转而关注文本之内掌握权威的叙述者。

理查逊利用小说人物叙述故事，具体落实在小说中就是用写信人来叙述故事。书信体叙事与一般小说的叙事不同，作者写作书信时首先要成为人物本人，以其口吻叙事，便可直接反映人物的复杂情感和心理的发展变化，使情节更加真实，更具吸引力。作者借用小说人物的笔来叙事，而非作者本人，使作者更为隐蔽，可以放手去写一名女性的心理。理查逊不是女性，但对女性的心理刻画十分细腻，源自他个人的生活经历，但更得益于这种叙事方式。借女主人公之口叙事，更加真实可信，也更具说服力，易于为读者接受。理查逊不仅叙事，而且叙情，真切记述了女主人公的内心世界和情感纠葛。

（二）叙述视角的多重化

理查逊的叙述视角同时也呈现出多重化的特点。为了避免出现单个写信人视角垄断全篇、叙述过于单调平淡的弊病，理查逊在小说中通过多个写信人来共同完成叙事。无论《帕梅拉》还是《克拉丽莎》，主人公都不是唯一的写信人。尤其是后者，此特征更为明显，包括 4 位主要书写者在内，共有 26 位写信人，身份涉及贵族、商人、仆人等社会各个阶层。在这种由多组信件构成的小说中，每位写信人都是个人信件的叙述者，都从自己的聚焦点出发，对相同事件进行自己的评述。同一件事在不同叙述者眼中呈现不同的状态，不同的叙述者对同一件事做出不同的解释，具备了复调的特征，呈现了一个多音部的世界。这种对话式的书信叙事也使得叙述者与叙述接受者之间有了沟通和互动，推动了情节的发展，生动再现了人物心理的变化。此外，小说中还出现了种种意外，如信件的拦截和丢失，这在《帕梅拉》和《克拉丽莎》中都有涉及。B 先生收买送信的仆人扣留了帕梅拉后期的部分信件，模仿她的口吻写信给其父母；拉夫雷斯更是再三拦截、偷看、篡改甚至伪造克拉丽莎所写的信件或是别人寄送给她的书信……通信各方都曾有过种种误读。这样的叙述视角不仅是表面上的多叙述者叙事，通过模仿、篡改和伪造，人物戏剧性地以他者的视角论事，从而出现了一种既不同于其本人又不同于被模仿者的叙述角度，更加充实了小说的叙事内容。

此外，以往小说创作鲜有使用的第二人称在理查逊小说中也发挥着重要的作用，更丰富了小说的叙述视角。帕梅拉的书信多是写给父母，克拉丽莎的书信也多是写给安娜·豪的，尽管在小说中多个写信人、收信人构成了复杂的通信关系，但总体上目标收信人是固定的，于是也就形成了相对固定的叙述对象。当叙述者自然而然地写道："我写这封信，想要告诉你们一件十分痛心的噩耗和一些令人欣慰的消息"（塞缪尔·理查森，2002），或是"最近你成为了大家谈论的对象，我知道这必定对你造成了伤害。我急切地想知道你近来的情况"（Samuel Richardson，1932）。一种以第二人称"你们"或"你"为对象的创作方式已然出现。"我写这封信"使得叙述者帕梅拉的叙述对象从一般读者转向了她的父母，"我急切地想知道你近来的情况"也使得叙述者安娜的叙述对象转向了克拉丽莎。这种叙述视角改变了读者的角色——读者可能此刻作为帕梅拉的父母倾听她的哭诉，下一刻又摇身一变成为B先生听她表明决心；或是此刻以克拉丽莎的身份接受安娜的忠告和建议，下一刻又从安娜的角度听克拉丽莎如何解释和辩驳。随着叙述视角的转变，读者在人物间马不停蹄地转换，获得丰富的阅读体验。多重的视角充分体现了理查逊小说在叙述视角方面的灵活性和多样性。

多重的叙述视角，在为小说叙事带来诸多优势的同时，也有自身的局限性——由多人反复讲述同一故事，阻碍了故事叙述的进展，形成了故事的停滞。正如司各特（Walter Scott）指出的那样：多人重复一件事情，“中止了故事的发展，至少部分抵消掉了书信体的优势。故事停滞不前，各个人物就像骑术学校里的马，展示了他们所有的步法，却没有前进一步”（Walter Scott，1968）。为了故事的继续展开，理查逊只得让写信人不停地写信，为了刻画心理不惜笔墨，事无巨细一一描述，小说篇幅庞大。从《帕梅拉》的6位写信人、69封书信，到《克拉丽莎》的26位写信人、537封书信，再到《查尔斯·格兰狄森爵士》的22位写信人、319封书信，理查逊浩大的篇幅使越来越多的后世读者望而却步。故事发展缓慢，篇幅拖沓冗长，成为理查逊多重视角的最大缺陷。为了照顾小说主题，理查逊让写信人讲述她在真实生活中或许绝不会讲的事情，尤其是像帕梅拉那样再三地重复别人对她的称赞，使小说脱离了现实生活。为了再现故事，叙述者也被假定具有极强的记忆力，复述正常情况下不可能完全记住的事实并且详细具体全无偏差。随着时代的发展，理查逊篇幅冗长的小说愈加无法满足人们快节奏的生活，读者越来越少也就不足为奇了。

二、奥斯汀：内外视角兼具的简洁叙事

（一）多重化的内外视角

受理查逊的影响，奥斯汀在创作初期也曾尝试用书信体写作，但很快就放弃了第一人称，转而采用自己更为擅长的第三人称叙述。她对菲尔丁全知全能的叙述视角加以改造，尝试运用有限视角；又吸收了理查逊小说叙事的特点，兼顾内视角叙事。内外视角的娴熟运用充分展现了其小说叙事艺术的成熟。

不借助书信，不采用第一人称，奥斯汀同样可以轻松运用内视角。小说虽以第三人称叙事，却采用某个人物的视角，形成一种特定的叙述方式——第三人称

内视角叙事。《爱玛》就是极为成功的范例。小说主要以主人公爱玛作为叙述者，透过她的视角来观察其他人物、事件，描述着她个人的阅历和经验。读者以爱玛的眼睛看世界，随着她的意识逐渐认识小说中的人物，看着亲爱的泰勒小姐离去，接待来访的弗兰克·丘吉尔，期待与奈特利先生的结合……读者始终跟随着爱玛的脚步，了解她的内心情感及发展变化，也开始从她的角度出发来应对不同事件的发生。如果说在《爱玛》中，由于爱玛以自我为中心，她的视角还无法完成全部的叙事任务，叙述的内视角会时常出现中断；那么在《劝导》中，安妮的意识则要完备得多，小说正是通过安妮的内视角展现了萨默塞特郡的世界（布斯，1987）。奥斯汀这种运用内视角的第三人称叙事与第一人称叙事类似，却具有后者无可比拟的优越性。因为后者始终是以某个人物进行聚焦，焦点固定；而前者在叙述者编排的基础上融入了小说人物的体验，在视野范围上更为灵活，可自由移动，做方方面面的观察和交代。由此，奥斯汀实践了理查逊的内视角叙事，并且更加隐秘和高明。同时，奥斯汀也实现了对菲尔丁式视角的改进。由于视角的限制，叙述者不再无所不知，既无法洞悉全局，也不能对他人了如指掌，因而可以增强读者的代入感，也让小说留下了诸多的空白和悬念。这些空白和悬念能够制造戏剧冲突，促使人物之间进行沟通和交流，从而增强小说的戏剧效果。

同时，在其他作品中，奥斯汀也采用第三人称外视角叙事，并对有限视角的运用进行了大胆尝试。以《傲慢与偏见》为例，开篇那句尽人皆知的"饶有家资的单身男子必定想要娶妻室，这是举世公认的真情实理"（奥斯丁，2003）。似乎预示着菲尔丁式叙事的回归，叙述者置身故事之外，以她个人的视角来探讨人生问题。但随着小说的逐渐深入，当本内特夫妇开始他们的长谈阔论并对这一观点各持己见的时候，叙述者的立场也就愈加明朗——她的观察与她笔下人物的见解保持着一种反讽的关系。仅此一句，便成功地将读者引入到那种贯穿小说始终的反讽笔调中去（E. M. 哈里代，1985）。奥斯汀还巧妙地操纵着叙述者的观察角度，其角度设置的本身就如同一出构思精巧的戏剧，充满着悬念和铺垫。伊丽莎白的主人公地位的确立着实经历了一番周折。她的出场顺序并不靠前，出场时间也不算早，小说开头对简的过多侧重甚至会让读者产生主人公是简的错觉。但是这一错觉并不会持续很久，随着帷幕的渐渐拉开，简逐步退隐，叙述者对伊丽莎白倾注了愈来愈多的关注，直至小说的中段达西第一次向她求婚时，伊丽莎白已无可置疑地居于舞台中央，其后情节的发展全都取决于她对达西的认识——伊丽莎白毫无非议地成为了小说绝对的主角。就这样，奥斯汀调节着叙述者的观察角度，叙述者对伊丽莎白的关注越来越多，并迅速增长。作为叙述者，是有特权注视任何一个处所的，然而作者却故意限制了这项特权，进行了有限视角的尝试，投向简的注意力逐渐减少甚至到了忽略的地步，只得依靠伊丽莎白的行动间或提及。奥斯汀对叙述视角的这种驾驭方式，达到了为小说主题服务的目的，同时也显示出她叙事技巧的高明。

与理查逊三部小说均是采用第一人称内视角叙事不同，奥斯汀对叙述视角的选用是变动不居的，在不同的叙事文本中依据情节设置和人物塑造的需要选用内外视角。较之理查逊囿于内视角范围内的视角多重化，奥斯汀游走于内外视角之间，宏观上本身就是多样的叙述视角，且比理查逊更加灵活和机动。即使在某一种被选用的视角内部，奥斯汀的叙述视角也是多重化的。《爱玛》以内视角叙事，但内视角并没有滞留在爱玛一人身上，在文中多个人物身上都有所停顿，特别是作为旁观者的奈特利先生。奈特利聪明、坚定，讲究实际，总是冷静地指出爱玛的错误，他可以同时告诉爱玛和读者她错在哪里——此时的视角是落在奈特利身上的。奈特利的位置十分微妙，为了观察爱玛的所作所为，他站在了读者的角度上；为了指正爱玛的缺点错误，他又站在评论者的立场上。对于这个本就是小说主人公的人物，奥斯汀又赋予了他另外两层身份，而理查逊那已经足够精彩的读者与人物的角度互换在此就相形见绌了。另外，将评论者和主人公合二为一，主人公代替评论者行使了职责且不露痕迹，作者既得以表述自己对人物的判断又不会过多地介入文本。奥斯汀的高明之处令人称奇，这一点更是饶舌的菲尔丁所无法比拟的。同样，在采用外视角的叙事文本中，奥斯汀也是注重视角多重化的，兼顾内视角的运用。《傲慢与偏见》就有着多样的叙述视角，除了那个反讽的叙述者，奥斯汀也运用人物承担叙事：从伊丽莎白的视角，读者发现了达西的傲慢与不屑；从达西的视角，读者又看到了伊丽莎白的盲目和偏见。多重视角间的切换，使读者既可以离开伊丽莎白的偏见去观察达西，才不至于怀有同样的成见而发现不出她的误解；也可以离开达西的傲慢去观察伊丽莎白，体会她为何积怨如此之深。视角的转移也有利于制造悬念，小说中最大的悬念就是读者对伊丽莎白的期待，期待她消除偏见发现她和达西之间实际上业已存在的爱恋。小说主要的内视角是落在伊丽莎白身上的，而由于外视角和其他内视角的存在，读者甚至比她本人更早知道实情，悬念也就一直伴随始终。直至故事的中段达西向她求婚，伊丽莎白才知晓他的深情，而在早些时候，读者就已经通过故事叙述者的眼光观察到了达西不经意间流露的爱意，至于她自己对达西的爱则更是在结尾才被发现。小说以一位带有偏见的主人公的视角逐渐推进，有误解，也有消除，悬念的如影随形，使小说自始至终充满了戏剧性。

（二）自然简洁的叙事风格

不论采用何种视角，奥斯汀一直秉承着自己的叙事风格——自然简洁，她对书信体小说的厌烦也正基于此。在写给侄女安娜的书信中，奥斯汀指导她如何写作，就有关于简洁叙事策略的明确表述："你描写了一个可爱的地方，但是你的描写常过于琐细，人们不会喜欢的。你对环境的细节写得过多了。"（奥斯丁，1985）这也折射出奥斯汀自己的创作标准——以叙述精到准确为追求，去除任何不必要的枝枝节节。从奥斯丁小说的名称上就足可见其对简洁的追求，她的书名极其简短，最短的仅仅 1 个词语（*Emma* 或 *Persuasion*），最长也不过 3 个词语（*Sense and Sensibility* 或 *Pride and Prejudice*），不再附有解释性和描述性的词语。这相对于 18 世纪的小说来说是个极为显著的改观，理查逊的《帕梅拉》的英文书名全称就有 85 个词[1]。此外，她的小说篇幅也更简短。以企鹅出版社（Penguin Books Ltd.）的版本为例，《傲慢与偏见》仅有 307 页，简短程度显然是 1500 多页的《克拉丽莎》所不可比拟的。奥斯汀的小说历久不衰，始终拥有庞大的读者群，简洁明快也是个中原因。相比之下，理查逊的小说仅仅风靡一时，以后就鲜有读者问津，《克拉丽莎》更因为冗长而成为英国文学史上读者最少的小说，其中原因不言自明。奥斯丁的小说也顺应了 19 世纪以后英国小说文本由长到短的演变趋势，那种洋洋洒洒的长篇巨著也只有在 18 世纪的背景下才会出现。奥斯汀简短但不失精巧的小说为英国文坛吹入了一阵清新之风，一扫往日的沉重，代之以轻松和明快。

精练简洁从奥斯汀的作品中也可见一斑，"人物、场景、对话之间的关系以及它们对于整个故事的关系"没有任何冗余："所有这些不同因素都在暗暗地指向一个中心；所有自然逼真的描写虽然看起来和普普通通的日常生活是那样地相

1 《帕梅拉》的书名全称是：*Pamela; or Virtue Rewarded. In a Series of Familiar Letters from a Beautiful Young Damsel to Her Parents: Now first Published in order to Cultivate Principles of Virtue and Religion in the Youth of Both Sexes. A Narrative which has its Foundation in Truth; and at the same time that it agreeably entertains by a Variety of curious and affecting Incidents is entirely divested of all those Images which in too many Pieces calculated for Amusement only tend to inflame the Minds they should instruct.*

像，但是服从着简约和精选这两条原则，毫无牵强、冗赘之处。”（乔・亨・刘易斯，1985）略作比较就不难发现：理查逊还在兴致勃勃地赘述老夫人临终赠予了帕梅拉何种头巾、鞋子，帕梅拉要离开时收拾了怎样的三个包裹，甚至B先生冲出来要强暴帕梅拉时她还不忘说明“这时，啊，多么可怕啊！主人穿着一件华美的丝质晨衣从里面冲了出来”（塞缪尔・理查森，2002）；而在奥斯汀的小说中则永远不会发现玛丽安和威洛比在山坡初次相遇时穿了什么样的衣服，爱玛降尊纡贵去了科尔家乘了怎样的马车，伊丽莎白参加舞会有了什么样式的装扮——这也正是她的简洁之处，不让任何无关紧要的东西牵扯了读者的注意力，侵占了小说的篇幅。“如果说，用最简洁的手段达到最真实的表现可称作是艺术的最高成就，那么，奥斯汀的艺术卓越无比，超过她所有的竞争者。”（乔・亨・刘易斯，1985）

简洁不仅体现在小说外在的标题、篇幅上，也不仅仅依靠对细节的取舍，更得益于叙述视角的选用。奥斯汀的小说如此简洁凝练，与她综合运用内外视角是分不开的。在运用内视角的《爱玛》中，透过爱玛的眼睛读者观察着书中的世界，这其中或公允客观，或自以为是，都在叙述中显现出来。假使这部小说采用了全知全能的外视角，那如此活灵活现的爱玛则要大打折扣了。即使叙述者通过“上帝的眼睛”可以看透爱玛的一切想法，但是通过叙述者的转述之后，必然不会有这般简洁利落，也不可能有这般及时和真实。同时，奈特利等其他内视角的存在，也体现了这种叙事风格。如上文所述，奈特利承担了多重身份，尤其是评论者与主人公身份的合一，将评论融于人物叙事之中，是种极为经济的手法，可以节约不少的篇幅，且也不会留下明显的议论痕迹。同样，在有限外视角的习作中也是如此。《傲慢与偏见》中那个冷嘲热讽的叙述者让读者看到了众多栩栩如生的人物，开篇的那句评论一针见血地概括出了多数人的心态，并一直统摄小说的始终，堪称凝练的典范。相比之下，无论是理查逊还是菲尔丁都显得那么喋喋不休，不得要点。

简洁本身就是一种戏剧性，对奥斯汀的戏剧小说创作意义重大。如果以戏剧的标准来衡量，那么简单明快的奥斯汀小说才有搬上舞台进行表演的可能。无论如何，舞台下的观众是无法容忍理查逊那样的大段独白和面面俱到的。此外，视角的运用也可以彰显戏剧性。外视角通常和“讲述”（telling）的叙事方式相联系，而内视角往往与“展示”（showing）的叙事方式相伴随。在奥斯汀的小说中，不管是不是居于主要叙述视角的地位，内视角的踪影都是不难寻觅的。她主张用故事本身来再现人的生活。奥斯汀从不直接叙述她的人物是什么样的人，而是“展示”这些人物，通过他们自己的视角自然地显露自己，使得人物的性格极具戏剧性地在叙述中显现出来。如果在《诺桑觉寺》中，叙述者还在“讲述”，还常常像菲尔丁那样不时介入，评点是非曲直，那么在其后的小说中这种介入性的评论逐渐消失，作者淡出，采用隐蔽的叙述者叙事。在这样的形式下，叙述者就可以行踪不定，参与到人物的思想活动之中，以更为巧妙的方式刻画人物，也给人物留下了充分展示的舞台，戏剧效果突出。

三、结论

作为英国小说发展史中的重要一环，从心理小说到戏剧小说的演变，是符合英国小说发展的总体趋势的。从问世的那一刻起，英国小说就始终处于不停的发展和演变之中。理查逊心理小说的问世，对英国小说的发展产生了推波助澜的作用。通过内视角细腻地展现人物的内在心态和情感思想，并开始对行为、动机和反应做缜密的分析，迈出了小说发展必不可少的一步，一定程度上预示着“意识流”手法的降生。而奥斯汀放弃了最初的书信体尝试后，对理查逊小说的革新也从叙事技巧开始，又从菲尔丁那里借鉴了全知全能的第三人称叙事，进一步将其改造成能够为自己驾轻就熟的有限视角的第三人称叙事。关于叙述体形式，理查逊和菲尔丁争论不休、相持不下，却被奥斯汀不动声色地妥善解决。而第三人称的内视角叙事，也成为了詹姆斯（Henry James）的“中心意识”或“清晰的观察者”等理论的先声。正是在这样的革故鼎新中，英国小说一直坚持着自我的完善与发展，理查逊和奥斯汀也对后世小说艺术的日渐成熟产生了深远的影响和积极的意义。

参考文献

[1] E. M. 哈里代 .《傲慢与偏见》叙述的透视方法 . 薛鸿时译 . 载朱虹编选《奥斯丁研究》. 北京 ：中国文联出版公司，1985.
[2] 奥斯丁 . 傲慢与偏见 . 张玲，张扬，译 . 北京 ：人民文学出版社，2003.

[3] 奥斯丁 . 书简选 . 冯仲璞译 . 载朱虹编选《奥斯丁研究》. 北京 ：中国文联出版公司，1985.
[4] 布斯 . 小说修辞学 . 华明等译 . 北京 ：北京大学出版社，1987.
[5] 亨利 • 奥斯丁 . 奥斯丁传略 . 文美惠译 . 载朱虹编选《奥斯丁研究》. 北京 ：中国文联出版公司，1985.
[6] 胡亚敏 . 叙事学 . 武汉 ：华中师范大学出版社，2004.
[7] 乔 • 亨 • 刘易斯 . 关于奥斯丁 . 罗少丹译 . 载朱虹编选《奥斯丁研究》. 北京 ：中国文联出版公司，1985.
[8] 乔 • 亨 • 刘易斯 . 简 • 奥斯丁的小说 . 戌逸伦，译 . 载朱虹编选《奥斯丁研究》. 北京 ：中国文联出版公司，1985.
[9] 塞缪尔 • 理查森 . 帕梅拉 . 吴辉译 . 南京 ：译林出版社，2002.
[10] Beebee. Epistolary Fiction in Europe: 1500—1850, Cambridge: Cambridge University Press, 1999.
[11] Samuel Richardson. Clarissa, or, the History of A Young Lady. New York: E.P. Dutton & co., Inc, 1932.
[12] Walter Scott, "Samuel Richardson", Sir Walter Scott on Novelist and Fiction, ed. Ian Williams . London: Routledge & Kegan Paul, 1968.

作者简介

王慕尧，1982 年生，毕业于中国人民大学，文学硕士，教师，英国伦敦大学亚非学院访问学者。主要研究方向为英国文学、英国汉学和中外文化交流史。论文《历史书写中的隋朝中西交通》2020 年 4 月发表于《比较文学与比较文化论丛》,《小说叙事的演进——以理查逊和奥斯汀为中心》2019 年 11 月发表于《许昌学院学报》,《中西文化交流视域下的裴矩与西域经略》和《理查逊和奥斯丁 ：从心理小说到戏剧小说的情节结构演变》分别于 2019 年 7 月和 2013 年 6 月发表于《人文丛刊》。

（原载《许昌学院学报》2019 年第 6 期）